北京市教育科学“十三五”规划重大课题“市属高校‘双一流’建设问题及对策研究”（AMAA17001）

SHIJIE YILIU DAXUE GAODI YANJIU

世界一流大学高地研究

王战军 著

高等教育出版社·北京

内容简介

本书是作者潜心研究世界一流大学建设经验、形成规律、发展贡献的成果，是继 2003 年出版《中国研究型大学建设与发展》之后的又一力作，是北京市教育科学“十三五”规划重大课题“市属高校‘双一流’建设问题及对策研究”的项目成果。

本书聚焦世界一流大学建设与城市区域发展，围绕“三维度、四要点、八要素”，选取了美国、英国、德国、法国、俄罗斯、日本、中国 7 个国家的 76 所世界一流大学和 13 个世界大学高地展开研究，提出了“世界一流大学高地”的概念、内涵，分析了世界一流大学高地现象与问题、历史与现状，探索了世界一流大学与城市区域的发展规律和路径。

本书通过对代表性案例的研究，为我国世界一流大学建设和区域“双一流”建设提供有益经验和可行路径，以期助推我国世界一流大学高地的形成与发展，促进我国高等教育内涵式发展，为我国强国战略提供有力支撑。

图书在版编目(CIP)数据

世界一流大学高地研究 / 王战军著. — 北京：高等教育出版社，2021.9（2022.12 重印）
ISBN 978-7-04-056983-4

Ⅰ. ①世… Ⅱ. ①王… Ⅲ. ①高等学校-教育建设-研究-世界 Ⅳ. ①G649.1

中国版本图书馆 CIP 数据核字(2021)第 188873 号

策划编辑 贾瑞武 **责任编辑** 毕颖娟 **封面设计** 张文豪 **责任印制** 高忠富

出版发行	高等教育出版社	**网　　址**	http://www.hep.edu.cn
社　　址	北京市西城区德外大街 4 号		http://www.hep.com.cn
邮政编码	100120	**网上订购**	http://www.hepmall.com.cn
印　　刷	上海盛通时代印刷有限公司		http://www.hepmall.com
开　　本	787mm×1092mm 1/16		http://www.hepmall.cn
印　　张	20		
字　　数	420 千字	**版　　次**	2021 年 9 月第 1 版
购书热线	010-58581118	**印　　次**	2022 年 12 月第 2 次印刷
咨询电话	400-810-0598	**定　　价**	96.00 元

本书如有缺页、倒页、脱页等质量问题，请到所购图书销售部门联系调换

物 料 号 56983-00

序言

Preface

从历史上看，世界一流大学一直是国家、区域发展的重要推动力量，而诸多世界一流大学的汇聚则能够为国家和区域发展提供更多的支持。日本学者汤浅光朝于20世纪60年代在《解说科学文化史年表》中介绍了近代以来科学活动中心在世界范围内周期性转移的现象。值得思考的是，世界科技中心从意大利（1540—1610）、英国（1660—1730）、法国（1770—1830）、德国（1810—1920）到美国的转移路线，与全球高等教育中心的转移路线具有极强的相似性，彼时的世界科技中心同样是当时高等教育前沿和世界一流大学聚集地。可以说，诸多一流大学支撑了国家、区域的科技进步，实现了国家竞争力的提升。根据“汤浅现象”，世界一流大学中心的转移所带来的世界高等教育中心的转移，将会带来新一轮世界科技中心的转移，进而带动世界经济中心、政治中心的转移。

在知识经济不断发展、知识生产模式转型的今天，世界一流大学在国家和区域发展中的作用更加凸显。我国的世界一流大学和一流学科建设更突出强调了大学和学科对外部发展的支持与贡献，要发挥世界一流大学的外部溢出效应，以促进经济社会发展。2015年10月，国务院发布的《统筹推进世界一流大学和一流学科建设总体方案》指出，“双一流”建设要“以支撑创新驱动发展战略、服务经济社会发展为导向”。从实际落实的角度来说，大学服务经济社会发展首先就要从大学所在区域出发，考察区域经济社会发展需求，满足其所在地区的经济社会发展需要，进而服务国家战略，引领世界科学技术发展。因而，探索世界一流大学服务区域发展的路径、规律具有重要的历史意义和现实意义。

随着我国“双一流”建设进入加快推进阶段，各个省、自治区、直辖市在各自制订的“双一流”建设方案基础上，持续发力，统筹推进区域世界一流大学建设与发展。如，北京市发布了《关于统筹推进北京高等教育改革发展的若干意见》，提出在2050年建成世界一流大学高地的发展目标。又如，广东省支持建设粤港澳大湾区高等教育集群，以提升区域高等教育国际竞争力。在这样的发展背景下，如何有效发挥区域力量，统筹协调城市区域内世界一流大学的建设，建立有效的协同机制，实现城市区域与大学融合发展，构建城市区域高等教育发展新形态，形成世界一流大学高地，就成了当前迫切需要研究的关键问题。

一所大学成长为世界一流大学既是其自身努力的结果，更是时代需要、社会发展、国家战略推动的。放眼全球，从地理区位布局上看，目前公认的世界一流大学并不是散乱无序地分布在世界各地，而是呈现出在特定范围内集中分布的态势，形成了几个较为明显的世界一流大学高地。例如，美国波士顿世界一流大学高地，包括哈佛大学、波士顿大学、塔夫茨大学、布兰迪斯大学等；英国伦敦世界一流大学高地，包括牛津大学、剑桥大学、伦敦政治经济学院等；德国柏林世界一流大学高地，包括柏林洪堡大学、柏林自由大学、柏林工业大学等；还有美国旧金山、法国巴黎、俄罗斯莫斯科、日本东京、中国北京等。

这种聚集式的世界一流大学地理分布现象，为我们认识世界一流大学提供了一个新的视角。我们应该研究，为什么世界一流大学集中出现在这些区域；这些区域为世界一流大学提供了什么支持；这些区域的世界一流大学怎样支持、支撑了区域经济社会发展。基于这些问题，我们依托北京市教育科学“十三五”规划重大课题“市属高校‘双一流’建设问题及对策研究”，开展了关于“世界一流大学高地”的专门研究，以分析世界一流大学高地现象与问题，探索世界一流大学形成与发展规律，开拓和探索世界一流大学研究的新领域。

世界一流大学高地是指拥有若干所世界一流大学的城市区域。我们关于世界一流大学高地的研究聚焦于“城市区域”和“一流大学”两个关键词，意在探讨两者之间的互动机制、路径、特点和规律，围绕“三维度、四要点、八要素”的思路展开。“三维度”即三个主要研究维度：辐射力、影响力、引领力，着力描述世界一流大学高地在辐射、影响和引领城市区域及世界高等教育发展方面的情况；“四要点”即四项主要研究内容：经验、规律、贡献、引领，重点研究世界一流大学高地的发展经验、成长规律、外部贡献、科教引领；“八要素”即八个核心研究环节：历史、文化、科技、经济、政治、社会、教育、军事，深入分析世界一流大学与其所在城市区域之间在这八个主要方面的内在关联、互动耦合情况。通过这种多维度、多层次、多视角的研究，总结世界一流大学高地的现状、特征以及形成与发展的规律。

在研究中，我们结合国家、城市区域的全球政治影响、经济水平、发展规模及历史变革等，选取了全球范围内 7 个国家共 13 个典型城市区域。包括美国的纽约、波士顿、洛杉矶、旧金山；英国的伦敦；日本的东京；法国的巴黎；德国的柏林；俄罗斯的莫斯科；中国的北京、上海、武汉、广州四地。在此基础上，借鉴若干世界一流大学评价结果，并考虑大学对城市区域发展的实际贡献，进一步选取了这些区域的 76 所大学进行重点研究。通过对这些代表性案例的研究，力求探析世界一流大学高地形成的内在规律，以期为推动我国世界一流大学高地建设与城市区域发展提供研究成果和政策咨询。

进入新时代，中国若干世界一流大学高地的建设是支撑强国战略的基本保障，是我国

“双一流”建设、高等教育强国建设的重要内容。改革开放四十多年来，我国经济实力显著增强，科学技术水平明显提高，人民生活极大改善，综合国力不断提升，国际地位日益攀升，我国的世界一流大学建设也取得了举世瞩目的成就。在新的历史阶段，随着我国内外部环境的变化，“双一流”建设面临着新的问题与挑战。整合高等教育优势资源以支撑城市区域经济社会发展、发挥世界一流大学在城市区域经济社会发展中的作用、建构良好的“城市区域——一流大学”互动机制成为实现我国“双一流”建设战略目标、实现高等教育内涵式发展、建设高等教育强国的内在要求。本研究努力为我国世界一流大学建设和区域“双一流”建设提供有益的经验和可行的路径，助推我国世界一流大学高地的形成与发展，促进我国高等教育内涵式发展，为我国强国战略提供有力支撑。

本书共15章。第一章导论，主要提出了世界一流大学高地的概念、内涵，描述了世界一流大学高地研究的战略意义，归纳了世界一流大学高地遴选的标准。第二章至第十四章，分别从“三维度、四要点、八要素”研究、分析、描述了7个国家的13个世界一流大学高地建设的历史、现状、经验和规律以及对我国“双一流”建设的启示。第十五章展望，总结世界一流大学高地的形成规律和未来发展趋势，提出我国世界一流大学高地的发展路径与规划，论述我国世界一流大学高地是实现“两个一百年”奋斗目标和中华民族伟大复兴中国梦的重要战略支撑。

Introduction

The book, *World-class Universities Highland*, focuses on the relation between world-class universities construction and cities/regions development, and specializes in world-class universities highland to analyze its status quo and problems, to explore its law of formation and development, and thus to open up a new field of world-class universities research on the basis of "3-dimension, 4-factor, and 8-element" framework.

In view of the global political influence, economic development, cultural accumulation and historic changes, this book selects 76 world-class universities from 13 cities in 7 countries including the US, the UK, Germany, France, Russia, Japan, and China to conduct research, and puts forward the definition and connotation of world-class universities highland, sketches its strategical significance, and designs the standards of fixing world-class universities highland. Meanwhile, based on the "3-dimension, 4-factor, and 8-element" framework, the book analyzes the history, status quo, law and contribution of the 13 world-class universities highlands in 7 countries, and the enlightenment to China in terms of the "Double First-class" Construction. By summarizing the formation and development experience of the 13 world-class universities highlands, the book explores the law and the future route of synergetic development of world-class universities and cities/regions, and makes prospects and forecasts of the formation and development of world-class university highlands in China. In short, the construction of world-class universities highland is a key strategy to achieve the Two Centenary Goals and the Chinese Dream of national rejuvenation.

It is the first book that systematically and overall deals with world-class universities highland all over the world. The book is of great value to the authors that painstakingly do research on the construction experience, formation law and contribution of world-class universities. In addition, it is another masterpiece that provides references to China's world-class universities construction besides the book *The Construction and Development of Research Universities in China in 2003*.

目 录

Contents

第十五章 世界一流大学高地形成规律与未来发展

第一章
导 论

世界一流大学的建设是人类智慧的制高点，也是各国政治建设与经济发展的引擎。近十年来，各国正在经历一场以信息化、智能化、数据化为基础的高等教育改革，从德国的“高校科学与研究卓越计划”到俄罗斯的“5－100计划”，从英国的“产业战略”到法国的“卓越大学计划”，可以说，大学建设关乎人才培养，关乎国家建设，关乎人类福祉。

“十二五”期间，党中央、国务院对我国高等教育提出了新的要求：建设世界一流大学与世界一流学科，建成高等教育强国。目前，我国高等教育发展势头良好，高等教育的普及率达到或超过世界中高等收入国家水平，高等教育的质量和水平不断提高，满足了人民群众接受高等教育的需要。高等教育质量和水平不断提高，高校在世界的排名不断上升，在许多领域创造了大批基础研究和科技创新成果①。然而，我国高等教育在空间布局、层次结构、发展理念、文化制度等方面仍存在不科学、不合理的情况，因此，研究世界一流大学高地的形成、建设与发展，能够为我国的高等教育发展及大学建设提供经验和启示。

本书以政治、经济、社会、文化、教育、历史、军事为着眼点，系统梳理了中、美、英、法、德、日、俄七国的13座“世界一流大学高地”的形成背景、原因及其发展脉络，探索了世界一流大学高地发展的经验、特征、规律及其社会贡献，以期为我国的“双一流”建设提供参考。

第一节 何为世界一流大学高地

阿特巴赫曾说过，“每个国家都希望拥有世界一流大学，却并不知道世界一流大学究竟是什么，也不了解怎样建成世界一流大学”。要想建设世界一流大学，并形成世界一流大学高地，首先应搞清楚什么是“世界一流大学”。

① 汪华，孙霄兵．中国高等教育70年：成就与政策［EB/OL］．（2019－07－11）［2019－12－26］．https：//www.sinoss.net/2019/0711/87924.html.

一、世界一流大学

“世界一流大学”作为一个抽象的概念，有很多的解读和表述方式，其主要着眼点在“一流”一词。在《辞海》中，“一流”有若干解释，其中有“第一等”等释义。因此一流大学，是指具有一流本科教育、一流研究生教育，培养出一流人才的高校①。而世界一流大学在事业上不断追求卓越，始终引领全球发展，具有强大的全球吸引力，这些标志造就了世界一流大学的核心竞争力，它孕育于大学精神之中，显著、持久而鲜明②。

从文献研究来看，尽管不同的学者对世界一流大学有不同的理解，但可归纳出五个特点。第一，世界一流大学的形成具有天然性，是在科技与经济发展中自然形成的；第二，具有明确的代表性，一流大学必须能够代表国家乃至全球的最高水平，位居全世界最前列；第三，具有卓越的权威性，其科学研究水平和科研成果在当前和今后长时期内处于最前沿的学术和应用水平；第四，具有社会服务性，以服务国家和地区为本③；第五，具有较强的引领性，一流大学是国家和社会的战略需求，要带动、引领社会经济的发展④。

随着中国“双一流”建设项目的实施，国内对于世界一流大学的认识更为具体。从形式上来看，世界一流大学是“综合性、研究型、开放式”大学⑤；从职能上来看，世界一流大学是一流教师和学生的共同体；从影响上来看，世界一流大学拥有一流的师资、造就一流的人才、产出一流的学术成果并具有广泛的世界影响力；从国情上来看，中国特色的世界一流大学建设，要根植于中华文明，具有鲜明的中国特色，要“立足于中国，解决中国问题”。

基于以上分析，本书将世界一流大学界定为：世界一流大学是高等教育在促进人类文明进步并服务国家经济社会发展的过程中成长起来的，在人才培养中取得突出成就，在科学知识创造与社会文化发展中发挥引领示范作用，始终位居世界最前列的综合性研究型大学⑥。

二、世界一流大学高地

目前，没有学者对“世界一流大学高地”进行概念界定。尽管“高地”经常用在政治学、经济学、军事学和地理学中，但目前“高地”的概念界定仅出现在地理学和军事学领域。因

---

① 邱勇. 一流博士生教育　体现一流大学人才培养的高度[EB/OL]. (2017-12-05)[2019-12-12]. http://epaper.gmw.cn/gmrb/html/2017-12/05/nw.D110000gmrb_20171205_1-16.htm.
② 王战军，刘静. 世界一流大学的三大标志和四大特征[J]. 中国高等教育，2018(19)：11-13.
③ [美] 约翰·奥伯雷·道格拉斯. 从排行到适切：论旗舰大学的范式转型[J]. 徐丹，熊艳青，译. 胡弼成，校. 大学教育科学，2016(3)：4-21.
④ 谢维和. “双一流”政策的关键词分析[J]. 教育文化论坛，2017，9(05)：139.
⑤ 王大中. 关于在中国建设世界一流大学的若干问题[C]. 第六届中国科学家教育家企业家论坛论文集，2007.
⑥ 王战军，刘静. 世界一流大学的三大标志和四大特征[J]. 中国高等教育，2018，19：11.

此，要搞清楚“世界一流大学高地”的概念，必须先明确“高地”一词的基本特征。

“高地”是一个地理学和军事学常用词汇，具有两种定义。地理上的定义是，海拔 500 米以上的地带（丘陵、山地等）均可统称为高地，判别条件只有海拔高度。而军事上是指“地面凸起的部位。常作指示目标位置用。如在地形上，高程注记为 286.9 米的山，称‘286.9 米高地’；无高程注记的山，称‘无名高地’”[①]。这时，高地的“高”是一个阈值，具有可测量性。

从以上的定义可以总结出两个关键的特征。首先，从海拔上来看，高地的特征是“高”，是相对于周围区域隆起的部分；其次，从区域上来看，高地具有一定的“宽”度，这种宽度具有一定的区域性，以“地带”的规模呈现。基于以上特征，“世界一流大学高地”也必须反映出“高地”的高度和宽度。从高度上来讲，世界一流大学的高地具有较高的战略地位和政治地位，能够反映一个国家的教育水平和科研水平。从宽度上来说，世界一流大学的高地，首先要涵盖一定的世界一流大学的数量，体现出一流大学的区域规模。同时，作为国家高等教育战略发展的制高点（或称为“智高点”），高地也必须具有辐射力，并能够反哺区域乃至国家的政治、经济、科研、教育、文化、军事等。

此外，从以往的文献中可以看出，“世界一流大学高地”必须反映出“世界一流大学高地”的地理方位，既相对集中，又彼此独立；也要反映出“世界一流大学”的属性，即天然性、代表性、前沿性、服务性、引领性；同时，还要反映出“世界一流大学高地”的独特性和多样性；再者，“世界一流大学高地”必须能够反映一个国家的建设特色和服务特质，解决一个区域乃至一个国家的现实问题。

基于以上分析，本书将“世界一流大学高地”定义为：“世界一流大学高地”是世界一流大学及其优质高等教育的集群之地，是以人才培养、科研创新为手段，回应社会需求的国之重镇，也是为区域经济建设、国家战略发展、国际协同合作创造优质资源、提供智力支持的建设基地。其特征具有服务性、创新性、前沿性和引领性。

第二节　世界一流大学高地对国家战略的重要意义

一流大学培养国之重器，一流大学高地建构国之重镇。纵观高等教育发展史，世界一流大学高地的出现，关乎国家面临的挑战，而世界一流大学高地的形成，关乎国家的强盛。本书中所遴选的世界一流大学高地，不仅是一个国家的政治中心、经济中心、文化中心、教育中心，也是人力资源、科技资源、产业资源的集聚地，为一个国家的政治稳定、经济发展、科技创新、文化繁荣持续提供力量与智慧。

① 辞海[M]. 6 版. 上海：上海辞书出版社，2009.

一、国家人才培养与知识生产的基地

世界一流大学高地是国家人力资源汇集之地。基于开明的政治环境、发达的经济水平、优质的教育资源和先进的工业水平，世界一流大学的高地通常是一个国家重要的人口聚集地。以 2018 年数据统计为例，柏林是德国人口最多的城市，约 363.4 万；上海是中国人口第二大城市，约 2 418 万，北京第三，约 2 154 万；纽约是美国人口最多的城市，约 855 万，洛杉矶第二，约为 397 万①；莫斯科是俄罗斯人口最多的城市，约 1 319 万；东京是日本人口最多的城市，1 361 万；等等②。密集的人口数量为国家经济建设和产业发展提供了充足的人力资源。

世界一流大学高地是国家人才储备之地。基于先进的办学理念、良好的学术环境、杰出的师资条件和先进的基础设施，高地在各行各业中培养并汇集了大批国际一流学者和一流人才。仅以旧金山高地为例，本书选取的旧金山高地中的世界一流大学包括三所，即斯坦福大学、加州大学伯克利分校、加州大学旧金山分校。至 2018 年，旧金山高地诺贝尔奖得主逾 200 位，其中加州大学伯克利分校 107 位、斯坦福大学 83 位、加州大学旧金山分校 5 位；菲尔兹奖得主 22 位，其中伯克利大学 14 位、斯坦福大学 8 位；图灵奖得主 52 位，其中斯坦福大学 27 位、伯克利大学 25 位；更有约两百位奥运会冠军从旧金山湾区走出③。可以说，世界一流大学高地为国家乃至全球孕育了一批优秀的人才。

世界一流大学高地是国际人才培养之地。一方面，由于优越的城市地位和超群的国际影响力，世界一流大学高地本身是人才流动的主要区域。另一方面，高地占有一流的师资、一流的物资、一流的学科条件以及领先的学术地位，吸引了众多优秀的求学者。从日本东京 5 所世界一流大学（东京大学、东京工业大学、庆应义塾大学、早稻田大学、千叶大学）的基本数据来看，共计 13.6 万名学生。其中，该高地本科生 9.9 万人，研究生 3.7 万人。此外，还有留学生 1.4 万人。庞大的培养基数可为国家乃至全球培养社会所需的后备人才。

二、国家区域合作与科技创新的重镇

世界一流大学高地不仅是一个国家的政治中心、经济中心、文化中心、教育中心，更是

① 美国人口最多的十大城市 纽约人口约 850 万排名第一[EB/OL]. (2018－11－27)[2019－12－11]. https://www.zswxy.cn/articles/20843.html.

② 2018 年全球人口最多的 10 座城市，中国独占前二[EB/OL]. (2018－07－25)[2019－12－11]. https://baijiahao.baidu.com/s?id=1606949518463705304&wfr=spider&for=pc.

③ Cal Olympians: from Antwerp to Rio[EB/OL]. (2016－08－13)[2019－12－11]. https://calbears.com/news/2016/8/13/olympics-cal-swimmers-bring-home-six-more-gold-medals.aspx?path=olympics.

科技进步、资源共享、协作竞争的核心地带。从地理位置上来看，世界一流大学高地以多所一流院校群落的形态存在。相对集中的世界一流大学布局才能形成校际的群落。这也为科学研发合作与结盟（如G5超级精英大学），以及校际竞争（如斯坦福大学与加州伯克利大学间的竞赛）提供了便捷的先决条件。同时，世界一流大学高地大多位于一个国家的首都，如英国伦敦、法国巴黎、德国柏林、俄罗斯莫斯科、中国北京、日本东京等。这些高地的一流大学已经成为国家决策机构的智囊。

同时，在这样一种坐标系下，世界一流大学间的科研合作十分紧密，并结成多个联盟，例如，德国的柏林高校联盟、英国的金三角（Golden Triangle）名校等。而联盟的缔结使得一流大学间的合作更为频繁，为区域乃至国家的科研发展创造了财富。实际上，一些国家的政府也十分重视大学间的合作创新，比如在2008年金融危机后的几年中，英国政府的科研预算大幅缩减，而对金三角名校的拨款却不减反增[①]。

此外，由于地理位置的优越性，世界一流大学的建设与发展，不仅为区域经济发展培养了大批杰出的人才，也补给了区域经济的建设，使得“硅谷”“硅巷”“硅环岛”“中关村”等一系列以科学研发输出为基础的经济开发区成为国家经济建设与国际竞争力提升的支柱。从2018年全球城市GDP的排行中可以发现，美国纽约排名第1，日本东京第2，英国伦敦第3，中国的上海和北京分别位列第6和第7。而进入榜单前44位的城市还包括中国的广州、俄罗斯的莫斯科和美国的旧金山等城市。

三、国家产业革命与经济发展的推手

无论是西方还是东方，世界一流大学高地的存在与发展，都与国家产业经济的建设愿景步调一致。纵观高等教育的发展史，世界一流大学高地的形成，都是从“重文”走向“重理工”，从“重思想”走向“重需求”。特别是在工业革命时期，世界一流大学高地以其独特的地理优势和科研实力，为国家的政治进步、科研攻关与产业革命作出了突出的贡献。

从历史的角度出发，第二次工业革命是发达国家世界一流大学高地崛起与发展的主要动因。自然科学的新发展，开始同工业生产紧密结合起来，科学在推动生产力发展方面发挥了重要的作用。而此时的社会生产力与社会生产关系间的矛盾日益凸显。以伦敦为例，19世纪的英国正处于社会的转型期，大学被看成社会变革的力量。但牛津大学和剑桥大学的传统理念已经不能满足社会发展要求，而社会的工业化发展迫切需要高技能人才的补给，在传统思想和现实需求的冲突下，新社会主义思潮“费边主义”兴起[②]，并主张通过研究、教育等手段，改变社会结构与发展。同时，在“费边主义”的推进下，伦敦大学成

---

① ESPINOZA J. Britain climbs up world university rankings[EB/OL]. (2015-03-11)[2019-12-11]. https://www.telegraph.co.uk/education/universityeducation/11460891/Britain-climbs-up-world-university-rankings.html.

② [美] 布鲁贝克. 高等教育哲学[M]. 王承绪，等，译. 杭州：浙江教育出版社，1987.

立。作为联邦制大学,伦敦大学包含了伦敦大学学院、伦敦国王学院、伦敦政治经济学院、伦敦大学玛丽皇后学院。帝国理工学院也在1907年成为伦敦大学直属学院,直至2007年才脱离伦敦大学。可以说,在"费边主义"的驱动下,伦敦孕育了一批服务城市需求、补给城市工业化发展的一流大学。

当前,全球正处于第四次工业革命时期。大数据时代的到来与人工智能的兴起,使得一批世界一流大学高地率先开设了相关专业学科。实际上,高精尖研发技术的涌现与竞争,不仅回应了时代发展的需要和国家的诉求,维护了国家的全球经济地位,更保持了国家的核心竞争力。2018年全球城市经济竞争力排行榜①中,美国纽约排名第1、旧金山第8、波士顿第18,而英国伦敦排名第4,日本东京第9,中国上海排名第13、北京第19、广州第14。

从经济发展的角度来看,世界一流大学高地的建设与发展,是复苏区域乃至国家经济的重要智力支撑。特别是二战后,日本和德国的经济受到前所未有的重创,在其后的复苏过程中,东京和柏林的世界一流大学发挥了重要作用。以东京为例,二战后,日本经济危机的产生使得该国经济复苏中断,而大学成了日本政府产业经济振兴计划的主力军之一。20世纪80年代,随着"科学技术创新立国"发展战略的提出,日本政府逐步从"科技模仿"向"科技创造"转移,更加注重基础性研究,将研究开发重点从应用技术逐步向基础科学方面转移。在该政策的引导下,日本实行官、产、学三位一体的流动科研体制。同时,以东京大学和东京工业大学为代表的一流大学,率先引入了共同研究制度,使得区域内的产学合作基础逐渐形成。这也催生了东京高地发展的雏形。80年代末至90年代初的"泡沫经济"危机,使得日本政府重新认识到大学研究创新的重要性。为此,日本政府出台了一系列推动高等教育发展的政策,实施了多种提升科研能力的举措,使得大学真正成为助推人才强国战略、加快国家经济建设的抓手。为了回应"科学技术创新立国"之策,文部省先后于2013年、2014年启动"推进研究型大学增强计划(Promoting the Enhancement of Research Universities)""全球顶尖大学计划(Top Global University Program)",以作为对"全球COE计划"的扩增,东京高地的5所世界一流大学榜上有名。官、产、学三位一体的科研体制,使得东京高地的世界一流大学的社会回应性更强,发展更加紧密。

第三节　世界一流大学高地遴选标准

通过辨析世界一流大学高地的概念及其所属地域的关系,发现世界一流大学对

① 2018年全球城市经济竞争力排行榜[EB/OL].(2018-10-30)[2019-12-12]. http://www.sohu.com/a/272181359_642249.

地方产业建设乃至国家经济发展具有较强的助推作用。同时，随着经济一体化发展，世界一流大学的建设正在以知识聚集与共享、研发独创与协作、校企互助与共赢的优势，实现规模化、区域化发展。本书将从政治、经济等多个视角，遴选高地中的世界一流大学。

一、国别的选择

在本书中，国别的选择必须以三个基本条件为基准，即国际政治影响、经济发展与大学排名。

从政治上看，本书首先关注国际政治影响力较大的国家。因此，在国别的选择中，选择了联合国安全理事会五个常任理事国，即中国、美国、英国、法国、俄罗斯。这五个常任理事国负有维持国际和平与安全的责任，在维护世界和平、解决地区冲突等方面发挥了重大作用。

从经济上看，本研究对 2018 年世界各国 GDP 总量进行了梳理，选出排名前 20 位的国家，依次为美国、中国、日本、德国、英国、法国、印度、意大利、巴西等国家（表 1－1）。

表 1－1 2018 年世界各国 GDP 排名

排 名	国 家	GDP/亿美元	排 名	国 家	GDP/亿美元
1	美 国	205 130.00	11	韩 国	16 556.08
2	中 国	134 572.67	12	俄罗斯	15 764.88
3	日 本	50 706.26	13	西班牙	14 370.47
4	德 国	40 291.40	14	澳大利亚	14 277.67
5	英 国	28 088.99	15	墨西哥	11 992.64
6	法 国	27 946.96	16	印度尼西亚	10 052.68
7	印 度	26 899.92	17	荷 兰	9 098.87
8	意大利	20 869.11	18	沙特阿拉伯	7 698.78
9	巴 西	19 093.86	19	土耳其	7 135.13
10	加拿大	17 337.06	20	瑞 士	7 091.18

资料来源：2018 年世界各国 GDP 排名完整版[EB/OL]．(2019－11－06)[2019－12－10]．http：//www.chachaba.com/news/html/peixun/mba/20190312_415371.html.

从排名来看，本书以 2019 年“软科世界大学学术排行榜”的排名为依据，选择了排名前 20 的国家，依次为美国、英国、瑞士、澳大利亚、中国、德国、加拿大、荷兰、法国、日本等国家（表 1－2）。

表 1-2 2019 年"软科世界大学学术排行榜"大学数量前 20 名单

排 序	国 家	前 100 名	前 200 名	前 300 名	前 400 名	前 500 名
1	美 国	45	66	94	116	137
2	英 国	8	21	26	34	36
3	瑞 士	5	7	7	7	8
4	澳大利亚	7	8	15	21	23
5	中国大陆	4	17	27	39	58
6	德 国	4	10	21	27	30
7	加拿大	4	9	12	18	18
8	荷 兰	4	9	10	11	12
9	法 国	3	9	13	19	21
10	日 本	3	7	9	10	14
11	瑞 典	3	5	6	9	11
12	比利时	2	4	7	7	7
13	丹 麦	2	3	4	5	5
14	新加坡	2	2	2	2	2
15	以色列	1	4	4	4	6
16	挪 威	1	2	2	3	3
17	芬 兰	1	1	1	4	5
18	俄罗斯	1	1	1	2	4
19	意大利	—	3	8	10	16
20	韩 国	—	2	5	8	11

注：

1. 数据来源：世界大学学术排名 2019 -按国别统计[EB/OL]．(2019-08-15)[2019-12-10]．http：//www.zuihaodaxue.com/ARWU-Statistics-2019.html.

2. 中国数据未计入中国港澳台地区。

从遴选后的结果来看，GDP 全球排名前 10 的国家中，世界一流大学最多的国家包括中国、美国、英国、法国、德国、日本 6 个国家。从国际政治影响力来看，还需将俄罗斯纳入其中。最终，在国别的选择上，本书选择了中国、美国、英国、法国、德国、日本、俄罗斯 7 个国家。

二、高地的选择

本书中世界一流大学高地的选择考虑了经济、政治、规模、历史四个要素。从经济上来看，世界一流大学的高地本身具有较强的经济优势，该优势也是世界一流大学汇集的基础要素之一。从 2018 年全球城市 GDP 排名来看，美国纽约排名第一，日本东京第二、英国伦敦第四、中国的上海和北京分别位列第六和第七。而进入榜单前 44 位的城市还包括中国广州、俄罗斯莫斯科和美国旧金山等城市。值得注意的是，这些高地中世界一流大学数量相对较多，其环绕的经济区，例如旧金山的“硅谷”、纽约曼哈顿的“硅巷”(Silicon Alley)、大伦敦的“硅环岛”(Silicon Roundabout)、北京的“中关村”等，成为高校科研反哺地域经济发展的智力支撑。

从政治上来看，世界一流大学的高地有较强的国际政治影响力，对国际政治的发展与合作产生过巨大的影响。例如，旧金山是联合国宪章的签署地。1945 年，50 个国家的代表在旧金山召开联合国国际组织会议，并起草《联合国宪章》。而从美苏争霸的演变进程来看，莫斯科是苏联的政治中心，也是当今俄罗斯最大的工业中心。尽管苏联的解体影响了莫斯科的国际经济水平和政治地位，但通过俄罗斯政府近二十年的努力，以莫斯科国立大学、莫斯科物理技术学院、莫斯科工程物理学院为首的一流大学集群，不仅培养了大量的人才，同时也成为俄罗斯经济复苏的“智囊堡垒”。

从规模上来看，首先要注重世界一流大学分布的区域性和相对集中程度。以美国波士顿地区为例，该城市面积为 124 平方千米，相当于北京市的 0.76%，但拥有 8 所世界排名前 500 的世界一流大学，同时还有哈佛大学和麻省理工学院两所世界顶级大学。从大学规模和大学质量上来说，该区域成为世界一流大学高地名副其实。而英国的大伦敦(Great London)地区，不仅有伦敦大学学院、伦敦政治经济学院、伦敦国王学院等世界一流大学的集群，同时，还有外围牛津大学、剑桥大学的鼎力支持，其高地意义已经跨越了以“市”为单位的地理范围。

从历史上来看，在选择世界一流大学的高地时，还要重视大学的历史及其对区域乃至国家的战略影响。例如，19 世纪初德国柏林大学(Berlin University, Germany)的建立，标志着现代意义上的大学的出现。第二次世界大战后，柏林大学被分为两所大学，地处东柏林的老校区是柏林大学(1949 年，柏林大学改名为“柏林洪堡大学”)。西柏林办起了一所新大学，也就是现在的“柏林自由大学”。尽管被分为了两所大学，但它们在全球排行榜中仍属一流。此外，该地区还有一所“柏林工业大学”，在重工业发展时代，这三所大学为柏林乃至整个德国的经济发展作出了贡献。必须强调的是，柏林高地真正的意义在于，早期柏林大学的办学模式在世界范围内得到认可，尤其是 1900 年前后“德国”大学模式成为英、美等强国效仿的主要对象之一。

根据以上论述，本研究在遴选高地时，充分考虑到世界一流大学高地在全球的经济地位、政治影响、发展规模以及历史情况，最终选择了美国的纽约、旧金山、波士顿、洛杉矶，英国伦敦，日本东京，法国巴黎，德国柏林，俄罗斯莫斯科，以及中国的北京、上海、广州、武汉四地。

三、世界一流大学的选择

根据选定的高地，本书参考 2019 年 QS、*THE*、*U. S. News* 以及软科四大世界排行榜榜单，对世界一流大学高地中的大学进行甄选。选择四大排行榜作为参考依据，原因有三。第一，它们在全球具有较高的声誉和影响力，在学术界有一定的认可度。第二，四大排行榜的评选设置、评估标准和计算方式各具特色，从不同角度反映了世界一流大学的地位。第三，考虑到各大排行榜存在一定的社会争议，在选取世界一流大学时，本研究综合参考了四大排行榜单。首先选择在至少两个排行榜中，排名前 100 的高校作为世界顶级大学(表 1－3)，总计 30 所。其中，北京 2 所、伦敦 6 所、巴黎 5 所、纽约 4 所、波士顿 3 所、洛杉矶 3 所、旧金山 3 所、东京 1 所、莫斯科 1 所、上海 1 所、柏林 1 所。

表 1－3　世界一流大学高地中的世界顶级大学遴选表

地　区	院 校 名 称	学校排名(2019)			
		QS	*THE*	*U. S. News*	ARWU
北　京	清华大学	17	22	50	43
	北京大学	30	31	68	53
伦　敦	牛津大学	5	1	5	7
	剑桥大学	6	2	7	3
	帝国理工学院	8	9	18	23
	伦敦大学学院	10	14	21	15
	伦敦国王学院	31	38	39	51
	伦敦政治经济学院	38	26	234	151～200
巴　黎	索邦大学	75	73	62	44
	巴黎第九大学	50	41	84	301～400
	巴黎高等师范学校	50	41	84	79
	巴黎综合理工学院	65	108	30	301～400
	巴黎第十一大学	239	201～250	30	37
纽　约	哥伦比亚大学	16	16	8	8
	康奈尔大学	14	19	23	13
	纽约大学	43	27	28	30
	洛克菲勒大学	—	—	66	35
波士顿	哈佛大学	3	6	1	1
	麻省理工学院	1	4	2	4

续　表

地　区	院　校　名　称	学 校 排 名(2019)			
		QS	*THE*	*U. S. News*	ARWU
波士顿	波士顿大学	93	74	46	76
洛杉矶	加州理工学院	4	5	6	9
	加州大学洛杉矶分校	32	17	13	11
	南加州大学	115	66	62	55
旧金山	斯坦福大学	2	3	3	2
	加州大学伯克利分校	27	15	4	5
	加州大学旧金山分校	—	—	15	20
东　京	东京大学	23	42	62	25
莫斯科	莫斯科国立大学	90	199	275	87
上　海	上海交通大学	59	189	145	82
柏　林	柏林洪堡大学	121	67	90	—

注：

1. 数据来源于 2019 世界 QS、*THE*、*U. S. News*、ARWU 四大排行榜。
2. “—”表示该排行榜中未出现或不在前 1 000 名内的大学。
3. 在参评世界大学排行时，巴黎高校的参评单位有所不同，有些以大学集群参评，有些以大学个体参评。其中，“索邦大学”“巴黎第七大学”“巴黎政治学院”属于“索邦巴黎西岱大学”；“巴黎第九大学”和“巴黎高等师范学校”属于“巴黎 PSL 研究大学”；“巴黎综合理工学院”和“巴黎第十一大学”属于“巴黎萨克雷大学”。因此，*U. S. News* 排行榜中，所列排名是合并后的大学的参评结果；QS 和 *THE* 中，“巴黎高等师范学校”和“巴黎第九大学”也是大学合并后的参评结果。

其次，选择在至少两个排行榜中，排名 100～500 名间的大学划分为世界一流大学（表 1－4），共计 33 所。其中，北京 4 所、伦敦 1 所、巴黎 2 所、纽约 3 所、波士顿 5 所、洛杉矶 1 所、东京 5 所、莫斯科 3 所、上海 2 所、柏林 2 所、武汉 3 所、广州 2 所。

表 1－4　四大排行榜中的世界一流大学遴选表

地　区	院　校　名　称	学 校 排 名(2019)			
		QS	*THE*	*U. S. News*	ARWU
北　京	北京师范大学	292	—	330	201～300
	北京航空航天大学	491	501～600	413	201～300
	北京理工大学	464	601～800	452	301～400
	中国农业大学	651～700	601～800	497	301～400
伦　敦	伦敦大学玛丽皇后学院	119	130	110	151～200
巴　黎	巴黎第七大学	295	194	62	101～150
	巴黎政治学院	221	401～500	62	—

续 表

地 区	院 校 名 称	学 校 排 名(2019)			
		QS	*THE*	*U. S. News*	ARWU
纽 约	西奈山医学院	—	—	75	101～150
	叶史瓦大学	—	—	245	201～300
	纽约州立大学奥尔巴尼分校	651～700	401～500	316	401～500
波士顿	塔夫茨大学	237	152	179	151～200
	东北大学	326	184	202	201～300
	马萨诸塞大学安姆斯特分校	259	201～250	119	151～200
	布兰迪斯大学	429	201～250	251	301～400
	波士顿学院	376	301～350	468	401～500
洛杉矶	加州大学河滨分校	384	201～250	151	151～200
东 京	东京工业大学	58	251～300	289	101～150
	千叶大学	464	601～800	667	401～500
	庆应义塾大学	198	601～800	489	301～400
	早稻田大学	208	601～800	388	501～600
	东京医科齿科大学	352	401～500	663	601～700
莫斯科	莫斯科物理技术学院	312	251～300	460	401～500
	莫斯科工程物理学院	329	351～400	419	—
	国立高等经济大学	343	301～350	653	—
上 海	复旦大学	44	104	159	101～150
	同济大学	291	401～500	302	201～300
柏 林	柏林自由大学	130	104	116	—
	柏林工业大学	147	131	310	301～400
武 汉	武汉大学	257	351～400	299	151～200
	华中科技大学	415	351～400	260	101～150
	中国地质大学(武汉)	—	801～1 000	402	401～500
广 州	中山大学	295	301～350	224	101～150
	华南理工大学	541～500	501～600	361	201～300

注：

1. 数据来源于世界 QS、*THE*、*U. S. News*、ARWU 四大排行榜，其中不含世界顶级大学。
2. “—”表示该排行榜中未出现或不在前 1 000 名内的大学。
3. *THE* 排行榜中，列出了“马萨诸塞大学”排名，没有列出分校“马萨诸塞大学安姆斯特分校”的排名。
4. *U. S. News* 排行榜中，“中国地质大学”未标明武汉或北京；在参评世界大学排行时，巴黎高校的参评单位有所不同，有些以大学集群参评，有些以大学个体参评。其中，“索邦大学”“巴黎第七大学”“巴黎政治学院”属于“索邦巴黎西岱大学”；“巴黎第九大学”和“巴黎高等师范学校”属于“巴黎 PSL 研究大学”；“巴黎综合理工学院”和“巴黎第十一大学”属于“巴黎萨克雷大学”。因此，*U. S. News* 排行榜中，所列排名是合并后的大学的参评结果；QS 和 *THE* 中，“巴黎高等师范学校”和“巴黎第九大学”也是大学合并后的参评结果。

此外，以往研究表明，世界一流大学的演变历程本身具有特殊性，因此，在选择学校的时候，酌情纳入了部分排行榜中没有进入前500，但对高地发展具有重要作用的一流大学，以及对地方文化及其行业领域作出了杰出贡献的世界级大学，共计11所。其中包括，北京：中国人民大学、中央民族大学；纽约：茱莉亚学院；旧金山：旧金山艺术大学；东京：东京都立大学、东京理科大学；上海：华东师范大学；武汉：武汉理工大学、华中农业大学、华中师范大学、中南财经政法大学。

最终，本书选择了中、美、英、法、德、日、俄7个国家的13个世界一流大学高地[即北京(8所)、伦敦(7所)、巴黎(7所)、纽约(8所)、波士顿(8所)、洛杉矶(4所)、旧金山(4所)、东京(8所)、莫斯科(4所)、上海(4所)、柏林(3所)、武汉(7所)、广州(2所)]的74所世界一流大学进行研究。世界一流大学高地大学遴选情况如表1-5所示。

表1-5　世界一流大学高地大学遴选表

地　区	院　校　名　称	学 校 排 名(2019)			
		QS	*THE*	*U. S. News*	ARWU
北　京	清华大学	17	22	50	43
	北京大学	30	31	68	53
	北京师范大学	292	—	330	201～300
	北京航空航天大学	491	501～600	413	201～300
	北京理工大学	464	601～800	452	301～400
	中国农业大学	651～700	601～800	497	301～400
	中国人民大学	521～530	501～600	621	701～800
	中央民族大学	—	—		
伦　敦	牛津大学	5	1	5	7
	剑桥大学	6	2	7	3
	帝国理工学院	8	9	18	23
	伦敦大学学院	10	14	21	15
	伦敦国王学院	31	38	39	51
	伦敦政治经济学院	38	26	234	151～200
	伦敦大学玛丽皇后学院	119	130	110	151～200
巴　黎	索邦大学	75	73	62	44
	巴黎高等师范学校	50	41	84	79
	巴黎第九大学	50	41	84	301～400
	巴黎综合理工学院	65	108	30	301～400
	巴黎第十一大学	239	201～250	30	37

续 表

地 区	院 校 名 称	学校排名(2019)			
		QS	*THE*	*U.S. News*	ARWU
巴 黎	巴黎第七大学	295	194	62	101～150
	巴黎政治学院	221	401～500	62	—
纽 约	哥伦比亚大学	16	16	8	8
	康奈尔大学	14	19	23	13
	纽约大学	43	27	28	30
	洛克菲勒大学	—	—	66	35
	西奈山医学院	—	—	75	101～150
	叶史瓦大学	—	—	245	201～300
	纽约州立大学奥尔巴尼分校	651～700	401～500	316	401～500
	茱莉亚学院	—	—	—	
波士顿	哈佛大学	3	6	1	1
	麻省理工学院	1	4	2	4
	波士顿大学	93	74	46	76
	塔夫茨大学	237	152	179	151～200
	马萨诸塞大学安姆斯特分校	259	201～250	119	151～200
	东北大学	326	184	202	201～300
	布兰迪斯大学	429	201～250	251	301～400
	波士顿学院	376	301～350	468	401～500
洛杉矶	加州理工学院	4	5	6	9
	加州大学洛杉矶分校	32	17	13	11
	南加州大学	115	66	62	55
	加州大学河滨分校	384	201～250	151	151～200
旧金山	斯坦福大学	2	3	3	2
	加州大学伯克利分校	27	15	4	5
	加州大学旧金山分校	—	—	15	20
	旧金山艺术大学	—	—		
东 京	东京大学	23	42	62	25
	东京工业大学	58	251～300	289	101～150
	庆应义塾大学	198	601～800	489	301～400
	早稻田大学	208	601～800	388	501～600

续 表

地 区	院 校 名 称	学 校 排 名(2019)			
		QS	*THE*	*U. S. News*	ARWU
东 京	东京医科齿科大学	352	401～500	663	601～700
	千叶大学	464	601～800	667	401～500
	东京都立大学	651～700	401～500	503	901～1 000
	东京理科大学	751～800	801～1 000	837	401～500
莫斯科	莫斯科国立大学	90	199	275	87
	莫斯科物理技术学院	312	251～300	460	401～500
	莫斯科工程物理学院	329	351～400	419	—
	国立高等经济大学	343	301～350	653	—
上 海	上海交通大学	59	189	145	82
	复旦大学	44	104	159	101～150
	同济大学	291	401～500	302	201～300
	华东师范大学	501～510	501～600	497	—
柏 林	柏林洪堡大学	121	67	90	—
	柏林自由大学	130	104	116	—
	柏林工业大学	147	131	310	301～400
武 汉	武汉大学	257	301～350	299	151～200
	华中科技大学	415	351～400	260	101～150
	中国地质大学(武汉)	—	801～1 000	402	401～500
	武汉理工大学	—	801～1 000	837	301～400
	华中农业大学	—	601～800	723	401～500
	华中师范大学	—	—	480	—
	中南财经政法大学	—	—	—	—
广 州	中山大学	295	301～350	224	101～150
	华南理工大学	541～550	501～600	361	201～300

注：

1. 数据来源于世界 QS、*THE*、*U. S. News*、ARWU 四大排行榜，其中不含世界顶级大学。
2. “—”表示该排行榜中未出现或不在前 1 000 名内的大学。
3. *THE* 排行榜中，列出了“马萨诸塞大学”排名，没有列出分校“马萨诸塞大学安姆斯特分校”的排名。
4. *U. S. News* 排行榜中，“中国地质大学”未标明武汉或北京；在参评世界大学排行时，巴黎高校的参评单位有所不同，有些以大学集群参评，有些以大学个体参评。其中，“索邦大学”“巴黎第七大学”“巴黎政治学院”属于“索邦巴黎西岱大学”；“巴黎第九大学”和“巴黎高等师范学校”属于“巴黎 PSL 研究大学”；“巴黎综合理工学院”和“巴黎第十一大学”属于“巴黎萨克雷大学”。因此，*U. S. News* 排行榜中，所列排名是合并后的大学的参评结果；QS 和 *THE* 中，“巴黎高等师范学校”和“巴黎第九大学”也是大学合并后的参评结果。

第二章
中国·北京

北京是中国的首都，是中国的政治中心、文化中心、国际交往中心、科技创新中心。北京历史悠久，经济发达，科技繁荣，是世界知名的国际大都市，这些都为北京世界一流大学的成长与发展提供了有利条件。中华人民共和国成立以来，在国家和北京市政府的大力支持下，北京发展出了以北京大学、清华大学为代表的一批世界一流大学，以及中国人民大学、北京航空航天大学、北京理工大学、北京师范大学等一系列高水平研究型大学。这些大学的成长与发展也为北京社会经济发展和城市建设提供了重要支持。

当前，北京市设计了极具首都特色和大国风采的“双一流”建设方案，建设“世界一流大学高地”“世界主要科学中心和科技创新高地”是北京市 2050 年的建设目标之一。本章梳理了北京市建设世界一流大学的历史，分析了北京市与北京几所世界一流大学在政治、经济、文化、社会等方面的互动发展情况，在此基础上，总结出北京建设世界一流大学高地的优势与劣势，为北京世界一流大学高地建设提供政策建议。

第一节　北京世界一流大学高地概况

一、北京城市概况

北京(Beijing)，简称“京”，是中华人民共和国的首都，是中国的政治中心、文化中心，是世界著名古都和现代化国际城市。北京位于北纬 39 度 56 分、东经 116 度 20 分，地处华北大平原的北部，地势西北高、东南低。西部、北部和东北部三面环山，东南部是一片缓缓向渤海倾斜的平原，东面与天津市毗连，其余均与河北省相邻。其气候为典型的暖温带半湿润大陆性季风气候，夏季高温多雨，冬季寒冷干燥，春、秋短促。

北京具有重要的政治功能，它是中国共产党中央委员会、中华人民共和国中央人民政府和全国人民代表大会的办公所在地。北京是历史悠久的文化之城，先后有辽、金、元、明、清等朝代在这里建都。北京也是中国重要的经济中心之一，2017 全年实现地区生产总值 28 000.4 亿元，全市人均地区生产总值为 12.9 万元，国际贸易产业发达，科技创新对经济发展的促进作用显著，经济生产总值位于全国前列。悠久的历史积淀和锐意创新的现代氛围是北京重要的城市特征，成为其繁荣发展的不竭动力。

作为世界级大都市，北京的城市规模庞大。从面积上看，北京共有 16 个辖区，全市土地面积达 16 410.54 平方千米，约相当于荷兰、瑞士半个国家的大小，是世界上典型的大型城市。从人口上看，2018 年末，北京市有常住居民 2 154.2 万人，这一人口规模超过了加拿大(2019 年人口数为 3 739.4 万人①)整个国家总人口的一半，人口密度高达每平方千米 1 313 人。同时，北京的人口构成具有显著的多样化特点，在常住总人口中，外来人口达 764.6 万人，占常住人口的比重为 35.5%，人力资源的集聚为这座城市增加了活力和创造力。表 2 - 1 展现了北京市的基本情况。

表 2 - 1　北京城市概况表

土地面积	16 410.54 平方千米，全市共辖 16 个区
地　形	西北高、东南低；西部、北部和东北部三面环山，东南部是一片缓缓向渤海倾斜的平原
气　候	暖温带半湿润大陆性季风气候
人　口	常住人口 2 154.2 万人，常住外来人口 764.6 万人，占比 35.5%；常住城镇人口 1 863.4 万人，占比 86.5%
民族与宗教	除汉族外，排在前五位的是满族、回族、蒙古族、朝鲜族和土家族。北京地区居民信仰的宗教主要是佛教、道教、伊斯兰教、天主教、基督教
GDP	30 320 亿元(人民币)

资料来源：北京市人民政府. 北京概况[EB/OL]. [2019 - 03 - 31]. http://www.beijing.gov.cn/renwen/bjgk/.

二、北京建设世界一流大学的基本情况

北京历史悠久。在长期的发展中，北京一直是中国教育改革与发展的重要阵地。丰厚的历史文化积淀形成了北京当前高水平大学聚集、不同类型层次院校竞相发展的局面。当前，北京是全国高等教育最为密集的城市，2018 年研究生教育招生 11.7 万人，在学研究生 33.6 万人，毕业生 8.7 万人。普通高等学校招收本专科学生 15.6 万人，在校生 58.1 万人，毕业生 14.7 万人。北京已经成为中国重要的高等教育中心之一，并正在发展为世界一流大学高地。

在政府集中优势资源、强力支持高等教育发展的政策背景下，北京一直都是高等教育

① https://baike.baidu.com/item/世界各国人口排名/23333799.

政策资源的重点流向地区，一大批发展基础较好的大学在国家“211工程”“985工程”及“双一流”建设为代表的一系列政策的大力支持下得以进一步提质增速。

20世纪90年代，为了迎接世界新技术革命的挑战，以更好地面向21世纪，中国政府提出了集中中央和地方各方面的有限资源，分期分批地重点建设100所左右的高等学校和一批重点学科、专业，以实现到2000年左右在教育质量、科学研究、管理水平及办学效益等方面有较大提高，有一批高等学校和学科、专业接近或达到国际一流大学水平的建设目标，这就是“211工程”。“211工程”共遴选了100所院校进行重点建设，北京市以26所的数量遥遥领先于中国其他各省市，北京的高校建设数占到了全国各省市高校建设总数的五分之一以上。经过十年的“211工程”建设，各高校的人才培养、科学研究、社会服务能力都有了很大提高，学科建设取得重大成效，少数学科接近国际先进水平，越来越多的发达国家高校和研究机构纷纷与“211工程”学校建立联合科研机构，加强学术和技术合作，提升了合作、交流的深度和层次。

实施“985工程”，是我国在世纪之交为建设世界一流大学而作出的重大决策。1998年5月4日，时任国家主席江泽民在庆祝北京大学建校100周年大会上向全社会宣告：“为了实现现代化，我国要有若干所具有世界先进水平的一流大学。”“985工程”正式启动建设。“985工程”以建设若干所世界一流大学和一批国际知名的高水平研究型大学为目标，两期建设共选择了全国范围的39所高校进行重点支持，其中，北京市共有8所高校进入建设范围，入选高校数量位居全国各省市首位，占到入选高校总数的21%。“985工程”建设成效显著，提高了各建设高校的人才培养质量和自主创新能力，在世界范围也产生了积极影响。

近几年，为促进中国高等教育水平进一步提升，实现中国从高等教育大国到高等教育强国的历史性跨越，中国政府出台了一系列政策开展世界一流大学和一流学科建设，简称“双一流”建设。2015年10月，国务院印发《统筹推进世界一流大学和一流学科建设总体方案》，要求按照“四个全面”战略布局和党中央、国务院决策部署，坚持以中国特色、世界一流为核心，以立德树人为根本，以支撑创新驱动发展战略、服务经济社会发展为导向，坚持“以一流为目标、以学科为基础、以绩效为杠杆、以改革为动力”的基本原则，加快建成一批世界一流大学和一流学科①。这标志着“双一流”建设正式拉开帷幕。2017年9月21日，教育部、财政部、国家发展和改革委员会印发《关于公布世界一流大学和一流学科建设高校及建设学科名单的通知》，公布了42所世界一流大学和95所一流学科建设高校及建设学科名单。在42所世界一流大学建设高校中，北京有清华大学（Tsinghua University）、北京大学（Peking University）、中国人民大学（Renmin University of China）、中国农业大学（China Agricultural University）、北京师范大学（Beijing Normal

① 国务院关于印发统筹推进世界一流大学和一流学科建设总体方案的通知[EB/OL]. http://www.moe.gov.cn/jyb_xxgk/moe_1777/moe_1778/201511/t20151105_217823.html.

University)、北京航空航天大学(Beihang University)、中央民族大学(The Center University of Nationalities)、北京理工大学(Beijing Institute of Technology)8所院校入选;在95所世界一流学科建设高校中,北京有29所高校入选。北京是全国拥有“双一流”建设高校数量最多的城市,“双一流”建设高校数量占到了全国建设高校总数的21%。

表2-2展示了北京市在国家几次高等教育重点建设项目中入选的建设高校情况。

表2-2　北京入选国家高等教育重点建设项目的高校

项目名称	入选数量	入选高校
“211工程”建设高校	26	清华大学,北京大学,中国人民大学,北京交通大学,北京航空航天大学,北京科技大学,中国传媒大学,北京师范大学,中央音乐学院,对外经济贸易大学,北京理工大学,中国地质大学,中国矿业大学,中国石油大学,华北电力大学,北京林业大学,北京化工大学,北京邮电大学,中国农业大学,北京工业大学,北京中医药大学,北京外国语大学,北京体育大学,中央民族大学,中央财经大学,中国政法大学
“985工程”建设高校	8	清华大学,北京大学,北京航空航天大学,北京师范大学,北京理工大学,中国人民大学,中国农业大学,中央民族大学
“双一流”建设高校	29	世界一流大学建设高校:清华大学,北京大学,中国人民大学,中国农业大学,北京师范大学,北京航空航天大学,中央民族大学,北京理工大学 世界一流学科建设高校:北京大学,中国人民大学,清华大学,北京交通大学,北京工业大学,北京航空航天大学,北京理工大学,北京科技大学,北京化工大学,北京邮电大学,中国农业大学,北京林业大学,北京协和医学院,北京中医药大学,北京师范大学,首都师范大学,北京外国语大学,中国传媒大学,中央财经大学,对外经济贸易大学,外交学院,中国人民公安大学,北京体育大学,中央音乐学院,中国音乐学院,中央美术学院,中央戏剧学院,中央民族大学,中国政法大学

北京集聚了中国较多的优质高等教育资源,在世界高等教育竞争中也处于前列。在*THE*、*U.S.News*、ARWU以及QS发布的世界大学排行榜中,北京高校也有突出的表现。其中,清华大学、北京大学在几个排行榜中均位居全球前50左右,北京航空航天大学、北京师范大学等高校也在前500名中榜上有名。表2-3展示了进入几个世界大学排行榜前500的北京高校。

表2-3　进入世界大学排行榜前列的北京高校

	THE	*U.S. News*	ARWU	QS
清华大学	22	50	43	17
北京大学	31	68	53	30
北京师范大学	—	330	201～300	292
北京航空航天大学	501～600	413	201～300	491

续 表

	THE	*U.S. News*	ARWU	QS
中国农业大学	601～800	497	301～400	651～700
北京理工大学	601～800	452	301～400	464

注：

1. 数据来源于2019年世界QS、*THE*、*U.S. News*、ARWU四大排行榜。
2. “—”表示该排行榜中未出现该大学或不在前1 000名内。

综合北京市高等教育历史上几次重点建设入选高校和当前“双一流”建设入选高校情况，以及世界大学排行榜结果，本研究将清华大学、北京大学、中国人民大学、中国农业大学、北京师范大学、北京航空航天大学、中央民族大学、北京理工大学8所发展水平较高的院校作为北京世界一流大学高地的重点研究对象进行分析。表2－4为这8所院校的基本情况。

表2－4 北京市世界一流大学建设高校基本情况

高校名称	建校时间/年	全日制在校生/人	教职工/人	两院院士/人	学校文化
清华大学	1911	47 762	14 326（教师3 461 博士后1 958）	51/37	校训：自强不息、厚德载物 校风：行胜于言 办学理念：中西融汇、古今贯通、文理渗透
北京大学	1898	46 234	21 183（教师7 317 博士后1 592）	76/19	精神核心：爱国、进步、民主、科学 学风：勤奋、严谨、求实、创新 学术精神：思想自由、兼容并包
中国人民大学	1937	27 134	教师1 869	官网未显示	校训：实事求是
中国农业大学	1905	20 485	2 722（教师1 738）	5/7	校训：解民生之多艰，育天下之英才 校风：团结、朴实、求是、创新
北京师范大学	1902	24 124	3 120（教师2 064）	8	校训：学为人师，行为世范
北京航空航天大学	1952	30 000	3 928（教师2 172）	23	校训：德才兼备、知行合一 校风：艰苦朴素、勤奋好学、全面发展、勇于创新 办学理念：尚德务实、求真拓新
中央民族大学	1941	16 456	1 834（教师1 114）	官网未显示	校训：美美与共，知行合一

续 表

高校名称	建校时间/年	全日制在校生/人	教职工/人	两院院士/人	学校文化
北京理工大学	1940	27 678	3 376 (教师 2 275)	22	校训：德以明理，学以精工 校风：团结、勤奋、求实、创新 学风：实事求是，不自以为是

备注：数据截至 2017—2018 年。

资料来源：

清华大学：学校概况（统计数据）http://www.tsinghua.edu.cn/publish/newthu/newthu_cnt/about/about-6.html.

学校概况（学校沿革）http://www.tsinghua.edu.cn/publish/newthu/newthu_cnt/about/about-2.html.

北京大学：公开事项（统计数据）https://xxgk.pku.edu.cn/docs/20180410192941232836.pdf.

北大概况（北大简介）https://www.pku.edu.cn/about.html.

中国人民大学：概况（学校简介）https://www.ruc.edu.cn/intro.

信息公开 http://xxgk.ruc.edu.cn.htm.

中国农业大学：学校简介 http://www.cau.edu.cn/col/col10247/index.html.

基本数据：http://www.cau.edu.cn/col/col10248/index.html.

北京师范大学：学校简介 https://www.bnu.edu.cn/xxgk/xxjj/index.htm.

校情统计 https://www.bnu.edu.cn/xiaoban/tjgk.html.

北京航空航天大学：北航概况（今日北航）https://www.buaa.edu.cn/bhgk/jrbh.htm.

北京理工大学：学校概况（数据发布）http://www.bit.edu.cn/gbxxgk/xxgk2/index.htm.

学校概况（学校简介）http://www.bit.edu.cn/gbxxgk/gbxqzl/xxjj/index.htm.

第二节 北京世界一流大学高地的演进

在北京悠久的发展历程中，教育事业一直受到历朝历代统治者的重视，古代北京作为几个朝代的首都，是国家中央一级开展人才选拔考试和举办全国最高学府的重要地点。20 世纪初，西学东渐的社会思潮催生了半殖民地半封建社会背景下北京现代高等教育的实践；1949 年，中华人民共和国成立后，我国开始建立新的高等教育体系，北京高等院校体系不断完善，促进了大学的稳步发展；21 世纪以来，在多次重点建设的基础上，北京地区开启了世界一流大学高地建设的新征程，并取得了显著建设成效。

一、社会变革与现代大学的创立与发展

19 世纪中期，在西方资本主义国家已经基本完成工业革命并初步建立起符合近代社会发展的学校教育体系时，中国却处于封建社会的顶峰。清朝统治者以推广儒家义理之学为教育原则，以“四书五经”为教学内容，以科举取士为人才选拔方式。自 1840 年鸦片战争起，以英国为首的西方资本主义列强先后对中国发动了多次侵略战争，中国沦为半殖民地半封建社会。直至 19 世纪末，中国外部面临着西方资本主义国家的侵扰，内部面临

着起义与动乱，日益深重的民族危机使一些有识之士意识到了教育的重要性。他们提出“师夷长技以制夷”的口号，号召创办了专门的外语学堂——京师同文馆。维新派人士提出了“变科举、兴学校”的主张，并呼吁在全国各省、府、州、县建设学堂，在京师设立大学堂，以开发教育，振兴国家。1904—1908 年，政府又在京师开办了八旗高等学堂、顺天高等学堂和满蒙文高等学堂，之后，清政府与美国达成返还部分庚子赔款的协议，在北京西郊开办了留美预备学校——清华学堂。尽管这些变革举措有重要的意义，但在动荡的历史大潮中并没有得到有效的落实，北京地区出现了大学的萌芽，但仍然受限于当时的发展环境。

1911 年，辛亥革命胜利，两千多年的封建专制体制得以终结，倡导“民主”和“共和”理念的资产阶级革命派建立了中华民国。中华民国实行新的教育体制，由德国留学归来的蔡元培任教育总长。通过倡导革故鼎新的教育改革，颁布新的教育法令，中华民国建立起了新的教育秩序，取消了清政府“忠君”“尊孔”的教育宗旨，突出公民道德和知识技能教育。1912—1913 年，民国政府教育部颁布了一系列新的学制系统。在高等教育方面颁布了《大学令》，取代“忠孝为本”的教育理念，规定“大学以教授高深学术，养成硕学宏才，应国家需要为宗旨”，设文理二科，设立“教授会”与“评议会”，使民主、自治的现代大学理念得以进入中国大学的视野。与之前的教育法令不同，《大学令》倡导学术为本的大学宗旨，引入学术研究的大学职能，提出教授治校的大学管理模式，开启了我国现代大学建设的新时代①。

也是在这一时期，京师大学堂、清华学堂分别易名为北京大学和清华学校。1913 年至 1914 年间，部分分科大学相继脱离北京大学而独立，改建为专门学校，如国立北京工业专门学校、国立北京农业专门学校、国立北京政法专门学校、国立北京医学专门学校、国立北京美术专门学校等。与此同时，还新建了北京航空学校、筹边高等学校以及民国大学（后改为朝阳大学）、明德大学、中华大学等私立高等学校。1915 年，美国洛克菲勒基金会的驻华医学基金会出资购买了原北京协和医学校的校产，新建了属于洛克菲勒基金会的北京协和医学院。

1916 年，蔡元培被任命为北京大学校长，他本着“大学是研究高深学问的机构”的精神，提出了“囊括大典、网罗众家、兼容并包”的办学方针，对北大进行了全面的整顿和改革。广揽“积学与热心”的人才，整顿充实教师队伍，效仿德国大学制度，改革领导体制，实行民主办学，改革学科和教学体制，鼓励学术研究，改革北大沉闷环境。这些举措从根本上改变了京师大学堂封建官僚衙门的遗风，使北京大学迅速走上现代大学的发展轨道。当时，北京大学勇开新风，成为全国高等学校的楷模。在这种风气的引领下，北京大学与国家和民族同呼吸，传播新思想、鞭笞旧制度，在抗议巴黎和会协议、发动“五四运动”、开展新民主主义革命等方面发挥了中流砥柱的作用。

---

① 杨旭婷. 民初《大学令》在高等教育发展中的历史作用[J]. 法学教育研究，2016，14(01)：356－366＋391.

二、经济社会转型与两次院校大调整

1928 年，国民党南京政府统一了北方，改北京为北平。在教育制度方面，南京政府实行大学校区制度，成立了北平大学区，将多所大学进行合并，设立北平大学。由于这一制度遭到部分学校和学生的强烈反对，1929 年又宣告停止实施，北京大学、北京师范大学、北洋大学、河北大学从北平大学独立出来。1928 年，南京国民政府接管了清华学校，正式改名为清华大学。之后，北平的高等教育平稳发展，到 1937 年，北平的高等教育在全国各城市中居于前列，几所著名的大学云集了一批著名的专家学者，办学水平、教育质量都代表了国内最高水平。抗日战争时期，为躲避战争摧残，国民政府决定将平津地区的一批高校迁到内地办学。之后，由于国民党政府坚持发动内战和反民主、反人民的政策，抗日战争胜利后的北平高等教育，一直没有机会和条件得到应有的恢复与发展。十余年的抗日战争和解放战争影响了北京各个大学的建设步伐。

1949 年，北平和平解放，并更名为北京市。中华人民共和国成立后，北京高等教育开始朝着民族化、科学化、大众化的方向发展，北京高等院校的发展进入了新的历史时期。之后，中央政府完成了对原有高校的接管、接收，建立了新的高等教育制度，并于 1949 年和 1951 年分别成立了中国人民大学和中央民族学院。

1952 年，中共中央提出要在相当长的时间内，逐步实现国家社会主义工业化，并逐步实现国家对农业、手工业和资本主义工商业的社会主义改造。为改变中国高等教育结构不够合理、学校规模小、培养学生数量少的情况，适应即将大规模开展的社会主义经济建设需求，特别是为了与实施社会主义建设第一个五年计划相配合，1952 年下半年，中共中央在全国范围内进行了高等学校的院系调整。

此次院系调整以培养工业建设干部和师资为重点，发展专门学院和专科学校，整顿和加强综合大学，把中华民国时期效仿英国、美国构建的高校体系改造成效仿苏联的高校体系，发展专门学院，首先是工业学院。北京地区各类高校经过调整，教育结构发生了重大变化。其中，北京大学成为侧重于文理基础学科的教学和科学研究的综合大学；清华大学由多学院制综合大学改变为多科性高等工业大学；北京师范大学合并了辅仁大学、燕京大学教育系等机构，规模得以扩展；等等。同时，在此次院校调整中，中央有关部委和北京市合作，在北京西北郊规划兴建了一批新的高等学校，后来成为“八大学院”，包括北京林学院、北京机械化农业学院、北京矿业学院、北京石油学院、北京航空学院等。北京高等学校经过院系调整和新学校的建立，初步形成了分布集中、实力雄厚、学科众多、门类齐全的高等教育体系。到 1952 年底，北京地区高等学校数由 1949 年的 13 所增至 25 所，在校生数由 1949 年的 1.52 万人增至 3.06 万人，北京高等教育的规模已经位居全国各省市首位。

进入 20 世纪 90 年代，社会主义市场经济体制建立，中国改革开放和社会主义现代化进入新阶段，社会经济结构的变化对人才有了更高的要求。原有的适应中央各部委行业需要的院校设置，产生了专业划分过细、管理条块割裂的问题，制约了人才培养和院校发展。1993 年，党中央、国务院颁布了《中国教育改革和发展纲要》，提出进一步改变专业设置偏窄的状况，拓宽专业业务范围，加强实践环节的教学和训练，发展同社会实际工作部门的合作培养，促进教学、科研、生产三结合。

《中国教育改革和发展纲要》发布后，高教管理体制改革注重走内涵发展的路子，被称为中华人民共和国“第二次院校调整”。此次调整的基本思路是：以共建、合作、合并等联合办学为主要形式，由部门和地方“条块分割”转变为“条块有机结合”；减少学校数量，调整布局结构，优化资源配置，扩大学校投资渠道和服务面向，逐步建立起布局结构合理、学科门类较全、规模效益好、教育质量高、适应社会需要的综合性、多科性、单科性并举的高等教育体系①。在这一时期，北京地区的部分高校并入原有学校，或由若干学院合并成立了新的大学，如北京医科大学并入北京大学。同时，北京市市属高校也进行了结构调整。1992 年，国家教委发出了《关于北京市市属高等学校布局调整的通知》，如将北京师范大学、北京师范学院分院、北京联合大学下设的外语师范学院和职业技术师范学院四所院校合并为一所学校，设立首都师范大学；将北京计算机学院并入北京工业大学；将北京经济学院和北京财贸学院合并，成立北京经贸学院等。更为重要的是，此次院校调整也推动了全国各地的办学改革，引导高校主动作为，建立起适应社会主义市场经济体制和政治、科技体制改革需要的教育体制。

三、新时代与世界一流大学建设

20 世纪末 21 世纪初，在“211 工程”和“985 工程”等一系列重点建设项目的支持下，北京几所发展基础好、发展水平高的大学获得了较大发展。进入 21 世纪第二个十年，中国经济发展形势发生了新的变化，2017 年 10 月，中国共产党第十九次全国代表大会在北京开幕，十九大报告提出了中国发展新的历史方位——中国特色社会主义进入了新时代。在新时代背景下，国家和人民对高质量教育的需求日益强烈，建设具有国际水平、引领世界前沿的高等教育，实现中国从高等教育大国到高等教育强国的历史性跨越成为新的时代命题。

2015 年，国务院发布了《统筹推进世界一流大学和一流学科建设总体方案》，提出了建设世界一流大学和一流学科的战略目标。基于国家“双一流”建设的部署，北京市政府也出台了支持本地区高校“双一流”建设的相关文件。2018 年 7 月，北京市人民政府发布了《关于统筹推进北京高等教育改革发展的若干意见》，引导高等学校走内涵式发展道路，提升人才培养能力和科技创新能力，加强社会服务、文化传承创新及国际交流合作，加快实现高质量发展，努力建设一流大学和一流学科，更好地服务北京“四个中心”城市战略定

① 周大平.“第二次院校调整”：加快高教管理体制改革[J].瞭望新闻周刊，1997(42).

位，为建设国际一流的和谐宜居之都和具有全球影响力的科技创新中心提供人才保障和智力支撑。要求到2050年，北京高等学校综合实力实现跨越提升，北京成为世界一流大学的高地，一流高等教育资源的协同效应充分释放，高等教育在全球范围内的影响力、辐射力、引领力全面彰显的建设目标。

在具体建设措施上，北京市“双一流”建设具有以下突出特征。第一，分类发展。在分类管理、分类指导、分类支持、分类评价的基础上，逐一研究并明确市属高校办学定位，推动其在不同层次、不同学科和不同领域办出特色，争创一流。初步设置了高水平研究型大学、高水平特色大学、高水平应用型大学、高水平技能型大学四类。第二，协同建设。北京市一直致力于促进中央高校和市属高校的协同合作，加强与中央高校的共建工作，充分发挥央属高校办学优势及引领作用，支持央属高校与市属高校构建互惠共赢长效机制。第三，融入区域发展。引导高等学校立足北京，主动服务战略性新兴产业及民生需求，着力优化学科专业结构和人才培养层次结构，重点建设一批一流学科和一流专业，动态调整一批与首都城市发展契合度不高的学科和专业，促进学科布局、专业设置、培养规模及结构与首都“四个中心”的经济社会发展相适应。第四，多元推进。为促进北京高校“双一流”建设，北京市政府分别开展了高校高精尖学科建设和一流专业建设。高精尖学科建设通过支持一批优势学科、提升一批特色学科、建设一批新兴交叉学科、繁荣一批人文社会学科，进一步推动高等学校学科建设水平提升。一流专业建设项目意在引导中央在京高校结合北京经济社会发展需要开展专业建设，推动市属高校整合办学资源，优化专业结构，强化优势特色，建成一批强势专业、行业急需专业、新兴交叉复合专业。

在新的建设时期，在国家和北京市一系列政策导向下，北京市各类高校统筹发展、协调共进，正在朝着世界一流的目标进一步迈进，这将进一步助力北京世界一流大学高地的形成发展。2019年，“双一流”建设已经进入中期阶段，北京市几所世界一流大学建设高校进展显著，影响力、辐射力和引领力不断提升。

（一）国际影响力日益提升

北京的世界一流大学建设高校通过深入实施全球战略、加强学生的国际化培养广度和深度、深入推进全球化战略、扩展海外布局等方式，不断扩大北京一流大学的全球影响力。

第一，深入实施全球战略。北京的8所世界一流大学建设高校不断提升学校的国际竞争力，提高国际师生比例。以2018年为例，清华大学本年度共聘请来自44个国家的长期全职外籍专家和教师301人，有来自全世界100余个国家和地区的超过6 000人次国际学者和人员来校进行短期学术访问，国际学生申请人数创新高，在校国际学生3 785人，来自128个国家和地区，国别覆盖率大大提高，生源结构更多元，生源质量得到提升，其中学位生占比82%，研究生规模继续居国内高校首位。2018年，北京大学有16 630人次师生出国(境)交流访问，人数创历史新高。在国际化战略的影响下，北京的世界一流大学建设高校综合实力和国际影响力不断提升，在世界知名大学排行榜中的排名不断突破。与此同时，8 所世界一流大学建设高校着力建设一流大学文化，以一流的宜学宜居环境支撑高素质人才队伍建设。

第二，加强学生的国际化培养广度和深度。2018 年，清华大学与法国巴黎综合理工大学、瑞士日内瓦大学、美国约翰霍普金斯大学、意大利都灵理工大学等建立了联合培养项目，与国(境)外 14 所高水平大学签署学生交换协议和暑期项目协议，支持学生开展海外高水平学术研究和深度学习活动，资助 551 名博士生和 97 名硕士生赴境外参加国际会议，281 名博士生赴国外开展 4～6 个月的短期访学研究，294 名博士生获得国家建设高水平大学公派研究生项目资助赴国外联合培养。

第三，深入推进全球化战略，扩展海外布局。北京大学、中国人民大学、北京师范大学、中央民族大学等积极建立国际合作科研和人才培养基地，国际学术交流与合作进一步深化。通过战略合作伙伴关系、共建研究教学机构、合作开展人才培养项目等形式，深化校际合作。建设国际化校园支撑体系，国际化办学能力进一步提升。清华大学通过建设"国际学生工作体系"，加强国际学生成长与发展、涉外事务服务与管理、应急事务管理工作，实现德育助理对国际学生的服务引领工作"全覆盖"。推进"国际化能力提升计划"，招收外籍全职行政工作人员，对全校行政管理人员进行国际化能力的多种培训，提升校园国际化服务水平。积极向国际组织输送人才；成立了学生全球胜任力发展指导中心，学生国际组织实习任职能力得到提升；与若干国际组织达成实习生输送合作备忘录，改革教学培养管理机制，加强全过程政策支持，支持国际组织校友的职业发展。

（二）大学建设成果辐射效果显著

世界一流大学不仅有一流的人才培养和科研成果，更通过其文化、制度与治理能力，在其他大学或行业领域起到强大的辐射带动作用。北京的 8 所世界一流大学建设高校通过不断创新人才培养模式、提升科研能力、加强文化服务等举措，提升了北京世界一流大学建设的辐射力。

第一，人才培养模式不断创新。北京的 8 所世界一流大学建设高校在高层次人才培养中，不断创新，突破学科壁垒，突出问题导向、实践导向，促进融合创新。北京理工大学致力于培养"胸怀壮志、明德精工、创新包容、时代担当"的领军人才，在建校 78 年来的 30 余万毕业生中，培养了李鹏、曾庆红、叶选平等党和国家领导人，120 余位省部级以上党政领导和将军；国家最高科学技术奖获得者王小谟、我国第一艘核潜艇总设计师彭士禄等 40 余位院士；以及各个行业、各个层面的大批领袖人才和优秀建设者。因此，北京理工大学被誉为"红色国防工程师的摇篮"。2018 年，清华大学 22 个工科院系启动创新领军工程博士项目，定位于培养具有国际先进水平的科技创新领军人才，服务国家创新驱动发展战略，面向国家重点行业、地区、创新型企业招收相关领域的创新领军人才，构建工程高端人才培养的新格局。通过打造创新创业教育平台，进一步丰富创新创业素养课程和实践课程，促进学生领导力、创造力、思想力和执行力与学术创新能力协同提升，并取得良好成效，13 位青年创业者入选 2018 年度"中国 30 岁以下杰出人才(Forbes 30 Under 30 China)"。

第二，科研创新能力不断提升。科研创新能力和服务国家重大需求能力不断增强。清华大学国家重点研发计划连续三年立项数和合同额位居全国高校第一，国家奖获奖总数和一等奖获奖数量（含创新团队）均创高校历史新高；在校教师入选各类国家人才计划取得新佳绩，除万人领军项目之外，人才项目入选数量均为全国高校首位。北京航空航天大学、中国农业大学不断营造成果转化的良好氛围，进一步完善科技成果转化领导体制和运行机制，成果转化创造突出绩效，取得了成果转化的良好成效。

第三，加强文化服务。北京大学和清华大学以博士生讲师团为例，组织博士生讲师团扎根高校、走进一线、深入基层、走向海外，开展十九大精神宣讲工作，累计各类宣讲超过700场，总计覆盖超过5万人次，用实际行动促进社会主义核心价值观的传播。

（三）服务社会发展引领效应明显

中国特色世界一流大学的建设面向国家与社会需求，在支撑社会发展中发挥重要作用。北京世界一流大学建设高校通过人才培养、科学研究、智库建设等服务国家战略需求。

第一，人才培养服务国家战略需求。清华大学开设特色研究生培养项目，在“国家战略、数一数二、独一无二、高端合作”原则的指导下，不断拓展专业学位项目，服务国家战略和社会需求。中央民族大学培养少数民族人才，支撑少数民族建设。中央民族大学在国内的民族教育中，具有强大的吸引力，少数民族学生比例为44.6%。建校以来，学校为国家输送了10万余名各民族毕业生。其中知名专家学者近千名，少数民族省部级领导干部近百名，地厅级领导干部近千名，县处级领导干部万余名，他们在不同的岗位上为国家的民族团结与发展事业作出了突出的贡献。中央民族大学已成为培养少数民族杰出人才和民族团结表率的摇篮。

第二，科技创新服务国家战略需求。加快重点基地建设，瞄准国家重大战略需求，聚焦关键技术研究，努力建成有国际影响力的高技术科研机构，提升服务国家军民融合与创新驱动发展战略的能力。北京航空航天大学曾创造了新中国科技史上多个“第一”：第一台电视发射接收装置、第一枚二级固体高空探测火箭、第一辆轻型坦克、第一部低空测高雷达、第一台20千米远程照相机等。“十二五”期间，学校科技投入总量近100亿元，共获得国家科学技术奖23项，获奖总数位列全国高校第15位，在国家科学技术奖专用项目获奖数目方面位列全国高校第3位，获得国防科学技术奖总数、授权国防专利和有效国防专利数均位列全国高校第1位。2016年，学校获得5项国家科学技术奖；2017年，学校获得9项国家科学技术奖；多项科技成果直接服务国计民生重大项目。

第三，智库服务国家战略需求。清华大学智库管理体系和运行体系进一步完善，建立向中央和相关部门直送重大成果的常态机制；初步形成《清华大学智库报告》《清华大学信息直报》等品牌。中央民族大学致力于研究民族事务，学校图书馆中民族学、中国少数民族语言文学图书文献资料藏量居国内高校前列。民族博物馆藏有三万余件珍贵的民族文物，已经成为学生爱国主义教育和教学实践基地，以及民族事务智库基地。

第四，深度参与国家战略帮扶。清华大学、北京大学、中国人民大学围绕国家重大发展战略，推动重要区域合作。三所高校深度参与长三角一体化发展，大力推进学校参与粤港澳大湾区建设，与安徽省、浙江省、湖北省、深圳市等省市签署全面战略合作框架协议，并深度参与首都创新发展，为服务北京“四个中心”城市战略定位、建设国际一流的和谐宜居之都和具有全球影响力的科技创新中心提供人才保障和智力支持。北京理工大学和北京航空航天大学在服务国家战略和奉献世界科技发展中展现担当，坚持瞄准国家重大战略需求和世界科技发展前沿锐意进取。在国庆 60 周年阅兵、“9·3”大阅兵、建军 90 周年朱日和阅兵中，所参与武器装备的数量和深度位居全国高校第一；在北京奥运会、上海世博会、广州亚运会、“神舟”八号与“天宫一号”交会对接等过程中，学校研发的多项技术均表现优异。

第三节　北京世界一流大学与城市协同发展

2014 年 2 月，习近平考察北京时提出了北京“四个中心”的发展定位，即全国政治中心、文化中心、国际交往中心、科技创新中心，要求努力把北京建设成为国际一流的和谐宜居之都。北京多中心的城市功能为世界一流大学的成长与发展提供了有利条件，世界一流大学也在北京城市发展方面发挥着日益重要的作用。

一、首都地位孕育世界一流大学发展

北京是一个具有丰厚文化底蕴的历史名城，是金、元、明、清等朝代的首都。可以说，古代北京一直是全国高等学府的聚集地和全国高等教育优质资源中心，这为北京世界一流大学的发展奠定了历史基础。

首都的政治优势为北京世界一流大学的发展提供了优渥的条件。中央部委、各级政府为北京高校发展提供了丰厚的资金投入和优越的政策支持。中国大学实行党委领导下的校长负责制，大学也因其不同的管理权而分为部属大学、省属大学、市属大学等，各类大学的相应主管政府部门一般都会有专门的资金、政策支持大学的建设与发展。在当前北京的 91 所大学当中，既有部属院校，又有市属院校，但无论是部署院校还是市属院校，都在我国大政方针的指导下开展各项建设工作。无论是世界一流大学的建设还是世界一流大学高地的建设，最强大的支撑来自国家、政府。北京市政府的政策支持，也是北京世界一流大学高地建设的强劲动力。

位于首都的区位优势也为当地一流大学的建设提供了国际化的、创新的、富有活力的发展氛围，提供了各类丰富的发展资源。

第一，首都经济、科技发达，为大学发展提供了丰厚的社会资源。2018 年，北京市全

年实现地区生产总值 30 320 亿元，全市人均地区生产总值为 14 万元。2018 年 7 月，财富中文网发布了最新的《财富》世界 500 强排行榜。在上榜公司数量上，中国公司达到了 120 家。[①] 从企业总部所在城市来看，在这 120 家企业中，53 家总部设在北京，占中国企业入榜数的 44.2%，占 500 强榜单数的 10.6%，如表 2-5 所示。北京已成为世界重要的城市经济体。高水平的经济发展实力为北京地区世界一流大学的发展提供了高水平的合作交流资源和世界前沿的创新氛围。

表 2-5　位于北京的世界 500 强企业

序号	排名	公　司　名　称	营业收入/百万美元
1	2	国家电网公司	348 903.1
2	3	中国石油化工集团公司	326 953
3	4	中国石油天然气集团公司	326 007.6
4	23	中国建筑工程总公司	156 070.8
5	26	中国工商银行	153 021.3
6	31	中国建设银行	138 594.1
7	40	中国农业银行	122 365.5
8	42	中国人寿保险(集团)公司	120 224.1
9	46	中国银行	115 422.7
10	53	中国移动通信集团公司	110 158.5
11	56	中国铁路工程总公司	102 767.1
12	58	中国铁道建筑总公司	100 854.8
13	87	中国海洋石油总公司	81 482.2
14	91	中国交通建设集团有限公司	79 416.9
15	98	中国中化集团公司	76 764.8
16	101	国家能源投资集团	75 522.4
17	109	中国五矿集团公司	72 997.4
18	113	中国邮政集团公司	72 197.3
19	117	中国人民保险集团股份有限公司	71 579.1
20	122	中粮集团有限公司	69 669.1
21	124	北京汽车集团	69 591.3

① 财富中国. 2018 年世界 500 强 120 家中国上榜公司完整名单.

续 表

序号	排名	公 司 名 称	营业收入/百万美元
22	140	中国兵器工业集团公司	64 646.3
23	141	中国电信集团公司	63 974
24	149	中国中信集团有限公司	61 316.2
25	161	中国航空工业集团公司	59 262.5
26	167	中国化工集团公司	57 989.4
27	181	京东集团	53 964.5
28	182	中国电力建设集团有限公司	53 870.1
29	194	中国医药集团	51 844.4
30	222	中国铝业公司	46 683.5
31	242	中国兵器装备集团公司	44 785.4
32	243	中国建材集团	44 701.2
33	245	中国船舶重工集团公司	44 431
34	251	中国民生银行	43 297.5
35	256	中国机械工业集团有限公司	42 638.1
36	273	中国联合网络通信股份有限公司	40 663.5
37	289	中国华能集团公司	38 872
38	312	中国保利集团	37 001.9
39	322	中国光大集团	35 840.2
40	333	中国能源建设集团有限公司	35 048.3
41	343	中国航天科技集团公司	34 253.6
42	346	中国航天科工集团公司	34 073
43	369	中国电子信息产业集团有限公司	31 990.4
44	371	中国航空油料集团公司	31 942.2
45	381	新兴际华集团	31 078.2
46	385	中国中车股份有限公司	30 634.1
47	388	中国电子科技集团公司	30 175.5
48	393	中国船舶工业集团公司	29 796.9
49	395	国家电力投资集团公司	29 726.5
50	397	中国华电集团公司	29 611.8

续 表

序号	排名	公 司 名 称	营业收入/百万美元
51	431	首钢集团	27 488.7
52	468	中国大唐集团公司	25 299.2
53	489	泰康保险集团	24 058.3

资料来源：财富中国. 2018 年世界 500 强 120 家中国上榜公司完整名单[EB/OL]. (2018 - 07 - 19)[2019 - 03 - 31]. http://www.fortunechina.com/fortune500/c/2018-07/19/content_311045.htm.

第二，科技创新的城市氛围促进世界一流大学的发展。北京是中国重要的科技创新城市，其中，位于海淀区的中关村是北京重要的创新基地。中关村是中国第一个国家级高新技术产业开发区，第一个国家自主创新示范区，第一个“国家级”人才特区，是我国体制机制创新的试验田，被誉为“中国的硅谷”。中关村国家自主创新示范区起源于 20 世纪 80 年代初的“中关村电子一条街”。在之后的发展中，国家相继发布了《关于建设中关村科技园区有关问题的批复》《中关村国家自主创新示范区发展规划纲要（2011—2020 年）》等文件，国家“十二五”规划中明确提出“把北京中关村建设成为具有全球影响力的科技创新中心”。经过几十年的建设发展，中关村已经聚集以联想、百度为代表的高新技术企业近 2 万家，形成了以电子信息、生物医药、能源环保、新材料、先进制造、航空航天为代表，以研发和服务为主要形态的高新技术产业集群，形成了“一区多园”各具特色的发展格局，成为首都跨行政区的高端产业功能区。中关村的高科技创新环境为北京地区高校开展产学研合作、培养高科技人才提供了有利条件。

第三，丰富的文化底蕴与现代化城市气息，为世界一流大学的建设提供了良好氛围。北京是一个集悠久历史文化和丰富现代气息于一体的大都市。一方面，北京市悠久的历史文化为北京城内的世界一流大学建设提供了丰富的物质与文化给养，塑造了北京地区一流大学的历史韵味和文化品格。从各所世界一流大学建设高校的校风校训中都可以看出历史赋予各个高校的独特气质。同时，这些世界一流大学建设高校也成为传承与创新优秀传统文化的重要力量。另一方面，北京现代化、多元化的城市氛围也赋予了这些大学引领前沿发展、吸收并借鉴不同文化的发展精神，北京“双一流”建设高校也成为推动高等教育发展和区域创新发展的典范。

第四，北京是一座名副其实的国际化大都市，具有重要的国际交往功能。截至 2017 年，北京市与 72 个国家的 124 个首都和大城市有友好往来关系，其中已与 55 个城市建立了友好关系，包括美国的华盛顿、纽约，俄罗斯的莫斯科，英国的伦敦，法国的巴黎，德国的科隆，意大利的罗马，澳大利亚的堪培拉，日本的东京，韩国的首尔等国际大城市。北京现有外国驻华大使馆 137 个，国际组织和地区代表机构 17 个，外国新闻机构 190 个。在北京设立的国外驻京代表机构已超过 7 000 家，全球最大的 500 家跨国公司已有 185 家来京投资。同时，奥运会、亚运会、国际博览会、冬奥会等一系列国际大型赛事与活动在北京的举办持续提升了北京的国际化水平，为北京世界一流大学的建设与发展提供了浓厚的国际氛围，提供了国际生态优势。

二、世界一流大学建设提升国际大都市地位

北京作为国际化大都市在赋予大学国际化平台的同时，也通过大学进一步提升了其国际化水平。以北京大学、清华大学为代表的几所世界一流大学高地建设的发展为北京市的城市建设提供了发展动力，通过国际交流合作、国际前沿探究等活动，提升了北京的国际大都市地位。

首先，加强国际交流与合作，提升了北京的国际影响力。面对国家发展战略需求与高等教育发展的重大变革，清华大学制定并实施《全球战略》，积极统筹海内外布局，拓展优质国际化办学资源，构建科研教育全球伙伴体系和基地。2018 年，学校在深圳研究生院和清华-伯克利深圳学院的基础上，与深圳市合作共建深圳国际研究生院，突出“国际化、开放式、创新型”办学特色，布局“6＋1”个主题领域，成为国际化办学的典范。2015 年 6 月，清华大学、华盛顿大学和微软公司合作在美国西雅图建立全球创新学院，是中国大学在美国的第一个实体机构。2019 年，清华大学与丰田公司建立全面战略合作关系，成立清华大学-丰田汽车联合研究院，这是丰田汽车公司在全球和大学建立的级别最高、规模最大、领域最广泛的合作项目。北京理工大学依托高精尖中心，汇聚全球优秀人才，2016 年以来吸引汇聚了 35 位海外知名学者，包括“QR 计划”学者 10 人、IEEE/ASME Fellow 14 人，融入学校发展建设，形成国际化人才荟萃的“集聚效应”，有效提升了学校国际学术声誉。北京师范大学凸显“高峰引领”的学科特色，建立一流学科顶尖国际伙伴。领导“中俄教育类高校联盟”“东亚教师教育联盟”“顶尖教育学院国际联盟”等跨国学术网络建设，积极参与全球高等教育合作发展，成为中国教育对外开放合作品牌。支持“英国牛津大学莫言国际写作中心”“中美青年创客中心”“北师大-范德堡教育质量联合研究中心”“中东欧未来教育联合虚拟实验室”“中芬学习创新中心”“中加气候与水科学研究中心”“北师大-莫斯科国立大学俄语教师发展中心”等双边或多边联合教学科研机构建设。创办国际学术刊物，参与制定国际学术规范标准和推广学术成果，推动世界一流学科国际学术共同体的建设。中国农业大学积极响应国家“一带一路”倡议，长期致力于“一带一路”与南南合作国家的减贫研究与实践，为财政部、商务部、外交部提供关于南南合作、中非合作等领域的专家意见，并于 2018 年启动了“千户万亩玉米增产示范工程”等技术推广项目，大幅度促进了当地农村增产增收。这些交流合作推广活动极大地促进了北京在世界范围的活跃度，提升了北京的全球吸引力、辐射力和影响力。

其次，大学致力于科研创新，推动北京成为世界科学研究前沿城市。在科研方面，北京几所世界一流大学建设高校攻坚克难，解决了一系列国际难题。北京大学生物医学前沿创新中心（BIOPIC）在国际上首次从单细胞层面刻画肝细胞癌的免疫微环境，揭示肿瘤

内耗竭性 CD8+T 细胞及调节性 T 细胞的特异表达基因；首次成功建立了长非编码 RNA 的高通量功能性筛选新方法；BIOPIC 在基础研究、关键技术研发、临床应用转化方面做了突破性工作，为人类的生殖健康和癌症诊断治疗作出了重要贡献。北京航空航天大学始终以服务国家重大战略需求作为科技创新的原点，汇聚力量开展“有组织的科研”，组建“大团队”、搭建“大平台”、承担“大项目”、孕育“大成果”（简称“四大”），“四大”模式已经成为北航科技创新的灵魂。

再次，传承中国特色社会主义文化，推动北京在全球发出中国声音。北京师范大学以国家文化发展战略为指引，创新文化传播新路径。开展“一带一路”古文明系列研究，为有效推进“一带一路”以及“人类命运共同体”建设作出新贡献。开展中华民族精神普及推广，以通俗易懂的形式展示中华民族精神的深刻内涵、历史衍变及现状。开展“汉字之美”全球设计大赛和“看中国·外国青年影像计划”，通过视觉化的创意魅力，提高中华优秀文化的国际认同度，成为“讲好中国故事”的成功范例，为国家汉字标准的建立、主导设立汉字编码国际标准、推进汉字传播与应用作出突出贡献。同时，北京师范大学深度参与全球治理，提升一流学科服务国家重大需求能力。积极参与“国际大学社会责任网络联盟”建设，推动农村教育研究与培训中心体制改革，大力支持“G20 反腐败追逃追赃研究中心”“APEC 高等教育研究中心”“国际工业组织绿色平台”“联合国减灾办公室-亚洲科技与学术咨询委员会秘书处”等建设，产出一系列重要政策咨询报告，增进国际理解，扩大中国国际话语权。

三、北京城市与世界一流大学建设

城市建设与大学的发展相辅相成、紧密相关。北京的城市功能促进了北京世界一流大学的建设与发展，北京世界一流大学的建设也提升了北京市的国际影响力、吸引力和辐射力。当前，面对日新月异的发展形势，北京城市建设与世界一流大学的建设与发展更加紧密地融合到了一起。在“四个中心”成为未来北京市城市发展的核心定位这样的背景下，北京世界一流大学建设高校主动面向城市需求、服务区域发展，为北京发展作出了贡献。

北京大学立足北京，服务首都发展。大力参与“三城一区”建设，支持北京建设全国科技创新中心；与首都师范大学、首都医科大学、北京第二外国语学院、中国音乐学院、北京电影学院五所北京市属高校签署合作协议共建一流大学。学校深入融入北京科技发展战略，建设新型研发机构，协同创新能力持续提升。在中关村科学城参与建设北京量子信息科学研究院、北京脑科学与类脑研究中心、北京碳基集成电路研究院、北京石墨烯研究院、北京大数据研究院、北京智源人工智能研究院等新型研发机构，在怀柔科学城发展大科学设施和交叉平台，在未来科学城与大型企业进行研发合作，在亦庄经济区孵化新型创新企业，成为北京科创中心的原始创新高地。

清华大学 2018 年实现了省校合作协议在全国所有省市区和新疆生产建设兵团的全

覆盖，不断探索促进区域经济社会发展和科技创新的有效途径，加速科技成果转化。在“双一流”建设期间，学校推动地方研究院与派出研究院改革，成为服务创新驱动发展的重要平台和开展校地合作的桥头堡。北京清华工业开发研究院携手药学院，与行业主管部门、国内外行业领军企业共同打造“全球健康药物研发中心”等若干有全球影响力的技术创新中心；天津电子信息研究院成为学校专业硕士培养的重要实践基地。

第四节　北京世界一流大学高地建设的优势与劣势

北京市是“伟大社会主义祖国的首都”“迈向中华民族伟大复兴的大国首都”，履行“为中央党政军领导机关工作服务，为国家国际交往服务，为科技和教育发展服务，为改善人民群众生活服务”的基本职责，城市战略定位是“全国政治中心、文化中心、国际交往中心、科技创新中心”。以“四个中心”“四个服务”的城市战略定位与基本职能为指导，北京市要引导世界一流大学继续加强内涵式发展，促进高等教育质的提升，服务北京市世界一流大学高地建设。

通过认真分析北京市在城市发展与世界一流大学建设方面的现状，发现北京在建设世界一流大学高地中存在以下优势：世界一流大学集聚、高等教育资源丰富、良好的地缘优势、不断提升的国际声誉和国际影响力以及大国优势等。同时，北京在建设世界一流大学高地中存在以下挑战：高等教育结构不尽合理，内涵式发展不足，大学品牌优势不够明显，大学的国际声誉有待提升等。

一、北京建设世界一流大学高地的优势

第一，高等教育资源丰富，世界一流大学建设高校集聚。按照教育部公布的全国高校数量及名单，在北京现有的 91 所高等学校中，中央高校有 37 所，北京市市属高校有 38 所，民办普通高校有 16 所。其中，“双一流”建设高校 30 所。从各类高校的结构上看，北京“双一流”建设高校约占区域高校比例的 33%，而高等教育大省上海市、江苏省的比例分别约为 20%、9%。可以看出，北京市优质高等教育资源十分丰富。在这些丰富而优质的高等教育资源中，不得不提的是已率先进入世界排行榜前 100 位的清华大学和北京大学。这两所高校已逐步迈向世界一流大学的行列，并领跑北京的世界一流大学建设。这些良好的高等教育资源的集聚，为北京建设世界一流大学高地打下了良好的基础。

第二，良好的地缘优势，吸引源源不断的国内人才和优质资本。北京地处华北地区，毗邻河北和天津，地形多样，气候宜人，交通四通八达，具有良好的地缘优势。这些良好的自然和历史条件，都为北京市世界一流大学高地的建设奠定了“天时”“地利”的发展基础。

北京这座在国内具有强大吸引力的城市，由于拥有清华大学、北京大学等一流大学，而汇聚了全国一流的精英人才。这些人才无疑服务着北京市的建设和发展。与此同时，由于良好的地缘优势，众多的一流企业和资本汇聚在北京，这也更加吸引各行各业的人才纷至沓来。这些共同因素，成为北京世界一流大学高地建设的“人和”基础。

第三，大国优势带来的国际声誉和国际影响力。近年来，我国在世界上树立起独立自主自强的大国形象，随着“一带一路”合作框架的持续推进，中国又在国际社会树立起担当、负责的大国形象。北京作为拥有古老东方文明的千年古都，在国际社会具有越来越大的全球吸引力。北京是一个现代化、多元化的开放城市，由于高校与一流企业聚集，北京市对国际人才具有巨大的吸引力。随着对外政策和资金支持的不断增加，相信会有更多的国际人才服务北京世界一流大学高地建设。

二、北京建设世界一流大学高地的挑战

第一，如何实现区域高等教育统筹发展。《中华人民共和国高等教育法》明确规定“省、自治区、直辖市人民政府统筹协调本行政区域内的高等教育事业，管理主要为地方培养人才和国务院授权管理的高等学校”。从中能够看出，省域高等教育的全面统筹，意指对处于该地区的高校，无论其隶属于中央还是地方，都要纳入省域高等教育的统筹范围。这就要求省级地方政府要将本地区的所有高校看作一个统筹的整体来进行全面部署，包括政策的制定与执行、资源的协调与配置、过程的监督与评价等。从当前发展来看，北京央属高校众多且水平较高，市属高校发展潜力长期没有得到有效发挥，因而，如何统筹两类高校间的进一步协同合作，制定科学的体制机制以促进北京高校的整体发展，是当前北京市面临的一项重要课题。

《关于统筹推进北京高等教育改革发展的若干意见》提出对市属高校进行分层、分类要求，根据人才培养的不同类型，将高校分为四种类型：高水平研究型大学、高水平特色大学、高水平应用型大学、高水平技能型大学。这一分类举措将有利于市属高校分层分类发展，然而比起广东省“冲一流、补短板、强特色”方案将全部中央部委所属高校全部纳入分类范围来看，北京市仅对市属高校进行分类的做法略显保守。诚然，北京市的中央部委所属院校在数量上远多于广东省，市属高校的办学质量与中央高校相比差距甚远，但一味地“保护”并不能促进市属高校的发展。当前，北京市在高精尖学科、一流专业的评选中，都采取对市属高校和央属高校差别对待的标准。没有压力便没有动力，只有“动真格”地将市属高校与央属高校以同一标准对待，才能真正激发市属高校的办学活力。

第二，如何进一步提升知名大学的国际声誉。北京市拥有优质的高等教育资源，已经具有了一定的国际影响力，但与其他发达国家的世界一流大学相比，国际知名度、美誉度仍有待进一步提升。尤其是除清华大学、北京大学这两所超级大学之外的其他“双一流”

建设高校，要进一步加强国际交流与合作，提升国际知名度和国际声誉，扩大在国际舞台的影响力，从而进入世界一流大学的行列。只有越来越多的世界一流大学被认可，北京才能成为真正意义上的“世界一流大学高地”；只有越来越多的世界一流大学建立起来，才能更好地服务北京市世界一流大学高地建设。

第三，如何打造经济生态与高等教育生态相生相依的模式。世界一流大学高地是一个整体的概念。现在，北京市已逐步具备世界一流大学高地建设的“天时、地利、人和”因素，要进一步考虑如何促进这些因素更好地融合，推动大学与区域互利共赢发展。

在这方面，硅谷和斯坦福大学相生相依的模式，值得我们借鉴。因为斯坦福的存在，当然也包括加州大学伯克利分校、加州理工大学以及圣何塞大学等高校的存在，孕育了硅谷神话。与之类似，MIT 的 128 公路、剑桥的剑桥高科技园区等，这些高校集群促进区域科技发展的实践也值得北京思考。北京高校同样也要积极发挥对以北京中关村为代表的科技园区的创新发展作用，中关村是否能够成为中国的“硅谷”，不仅要以科技为先导，更要实现与世界一流大学的共荣共生。中关村能否真正崛起并形成一个具有世界意义的“中关村模式”，取决于大学、科研院所的广泛参与。那么，如何推进世界一流大学高地建设，如何有效支持中关村建设，这是北京市需要思考的重要课题。只有打造经济生态与高等教育生态相生相依的模式，才能真正构建起世界一流大学高地。

本章小结

作为高等教育资源的集聚地，北京是全国拥有“双一流”建设高校数量最多的城市。作为全国的政治中心、文化中心、国际交往中心、科技创新中心，优越的地理位置、稳定的政治生态、飞速发展的经济与科技，以及政府对高等教育的政策支持，为北京世界一流大学的成长与发展提供了有利条件，为北京世界一流大学高地的形成奠定了基础。服务“四个中心”建设，北京市要立足区域特色和优势，加快世界一流大学建设步伐，服务北京世界一流大学高地的发展。

第三章
英国·伦敦

伦敦是英国的首都，也是欧洲的政治、经济、文化中心。这里聚集了全球各行各业的精英，拥有多所世界一流学府，形成了卓越的高等教育"院校群"，并为英国的经济建设和社会发展提供了人力、物力和智力上的支持。英国前教育国务大臣查尔斯·克拉克(Charles Clarke)在《高等教育的未来》(*The Future of High Education*)白皮书中指出："高等教育是一份巨大的国家资产，它对国家经济和社会福利的贡献至关重要。大学的科研开辟了人类知识的新领域，拓展了知识的边境，是人类进步的基础；大学的教学为知识统治的时代培育国民，增其技能；大学给学生以个人的和智力的成就感；通过大学和企业的合作给经济以动力，其毕业生在公共服务中具有决定性的作用。"①

第一节　伦敦区世界一流大学高地概况

作为一座世界级城市，伦敦是世界第一大金融中心，与纽约和香港并称为"纽伦港"。而作为全球最富裕、经济最发达的城市之一，伦敦在政治、经济、文化、教育等方面表现突出，已成为全球化发展的城市典范②。

一、伦敦区地理行政划分

伦敦是大不列颠及北爱尔兰联合王国(简称英国)的首都，欧洲最大的城市，位于英格兰东南部的平原上，跨泰晤士河。16世纪后，随着大英帝国的快速崛起，伦敦的规模也快速扩大。目前的"伦敦"是指"大伦敦"(Greater London)中心的伦敦市(City of London)，

---

① 徐继宁. 英国传统大学与工业的关系[M]. 哈尔滨：黑龙江人民出版社，2012.

② 福布斯排行榜：伦敦成为全球最具影响力城市[EB/OL]. (2014－08－29)[2019－11－26]. http：//language. chinadaily. com. cn/2014－08/29/content_18510507. htm.

也是大伦敦底下的次级行政区，另一个为西敏市(City of Westminster，也称“威斯敏斯特市”)。

大伦敦被划分为伦敦市和周围的32个自治市。值得注意的是，“大伦敦与大伦敦都市区(London and the Wider Metropolitan Area)在规模上略有不同，大伦敦都市区是指英格兰东南地区环绕伦敦形成的都市区，包括大伦敦的大部分，但不是全部。同时，大伦敦都市区又可划分为伦敦城、西伦敦、东伦敦和南伦敦四个区域。伦敦市是金融资本和贸易中心，西伦敦是英国王宫、首相官邸、议会和政府各部所在地，东伦敦是工业区和工人住宅区，而南伦敦则是工商业和住宅混合区”。根据伦敦市政府2019年的官方数据，居住在大伦敦都市圈的居民人口高达2 260万，是欧洲最大的都市区。

从结构来看，大伦敦为单中心同心圆封闭模式，其交通组织采取放射路与同心环路直交的交通网。根据大伦敦规划方案，在距伦敦中心半径约为48千米的范围内，由内到外划分了四层地域圈，即内圈、近郊圈、绿带圈与外圈，规划期限20年。规划的主导思想是分散人口、工业和就业岗位。采取的措施包括：第一，规划所确定的内城需要向外迁移工业，以降低人口密度；第二，规划所确定的近郊圈不再考虑增设新的开发项目；第三，介于近郊圈和农业区之间的绿带圈，作为城市建成区的边界进行严格控制；第四，外圈布置了若干处居住区(以后实施时改为8个新城)，解决内城分散出来的人口和工业。大伦敦规划对控制伦敦市区的自发性蔓延、改善原先混乱的城区环境起到了一定的作用。

值得注意的是，大伦敦所处的地理位置距离牛津约90千米，距离剑桥约94千米，而牛津与剑桥两所城市的距离约133千米。从地理位置上看，伦敦、牛津和剑桥三座城市比邻，成三角分布。从教育资源上看，这个三角区拥有世界一流的大学，牛津大学(University of Oxford)、剑桥大学(University of Cambridge)、伦敦大学学院(University College London)、伦敦政治经济学院(London School of Economics and Political Science)、帝国理工学院(Imperial College London)等。同时，整个大伦敦地区的高等教育资源集中，拥有45所高校①，其中不乏世界名校，如桑赫斯特皇家军事学院(Sandhurst Royal Military Academy)、伦敦艺术大学(University of the Arts, London)等知名高校。随着英国产业的建设与发展，依托一流大学的地理分布，该三角区不仅形成了以牛津大学、剑桥大学、帝国理工学院、伦敦城市大学和伦敦大学学院为智力支撑的“硅环岛”(Silicon Roundabout)科技园，同时，也建立了金三角(Golden Triangle)名校和G5超级精英大学等一流大学联盟。因此，根据金三角区的一流大学分布情况，本书将这一城市区域界定为“伦敦区”，特指牛津大学、剑桥大学以及大伦敦的一流大学布局范围。

---

① 伦敦的4大名牌大学一览[EB/OL].(2016-05-12)[2019-11-29]. https://www.bangli.uk/post/53398.

二、伦敦区世界一流大学概况

世界一流大学高地是由多所一流大学共同发展而成的。高地的形成，不仅汇集了一流的学科、一流的学者、一流的大师、一流的学生，也促进了区域文化中心、政治中心、金融中心、商业中心的形成。作为世界一流大学高地——伦敦区，伦敦的一流大学建设本身源于费边主义的影响，以期发挥高等教育对区域经济建设的作用。

根据 2018—2019 年 ARWU、*U. S. News*、QS 和 *THE* 四大世界一流大学排名情况统计，伦敦地区排名在世界前 250 名之内的大学共有 7 所（表 3-1），分别为牛津大学、剑桥大学、帝国理工学院、伦敦大学学院、伦敦政治经济学院、伦敦国王学院（King's College London）、伦敦大学玛丽皇后学院（Queen Mary College, University of London）。其中，牛津大学和剑桥大学为世界顶尖大学，始终排名全球前 10。

表 3-1 伦敦区四大世界一流大学排名榜单

学校名称	*THE*	QS	ARWU	*U. S. News*
牛津大学	1	5	7	5
剑桥大学	2	6	3	7
帝国理工学院	9	8	23	18
伦敦大学学院	14	10	15	21
伦敦政治经济学院	26	38	151～200	234
伦敦国王学院	38	31	51	39
伦敦大学玛丽皇后学院	130	119	151～200	110

资料来源：2019 年世界 QS、*THE*、*U. S. News*、ARWU 四大排行榜。

除了以上 7 所高校之外，皇家霍洛威，伦敦大学（Royal Holloway University of London, *THE*: 251～300; QS: 236）；圣乔治，伦敦大学（St George's University of London, *THE*: 251～300; *U. S. News*: 380）；伯贝克，伦敦大学（Birkbeck, University of London, *THE*: 301～350; QS: 306）；伦敦大学城（City, University of London, *THE*: 351～400; QS: 351）；伦敦布鲁内尔大学（Brunel University London, *THE*: 401～500; QS: 332）；SOAS，伦敦大学（SOAS University of London, *THE*: 401～500; QS: 288）；伦敦卫生与热带医学院（London School of Hygiene & Tropical Medicine, ARWU: 151～200; *U. S. News*: 79）；伦敦商学院（London Business School, *U. S. News*: 454）；伦敦大学金匠学院（Goldsmiths, University of London, QS: 396）等也能在世界大学排行榜单中脱颖而出。因此，基于伦敦世界一流大学的数量，本书中的伦敦区是指牛津、剑桥、伦敦三地所形成的世界一流大学群落，并称之为“伦敦区世界一流大学

高地”。

三、伦敦世界一流大学高地特征

从人才培养来看，伦敦区世界一流大学在科学、政治、文化等领域培养了一大批世界顶级人才。例如，牛津大学培养出一批国际科学巨匠；伦敦政治经济学院和国王学院培养了一批国家元首与政商界领袖；剑桥大学培养了上百位诺贝尔奖得主；伦敦大学玛丽皇后学院在医学、社会科学和工程学界享有盛誉等。

从大学的性质上来看，7 所大学均为公立综合研究型大学。其中 6 所大学（牛津大学，剑桥大学，帝国理工学院，伦敦大学学院，伦敦国王学院，伦敦大学玛丽皇后学院）是英国“科学与工程南联盟”成员。而剑桥大学、牛津大学、帝国理工学院、伦敦大学学院、伦敦政治经济学院也被称为“G5 超级精英大学”，而金三角名校也是指位于英国剑桥、伦敦及牛津三个城市的英国英格兰地区 6 所最顶尖研究型大学，包括剑桥大学、牛津大学、帝国理工学院、伦敦政治经济学院、伦敦大学学院和伦敦国王学院。实际上，这些学术团体和联盟的建立，一是因为比邻的地域；二是因为大学的研究水平；三是因为校际的共同愿景。

从大学的规模来看，作为世界一流大学高地，伦敦区一流大学学生人数众多。伦敦大学学院人数总量大，本科与硕士人数超过 4 万人；伦敦国王学院的学生总数次之，2018 年约为 3.1 万人；牛津大学（2.3 万人，2018）与剑桥大学（2.2 万人，2018）人数相当，保持在 2 万人以上；帝国理工学院 2018 年约为 1.8 万人；伦敦政治经济学院人数相对较少，2018 年统计约为 1.2 万人，但伦敦政治经济学院的研究生人数多于本科生人数。同时，作为世界一流大学，这些学校的海外学生的人数也相对较多。特别是伦敦政治经济学院，从总量上来看，该校海外学生的人数不算最多，但其海外学生人数明显超过本国学生，比例最大。从教职工人数来看，牛津大学（2018，1.4 万人）、剑桥大学（2018，1.1 万人）、伦敦大学学院（2018，1.3 万人）的教职工人数过万，但伦敦大学学院、伦敦国王学院、伦敦政治经济学院三所学校的师生比较低（约为 1∶3）（表 3－2）。

表 3－2 伦敦区世界一流大学学生人数与教职工人数

学校名称	学生人数/人			教职工人数/人	
	本科生	研究生	海外学生	教师人数	职工人数
伦敦大学学院	19 452 (2019)	22 654 (2019)	19 639 (2019)	7 875	5 421
伦敦国王学院	18 200＋	12 800＋	14 948	8 500＋	
牛津大学	11 747	11 687	5 979	6 683	7 294
剑桥大学	12 270	10 420	9 221	4 030	7 498

续 表

学校名称	学生人数/人			教职工人数/人	
	本科生	研究生	海外学生	教师人数	职工人数
帝国理工学院	9 767	8 648	6 672	3 700	3 942
伦敦政治经济学院	5 090	6 870	8 161	3 997	

资料来源：2018—2019 年牛津大学、剑桥大学、伦敦大学学院、伦敦政治经济学院、帝国理工学院、伦敦国王学院官方数据统计。除注明年份外，均为 2018 年数据。

从建校时间来看，英国的世界一流大学历史悠久。牛津大学是英国历史上建校时间最长的学校，也是世界上现存第二古老的高等教育机构，但其建校具体日期已无从考证。根据史料记载，牛津大学最早授课时间为 1096 年。此后，英国皇室的大力扶持使该大学规模迅速扩张。与牛津大学并称的剑桥大学是英国第二古老的大学，也是一所世界著名的公立研究型大学，其前身是学者协会，始建于 1209 年。随着第二次工业革命的开始，牛津和剑桥两所大学的教育理念已经无法适应工业革命的发展需求，与此同时，费边主义思潮兴起，提出了高校为国家产业服务的理念。在此影响下，英国开始了高等教育的改革，并使得英国的高等教育重心从牛津和剑桥转移至伦敦。由此，伦敦一流大学群落开始崛起。伦敦大学学院建校于 1826 年，伦敦国王学院由英国国王乔治四世建于 1829 年，伦敦大学玛丽皇后学院建于 1887 年，伦敦政治经济学院创立于 1895 年。此后，帝国理工学院于 1907 年由维多利亚女王和阿尔伯特亲王 1845 建立的皇家科学院（Royal College of Science）、大英帝国研究院（The Imperial Institute）、皇家矿业学院（Royal school of mines）和伦敦基蒂戈蒂学院（City and Guilds of London Institute）合并组成。

第二节 伦敦区世界一流大学高地的演进

伦敦区世界一流大学高地的缘起、形成、发展与英国社会的历史演变和工业革命密不可分。这也是伦敦区世界一流大学高地发展的最大特色，即回应社会需求。从历史的角度来看，伦敦区世界一流大学历史悠久，文化表征明显，特别是费边主义的兴起，推进了高等教育建设与产业发展的联系，使伦敦区形成了大学群落。近些年，伦敦区世界一流大学的改革与创新，使得伦敦区的大学发展与产业建设深度融合，提升了伦敦区教育水平的国际高度，也反哺了区域的经济发展与国家建设。

一、高地缘起：牛津与剑桥的崛起

作为欧洲最古老的两所大学，牛津大学、剑桥大学不仅被视为英国高等教育的起点，也影响着世界众多大学的发展。从历史的角度来看，两所大学的发展受到15世纪的宗教影响和16世纪文艺复兴的冲击，17—18世纪自然科学的影响，到了19世纪又融入了工业革命的发展。可以说，牛津大学、剑桥大学的发展历史是一部大学史，也是伦敦区世界一流大学高地形成的源头。

牛津大学是在中世纪后期逐渐建立和发展起来的。1096—1167年间，牛津大学是培养牧师和研究学问的中心[①]。实际上，牛津大学的成立具有偶然性，是一群法兰西巴黎大学的学者和学生返回英格兰，落脚于牛津自发形成的。在这里，学者们汇集、学习和交流，大学的雏形也开始逐渐形成[②]。1209年，牛津大学的一批学者和学生又迁徙到剑桥，建立了剑桥大学。牛津大学创设初期与宗教关系密切，是开展教学的载体，教学重点是经院哲学。到了13世纪，由于当地乡民与学生经常爆发冲突，学院又以寄宿制为基础建立起来，学院制随之产生。这也成为牛津大学走向繁荣的拐点。需要强调的是，学院制的产生全面影响了牛津大学的组织构架和管理方式，并在此后的发展中逐渐占据了统治地位，形成了牛津大学的基本结构[③]。

相对于牛津大学，剑桥大学的发展一直紧随其后，且发展较慢。1231年，英格兰国王亨利三世授予剑桥大学独立的教学权。两年后，又得到了罗马教会的承认。1250年，剑桥大学制定了本校的大学章程，逐步规范了大学的建设与发展。直至14世纪中期，剑桥大学的发展才有了质的改变。国王亨利四世在剑桥大学建立了国王学院（Kings College），提高了剑桥大学的社会地位和学术水平，拉平了与牛津大学的地位差距[④]。

作为英国思想和学术的中心，文艺复兴时期，牛津大学和剑桥大学的氛围受到了人文主义思潮的洗礼，这对其思想意识和学术意识产生了极大的影响。而最为核心的是，“大学教育逐步摆脱了宗教的控制，走向独立”[⑤]；这一时期也是剑桥大学制度确立的时期。1570年，剑桥大学修订了大学章程，将管理权赋予各学院院长，形成了学院制。需要强调的是，这一时期的学院教学是具有契约性质的“义务授课制”，而15世纪晚期又引进了“学术讲座”。这两种制度进一步推动了以学院为单位的分权式管理。此后，随着英国内战的爆发，牛津大学和剑桥大学的教学工作难以正常开展，直至18世纪，两所大学远离政治纷争，逐步开始了科学研究和宗教复兴。但两所大学前期的改革与发展为伦敦区世界一流大学的高地形成奠定了良好的基础。

二、高地形成：费边主义迎合了工业革命的需求

19世纪，英国工业革命和城市化进入了新的发展阶段。此时的大学被看成社会变革

---

① 别敦荣，蒋馨岚．牛津大学的发展历程、教育理念及其启示[J]．复旦教育论坛，2011，9(2)：72.

② 别敦荣．世界一流大学教育理念[M]．厦门：厦门大学出版社，2016：53.

③ 别敦荣，蒋馨岚．牛津大学的发展历程、教育理念及其启示[J]．复旦教育论坛，2011，9(2)：73.

④ 袁文芳．剑桥大学学院制研究[D]．湖南师范大学，2014.

⑤ 洪明．英国都铎时期大学教育的世俗化[J]．高等教育研究，2004(6)：89.

的中坚力量。但牛津大学和剑桥大学的传统理念已经不能满足社会发展，特别是工业发展的需求，而社会的工业化发展，又迫切需要高技能人才的补给，在传统思想和现实需求的冲突下，新社会主义思潮“费边主义”兴起了[①]。

费边主义是19世纪后期流行于英国的一种社会主义思潮，主张“采取渐进措施改良社会，追求社会的平等和自由。费边主义者主张通过研究、教育等手段，说服国家采取措施，改变社会结构与发展。他们鼓励知识分子以解决社会的重大问题为目的来分析、研究社会，在系统地收集经验数据的基础上，无偏见地研究社会问题，从而提出改革社会的措施”[②]。在这一思潮的推动下，英国的高等教育重镇由牛津、剑桥转移至伦敦。一批世界一流大学也孕育而生。伦敦大学就是在这样的基础上建立起来的。

实际上，早在韦伯之前，学者们就讨论过伦敦大学的建制与运作，但未能达成一致。而韦伯和霍尔丹主张，第一，伦敦大学的改革与发展要与牛津大学和剑桥大学有所不同，避免受其办学理念的影响。伦敦大学要面向大众，根据民众的实际情况来制订学费标准和教学方案。第二，改革伦敦大学的办学模式。一方面，伦敦大学应重点关注教学和研究领域；另一方面，将伦敦大学改组为一个新型独立大学。同时，新建四个学部，即科学系、艺术教育系、工程系和经济系。第三，提前部署工作，以期保证伦敦大学改组顺利[③]。

伦敦大学始建于1828年，是一所由各级学院和研究院组成的公立联邦制大学，学校规模庞大。在学术领域和行政管理上，该大学的各学院拥有高度自治权[④]，同时紧密联系，共享学术资源。其中，伦敦大学学院、伦敦国王学院、伦敦政治经济学院、伦敦大学玛丽皇后学院的规模较大，这四大学院可颁发其学院的学位，也有权颁发伦敦大学的学位。而帝国理工学院在1907年成为伦敦大学直属学院，直至2007年才脱离伦敦大学。可以说，在费边主义的驱动下，伦敦区高等教育发展孕育了一批服务城市需求、补给城市工业化发展的高校。

同时，早期的伦敦大学服务地方产业的发展，与地方企业开展合作，其目的是要满足伦敦低水平生产企业的技术需要。19世纪80年代以后，伦敦大学的服务对象逐渐转向应用科学和研究领域，如帝国理工学院为电气工程、天然气、工业染料等行业提供先进技术支持。而伦敦大学参与了英国农业和航空业的建设[⑤]。与此同时，伦敦企业的雇主们也逐渐认识到大学在人才培养和技术服务方面对产业发展的重要性，他们纷纷捐款资助、支持伦敦大学办学，并斥资建立与电子工程、电机工程以及工程学有关的讲座，实验室和研究所[⑥]。实际上，英国以此为起点，开启了产学融合的新纪元。值得注意的是，伦敦大

① [美] 布鲁贝克. 高等教育哲学[M]. 王承绪，等，译. 杭州：浙江教育出版社，1987.
② 程新奎. 伦敦政治经济学院的成功之道[J]. 比较教育研究，2009(01)：43－47.
③④ WEBB S. London Education[M]. London：Longmans，1904：65.
⑤ [美] 罗斯布莱特. 现代大学及其图新——纽曼遗产在英国和美国的命运[M]. 别敦荣，译. 北京：北京大学出版社，2013：365.
⑥ 黄福涛. 外国高等教育史[M]. 上海：上海教育出版社，2003：147.

学中各学院的建设职能也融入了伦敦区的政治、经济和文化中[①]，成为世界一流大学高地建设的亮点。

三、高地发展：大学与伦敦区经济建设的深度融合

伦敦是全球唯一经历了工业化各阶段的城市。20 世纪 60 年代后期，在世界发达国家经济转型的浪潮中，伦敦的经济也逐步从“重工业化”转向了“后工业化”时代，历时二十余年[②]。这一时期的经济发展强调以理论知识为中轴，推进人与人之间的知识竞争，这也成为后工业化发展的重要特色。

第二次世界大战后，1945 年的《珀西报告》(*Percy Report*)和 1946 年的《巴洛报告》(*Barlow Report*)强调了科技教育对社会发展与经济建设的重要性。1953 年，英国政府作出决定，在一批高校中强化理工科的建设。特别是当时伦敦大学的帝国理工学院，其建设规模进一步扩大，加强了技术性人才的培养，逐步推进科学技术的应用。直至 20 世纪 80 年代后期，伦敦已基本完成产业结构调整，并逐步形成了以高新技术、金融服务为主的产业结构。

进入 21 世纪，世界迈入了知识经济时代，各国间的竞争也在政治、经济、文化、科技等领域中不断加强。作为英国的政治、经济和文化中心，伦敦的高等教育资源优势越发明显，伦敦市政府肯定了高校为城市改革与创新所作的贡献，并开始利用这一优势，制定城市发展战略，发布了《伦敦 1991—2021：建设世界城市》(*London1991 - 2021: The Building of a World City*)，《2003—2006 年伦敦创新战略与行动计划》(*The London Innovation Strategy and Action Plan 2003 - 2006*)、《2020 目标：伦敦部门及职业的就业项目》(*Destinations 2020: Employment Projections across Sectors and Occupations in London*)等一系列政策[③]。此时，作为伦敦高等教育的支柱，伦敦大学承担了推动伦敦向国际化大都市转型的责任，为伦敦城市建设和经济发展提供了智力支撑和技术保障，培养了大批高水平人才。

与此同时，大学间的合作也越发紧密。以伦敦大学学院为例，2003 年，伦敦大学学院与帝国理工学院合作，进行纳米技术研究，并成立了“伦敦纳米技术研究中心”；同年，与爱思唯尔公司合作，开办了“大数据研究中心”；2007 年，与伦敦政治经济学院和帝国理工学院联合共建了“国家计算金融中心”；2009 年，伦敦大学学院又与剑桥大学合作培养电子工程博士以及世界级的电子科研人才，并共建“集成光电系统中心”等。基于此，伦敦在经济、创新、软实力方面表现突出，并在全球竞争力指数排名位列前 10。可以说，作

---

① 沈忱，郄海霞. 英国大学与城市协同发展的案例分析——以伦敦大学与伦敦市互动为例[J]. 中国高教研究，2015(8)：72.

② 周振华. 伦敦、纽约、东京经济转型的经验及其借鉴[J]. 科学发展，2011(10)：3.

③ 郭婧. 知识城市模式下伦敦高等教育的发展与特点研究[J]. 比较教育研究，2014，36(07).

为科技研发的集散地，伦敦大学的建设也成为后工业化发展经济转型的支撑力量。2018年，伦敦在世界城市 GDP 的排名中位列第 4，生产总值达到了 5 535 亿美元[①]。

第三节　伦敦区世界一流大学的贡献及其影响

强大的智力资源和健全的教育体系是城市经济发展和竞争能力提升的关键要素。一方面，伦敦聚集了一批世界一流大学和科研院所，为伦敦的城市建设与经济发展培养了一批优质人才，助力地方经济的建设；另一方面，伦敦人口密度高、背景多样。截至 2019 年，该区总人口超过了 895 万人，这为伦敦城市发展提供了充足的人力资源。

一流的大学吸引了海内外众多学生前往伦敦就学。从 1995—1996 学年到 2010—2011 学年，随着英国高等教育的规模扩张，伦敦大学的学生人数从 25.7 万人增长到 41.8 万人，增幅高达 60%。其中海外学生和研究生规模增长最快。此后，由于经济危机的影响，学生人数有所下降，但是下降幅度不大。2017—2018 学年，伦敦大学的学生人数下降到 38.2 万人（本科生 25.3 万人，研究生 12.9 万人），其中国际留学生 11.4 万人（32%来自欧盟地区，68%来自非欧盟地区）。

一、培养全球政治领袖，完善国家顶层建设

工业革命前，英国推翻了封建制度，为资本主义的发展扫清了道路，并建立了与资本主义经济发展相适应的社会体制。18 世纪，伦敦地区政治制度宽松，大学学术自由，社团学会兴起，新思想、新观念不断涌现，这不仅为英国的制度转型提供了基础，也对伦敦的政治建设产生了巨大的影响。

（一）培养政治家的摇篮

一流大学是英国政治家的摇篮，除了牛津大学、剑桥大学外，伦敦区的伦敦大学学院、伦敦政治经济学院等大学，为英国的政坛持续输送着顶层设计者。截至 2019 年，牛津大学培养了 26 位英国首相[②]，剑桥大学则培养了 15 位英国首相。但是，对英国政坛影响最大的还属伦敦政治经济学院。

伦敦政治经济学院始创于 1895 年，创始人皆为费边社成员，包括韦伯夫妇、华莱斯、萧伯纳以及格雷厄姆等。建校之初，韦伯夫妇对该学院作了明确的定位，专注于研究政治

---

① 世界城市 GDP 排名 2018 世界城市排名 GDP 排名[EB/OL].（2019－01－22）[2019－06－21]. http://www.zhicheng.com/n/20190122/243850.html.

② 其中几乎所有第二次世界大战后当选的首相均毕业于牛津大学，包括威廉·格莱斯顿、赫伯特·阿斯奎斯、克莱门特·艾德礼、哈罗德·麦克米伦、希思、哈罗德·威尔逊、撒切尔夫人、托尼·布莱尔、戴维·卡梅伦及特雷莎·梅等。

与经济问题，探索社会改革的解决方案，并为政界、商界培养高水平的人才。时至今日，这一定位也没有发生太多改变。

多年来，伦敦政治经济学院鼓励本校教师与科研人员为社会服务，积极参与到政府、皇家委员会、国际组织以及媒体的各项活动中。在活动的参与中找到研究题材，发现问题，解决问题，并积极推广研究成果，服务社会各个阶层。时至今日，伦敦政治经济学院已经为英国和全球培养了近 40 名前任或现任国家首脑，70 余名英国国会议员，孕育并推广了一批重大的学术思想，诸如韦伯、拉斯基、吉登斯的社会民主主义；罗宾斯、哈耶克、波普的自由主义等，对英国乃至整个世界的政治经济发展都具有较大的影响力①。同时，伦敦政治经济学院一直保持着兼容并包的开放理念，吸引了全球一流的学术大家和精英来校工作。无论是左派与右派、社会主义与自由主义还是保守派与激进派等，都可以在此地共商共融。一方面，保障了该学院的学术研究水平；另一方面，也激发了学院发展的活力。

(二) 服务政府顶层设计

作为欧洲智库的发源地，高校智库“是设立于高等院校中的专门开展政策研究的学术组织，致力于生产政策思想、培养政策人才和影响政策制定”②。在英国，高校智库是国家智库体系的重要支柱，较为著名的有伦敦政治经济学院的外交与国际战略研究院/公共政策中心，伦敦大学国王学院的防卫研究院，牛津大学的非洲经济研究院/能源研究院以及剑桥大学未来智能研究中心，对伦敦乃至英国政府的顶层设计发挥了重要的作用。

英国智库一般不以学术问题研究和学科建设为己任，但具有鲜明的“社会问题”导向，关注英国社会的现实问题，追随英国政府的现实需求，服务英国政府的决策制定与顶层设计。例如，伦敦大学学院建立了“纵向追踪研究中心”。该中心采用“项目制”，根据不同的主题，如教育与社会流动、学业成就公平性、就业市场和健康生活方式等，整合相关的专业人员，并开展专题研究。此外，英国政府也会直接委托英国高校的智库开展专项研究，其研究成果能够服务国家决策，具有科学性、延续性、长效性③。

实际上，英国的高校智库产出的“政策知识”是理论研究与实证研究的杂糅成果。首先，智库的研究专家本身就具有深厚的理论功底，能够关注社会的现实问题，将其学术理论转化为具有适用性的政府决策支撑；其次，政策知识的生产是以解决社会现实问题为出发点的，而现实问题却是在社会结构性矛盾中产生的，本身蕴含着理论上的生长点④。

---

① 程新奎. 伦敦政治经济学院的独特发展策略[J]. 现代教育科学，2008(9)：115.
② ABELSON D E. Do think-tanks matter? Assessing the Impact of Public Policy Institutes[M]. Kingston：QC McGillQueen's University Press，2002：17 - 48.
③ 郭峰，任伟伟，牛欣欣，等. 地方大学文化与地域文化互动发展研究[M]. 北京：人民出版社，2017.
④ 余晖，刘福才. 英国高校智库：功能定位、运行机制和服务模式[J]. 比较教育研究，2018(12)：60.

二、重视教育投入的经济价值，加强学术理论对经济建设的指导

（一）教育投入提高经济价值

伦敦高等教育的经济价值和社会价值已被视为一种产业，直接或间接地为商品与服务贸易、出口创汇、人力资本、科研投入和就业五个领域创造了巨大的价值。大伦敦地方当局（Greater London Authority）将伦敦高等教育产业定义为“伦敦高等教育产业＝伦敦高等教育机构＋非本国学生和访问学者在校园外的开支”。有关研究表明，“英国在高等教育上每投入 1 英镑，就会获得 1.56 英镑的增值回报，而伦敦的高等教育更能拉动国内生产总值 5%以上的涨幅”①。

2019 年，伦敦高等教育委员会（London Higher）发布了《2017—2018 年述评》（*Annual Review 2017 - 2018*），该报告数据显示，2017—2018 年，伦敦区的大学吸引了来自 200 多个国家的 10.85 万名海外学生，他们为伦敦经济贡献了 46 亿英镑的净资产。同时，培养了超过 13.7 万名毕业生，近 70%的毕业生在伦敦工作。在商品和服务业中，伦敦高等教育机构开销达 170 亿英镑，出口创汇 29 亿英镑，提供了 17.2 万个工作岗位。此外，伦敦区的大学还获得了英国研究理事会 4.17 亿英镑以上的经费拨款和英国高等教育资助委员会 4.8 亿英镑的研究经费。

（二）学术理论指导经济建设

19 世纪中叶到 20 世纪中叶，伦敦号称世界政治、金融和贸易之都，人口总量从 200 多万激增至 800 多万，成了世界上规模最大、最具活力的城市。而作为国际化都市，伦敦是全球公司最为聚集的城市之一。全球约 31%的货币业务在伦敦交易。同时，全球众多公司纷纷在伦敦设立总部，除了伦敦包容的人文环境和宽松的创业环境之外，最重要的原因之一是伦敦区拥有众多的世界一流大学②。这些大学拥有各类高端人才，仅 2017—2018 年间，伦敦区的大学为英国和海外的 37.7 万名学生提供教育，同时雇用了 9.38 万名学术和非学术人员③。同时，在世界一流大学的支撑下，伦敦每年都会有许多新技术、新专利问世，用以满足企业对不同新技术和创新人才的需求。

伦敦地区的经济发展与当地一流大学的建设、使命、理念等是分不开的。以伦敦政治经济学院为例，20 世纪 30 年代，资本主义世界的经济危机对英国造成了极大的影响。以伦敦政治经济学院为代表的一流大学，提出了“作为经济学家，应当及时就经济问题作出解释，并且提出相应的解决对策”的著名观点，严厉谴责了主流学界的无所作为，捍卫了自

---

① 刘娟. 国际大都市构建学术之都的典范——伦敦高等教育发展特点及其对北京的启示[J]. 北京教育（高教版），2005(2)：55.

② 郭德红. 伦敦政治经济学院的发展模式[J]. 清华大学教育研究，2007(05)：95.

③ London Higher. Annual Review 2017 - 18[EB/R]. [2019 - 07 - 18]. https：//www.londonhigher.ac.uk/wp-content/uploads/2018/06/LH_AnnualReview_2018.pdf.

己在应用经济领域的学术阵地。同时，伦敦政治经济学院积极开展应用性研究，为英国政府提供战略咨询与改革建议。目前，针对社会重大问题，伦敦政治经济学院发挥其自身学科建设优势，有效调整学科设置，加强交叉学科建设，加强跨学科研究团体合作，有针对性地解决社会问题。

三、汇聚一流科研力量，强化校企合作

伦敦区是英国最大的高等教育中心，拥有超过 40 所国立大学和学院，聚集了一批世界一流人才。人才的集聚推动了英国科技的发展，反哺了伦敦区的建设，也为来自世界各地超过 40 万的学生提供了一流的教学服务。随着后工业化时代的来临，伦敦区大学的社会职能性越发明显，高校在“产学研”合作中，在推动高等教育服务城市转型中，发挥了独特的作用①。

（一）科研队伍卓越

伦敦区不仅有世界一流的大学，也拥有雄厚的科研实力。

在科研队伍上，伦敦区大学集中了一批优质的科研精英。从伦敦区外围一流大学来看，截至 2019 年，牛津大学共有 69 位诺贝尔奖获得者、3 位菲尔兹奖获得者、6 位图灵奖获得者。而剑桥大学表现更佳，有 117 位诺贝尔奖获得者、11 位菲尔兹奖获得者、7 位图灵奖获得者。从伦敦区的内环来看，伦敦大学学院也有 33 位诺贝尔奖获得者与 3 位菲尔兹奖获得者。同时，该学院也拥有 39 位英国皇家协会院士、27 位英国科学院院士、13 位皇家工程科学院院士和 83 位英国医学科学院院士。伦敦政治经济学院培养了 20 位诺贝尔奖获得者。当今最杰出的科学哲学家南希・卡特赖特、英国社会学界泰斗莱纳德・T. 霍布斯等人都在该校任教②。而帝国理工学院则培养了 20 位诺贝尔奖获得者、1 位菲尔兹奖获得者和 3 位图灵奖获得者。与此同时，该学院还拥有 74 名皇家科学院院士、85 名皇家医学院院士、84 名皇家工程学院院士。伦敦国王学院也培养了 12 位诺贝尔奖得主和 1 位图灵奖获得者。

在科研建设上，伦敦区的世界一流高校也展现了各自的发展特色。以帝国理工学院为例，该学院是英国乃至全球理工科类大学的领军者，六个研究领域全英国排名第一，即“化学工程”“土木工程”“流行病学”“历史学”“机械、航空和制造工程学”“理论数学”。同时，该学院研究成果丰硕、世界领先，不仅发现了青霉素，也发明了全息术和纤维光学等影响世界的科学技术。2015 年，帝国理工学院发布了《2015—2020 年战略规划》，提出“确保多领域研发优势，引领社会变革，提升全球影响力”等战略愿景③。

---

① 孔令帅. 纽约和伦敦：建立高校与城市的深度互动[J]. 上海教育，2011(09)：30.
② 郭德红. 伦敦政治经济学院的发展模式[J]. 清华大学教育研究，2007(5)：94－95.
③ 师晓楠. 英国帝国理工学院：全球理工科大学的翘楚[R]. 教育与职业，2011：97.

（二）校企合作成绩显著

校企合作是大学全面服务社会的又一职能，不仅能够促进产学研融合，而且也能加强科技成果转化。自 20 世纪 70 年代以来，英国政府先后建立了“工业和高等教育委员会”“多学科研究中心”“高等教育创新基金”“高等教育延伸基金”等机构，搭建了科技成果网站平台，让成果发明者与使用者之间的关系更为贴近。剑桥大学是英国校企合作的典范，早在 1970 年，该校就协同政府和企业群，构建了科技成果转化“生态系统”，成立了剑桥科技园。同时，制定了配套政策，如灵活的人才管理机制、宽松的知识产权制度以及与产业界的互动机制等，成立了“剑桥企业”“创业学习中心”等企业孵化或创业教育平台，保障这个“生态系统”健康平稳发展，实现了剑桥大学的科技成果快速走出实验室、走向产业化①。

从英国的战略布局来看，“硅环岛”科技园的成功是伦敦地区校企合作的典范。该科技园位于伦敦心脏区，集聚了科技、数字和创意等各类企业，也是主要的国际商业枢纽，以及欧洲首选的资讯科技地点。在英国政府的支持下，该科技园依靠地缘优势，积极与牛津大学、剑桥大学、伦敦帝国理工学院、伦敦城市大学和伦敦大学学院等英国一流大学展开项目合作，为“硅环岛”的发展和创新输送了大量的人才。同时，“硅环岛”高新科技产业集群也为伦敦当地创造了大量的高薪就业岗位。根据南山经济（South Mountain Economics）咨询公司研究数据，4.4 万人受雇于金融科技公司，人才密度高居全球第一②。此外，为了“硅环岛”的产业集群更具规模，2010 年英国政府颁布了一项支持“迷你硅谷”的发展计划，投入了 4 亿英镑，以期将奥林匹克公园在内的东伦敦打造成高科技产业中心，命名为“东伦敦科技城”。自此，一大批世界知名企业，如英特尔、亚马逊、推特、高通、脸书、谷歌等开始进驻“硅环岛”③。

四、促进高等教育产业化发展，增强竞争力

伦敦不仅拥有世界顶尖大学，而且还拥有一流的人才和雄厚的科研实力。目前，整个伦敦市共有 41 所高校和 39 所继续教育学院（牛津大学和剑桥大学两所世界一流大学除外）；在 41 所高校（含伦敦大学各学院）中，有 29 所自治大学、12 所专业性高等学校④。

伦敦的高校可以分为四大类。第一类，伦敦大学中四所顶尖水平的学院，即伦敦大学学院、伦敦帝国理工学院、伦敦政治经济学院、伦敦大学国王学院。第二类，伦敦大学的其

① 蒋洪新，孙雄辉. 大学科技园视阈下高校科技成果转化路径探索——来自英国剑桥科技园的经验[J]. 现代大学教育，2018(6)：15.

② 英国“硅谷”——伦敦“硅环岛”闪耀全球[EB/R].（2016-03-24）[2019-05-20]. https://house.qq.com/a/20160324/053064.htm.

③ 东伦敦科技城[EB/OL]. [2019-05-22]. https://wiki.mbalib.com/wiki/东伦敦科技城.

④ 刘娟. 国际化大都市构建学术之都的典范——伦敦高等教育发展特点及其对北京的启示[J]. 北京教育（高教版），2005(2)：55.

他15个学院及中央校区。这些大学位居英国高水平学术型大学前列，其中一些高校只培养研究生。第三类，10所新大学。这些大学或学院是由多科技术学院升格而成的，主要从事教学和应用科学研究。第四类，12所专业突出的高等教育学院，主要培养专职人才，包括艺术类人才、护士、教师等①。

由于巨大的经济价值和社会价值，伦敦的高等教育已被视为一种产业。伦敦高等教育委员会《2012—2013年述评》(*Annual Review 2012 -2013*)中的数据显示，“伦敦高等教育机构通过商品与服务贸易、出口创汇、人力资本、科研投入和就业等方式，直接或间接地为英国创造出了经济价值”。具体来看，伦敦高校每年将花费120亿英镑，购买英国商品与服务，出口创汇14亿英镑。同时，每年有来自200多个国家的10.6万国际留学生来伦敦接受高等教育。这些留学生的学费和校外开销每年至少为伦敦经济贡献57亿英镑②。

作为世界一流的科研集群，伦敦高校每年能够获得较高的竞争性拨款。2012—2013年，伦敦高校争取到2.23亿英镑的英国研究理事会(The UK Research Council)竞争性拨款(相当于英国所有高校竞争性科研经费的25%)，4.7亿英镑的英格兰高等教育基金委员会(Higher Education Funding Council for England)研究经费。同时，优越的竞争能力也使得伦敦高校能在海外争取到更多的科研资助。仅2012—2013年，伦敦高校就获得了来自海外的科研资助经费约0.9亿英镑。需要注意的是，较高的科研资助经费也使得英国培养了大批高素质、高水平且具有熟练技能的毕业生。而其中90%的毕业生会留在伦敦地区，以及英格兰东南部地区工作③。一批批优秀人才为伦敦和整个英国创造了更高的经济价值和社会价值。

五、重视多元文化形态，加强国际文化建设

作为全球重要的文化艺术中心，伦敦形成了多元和宽松的文化艺术环境，许多重大的国际艺术会议、艺术节都在这里举行，吸引了全球艺术家和文艺工作者前来开展文化学术交流。在文化艺术方面，除了牛津大学艺术学院、伦敦大学学院斯莱德美术学院等世界一流大学的办学贡献以外，伦敦区知名的艺术学院，如皇家艺术学院(Royal College of Art, UCL)④以及伦敦艺术大学⑤，也一同为伦敦区的文化发展作出了巨大贡献。

---

① 胡国勇，等. 国际教育发展的新理念和主要趋势研究——纽约、东京、伦敦、巴黎、新加坡、香港的教育发展比较[R]. 上海市中长期教育改革和发展规划纲要专项委托课题成果报告，2009：38，43.

② London Higher. Annual Review 2012 - 13[EB/R]. [2013 - 11 - 02]. http://www.londonhigher.ac.uk/fileadmin/documents/Publications_2013/LondonHigher_Review2013.pdf，2013：3.

③ London Higher. About London's HE[EB/OL]. [2014 - 04 - 24]. http://www.londonhigher.ac.uk/294.html.

④ 成立于1837年，是世界级的艺术与设计学院，也是迄今历史最悠久的艺术教育机构之一，学院被誉为全球艺术与设计大师的摇篮。在QS“艺术类学术声誉”评估指标中，是全球唯一多年蝉联满分的学校。

⑤ 成立于1986年的伦敦艺术大学(University of the Arts London)，是欧洲最大的艺术、设计、媒体传达和表演艺术的高等教育机构，由英国六所世界闻名的艺术学院组成，专业涵盖艺术、设计、服装、影视表演、大众传媒和新闻出版，是全世界最优秀的艺术大学之一，有艺术界的哈佛、剑桥之称。

(一) 优越的学习环境

作为多元化的国际都市,伦敦有着得天独厚的地理优势与人文环境优势。生活在伦敦的居民来自世界各地,形成了多种族、多宗教、多文化、多语言的城市氛围。同时,伦敦拥有悠久的历史、灿烂的文化,名胜古迹众多,如伦敦塔、伦敦眼、伦敦塔桥、威斯敏斯特大教堂等。独特的城市建筑风格构成了伦敦别具一格的时代感。

在伦敦区中,世界一流大学的艺术学院均设立于所在区域的艺术中心,学生在这里可以享受到最好的艺术资源。例如,牛津大学艺术学院坐落于市中心的高街位置,被哥特式尖塔建筑环绕,比邻阿什莫林(Ashmolean)博物馆;伦敦大学学院斯莱德美术学院(Slade School of Fine Art, UCL)坐落在伦敦市中心,周围有众多的画廊、博物馆和艺术中心;伦敦艺术大学在伦敦市中心共设有 18 处校园,分布地点均比邻艺术氛围浓厚的剧场、文化中心等。从总体上看,学生在伦敦学习艺术之余,也能够切实感受到伦敦的文化氛围。

此外,伦敦区一流大学的艺术类学院不仅拥有丰富和多样的艺术类资源,更拥有良好的基础设施。例如,牛津大学的艺术学院在资源上拥有无可比拟的优势,藏书规模较大,有关艺术类的学科书籍覆盖范围广,年限跨度久远。而伦敦大学学院也在 2005—2006 年间,向斯莱德美术学院投资了 150 万英镑添置各种研究或教学器材,并新建了一批艺术类工作室、研究中心和雕塑印刷车间等。而伦敦的皇家艺术学院则拥有国家最先进的设施、优秀的研究资源和促进创意与智慧的环境,与帝国理工大学共享部分教育资源并有超过 35 年的合作办学的历史。此外,伦敦艺术大学的多座图书馆内,也收藏着许多珍贵的艺术作品与档案资料等。

(二) 高水平的人才培养

在艺术、设计、时尚等领域,伦敦一流的艺术大学和一流大学的艺术学院,培养了一大批影响世界艺术发展的优秀人才。同时,这些高校也与学术、文化和商业伙伴合作,提高了艺术之于文化产业的价值。

从 QS 世界一流学科排名来看,在“艺术与设计”分类中,皇家艺术学院至今已连续多年蝉联全球第一。从招生情况来看,皇家艺术学院吸引了来自全球 60 多个国家的学生前来伦敦学习。该学院对学生的要求是:一方面要提高学生的专业知识和技术能力;另一方面要加强专业领域的产学合作,为学生创造良好的学习空间。为此,该学院每年都会邀请国际知名学者开展学术交流活动,扩大学生们的国际视野。

多样化、个性化、创新性是伦敦艺术大学追求的艺术教育核心。实际上,伦敦艺术大学十分注重学生在艺术领域的创造性培养。多年来,英国当代视觉艺术大奖——“特纳奖”(Turner Prize),半数以上的提名者来自伦敦艺术大学的校友或学生[①]。而牛津大学的拉斯金美术学院所培养的学生也多次获得“特纳奖”,如海伦·马丁等人。同时,拉斯金美

① 董单.伦敦艺术大学人才培养战略研究——“UAL Strategy 2015 - 2022”[J].北京教育·高教版,2017(1):90 - 91.

术学院也培养了一大批世界级艺术家，如艺术史评论家马尔科姆·布尔、影像艺术家贾斯汀·库姆斯、家具设计师亚历山大·格罗夫斯、音乐制作人汤姆·威廉姆斯等。在2017年泰晤士全球大学排名中，牛津大学的拉斯金美术学院艺术类排名全球第一。

值得注意的是，伦敦区的艺术类院校非常注重学生成果的转化，注重产学的结合，更注重学生作品的市场化运作。例如，中央圣马丁艺术与设计学院和伦敦时尚学院每年要开展毕业生作品发布会。在发布会上，校方会邀请到很多著名企业专员、媒体人士出席，而毕业生的才华也能够被行业领导赏识。其中，最为知名的服装设计师亚历山大·麦昆就是在毕业作品展中被发掘出来的[①]。

第四节　伦敦区世界一流大学发展与建设特色

让-弗朗索瓦·利奥塔尔在其著作《后现代状态：关于知识的报告》中提到，"在最近的几十年中，知识成为首要生产力，这已经显著地改变了最发达国家的就业人口构成"[②]。在实现"知识城市"定位的过程中，伦敦区的一流大学不仅为城市的发展提供了智力资本，也推进了科技创新体系建设。

一、大学地缘布局合理

从伦敦区大学的地理分布情况看，33个自治行政区中均有大学和高等教育机构。英格兰高等教育基金委员会发布的《2009—2010年高等教育区域概览》(*Regional Profiles of Higher Education 2009 - 2010*)报告中指出，高等教育机构的分布是由外向内的集聚，继续教育机构则是向城市外围扩散。而一流大学主要集中在内伦敦地区。

伦敦区的外围还有牛津大学和剑桥大学两所世界一流大学，它们不仅与内伦敦区的帝国理工学院、伦敦大学学院、伦敦政治经济学院并称G5超级精英大学，还依托地缘优势，与帝国理工学院、伦敦城市大学和伦敦大学学院共同补给"硅环岛"科技园区的建设。

值得注意的是，内伦敦地区一流大学的分布与伦敦区的社会历史发展密不可分。例如，成立于1836年的伦敦大学学院，坐落于伦敦"金融城"。该大学重视自身的定位与职能，在科技研发、成果转化、社会转型和文化传承等方面发挥了重要的作用。同时，作为英国规模最大的高校，伦敦大学学院为伦敦高等教育的总体规模和水平建设注入了极大的竞争优势。

---

① 王明明. 伦敦艺术大学在艺术教学中的创新与实用[J]. 时尚设计与工程，2017(8)：30.

② [法] 让-弗朗索瓦·利奥塔尔. 后现代状态：关于知识的报告[M]. 车槿山，译. 北京：生活·读书·新知三联书店，1997：3.

二、学科设置与产业发展相一致

伦敦区的一流大学在建立之初，就将社会服务职能融入大学的任务和使命中。其学科专业布局一直与工业的发展与转型步调一致，不仅满足了社会发展的专业需求，也满足了国家发展的建设需求。同时，学科的发展加快了知识更新的速度，满足了社会经济发展的需求，为伦敦市和英国培养了一批具有高水平、高素质、高技能的人力资源，满足了政府对一流大学的功能性要求。

需要强调的是，伦敦产业结构转型的特点，是“从工业化时代的有形产品生产转化为后工业化时代的无形产品生产”[①]。因此，伦敦的创意产业与文化产业迅速崛起，且涨势迅猛，已成为城市经济发展的第二大支柱。根据英国高等教育统计局（Higher Education Statistics Agency）公布的数据，2017—2018 学年，英国大学录取学生最多的三个学科分别是商业和管理（15%）、艺术与设计（12%）、医学及相关学科（12%）[②]。这一数据与英国后工业化发展的趋势相吻合。

三、世界一流大学智库助力国家建设

作为知识和人才的集散地，伦敦区的一流大学汇集了不同专业的精英，加速了知识价值的产业转化。2005 年发布的《伦敦：知识型都城》（*London: The Knowledge Capital*）报告中明确指出，“伦敦高等教育机构有义务为社会服务，增加高等教育附属的社会资本，提高高等教育在社会中的贡献度，实现为伦敦服务、为伦敦市民服务的社会职能”[③]。为此，建设了一批智库和研究机构，而这些智库和研究的最大特征就是“以大学为依托”。《2013 年全球智库发展报告》（*2013 Global Go to Think Tank-Index & Abridged Report*）中提到：“伦敦区的伦敦政治经济学院公共政策组织、伦敦大学国王学院英国国防研究中心、伦敦大学教育学院（以整个学院为单位的全球顶级高校教育智库）均排名前十。”[④]这些高校智库不仅为伦敦“知识型都城”的建设提供了智力资源，而且针对伦敦市建设的重点问题，为伦敦市政府和广大民众提供了专业信息、国际经验和政策咨询建议。

此外，伦敦的一流大学与继续教育机构、政府机关、社会机构等开展深度合作，共同组建了“伦敦咨询顾问组织”（London Consultative Group）。该组织由 28 个单位组成，其中

---

① 段霞. 国际大都市产业结构调整之动向分析[J]. 首都经济贸易大学学报，2005(5)：67.

② London Higher. London Higher Factsheet 2019[R]. London Higher，2019：1.

③ London Development Agency. London：The Knowledge Capital[EB/R]. (2013 - 11 - 02)[2019 - 08 - 12]. http：//www.londonhigher.ac.uk/fileadmin/documents/knowledge_capital.pdf，2005：5.

④ MCGANN J G. 2013 Global Go to Think Tank-Index & Abridged Report[R]. University of Pennsylvania，2014：90.

包括伦敦大学教育学院、金士顿学院（Kingston College）、威斯敏斯特金士威学院（Westminster Kingsway College）等。而该组织的使命是，服务儿童和青年的教育需求，并致力于全民终身学习，最终目的是满足伦敦的“知识城市”和“全球城市”建设需求[①]。

四、大伦敦地方当局对世界一流大学的战略引领

伦敦一流大学的布局结构和发展，除了受到大学自身的影响外，大伦敦地方当局也指导着大学的建设布局。实际上，英国的高校本身不受地方行政机构的管辖，但英国各级政府都能够清楚地认识到，大学在人才培养、科技创新，特别是在提升城市和国家的竞争力方面发挥着非常重要的作用。同时，伦敦政府强调一流大学在产业中的职能优势，重视大学的知识创新、学术创新和科技创新等，并将其直接纳入国民产业发展之中，以有效实现新知识与新技术的孵化、推广与应用[②]。目前，伦敦的高等教育已经成为整个英国的一大战略性产业。

在知识经济时代，作为知识城市的典范，伦敦政府更意识到大学对市民教育、资源利用、经济发展的重要性。因此，伦敦政府明确了大学在城市建设中的定位。2000 年，《伦敦科学、知识与创新战略规划》指出，“高等教育机构和科研机构不仅担负着科学基础研究和文化传承的责任，还有义务改造传统工业、扶持新的知识型企业，应成为推动创新和变革的强大动力”[③]。《2003—2006 年伦敦创新战略与行动计划》（*The London Innovation Strategy and Action Plan 2003 - 2006*）进一步指出了大学在社会发展和经济转型中的贡献和作用。2008 年以来，英国一直处于经济危机之中，高等教育市场缺乏活力，伦敦政府作为大学与社会的桥梁，更加重视一流大学的社会功能与责任，优化了专业结构，实现了高等教育形式与方法的多样化。

五、伦敦高等教育委员会的作用

在校际合作、校企合作、高校社会服务过程中，除了大伦敦地方当局，伦敦高等教育委员会也发挥了积极的推动作用。伦敦高等教育委员会创立于 1999 年，目前共有 45 个成员单位。该委员会旨在强化伦敦区一流大学建设，助力伦敦建设成为世界顶级的知识型都城，并推动伦敦区乃至整个英国的全面发展。

2011 年，伦敦高等教育委员会《2011—2014 年发展战略》（*Business Strategy 2011 -*

---

① IOE. London Consultative Group[EB/OL]. (2014 - 04 - 26)[2019 - 08 - 12]. http://www.ioe.ac.uk/about/64818.html.

② 刘海波，陈亚伟，田华. 不同发展水平下发达城市政府促进经济和社会发展的高等教育政策比较研究[C]. “教育服务经济社会”国际学术研讨会论文集，2006：281，275.

③ 胡国勇，等. 国际教育发展的新理念和主要趋势研究——纽约、东京、伦敦、巴黎、新加坡、香港的教育发展比较[R]. 上海市中长期教育改革和发展规划纲要专项委托课题成果报告，2009：38，43.

2014)中指出,"一流大学的核心发展任务,即向技术新领域和社会新需求延伸"①。同时建议伦敦区的大学要为伦敦地区的政策制定服务,在最大程度上实现大学对社会、文化和经济发展的贡献。此外,该战略也重视大学的社会服务功能,强调大学要与伦敦商业部门、人力资源发展部门合作,加强大学与中小型企业之间的互动,提升大学对社会发展的作用。

实际上,伦敦区世界一流大学在伦敦高等教育委员会的组织与监管下,积极与政府或非政府组织开展合作,将各大高校所创造的知识、学术、技术与文化成果服务于政府决策,助力于经济发展、汇集于民生福祉,赢得了本国及国际利益相关者的高度赞誉。

本章小结

伦敦区世界一流大学高地的形成与发展,体现了伦敦乃至整个英国产业发展与社会进步的历史诉求,也勾勒出英国技术革命与现代化发展的时代曲线。从本章的研究内容来看,伦敦区世界一流大学高地不仅是政治家的摇篮,也是经济建设的助力、科技进步的推手、文化创新的基地、国际交流的平台,但其贡献远不止于此。目前,伦敦区世界一流大学高地的建设力度已经远远超出其区域乃至国家的边界,在国际人才培养、跨校科研合作、跨国产学融合等方面走在了时代的前列,并正在为引导全球产业革命而努力。

① London Higher. Business Strategy 2011 - 2014[EB/OL]. (2013 - 10 - 06)[2019 - 08 - 12]. http://www.londonhigher.ac.uk/fileadmin/documents/Publications_2011/BusinessStrategy_2011.pdf.

第四章
法国·巴黎

从11世纪法国巴黎大学（University of Paris，France）和意大利博洛尼亚大学（University of Bologna，Italy）等宗教意义上的大学开始，一直到19世纪德国柏林大学（Berlin University，Germany）等现代意义上的大学的出现，大学一直在知识传承、知识生产方面发挥着重要作用，是社会有机体的重要智力器官①。1862年美国《莫雷尔法案》（Morrill Acts）实施以后，大学主动适应地方经济社会需求，成为社会发展中不可或缺的部分。一流大学是大学群体的翘楚，有着很强的引领示范作用。进入知识经济时代，世界一流大学的示范导向作用更加凸显，可谓经济社会发展的"大脑"。城市，作为人类文明发展进步的重要成果，是社会发展的主要载体，更是世界一流大学成长、发展和走向繁荣的沃土。在此背景下探讨世界一流大学与城市发展之间所蕴含的关系，自然成为现代大学发展研究范畴内极具价值的课题。

第一节　巴黎世界一流大学高地概况

考量城市的发展规律，大学的贡献不容小觑。全球现代化卓越城市建设更是离不开高品质大学的参与。在未来很长时间内，"大学因城市而兴，城市因大学而盛"将成为恒常的规律。巴黎是全球范围内极具卓越潜能的城市，同时也是全球最具影响力的科技创新中心之一，巴黎城市发展与其区域内高品质一流大学的贡献休戚相关。

一、巴黎地区概况

巴黎是法兰西共和国首都，是法国政治、经济、文化和商业中心。从概念上来讲，巴黎

① 李永全，胡钦晓. 论中世纪巴黎大学社会角色及其冲突[J]. 清华大学教育研究，2012(4)：117.

有小巴黎和大巴黎之分。小巴黎是指大环城公路以内的巴黎市区，也是法国的第七十五省，称巴黎省，面积为105.4平方千米，人口数量为224.38万。大巴黎，又称巴黎大区或法兰西大岛区，指城区及周围的上塞纳省、塞纳·圣丹尼省、塞纳·马恩省、瓦勒德马恩省、伊夫林省、瓦勒德瓦兹省、埃松省，是法国2016年行政区划改革后的13个大区之一，面积为12 012平方千米，人口数量为1 210万，占法国人口总数的18.2%，占欧盟人口总数的2.4%，是欧洲人口最多、最密集的地区，其中外籍人口161.1万人，占巴黎大区人口总数的13.4%[①]。巴黎大区以卢浮宫为中心，以顺时针螺旋形图案对城市进行区域编号（也称“蜗牛壳”区域排列），编为1—20个区。

2018年，英国《自然》(*Nature*)增刊《2018自然指数[②]——科研城市》发布了全球城市在科研表现上的排名，巴黎位列世界第八。巴黎既是科学技术产业活动高度集中的地区，也是位列欧洲第一的创新中心，集聚了来自全球各地的年轻科技人员。作为全球化城市，巴黎汇聚了世界五百强企业集团总部、世界级高竞争力集群、外资企业集团、法国知名科技公司、创业人公司、中小型企业等各类经济实体，它们提供的工作岗位数量占全法国工作岗位总数的23.1%，其中，高级岗位数量占法国高级职位总量的35%。2015年，巴黎国内生产总值突破660万亿欧元，占法国全国国内生产总值的30.3%，占欧盟国内生产总值的4.5%。

悠久的工业传统助力巴黎成为欧洲最大储量的商业物业中心。此外，极具吸引力、多样化和高竞争力的地产保证了新办公区和商业园区的建设，巴黎因此一跃成为全球商务活动中心，其中，占地70万平方米、专为MICE(meetings会议，incentives奖励旅游，conventions会展，exhibitions展览)产业而设的展览空间使巴黎成为世界级的贸易展览优选之地，当然也是全球首选的国际会议举办地。《财富》杂志2019年数据显示，巴黎拥有全球五百强企业总部27家，位列欧洲第一、全球第三，仅次于56家五百强企业总部驻地的北京市和38家五百强企业总部驻地的大东京区。

二、巴黎世界一流大学概况

18世纪，法国凭借一流的大学和卓越的科学研究机构迅速成为世界科技中心。此后，依托其首都的优势，巴黎汇聚了众多的世界一流大学（表4-1）、顶尖的专业高等教育与研究机构和数以万计的创新企业。进入21世纪，法国先后启动“未来投资计划”、实施“卓越大学计划”以及颁布《高等教育与科研法》，对教育、科学和技术机构等进行整合形成集群发展，打破了传统教学、科研和技术之间的藩篱，从根本上扭转了法国大学国际竞争力不强的状况。进入21世纪之后，得益于政治、经济、文化、大学布局等方面的优势，巴黎

---

① https://www.insee.fr/en/accueil.[EB/OL].[2019-01-01].

② 该指数于2014年11月首次发布，此后每年都会发布年度排行榜，通过追踪高质量自然科学期刊所发表的科研论文，展示主要国家、研究机构和公司的高质量科研产出情况。

快速形成了世界一流大学高地，区域内分布着闻名世界的巴黎高等师范学校（École Polytechnique）、索邦大学（Sorbonne University）、巴黎第七大学（Université Paris Diderot）、巴黎第九大学（Université Paris Dauphine）、巴黎第十一大学（University of Paris-Sud）、巴黎政治学院（Sciences Po）、巴黎综合理工学院（École Polytechnique）等大学。

表 4-1 2019 年巴黎主要世界一流大学排名简表

大学名称	*THE*	Ranking	QS	*U. S. News*
索邦大学	73	44	75	62
巴黎第七大学	194	101～150	295	62
巴黎第九大学	41	301～400	50	84
巴黎第十一大学	201～250	37	239	30
巴黎高等师范学校	41	79	50	84
巴黎综合理工学院	108	301～400	65	30
巴黎政治学院	401～500	—	221	62

注：

1. 数据来源于 2019 年世界 QS、*THE*、*U. S. News*、ARWU 四大排行榜。
2. “—”表示该排行榜中未出现该大学或不在前 1 000 名内。
3. 在参评世界大学排行时，巴黎高校的参评单位有所不同，有些以大学集群参评，有些以大学个体参评。其中，“索邦大学”“巴黎第七大学”“巴黎政治学院”属于“索邦巴黎西岱大学”；“巴黎第九大学”“巴黎高等师范学校”属于“巴黎 PSL 研究大学”；“巴黎综合理工学院”“巴黎第十一大学”属于“巴黎萨克雷大学”。因此，*U. S. News* 排行榜中，所列排名是合并后的大学的参评结果；QS 和 *THE* 中，“巴黎高等师范学校”和“巴黎第九大学”也是大学合并后的参评结果。

索邦大学是巴黎大学的前身，由神父罗伯特·索邦（Robert de Sorbon）于 12 世纪时在塞纳河上的西提岛（l'Ile de la Cité）创设。现有在校学生 21 000 人，教职员工 1 957 人；曾培养出诺贝尔奖获得者 7 人次（居里夫人先后两次获得诺贝尔奖），菲尔兹奖获得者 1 人，萨顿奖获得者 1 人，国际货币基金组织总裁 1 人。

巴黎高等师范学校由法兰西第一共和国国民议会创建，后经拿破仑改组成为新型大学。现有在校本科生 400 人，博士生 700 人，留学生 100 人，教职员工 1 200 人；曾培养出诺贝尔奖获得者 12 人，菲尔兹奖获得者 14 人，沃尔夫数学奖获得者 4 人，阿贝尔奖获得者 1 人，法国总统 1 人；图书馆馆藏 80 万册图书、2 万份报纸杂志和 100 个数据库。

巴黎第七大学是由巴黎大学 1968 年“五月风暴”之后拆分设立（同下文中的巴黎第九大学、第十一大学）。各类在校学生 21 000 人，留学生 5 000 人，教职员工 5 000 人；先后培养了诺贝尔奖获得者 2 人，菲尔兹奖获得者 1 人，法国总统 1 人，部长 3 人和院士 4 人。

巴黎第九大学各类在校学生 8 681 人，其中本科生 3 863 人，硕士生 4 514 人，博士生 304 人，各类学生中留学生占比 23%。教职员工 3 081 人，其中全职教授和研究员 585 人，兼职教学人员 2 000 人，行政教辅 496 人。2018 年财政收入为 1.184 亿欧元，各类开支

1.136 亿欧元。1958 年第五共和国以来，先后培养了 7 位法国总统、19 位法国总理、12 位外国元首、10 位外国部长和 4 位国际货币基金组织领导。近百年来，先后为中国培养了严济慈、钱三强等著名科学家和陈寅恪、王力等著名语言学家。

巴黎第十一大学各类在校学生 26 800 人，留学生 5 000 人，教职员工 7 400 人；2018 年研发经费收入 4.66 亿欧元。先后培养了诺贝尔奖获得者 2 人，菲尔兹奖获得者 4 人；图书馆藏书量为 52 万册。

巴黎政治学院各类在校学生 7 140 人，留学生 6 860 人，教师 4 500 人；2017 年研发经费收入 1.86 亿欧元，各类开支 1.83 亿欧元。图书馆拥有 66 万册图书和 3.5 万份报纸杂志。巴黎政治学院以培养政治领袖在欧洲乃至世界享有盛名，自 1958 年第五共和国成立以来，8 位总统中的 5 位，以及 19 位总理中的 13 位出自该校。另外，学院还培养了 10 位法兰西院士、现代奥林匹克之父顾拜旦和联合国秘书长加利。

巴黎综合理工学院隶属于法国国防部，是世界最杰出的工程师院校。目前各类在校学生 1 500 人，留学生 600 人，教师 2 700 人；2017 年研发经费收入 1.64 亿欧元，投入 1.60 亿欧元。学院先后培养了诺贝尔奖获得者 2 人、法国总统 3 人、法国元帅 2 人、海军司令 1 人、雪铁龙创始人等 25 位国际知名企业家。

第二节　巴黎世界一流大学发展历史

纵观巴黎地区世界一流大学的发展史，大致可以分为宗教大学时期、世俗大学时期和现代大学时期。

一、宗教大学时期

巴黎城始建于公元前 3 世纪塞纳河岛屿上的一处居民点，唤作鲁特提亚，拉丁语意思是“河心地”。据记载，帕里西人为该地初民，属高卢部落。公元 987 年，巴黎伯爵于格·卡佩被推上王位之后，巴黎作为卡佩王朝的首都，地位更显重要。卡佩王朝统治时期，巴黎的政治渐趋稳定，社会治安良好，加之人口增加，商业发展很快。随着基督教在巴黎的开枝散叶，修道院的出现扮演着学校的角色，后来逐渐发展成教会学校，主要负责培训神职人员。

腓力二世在位期间（1179—1223），巴黎城市发展最为迅速。街道铺石，城墙扩建，并建置了一批新城镇。1200 年巴黎划成三个部分，右岸为商业区，岛上为城区，左岸为学校区。1253 年，罗伯特·德·索邦创建了第一所学院研究神学。1261 年，索邦神学院正式更名为巴黎大学。与意大利博洛尼亚大学的学生主导办学模式不同，巴黎大学由教会学校演变而来，所以自成立之日起就开展教师主导的办学模式，一时间，欧洲大陆慕名而来的教师遍布巴黎大学，巴黎大学的办学经验也随之遍及整个欧洲。

进入16世纪，文艺复兴运动使得巴黎从中世纪城市转变成为现代城市。但是巴黎大学的教育仍然停留在经院哲学和亚里士多德的权威之上，在人文思想面前显得有些保守，不但查封进步书籍，而且还迫害人文主义者。随着近代科学的发展，巴黎大学因受到教会的控制，显得与这个时代越发格格不入。最终，法国大革命终结了巴黎大学，同时被关停的还有巴黎师范学校等旧式大学。

这一时期巴黎的大学虽然处于宗教的控制之下，但是却留下了众多在全世界范围内都非常有名的文化古迹，如卢浮宫、巴黎圣母院、凡尔赛宫等。时至今日，当你漫步巴黎街头时，会感受到一种浓浓的、怡然自得的文化气息，宗教主题的绘画、雕塑、音乐和建筑，以及"自由、平等、博爱"和敢于创新的精神，无不丰富而充满魅力。当然，最完美诠释风情的地方，莫过于香榭丽舍大街。在这条仅1.8千米长的大道上，人们随时随地可以感受到历史文化的积淀：协和广场上的方尖碑、星形广场上的凯旋门无声地诉说着许多关于征服与被征服、光荣与屈辱的故事。

二、世俗大学时期

进入拿破仑时代，巴黎先后恢复、改制和新建了巴黎高等师范学校、中央公共工程学院（即巴黎综合理工学院的前身）、巴黎政治学院、巴黎大学等多所大学。1805年，拿破仑一世将中央公共工程学院改制为军校，此后它在法国乃至世界高等教育界的声望均来源于军事化的办学模式。1808年，巴黎师范学校首先得以恢复，1845年，巴黎师范学校改称巴黎高等师范学校。1871年，普法战争的失败让法国人意识到高等教育和科学发展的重要性，法国政府意识到要使共和主义思想深入人心，教育改革势在必行，并且要把教育改革放在优先战略位置。进入法兰西第三共和国时期，在国家的高度重视和大力支持下，巴黎高等师范学校等一批一流大学在欧洲范围内对优秀学生和教师的吸引力越来越大。19世纪中期，法国已然是世界范围内重要的数学、科学和哲学研究中心。1871年，被誉为"法国政治家摇篮"的巴黎政治学院成立，主要培养法律、经济、哲学、历史、商业、文学、传媒和政治领域的领军人物。1881年，法国政府和巴黎市政府共同投资重建巴黎大学。重建后的巴黎大学焕发出了中世纪时的活力，自然科学领域居里夫妇、李普曼、夏尔·里歇、布罗格利、佩兰等一大批诺贝尔奖获得者使得巴黎大学重新回到世界一流大学的行列。

20世纪上半叶的两次世界大战让法国蒙受巨大损失，高等教育更是一落千丈。1947年，法国临时政府制定《郎之万-瓦隆教育改革方案》，意在促进教育民主和公平。但最终因政治和经济还未恢复，各党派意见不合没有付诸实施，但它奠定了战后教育改革的方向。从二战后到1968年的二十多年间，法国高等教育虽然没有发生重大变化，但基于社会经济发展和各类学科自身的变化，也不乏一些对大学结构的调整，比如把大学本科的四年教育分成两个阶段，创办两年制大学技术学院。

1968年，法国社会正处于战后的“黄金发展时期”，而巴黎大学却迎来了挑战，学生抗议课程落伍和填鸭式的教育方式，要求更多的学术自由和校园民主，引发了学潮运动。法国政府对巴黎大学作了一系列改革，将其拆分为13所独立大学，同时颁布《高等教育方向指导法》，确立了法国高等教育三原则：① 自主自治，即大学在教学、科研、财政、人事等方面享有广泛的自主权；② 民主参与，即教师、学生、职工、校外代表均有权参与学校管理；③ 多科性结构，即每所大学在保持自身专业特长的同时，努力向多学科综合性方向发展。

1971年1月1日，以原巴黎大学为基础的13所大学同时成立，即巴黎第一大学至巴黎第十三大学，它们之间没有隶属关系，编号仅代表顺序，无关优先权、声誉、质量等。这十三所大学在秉承多科性原则的基础上，根据各自条件又有所侧重。其中，第一、第二、第三、第四、第八、第九、第十这七所大学以人文社会科学为主，兼设其他学科，第五、第六、第七、第十一、第十二、第十三这六所大学兼有文、理、医、法、经济、工科等学科。

巴黎大学拆分出来的大学特色鲜明、术业专攻，为法国培养了大批政治精英和社会急需的技术人才，也为巴黎区域经济发展作出了突出贡献。其中，巴黎第七大学本着创始人狄德罗的传统及人本主义原则，以开启21世纪社会的文明进程为己任，不遗余力地开辟全新的学习研究领域，振兴传统学科，开发推广研究成果，全面发展多领域的高水准研究，尤其是自然科学、健康学、牙科医学等方面的研究，为巴黎和整个法国赢得了国际声誉。巴黎政治学院被誉为“法国社会精英的摇篮”，毕业生大都在政治领域和法律、经济、哲学、历史、商业、文学、传媒等领域成为领军人物；巴黎高等师范学校先后为法国培养了无数杰出的教师人才，成为世界重要的数学、科学和哲学研究中心；巴黎综合理工学校秉承“为了祖国、科学和荣誉”的使命，为法国培养了数位总统、诺贝尔奖获得者、近半数法国企业的首席执行官和数以万计的顶尖工程师。

三、现代大学时期

20世纪后30年，随着经济全球化的加速，欧盟框架内的欧洲各国边境概念淡化，“欧洲一体化”逐渐形成，极大地促进了欧盟各国及所辖城市之间的互动。作为“移民大户”的巴黎，城市固有文化和外来文化产生的碰撞使得巴黎城市全球化程度愈高，文化多维化愈发明显。

进入21世纪，高等教育全球化方兴未艾，法国大学在世界大学排行榜上不尽如人意的表现使得法国高等教育高层的危机感愈来愈强。为了应对排名危机，在欧洲高等教育共同体乃至世界范围内强大的北美高等教育体系与崛起的亚洲高等教育体系中谋得一席之地，2006年，时任法国总统希拉克期望通过高等教育改革夯实高等教育实力，提高法国综合国力和文化软实力。2007年，希拉克的继任者萨科齐延续了高等教育改革的思路，并着手对高等教育机构和科研机构进行大规模的重组。

2009年，萨科齐总统力排众议，决定实施巨额资助计划——“国家未来贷款”以化解债务危机，同时启动总投入350亿欧元的“投资未来计划”，以提升萎靡的高等教育的国际竞争力。之后，投资123亿欧元的“卓越大学计划”应运而生。该计划拟建设5～10个世界级高等教育和研究集群，从而推动更多法国大学跨入世界顶级大学行列，彻底扭转法国大学在世界一流大学排名中的颓势。2010年，巴黎第三大学、巴黎第五大学、巴黎第七大学、巴黎公共卫生高级研究学院、国立东方语言文化学院、巴黎地球物理学院、巴黎政治学院、巴黎第十三大学等8所大学组成“巴黎西岱联合大学集群”；巴黎第二大学、巴黎第四大学和巴黎第六大学3所大学组成“索邦联合大学集群”；巴黎高科国立工艺博物馆、社会科学高等研究学院、巴黎高科国立工艺学院、高等研究实践学院、欧洲高等管理学院、巴黎第一大学、国立行政学院、国立艺术史学院、国立遗产学院等12所大学组成“巴黎埃萨姆联合大学集群”。

2013年，法国颁发《高等教育和研究法》，提出大学共同体概念，计划到2020年打造10所世界一流的综合研究型大学。中国驻法国大使馆教育处许浙景认为大学共同体相当于“升级版”的高等教育和研究集群。2014年，巴黎第三大学、巴黎第五大学、巴黎第七大学、巴黎第十三大学、巴黎公共卫生高级研究学院、巴黎地球物理学院、法国国立东方语言文化学院、巴黎政治学院等8所大学与法国国立人口研究所、法国国家信息与自动化研究所、法国发展中国家研究所、法国国家科学研究中心、法国国立健康与医学研究所等5个国立科研机构共同组成“索邦巴黎西岱大学共同体”；巴黎第十一大学、凡尔赛大学、埃夫里大学、巴黎综合理工学院、巴黎高等商学院、巴黎中央理工-高等电力学院、国立高等先进技术学院、国立高等电信工程师学院、法国高等农艺科学学院、国立高等经济与统计学院、光学研究院等11所大学和国立中央科学研究所、原子能研究所、高等研究所、国立农业研究所、国立计算机与自动化研究所、国立航空研究所、国立健康与药物研究所等7个研究所共同组成“巴黎萨克雷大学共同体”；巴黎高等师范学校、巴黎第九大学、巴黎高科化学学校、法兰西公学院、巴黎高等物理化工学院、国立高等戏剧艺术学院、巴黎国立高等音乐舞蹈学院、国立高等装饰艺术学院、巴黎国立高等美术学院、国家高等视听创作学院、巴黎高科高等矿业学院、法国国立文献学院、巴黎高等研究实践学院、巴黎高等社会科学研究学校、法国远东学院等15所大学和巴黎天文台、皮埃尔研究基金会、巴舍里耶研究院、居里研究所等4个研究机构共同组成“巴黎文理研究大学共同体”。

“卓越大学计划”整体上提高了大学的办学效率，实现了课程、师资、实验设备等教育资源共享，增强了法国大学的国际影响力。计划实施10年来，法国大学进入大学排名榜单的数量变化不大，但学校的名次较往年有了较大提升。经过近半个世纪的发展，最初从巴黎大学拆分出来的巴黎第四、第五、第六、第七、第九、第十一大学和巴黎高等师范学校、巴黎综合理工学院、巴黎政治学院与它们所寄居的城市巴黎在政治、经济、文化、艺术等方面全面互动、相得益彰，共同打造了巴黎世界一流大学高地，成了全世界莘莘学子向往的留学地。据法国高等教育署2018年1月发布的一项调查显示，64%的受访者将法国作为留学首选国家，仅次于加拿大的69%，高于美国、英国、德国等热门留学国家，其中88%的受访者更看重感受法国的历史文化和艺术，仅次于90%看重法国学位的含金量。

第三节 巴黎世界一流大学与城市协同发展

众所周知，世界一流大学的诞生、发展、繁荣与其所在城市有着千丝万缕的联系。借助巴黎特殊的政治、经济、文化、科技、商业地位，巴黎世界一流大学与经济社会之间展开了全方位立体式的互动发展。

一、培养政治精英

巴黎政治学院是以培养政治精英为宗旨的世界一流大学典型代表。建校之初，巴黎政治学院就承担着在欧洲霸权衰落背景下化解国内政治危机的角色，秉承“用现实的政治问题和实践，从知识和能力两个方面来培养政治人才”的培养理念①，形成了独特、鲜明的办学特色。地处塞纳河左岸，在巴黎市政府的支持下，学校校址在巴黎第七区的基础上不断向周边拓展，连续购买了周边的传统建筑，占据地利的巴黎政治学院不负众望，先后培养了一众精英，其中包括法国现任总统马克龙在内的第五共和国以来全部8位总统中的7位、法国现任总理让·卡斯泰等19位法国总理、12位外国元首、10位外国部长，因此被誉为“法国元首孵化器”和“世界精英的摇篮”。此外，巴黎综合理工学院培养出法国总统3人、元帅2人、海军司令1人，巴黎第七大学培养出法国总统1人、部长3人，巴黎高等师范学校培养出法国总统1人，索邦大学培养出国际货币基金组织总裁1人。据不完全统计，法国85%以上的国家政要均来自巴黎区域内的世界一流大学。

巴黎不仅仅是法国的政治中心，还是世界上比较重要的政治中心，许多国际组织总部驻扎在巴黎，如联合国教科文组织、经济合作与发展组织、国际商会、巴黎俱乐部等。巴黎世界一流大学还为驻扎在巴黎的国际组织培养了大量的管理人员和专业技术人员。先后4位国际货币基金组织总裁和联合国原秘书长加利毕业于巴黎政治学院。

当然，巴黎政治学院出色的人才培养也获得了丰厚的回报，校友资源便是一笔宝贵的财富。2005年起，巴黎政治学院积极借助校友拓展经费筹集渠道，如“动员地方团体、企业、个人捐赠而获得的学徒税、继续教育和科研合作等多项收益”②，经费筹集方式改革的尝试使得办学经费出现较大增幅，从2000年的5 500万欧元到2015年的1.67亿欧元，再到2017年的1.84亿欧元，经费增加了三倍多。此外，部分政要退休之后在巴黎各大学担任教育发展咨询委员，或者开办讲座，这也成为巴黎世界一流大学可持续发展源源不断的

① 张骥.从“政治家的摇篮”说起——初识巴黎政治学院[N].中国社会科学报，2011(3).
② 张梦琪.法国精英学校迈向世界一流：巴黎行政学院内部治理改革研究[J].比较教育研究，2016(5)：7-13.

人力资源。

二、助推经济繁荣

巴黎是法国最大的工业和制造业城市，也是世界范围内的工业和制造业中心。这主要得益于其依托“大学校”等高等专科教育建构的一流大学体系和高效的科研成果转化机制。一流大学高度专业化的研发实力不仅是行业领域整体水平的呈现，更是行业竞争力和产值的风向标。与业界合伙人合作研发、创建全资子公司等良性科研成果转化机制保证了一流大学研发成果落地，进而助推经济的繁荣。反之亦然，一流大学的人力资本输出或者科研成果转化出现问题时，经济社会的发展也必然会受到影响。

法国统计局数据显示，巴黎三大产业中第一产业农业产值约占全市总产值的22%，第二产业工业产值约占全市总产值的68%。核电、石油、航空、航天和铁路等方面处于国内乃至世界范围内领先地位。钢铁、汽车和建筑为其工业的三大支柱。第三产业产值在巴黎的经济中约占10%，主要涉及金融商务咨询服务、房地产发展研究以及文化方面的服务。虽然工业领域的就业人数持续下降，但巴黎大区在工业生产方面仍占第一位。2011年，巴黎大区生产总值近6 074.39亿欧元，占全国20 323亿欧元总产值的29.89%；人均51 118欧元，是全国人均产值30 999欧元的1.65倍；人均可支配收入为35 980欧元，是全国人均可支配收入29 010欧元的1.25倍；最低工资标准为1 430.22欧元。

2012年的法国经济萧条与巴黎大区就业率上升缓慢有着密切的关系。2012年第四季度的可就业人口的失业率达8.8%，比上年度同期增长了0.5个百分点。2017年，法国国家统计及经济研究所(INSEE)数据显示，法国经济迎来了近十年最高涨幅2.3%，法国的失业率也随之下降。INSEE的数据还显示，2018年第一季度，法国失业率为9.2%，低于上年同期的9.6%[①]，法国经济随之逐渐回暖。

三、支撑科技创新

自从1901年首次颁发诺贝尔奖以来，法国科学家和学者共获得51人次诺贝尔奖，仅次于美国、英国和德国，位居世界第四。其中巴黎大学第一位女教授、放射性化学家居里夫人分别在1903年和1911年获得诺贝尔物理学奖和化学奖。法国51人次诺贝尔奖获得者全部来自巴黎大学和1968年之后由巴黎大学拆分出的巴黎大学集团。由此可见，巴黎大学和1968年之后的巴黎大学集团对巴黎乃至法国整个国家在科技方面作出了杰出的贡献。巴黎大学在科技方面的贡献使得巴黎成为国际知名科技创新中心，并且一直占

---

① Key figures of France pdf[EB/OL]. [2018 - 09 - 1]. https://www.insee.fr/fr/statistiques.

据这一地位。

进入 21 世纪，巴黎汇聚了大量的科研人才，形成了一流的创新创业环境。巴黎大区域内国内生产总值、科研创新指数均名列欧洲首位，也是全球 500 强企业聚集地。法国统计局的数据显示，2015 年巴黎研发支出占法国研发总支出的 40.7%，占欧盟 28 国研发总支出的 6.6%。巴黎地区的学生人口仅占法国总学生人口的四分之一①。

通常来说，研究与发展成果可以用两个指标来评估：出版物和专利申请。其中，科学出版物是衡量科研水平的指标，而专利申请是衡量技术表现的指标。根据 Scopus 数据库，最近十年，巴黎共登记了近 50 万份科学出版物，仅次于中国北京和日本东京，位列全球第三②，主要涉及医学研究、物理学和天文学、工程科学、生物化学、遗传学和分子生物学等领域。此外，从年增量上看，巴黎始终处于第 1 位。而这些科学出版物的主要贡献者是巴黎第六大学、巴黎南方大学等一流大学和科研机构。

专利申请是反映技术表现的重要指标。巴黎在欧洲范围内已经超越了德国的慕尼黑和斯图加特，处于欧洲领先位置，但其相对份额一直在下降：根据科学技术观察站（OST）的数据，2002 年该区域专利申请数在欧盟 28 国中所占比例为 6.1%，这一数字到了 2012 年降低为 5.1%③。

2017 年，巴黎市经济发展与创新署等机构发布《创新创造巴黎大区：创新平台的作用》，通过对法国巴黎大区创新平台的全面梳理和典型创新平台的深度访谈，分析了巴黎大区创新平台的发展现状与主要特点④。

创新平台作为巴黎大区创新生态系统的核心组成部分，致力于通过开放协作的方式，以灵活多样的服务激发创新创业的动力，构筑有活力的区域创新生态系统。《创新创造巴黎大区：创新平台的作用》指出，创新平台包括加速器、孵化器、联合办公空间，以及各种类型的开放实验室。截至 2016 年底，巴黎大区共有 110 多家孵化器、企业苗圃或加速器，以及约 90 家联合办公空间和 45 家数字制造工坊。这些创新平台具有以下特点：① 平台内具有价值的个体组成的社群，成为最主要的创新源泉；② 有一定的物理场所，能促进交流，孕育新的实践和合作模式；③ 为创业者与大中小型企业提供各类助力创新的服务。

四、引领艺术时尚

巴黎是“欧洲最美博物馆”，汇聚了全世界的艺术大家来此创作，巴黎是艺术之都，吸引了全世界众多时尚人群来此一睹风采。城中的每一处都洋溢着浓郁的艺术气息，凯旋

① Key figures of Paris pdf[EB/OL]. [2015-07-12]. https://www.insee.fr/en/information/2388844.
② Elsevier. The Council of State Governments, America's knowledge economy[J]. A state-by-state review, april 2015.
③ 巴黎大区的科研创新情况[EB/OL]. [2018-07-2]. https://www.sohu.com/a/238975857_651721.
④ 施雯，等. 浪漫之都巴黎发力科技创新生态[EB/OL]. [2018-05-21]. https://www.sohu.com/a/232390267_466843.

门、埃菲尔铁塔、卢浮宫、蒙马特高地的圣心堂都是世界建筑史上的极品，香榭丽舍大街的橱窗里展示的时装、香水、醇酒也是众人心念梦绕的艺术珍品，难怪有人戏称“就连巴黎街头的踏脚石都是艺术作品”。喜好雕刻和绘画的人们可以在此“邂逅”达文西、罗丹、塞尚、凡高、米勒等顶级大师，饱读巨作的人们可以在此觅得古埃及、古罗马、古典主义、浪漫主义、野兽派、达达主义的“真迹”，追求时尚的人们可以在此“囊获”路易威登、迪奥、香奈儿、兰蔻、拉菲的“实物”。蜚声世界的巴黎时装周(Paris Fashion Week)起源于1910年，由巴黎时装协会主办，旨在把巴黎打造成“世界时装之都”，每年春秋两季600余场时装发布会吸引了全世界数以千万计的时尚人群。

一流的艺术沃土不但汇聚了一流的艺术家，并且孕育了一流的艺术人才。2018年，法国人口总量是6 698.72万人，不及我国人口总量13.95亿的二十分之一，但法国艺术院校数量与我国相当。截至2019年，中国艺术类院校49所，开设艺术学专业的大学共623所，而法国全国拥有艺术院校500多所(包括含艺术专业的综合类大学)，其中属于法国文化部管辖的高等艺术学院56所，其余为私立艺术学院。

早在17世纪，法王路易十四就计划把巴黎打造成世界艺术之都，要让巴黎与意大利文艺复兴时期的罗马比肩，先后创办了法兰西皇家绘画与雕塑学院、戏剧院等，培养了大批艺术人才。

进入19世纪，法国古迹博物馆成了法兰西艺术的重要源头。1790年，在亚历山大·勒诺瓦的主持下，法国古迹博物馆在塞纳河畔落成，分类收藏了法国历代的宫殿、陵寝和教堂存留文物。举世闻名的巴黎国立高等美术学院就建立在古迹博物馆的旧址上，继承了大部分馆藏，是不折不扣的法国艺术史基石，与巴黎高等艺术学院、巴黎高等应用艺术学院、巴黎高等装饰艺术学院等国际一流公立艺术院校一道引领着世界艺术发展的潮流，不断向国际培养输送高水平的艺术家、现代艺术创作家和高级设计师。

此外，巴黎国际时装艺术学院等私立艺术院校也在国际时尚界影响巨大。这些学校汇聚了时装界和时尚界高知名度的专业人才，其中40%为来自中国、美国、日本、德国、俄罗斯、韩国的留学生，为世界知名品牌巴黎世家、浪凡、让·高缇耶、香奈儿、蔻依、伊夫·圣罗兰等提供了大批艺术人才和设计理念。

巴黎的艺术和巴黎这座城市是人类创造的璀璨文明之一。因此，巴黎艺术不仅仅属于法国人民，更是属于全人类。

第四节　巴黎世界一流大学高地的演进

在欧洲范围内，法国是一个“怪胎”(法国前总理罗卡尔，2015)，是军事发展的产物。一个通过军队意志自上而下执政的国度唯有依靠中央集权管理方能维持其持续发展。一切事务皆由巴黎作出决策，甚至是地方性的公共设施决策，任何地方自治均被认为是离心之举。国家意志在高等教育领域同样体现得淋漓尽致。20世纪末，法国早已不是18世纪启蒙运动背景下那个辉煌的世界科技中心，高等教育危机初现端倪，主要表现为研究生培养中持续的不合格率、专利申请的骤减以及法语不断缩减的全球市场份额等。法国政府不得不再次动用国家意志对高等教育进行大刀阔斧的重组改革。作为法国的政治、经济、文化中心，巴黎世界一流大学高地的形成是其国家意志的集中体现。

一、国家统筹一流大学整体布局

进入21世纪，法国高等教育领域发生了一些变化，法国前总理米歇尔·罗卡尔(Michel Rocard)认为这种变化类似一种危机，因为仅有极少数法国高校跻身世界大学排行榜百强，入围前200名的大学数量不足12所，位列300～500名的高校也是屈指可数[①]。

为了应对高等教育全球化的激烈竞争，2006年，法国颁布《研究计划导向法》(*Loi d'orientation de programme pour la recherche*)[②]。该法案提出了一种新的大学重组形式，即高等教育和研究集群(Pôle de recherche et d'enseignement supérieur，PRES)，以期实现各类(包含公立和私立)高等学校和研究机构在新的大学重组模式下开展教学与科研的全方位立体化合作，进而促成更大的“化学反应”。

2007年，萨科齐政府推行“学士助成”计划[③]，目标是在2007—2012年的五年时间内，50%的适龄青年获得学士学位，10所高校进入世界百强，科研经费增加3%，论文发表数量得以改观等。为了保证计划的顺利实施和最终目标的达成，稍后颁布了《大学自由和责任法》(*Loi liberté et responsabilité des universités*)，赋予大学更大的自主权，明确鼓励高等学校和研究机构合并重组，以凸显法国大学在国际上的整体实力。

20世纪最后30年，法国财政从未有过结余(法国前总理罗卡尔，2015)。21世纪之初的财政危机让法国的财务情况雪上加霜。2009年，面对法国国内多数党派的质疑和国际货币基金组织的反对，萨科齐总统决定实施一项全方位的“国家未来贷款”项目以化解债务现状，同时还启动了一项巨额资助计划，即“投资未来计划”，以求刺激水深火热中的高等教育与科研、银行业和企业部门。总额350亿欧元中的225亿欧元用于未来核心竞争力的高等教育和研究，具体目标包括建设5～10个世界级高等教育和研究集群，跨入世界顶级大学行列，扭转法国在世界大学排名中不理想的局面，即之后的“卓越大学计划”。此后，法国政府于2014年和2017年先后两次追加“投资未来计划”资金。目前项目总投入570亿欧元，投于高等教育和研究领域289.5亿欧元，其中123亿欧元用于“卓越大学计划”建设。

“卓越大学计划”在推动法国高等教育和科研改革发展中发挥了重要作用，计划实施

---

① 程莹，王琪，刘念才.世界一流大学：对全球高等教育的影响[M].上海：上海交通大学出版社，2015：13.
② 许浙景.法国卓越大学建设进程及成效[EB/OL].[2018/12/13].http://www.sohu.com/a/281521420_764031.
③ 高迎爽.从集中到卓越：法国高等教育集群组织研究[J].清华大学教育研究，2012(1)：61.

十年多来，显著加快了法国高等教育、研究机构的合并进程，通过加快大学共同体的建立，提高了大学办学效率，实现了课程、师资、实验设备等高等教育资源共享，特别是促进了跨学科教学科研体系的建立以及高校与企业界的合作，同时也扩大了高等教育机构的规模，提升了法国大学的影响力。2017 年《泰晤士高等教育》公布的世界顶尖小规模大学排行榜中，巴黎高师位居世界第二，关于本科毕业生中诺贝尔奖获得者比例，巴黎高师位居世界第一。2019 年软科世界大学学术排名中，巴黎十一大（第 37 名）、索邦大学（第 44 名）和巴黎高师（第 79 名）共 3 所法国大学进入前 100 名，虽然仍然只有 3 所高校位列榜单，但学校的名次较往年已有所提升。

二、吸引世界一流教育资源

21 世纪是知识经济和经济全球化的时代。国家之间的竞争不单单是企业之间的竞争或企业集群之间的竞争，而是知识、技术和人才的竞争。而承载着知识技术创新和人才培养重任的大学则成为国家之间竞争的核心所在。高等教育国际化正逐步成为国家之间竞争改革发展的重要战略选择。

进入 21 世纪，世界各国教师、科研人员、学生等教育资源的频繁互动，很大程度上决定了国际社会和区域发展的资源配置和布局。欧盟委员会（European Commission）计划到 2025 年让所有成员国均采用统一的教育体系，包括实现大中小学文凭互认、教学计划方面的全面合作、提高计算机和语言知识以及促进终身学习等，进而实现欧盟委员会副主席卡泰能（Jyrki Katainen）提出的“在一个学习和研究不受边界限制的欧洲内生活”的未来愿景①。但是法国由来已久的中央集权和封闭的社会管理体制使得法国大学在 21 世纪年复一年的大学排名中表现低迷，仅有个别大学跻身百强，入围前 300 名的大学数量也不足 12 所。就连法国前总理罗卡尔 2015 年在上海交通大学参加第五届世界一流大学研讨会时都不禁发出感叹：拥有众多诸如笛卡尔（Descartes）、孔多塞（Condorcet）、卡诺（Carnot）、拉瓦锡（Lavoisier）以及巴斯德（Pasteur）等科研先驱的国度难道要放弃求知了吗？

面对国际高等教育参与度不足和高等教育国际化的双重挑战，法国政府树立国际视野，立足国际化战略，聚焦信息化、专项资金投入和全世界范围内的人才流动、人才培养互鉴模式。巴黎作为法国的首都，占据了政治、经济、文化等方面的便利，可谓“天时地利”，最大限度地吸引了大规模的国际生源，促进了区域的科研创新，大大提升了高等教育质量和国内国际竞争力。

在新的时代背景下，信息化极大程度地弥补了资源配置在实体空间上的缺陷，有效促进了资源的空间国际化配置，实现了全球资源共建共享。面对“互联网＋教育”带来的机

① 房强. 欧盟拟统一教育标准[J]. 世界教育信息，2018(1)：72.

遇，法国充分发挥互联网技术在高等教育资源配置中的优势，通过数字化平台推送慕课等在线开放课程和提升高等教育与学生服务质量来吸引潜在的国际生源，有力地推动了大学的国际化进程。据法国外贸银行(Natixis Bank)2018年数据，2010年全世界有2.2亿法语使用者，占世界人口总数3%；到2018年，法语使用者增加至2.75亿，占世界人口总数近4%；到2050年，全世界将有8%的人会讲法语，也就是7.15亿，考虑到法属殖民地的因素，世界范围内非洲潜在市场巨大。基于大批潜在国际学生生源与现实中稀缺的法语课程资源，法国政府加快信息化进程，通过数字平台实现高等教育资源空间国际化配置，即通过政策宣讲、招生、学生生活、教学内容及学习评价等线上"一条龙"服务，极大地吸引了国际生源，抢占了高等教育国际市场份额。

资源配置是实现高质量发展的动力源泉。以此类推，专项资金配置可以有效激励高等教育国际化战略的推进。为了吸引更多国际优质教育资源，鼓励更多国际学生来法国留学，法国政府除了继续推行免费教育政策外，在留学服务方面也是穷尽办法。首先，利用政府拨付的专项资金(表4-2)加大奖学金的额度和奖励范围；其次，法国政府将在法国留学超过4个月的国际学生全部纳入医疗保险体系，通过缴纳医疗保险费用，与法国籍学生一样享受医疗保险赔偿；最后，国际学生还可以申请一定数额的住宿和交通补贴，并且学校允许其勤工俭学(每周不超过21小时)，不仅可以增加他们的工作经验，而且可以有效补贴留学开支。此外，法国政府还针对国际学生建立统一的数据库，以便追踪世界范围内的校友资源。优质的留学服务质量日益成为高等教育国际化质量的重要表征之一。

表4-2 2015—2020年国际化建设专项资金投入规划

序号	项目	目标	资金金额/(百万欧元/年)
1	奖学金	平衡区域性奖学金差异	440
2	留学生服务	提升留学生毕业率和满意度	280
3	国际协同	提升国际教学和科研合作	52.5
4	信息化	开发慕课，加强国际范围的法语教学	70
5	国际招生	提升在法国受高等教育候选人数量比例	7.5

资料来源：Nicolas Charles, Quentin Delpech. France Stratégie: Investir dans l'internationalisation de l' enseignement supérieur[R]. 2015, (1): 25.

跨国人才协同培养也是大学国际化的重要观测点。进入21世纪，法国搭建平台，持续推进人才国际流动。与此同时，法国政府积极引进世界优质教育模式。具体措施包含积极开创项目合作，尤其关注博士阶段，积极引入优质教育模式，推进双学位及学分互认。如法国巴黎南大学与中国山东大学2019年联合实施的"组合数学与网络科学交叉创新型人才联合培养项目"，充分利用两校优质的教育资源，联合培养博士研究生，互派访问学者及博士后，旨在培养一批数学与信息交叉学科方面的高端国际化人才，推动两国数据科学的基础理论和应用研究。通过全球高层次人才的国际流动，法国大学整体水平得到了极大提升。

第五节 巴黎世界一流大学高地建设的经验及启示

巴黎，一座蜚声世界的历史之都，能够成为世界一流大学高地，很大程度上得益于其厚重的历史传承、稳定的政治、繁荣的经济，当然也离不开大学自身的追求与发展。但是不得不承认，在近半个世纪的发展过程中，政府主导对于巴黎世界一流大学高地的形成至关重要。其中，政府主导下的内部和外部治理模式对于我国世界一流大学建设有着重要的参考意义。

一、改革大学内部治理模式

巴黎大学是世界上最古老的大学之一。作为世界大学发源地之一，“巴黎模式”一直是法国乃至全世界很多国家大学的标准模式。虽然自治性和行会性是传统法国大学的历史特点，但是“巴黎模式”自巴黎大学以来一直强调中央对大学的绝对管理权。1968 年，法国颁布了《高等教育方向指导法》，通过一系列的内部治理体制改革、管理体制改革以及高等教育结构调整，形成了法国大学的政府管理雏形。

随着规模和体量的增加，大学结构和水平发生了非常明显的变化，法国政府开始逐渐引入社会中介力量，对大学的质量进行监管和问责。1984 年，在国际质量保障运动的影响下，法国国家评估委员会成立。作为一个独立的行政主体，委员会直接受法兰西共和国总统领导，国家财政拨款，独立预算。评估委员会主要负责大学的制度、学科和总体情况三个方面的评估工作。1989 年，法国通过的《教育指导法》和 1998 年发布的《建立欧洲高等教育模式》有力地保障了法国大学质量的提升，推动了欧洲教育一体化，带动欧洲各国高等教育迈向质量发展之路。随着大学质量的稳步提升，法国政府不断地增加投入，以期得到更加优质的回报。

进入 21 世纪后，法国政府在持续重视大学质量的同时，开始探求大学的自治办法。《大学自主与责任法案》的颁布逐渐改变了政府一统评估天下的局面，大学获得了更多的自主权。为了对大学的自治进行有效的监管，衡量政府对大学投入的成效，质量评估就成了有效监管的必然选择，通过质量评估，大学可以对师资、教学资源和科研成果进行自查，从而提高大学在国内民众心目中的信任度和在国际上的知名度。同时，大学通过质量评估能针对国家和社会的需求，积极作出准确的应对。可以说，质量评估是政府、社会和大学三者之间沟通的桥梁。2006 年，法国颁布了《科研规划法》，在整合 1984 年成立的国家评估委员会和其他一些评估机构的基础上创建了法国高等教育评估与研究署(AERES)。

在大学自主与责任争论的背景下，AERES 简化了评估程序、改进了评估方法、扩大了评估领域，以大学自治与责任为目标，以科研成效为内容进行单位、附属研究实验室和教学三个层次的评估。

但是 AERES 质量评估从一开始就遭到教师的抵制，因为教师需完成大量表格以呈现自己的教学科研成果，他们认为这是严重违背学术自由的。加之，AERES 质量评估标准采用定量指标，也引起社会和学术界的不满。在此背景下，2013 年《法国高等教育法》应运而生。该法采纳了法国国会议员勒戴奥建立新的权威评估机构的建议：首先，在新机构设置过程中提高科研人员在评估委员会中的比例；其次，仅评估高等教育与研究单位和教学。2014 年，法国高等教育与研究高级评估理事会（HCERES）取代 AERES 对法国高等教育与研究单位和教学进行质量评估。HCERES 授权第三方对高等教育进行评估，获得了更加客观、公正、独立、有效的评估结果，从而确保了法国大学质量的稳步提升。

（一）采用第三方评价，力求结果客观

法国大学质量评估体系中，评估机构是国家授权、依法成立的机构，不隶属于政府部门，所以也不需要向政府汇报工作。当然，评估机构也无决策权，更无法决定大学的拨款。可以说，评估机构相对独立，属于第三方评价体系。第三方评估机构更有利于获得参评大学真实的信息，作出判断并提出改革的建议，而且其建议也更易于被参评大学接受，进而进行自我改善；更有利于政府与社会及时了解大学面临的具体问题和困难，进而解决难题，为大学争取更多自治和资源。

第三方评估虽然是由国家政府授权成立，但是它的目的不在于发挥国家、政府的控制力量，而在于推动大学内部治理和质量的提升。通过第三方评估对大学进行评价，以达成预定目标，可以有效解决政校不分的问题，推动大学自主办学，最终实现大学质量提升。

（二）评价全程开放，力求结果公正

20 世纪 80 年代起，法国大学逐步开始寻求自治，自治已经成为全社会的共识。众所周知，法国是一个公民广泛参与国家政治的社会，所以法国的评估机构自诞生之日起就具有透明性的特点。在此背景下，评估所涉及的法律法规依据、评价标准、评估实施步骤、参评专家简历、最终形成的评估报告均实现网络共享，集中体现了评估的公共性与服务性，也彰显了评估结果的可信度。

在评估过程中，评估机构与参评的大学之间通过平等交流来获得真实、有效数据。组织专家组时需要征求参评大学意见，形成初步报告后需要听取参评大学的反馈意见方能形成正式报告，并附上参评大学校长对该报告的评论意见方能在互联网上公开共享。

因此，高等教育只有实行管评分离，评估的透明性、客观性、公正性才能得到保证，大学和社会对评估的认可度才能得到提高，大学自治才能真正意义上得到实现，大学质量才能最终得到提升。

二、建立区域大学集群

基于相同区域的大学联盟可以实现真正的协同共赢。美国的“常春藤”大学联盟、法国的巴黎索邦西岱大学、北京高校教学共同体、长三角高校合作联盟、重庆市大学联盟以及陕西“边家村大学联盟”均是缘起区域优势，破除了高校间体制和机制壁垒，加强对话，以应对高等教育变革中的机遇和挑战，实现协同共赢。首先，区域大学集群内部教研资源可以互补互用，于学生来讲，学习的软件和硬件均有实质性改观，学术交流环境有极大提升；于教师来讲，跨学科科研合作成为现实，交叉学科创新研究能力有极大提升，从而客观上加速了科技成果转化的过程。其次，区域大学集群基于自身特性，立足所寄居城市，聚焦本地区经济社会的重大需求，构建跨机构科研组织模式，积极创新区域经济融合模式，打造兼具地区特色和国际影响的高等教育研究智库，从而克服高校原始创新能力不足的缺陷，全方位立体式拉动区域经济的增长。

区域大学集群整体水平的提升势必投射到各成员组织的综合竞争力和国际引领力、影响力，从而进入协同共赢的良性循环发展模式。

三、加大立体开放力度

法国自“卓越大学计划”实施以来，一改往日的高等教育“双轨制”模式，在新的治理结构中，以经济社会需求为导向，以绩效和资助关联的方式进行监控，采用了新的评价程序，顺应了知识经济社会的管理模式。在此治理改革进程中，开放无疑是最突出的特点，得到了法国国内及国际高等教育界的一致认可。开展“卓越大学计划”以来，学科间的发展透明开放，甚至带动了整个高等教育所有领域的综合立体开放，形成了整体的良性发展。

然而，目前我国高校虽与社会企业单位有广泛合作，但在学校治理上仍然为自上而下的较封闭的“象牙塔”管理，缺乏开放性。[①] 因此，我国高校在“双一流”建设过程中需要进一步加大开放力度，深入推进产学研协同创新，深化产学研成果转化，从企业筹集资金来搭建科研平台，科研平台再着力解决企业阶段性的科技难题，从而形成产学研的良性循环，进而催生高校知识科技创新对经济社会全面发展的驱动。

此外，我国高校需要进一步扩大国际交流的广度和深度，一方面要吸引国际顶尖的科研人员和留学生充实研究队伍，提升整体研究水平；另一方面要促成国内一流的科研团队和科研平台与国外世界一流大学和科研机构开展实质性研究合作，提升科研平台的国际引领力和研究成果的国际影响力。

---

① 张丹. “双一流”建设机制研究——以法国高师集团“高校共同体”改革为例[J]. 教育发展研究，2016(17).

本章小结

“大学因城市而兴，城市因大学而盛。”城市为世界一流大学发展提供充足的资源支持，世界一流大学为城市建设与发展提供人才和智力支持。作为法国的政治、经济、文化和商业中心，巴黎是全球范围内极具创新力和影响力的城市，为世界一流大学高地的形成提供了沃土；相应地，巴黎世界一流大学高地成为世界精英的摇篮，支撑经济发展与科技创新，并引领艺术时尚。巴黎世界一流大学高地与城市共生共荣的发展模式，为我国“双一流”建设提供了丰富的经验。

第五章
美国·纽约

纽约市，位于美国纽约州东南部，大西洋沿岸，是美国第一大城市及第一大港口。它人文荟萃、充满活力，既是美国的经济中心，也是世界的金融中心，还是重要的高等教育中心。纽约市的世界一流大学高地同样呈现大学与城市共生共长、相得益彰的发展势头。一方面，世界一流大学的发展成为纽约文化知识和智慧的源泉，为城市的政治、经济和文化的发展不断注入新的活力；另一方面，纽约作为大学的载体和依托，为世界一流大学的发展提供政策支持和经济支持。回溯纽约世界一流大学高地的发展脉络，探究纽约世界一流大学发展与城市繁荣的关系，有助于从深层次上廓清这些大学走向卓越的根基，对我国的世界一流大学高地建设有着重要的参考价值。

第一节　纽约世界一流大学高地概况

从行政区划上看，对于“纽约”一词的理解一般可分为三个层面，分别是纽约州（New York State）、纽约市（New York City）、纽约区（New York County）。纽约市是纽约州下属的市，纽约区是纽约市下属的区，也称为曼哈顿区。纽约州位于美国东北部，首府为奥尔巴尼（Albany）。在美国各州中，纽约州的地位是较为重要的，经济高度发达，农业和制造业为该州的主要产业。纽约市由五个相对独立的行政区构成，包括曼哈顿（Manhattan）、布鲁克林（Brooklyn）、布朗克斯（Bronx）、皇后（Queens）和斯塔滕岛（Staten Island）。在本章中纽约是指纽约市。

纽约地处美国东北部纽约州东南哈德森河口，大约在华盛顿特区和波士顿中间位置，紧邻的哈德逊河让纽约享有航运之便，使其快速发展成为一个贸易重镇。纽约城区大多坐落在曼哈顿、斯塔滕岛和长岛，土地狭小，人口密度很高。纽约市整体面积约 1 214 平方千米,其中 425 平方千米为水域,789 平方千米为陆地①。截至 2018 年,纽约市居民约有 856 万人,居住在 789 平方千米的土地上②。在过去十年里,受年轻新居民推动的人口增长的强劲势头似乎已开始不可避免地放缓。此外,纽约地区仍然是合法移民的最主要入境城市,在数量上远超两大主要入境城市——洛杉矶与芝加哥的总和。

第二次世界大战之后,美国成为世界上经济最发达的国家,在世界经济体系中的地位达到顶峰。1946 年,联合国总部设在纽约,从此,纽约一跃成为资本主义世界的政治经济中心。从 1609 年的新阿姆斯特丹开始,经历四百多年历史与文化的积淀,昔日被视为“蛮荒之地”“冰雪带城市”的纽约城已成为如今美国最大的港口城市和国际化大都会,享有“世界之都”的盛名,引领世界城市的发展。众所周知,教育与一个城市的政治、经济和文化存在着千丝万缕的联系,与城市的前途命运和发展潜力息息相关。纽约世界城市地位的形成及确立与其悠久的历史、高度发达的高等教育有着密不可分的联系。

一、纽约世界一流大学简介

纽约市内分布着 20 多所高等院校,著名的有哥伦比亚大学(Columbia University)、康奈尔大学(Cornell University)、纽约大学(New York University)、洛克菲勒大学(Rockefeller University)、西奈山医学院(Mount Sinai School of Medicine)、叶史瓦大学(Yeshiva University)、纽约州立大学奥尔巴尼分校(State University of New York Albany)等。在 2019 年公布的“世界大学学术排名”(Academic Ranking of World Universities)中,哥伦比亚大学、康奈尔大学、纽约大学、洛克菲勒大学等私立高校均稳居前列,四所一流大学取得的卓越成就铸就了纽约高等教育享誉全球的品牌实力。其他院校虽没有排在前列,但也在前 500 名之内。此外,茱莉亚学院(The Juilliard School)作为顶级艺术院校,被誉为“音乐界的哈佛”。以上院校的排名情况如表 5-1 所示。

表 5-1 2019 年纽约世界一流大学国际排名

学校名称	地理位置	ARWU	*U. S. News*	QS	*THE*
哥伦比亚大学	美国纽约曼哈顿	8	8	16	16
康奈尔大学	美国纽约曼哈顿及邻近地区	13	23	14	19
纽约大学	美国纽约曼哈顿与布鲁克林下城区	30	28	43	27
洛克菲勒大学	美国纽约曼哈顿	35	66	—	—

① 纽约市[EB/OL]. https://baike.baidu.com/item/纽约/6230?fromtitle=纽约&fromid=20261076&fr=aladdin.
② The United States Census Bureau. New York City's population[EB/OL]. [2019-05-13]. https://www.census.gov/popest/data/index.html.

续　表

学 校 名 称	地 理 位 置	ARWU	*U. S. News*	QS	*THE*
西奈山医学院	美国纽约曼哈顿	101～150	75	—	—
叶史瓦大学	美国纽约	201～300	245	—	—
纽约州立大学奥尔巴尼分校	美国纽约州奥尔巴尼	401～500	316	651～700	401～500
茱莉亚学院	美国纽约曼哈顿	—	—	—	—

注：
1. 数据来源于2019年世界QS、*THE*、*U. S. News*、ARWU四大排行榜。
2. “—”表示该排行榜中未出现该大学或不在前1 000名内。

在纽约地区，由哥伦比亚大学、康奈尔大学、纽约大学、洛克菲勒大学以及朱莉亚学院等5所院校形成了世界一流大学高地。

二、纽约世界一流大学高地特征

世界一流大学高地的形成历史与政治、经济、文化紧密相连。推动世界一流大学高地形成的，既有内在动力又有外部动力，该过程是一个内外动力相互耦合的过程。总结纽约世界一流大学高地的特征，有助于丰富对世界一流大学高地的理论认识；对世界一流大学的研究，有利于我国深入推进“双一流”建设，形成中国的若干世界一流大学高地，支撑我国实现“两个一百年”奋斗目标。综观纽约地区世界一流大学高地，我们可以发现以下特征：

第一，从大学的性质看，既有公立大学，又有私立大学。纽约地区久具盛名的4所大学均为私立大学，从侧面反映出美国私立大学的独特性和引领性。与此同时，哥伦比亚大学、康奈尔大学均是北美大学联盟（Association of American Universities，下文简称AAU）的成员，AAU是公认的北美62所顶尖研究型大学联盟。AAU在组织方式和成员遴选机制上保证了其会员在大学体系中处于“第一集团”的地位，是一个比较理想的一流大学群体的参照系①。

但纽约的公立大学的实力同样不容小觑。由纽约州立大学和纽约市立大学组成的纽约公立高校系统不仅承担了大部分的学生，更是将质量卓越作为其发展的永恒追求和根本动力。以目前美国最具活力的公立高校纽约州立大学石溪分校（Stony Brook University）为例，这所坐落在纽约市的公立高校在短短50年间就发展成为拥有24 000多名在校生、14 500多名教职员工的研究型大学，在城市建设及区域的发展中作出了重要的贡献②。相对于公立

① 清华大学公共管理学院专题研究组. 创建世界一流大学：AAU提供的参照与借鉴[J]. 清华大学教育研究，2003(03)：18－32.
② Stony Brook University. About Stony Brook[EB/OL]. [2019－07－22]. http://www.stonybrook.edu/sb/aboutsb.shtml.

高校，纽约私立高校起步较早，在漫长的发展历程中，凭借着对市场需求的敏锐感知以及对自身办学特色的准确定位，私立高校在发展过程中抓住宝贵时代机遇，努力奉献社会，成就斐然。

第二，从大学的规模看，纽约地区世界一流大学人数密集且集中。从学生人数上看，哥伦比亚大学、康奈尔大学、纽约大学均属于“巨型大学”，学生人数均超过2万人。其中，纽约大学的人数总量最大，本科生和研究生均超过2万人。哥伦比亚大学次之，但研究生总量也达到1.6万人。与此同时，几所大学的海外学生也几乎都占据了半壁江山，尤其以哥伦比亚大学最为突出。从教职工人数看，哥伦比亚大学、康奈尔大学、纽约大学的教职工人数均过万。纽约世界一流大学的基本数据情况如表5-2所示。

表5-2　纽约世界一流大学的基本数据情况

学校名称	学生人数/人			教职工人数/人	
	本科生	研究生	海外学生	教师人数	职工人数
哥伦比亚大学	8 931	16 156	11 787(1 814本科生，9 973研究生)	4 205	17 775
康奈尔大学	15 182	5 838+专业2 580	5 073(2017)	1 679	8 392
纽约大学	25 114	26 733	13 735(2019)	5 723	18 686

资料来源：据2018—2019年哥伦比亚大学、康奈尔大学、纽约大学官网数据整理而成。除另有注明外，均为2018年数据。

第三，从建校时间看，历史悠久并非唯一标准。在纽约地区世界一流大学高地内的几所高校中，哥伦比亚大学建立于美国建国之前，康奈尔大学是伴随《赠地法案》诞生的研究型大学，洛克菲勒大学较为“年轻”，建立于1901年。悠久的历史确实带给大学许多不可多得的发展机遇，如19世纪末20世纪初欧洲因宗教、战争等原因发生的“文化清洗运动”为美国大学的发展提供了千载难逢的机遇。科学家们从一个研究中心转向了另一个研究中心，也间接促成了高等教育中心的转移。此外，大学的办学理念也深受文化传统的影响。随着时间的推移，大学的发展也展现出与时俱进、顺应时代的特点。城市是大学的载体和依托，是现代政治、经济、科技、文化的中心。为了大学的发展、繁荣，城市不仅给予政策上的倾斜或优惠，而且还能提供更多的土地、资金支持。城市与大学牵手协作，必将带来互赢互利的良性发展，两者相互渗透、相互促进、相互作用的双向关系，已经越来越成为人们的共识。

第二节　纽约世界一流大学高地的演进

纽约如何从一个海港逐渐发展成为全世界最重要的经济中心，又是如何从仅拥有一两所普通院校的小城逐步发展为享誉世界的世界一流大学高地的？回顾纽约地区的发展轨迹，从中探究世界一流大学高地产生的历史背景，在时间背后探索高地的发展规律，有利于对以上问题进行更为清晰的总结和阐释。

一、城市的出现孕育高等教育的萌芽

在前殖民时期，纽约现今所在的地区为阿尔冈昆部落所居。15 世纪，随着哥伦布发现美洲大陆和殖民贸易点建立，这里才逐渐形成自由港，这就是纽约的前身。1626 年，荷兰人从当地印第安人手中廉价买下曼哈顿岛建立贸易站，并按荷兰首都阿姆斯特丹的名字，将这个地方命名为“新阿姆斯特丹”[①]。1664 年，荷兰人将新阿姆斯特丹拱手让给英国。之后，英国国王查理二世将其交给弟弟管辖，国王的弟弟将领地迁至新阿姆斯特丹，并将地名改为“纽约”（New York）。

得益于不断到来的移民，欧洲大陆的政治、经济以及文化教育元素不断地被带到纽约并发挥影响[②]。这一时期，通过借鉴欧洲宗主国英国的高等教育模式，以国王学院（King's College）等殖民地学院为核心的早期纽约高等教育体系初步形成。早期殖民地学院的主要职能是培养牧师。尽管这一时期的大学与城市发展、人民生活的联系并不紧密，但“殖民地时期的大学调和了教会与世俗的关系，大学变成了一个知识化、世俗化的智力场所”[③]，尤其是到了殖民地后期，学院的培养目标已不单纯是培养牧师，大学的发展逐步与世俗化的需求相联系，虽然服务于城市建设和社会经济发展的趋势并不明朗，但已初见端倪。

独立战争期间，纽约经济遭受重创，大学也未能幸免，部分大学因被征用曾一度被迫停办。任何事件都具有两面性，战争在阻碍大学发展的同时也让纽约市政府意识到大学管理存在的弊端。例如，在哥伦比亚大学（Columbia University）等私立大学改造失败之后，政府仿照法国集权模式率先在纽约市创建了纽约州立大学（State University of New York，SUNY，1816）等公立高等教育机构。逐步形成的公、私立高校并存的高等教育体系展示出独特的价值，公、私立大学间的竞争与合作极大地提升了纽约高等教育系统的运作效率，同时也有力地推动了纽约的城市建设与经济发展。

二、经济转型为大学发展提供了机遇

第一，第三次工业革命给美国制造业的发展带来了机遇，对科学技术的需求空前高涨。19 世纪中叶，在工业革命的推动下，纽约的制造业很快发展起来，纽约在 19 世纪末

① 纽约概况[EB/OL].（2005－03－24）[2019－10－11]. http://bj.sina.com.cn/art/2005－03－24/66075.shtml.
② 贺国庆，王保星，朱文富. 外国高等教育史[M]. 北京：人民教育出版社，2006：130.
③ [美] 罗杰·L. 盖格. 美国高等教育的十个时代[J]. 北京大学教育评论，2006(02)：126－145＋192.

已成为美国一大制造中心。在发展过程中,纽约制造业形成了一些自己的特点。比如,根据纽约自然资源贫乏而劳动力充足、资本充足的特点,纽约制造业以劳动密集型、资本密集型的轻工业为主,门类较为齐全。

城市发展对实用性技术、创新型人才等智力、人力资源的需求日益强烈,高等教育在城市发展中的贡献也日益突出,逐渐形成"城市需求大学多多益善,大学多样实现城市繁荣"的新格局。1817 年的达特茅斯诉讼案"反映了后来转变整个美国高等教育的时代躁动"[①],该案的最终裁决明确了高等教育不再仅仅是家庭、教会和社区的事情,而是需要整个社会审慎考虑的话题。在达特茅斯诉讼案的推动与影响下,纽约高等教育逐步进入发展的快车道,以哥伦比亚大学为代表的私立院校步入其发展的鼎盛时期,纽约城市学院(The City College of New York, CCNY, 1847,纽约市立大学前身)的建立也进一步完善了纽约的公立大学体系,而以库珀联合学院(Cooper Union, 1859)为代表的技术学院的纷纷创建也进一步丰富了纽约的高等教育。

第二,大量的外来移民带来的多元文化,为大学的多样化发展奠定了基础。随着经济的不断发展,交通运输逐步完善,纽约市进入发展黄金时期。1820—1870 年间,700 多万移民中的 70%通过纽约市进入美国。这一移民潮从根本上改变了纽约市的人口结构,外国出生的居民占到纽约市人口总数的 50%以上[②]。持续大量涌入的外来移民,带来了多元的文化,促使纽约逐渐成为典型的世界性大都市。人口的增加使人力成本不断降低,这也极大地推动了工业的发展。19 世纪末 20 世纪初,纽约市工商业的统治地位逐渐确立,复杂的财政金融体系不断完善,纽约市成为美国最重要的城市[③]。

第三,第二次世界大战期间大量战争国的流亡学者和学生的涌入,丰富了本土的学术氛围。1933 年后,从纳粹德国逃离的知识难民中,许多人是 20 世纪的著名自然科学家。从这个意义上讲,"流亡科学家"的到来,为美国曾经的"世界科学中心"地位奠定了基础。以数学领域为例,在 20 世纪 30 年代之前,美国本土几乎没有人研究应用数学。当受聘于纽约大学的数学大家查理德·库朗看到这种现象时,意识到这是一个发展应用数学的绝好机会。但当时只有他一个人讲授数学,大学里竟然连数学图书馆都没有。他将另外两位来自原哥廷根大学的杰出数学家接纳进来,一起成立了数学研究所。研究所在战争期间应官方需求,成立了"应用数学小组",官方名称为"军官顾问科学委员会"。该机构在战争期间完成 194 项研究,在战后还专门出版了 4 本书来总结这些项目所做的工作[④]。1952 年,纽约大学数学与力学研究所成为美国大学中最早拥有计算机的研究所,当时就已经站在美国数学界最领先的位置。

① JOHNSON E L. The Dartmouth College Case: the Neglected Educational Meaning[J]. Journal of the Early Republic, 1983(3): 45 - 67.
② [美] 乔治·兰克维奇. 纽约简史[M]. 辛亨复,译. 上海: 上海人民出版社,2005: 141 - 142.
③ 蒲玉梅. 从普通港口城市到全球性城市[D]. 华中师范大学,2006.
④ [美] 康斯坦丝·瑞德. 库朗: 一位数学家的双城记[M]. 上海: 东方出版中心,2002: 300.

第四，优化产业结构、确立区域经济发展战略、发展国际服务业，逐步确立全球大都市的地位。第二次世界大战结束以后，纽约市本身的经济结构发生了很大的变化，主要表现在产业结构的调整和人口构成的变化等方面。与此同时，美国高等教育进入历史发展的“黄金时代”。亨利·瓦瑟教授(Henry Wasser)曾指出：“美国高等教育从大众化进入普及化最明显的迹象是纽约市立大学‘开放入学政策’(open admissions policy)的推行。”[①]1970 年，纽约市立大学(The City University of the New York, CUNY)系统首创的“开放入学政策”实施双轨制，由授予学士学位的高级学院和两年制社区学院分类招生，为少数族裔、低收入群体和年龄大的学生提供了门槛较低的入学机会。这使得纽约城市大学几乎在一夜之间跃升为全美第三大高等教育系统，极大地推动了纽约高等教育的发展，推进其逐步向普及化阶段挺进。

第三节　纽约世界一流大学与城市协同发展

纽约在对外开放的地缘优势的基础上，汇集密集的顶尖大学集群和知名独角兽企业集群、庞大的具有良好教育背景的高素质文化阶层、持续活跃的风险投资资金，构建了良好的创新生态体系。

一、服务社会需求，培养卓越人才

纽约以发达的金融业著称，设有世界闻名的纽约交易所和纳斯达克交易所，是世界上规模最大、最受瞩目的金融中心。高素质的人力资源和科研教育资源、完善的基础设施和中心商务区环境、发达的金融保险和新型服务使得纽约的信息流、资金流、人才流源源不断，为美国的社会发展注入活力。

第一，纽约世界一流大学高地培养并吸纳优秀人才。纽约劳动人口虽然仅占全美劳动人口的 6.25%，但研究表明，纽约的专业人员与管理人员的劳动生产率要比全美平均水平高出 39%[②]。高素质的劳动力得益于纽约雄厚且高质量的教育资源。由公立学院和大学、私人组织运营的教育机构、联邦服务学术机构、非宗派学术机构等主体构建的多层次科研体系为纽约社会发展的多样需求提供支撑。纽约地区的企业家们在学校的调研中也多次表示对区域内教育系统培养的人才非常满意。他们在反馈中表示无论是大学的地理分布还是人才的培养质量都让企业家们感到十分满意。

第二，纽约世界一流大学培养了世界顶尖人才。作为世界顶尖大学的哥伦比亚大学、康奈尔大学以及纽约大学在人才培养上也有出色的表现。哥伦比亚大学被誉为“培养政

---

① WASSER H. American University and Universal Higher Education: The “Open Admissions” System at CUNY [J]. Higher Education, 1973, 2(2): 151-159.

② 卢文彬. 湾区经济：探索与实践[M]. 北京：社会科学出版社，2018：166.

治经济文化精英的摇篮”。据统计，哥伦比亚大学先后诞生了5位美国开国元勋，奥巴马、罗斯福等4位美国总统，10位美国最高法院大法官（其中有3位最高法院首席大法官），29位美国州长，34位各国元首和政府首脑①。其中，美国第34届总统德怀特·艾森豪威尔还是哥伦比亚大学第13任校长。康奈尔大学在世界顶尖才人培养上同样成果显著。截至2018年，共有58位康奈尔大学的校友或教研人员荣获诺贝尔奖，在全球高校中位列12，居全美第10。纽约世界顶尖大学的主要成就如表5-3所示。

表5-3　纽约世界顶尖大学的主要成就

高　校	建校时间	主　要　成　就
哥伦比亚大学	1754年	84位诺贝尔奖获得者，3位图灵奖获得者，5位菲尔兹奖获得者，39位奥斯卡奖获得者
康奈尔大学	1865年	58位诺贝尔奖获得者，4位图灵奖获得者，1位菲尔兹奖获得者，28位奥运冠军获得者
纽约大学	1831年	37位诺贝尔奖获得者，8位图灵奖获得者

资料来源：整理自各大学官网数据。

第三，纽约世界一流大学着力于推动社会智识发展。作为社会公共组织，大学的研究机构在推动社会智识发展中起着举足轻重的作用。2018年，在美国前50名研究机构中，康奈尔大学的高级计算中心、哥伦比亚大学的地球研究所、纽约大学的药物使用和艾滋病研究中心均位列其中。药物使用和艾滋病研究中心是美国第一个针对药物滥用和艾滋病的社会行为研究中心。在美国国家药物滥用研究所的资助下，该中心试图通过开展跨学科研究，终结艾滋病在吸毒人员中的蔓延，为公共卫生事业发展提供科技支撑。哥伦比亚的地球研究所，将全球的发展作为研究对象，通过采用科学研究和教育外展服务相结合的跨学科方法，致力于气候、城市化、能源、贫困和生态系统这些全球问题的研究②。

二、经济均衡发展，助力结构升级

伴随着纽约的产业升级及都市圈战略布局的调整，纽约从物质生产中心逐步向生产和流通服务中心演变，金融服务、科技服务、医疗服务、教育服务高度发展，辐射引领全球。1990年、2000年、2018年三个年份就业人员的行业演变就能清晰勾勒出纽约城市功能的变化，如表5-4所示。

---

① 哥伦比亚大学[EB/OL]. [2019-10-11]. http://www.rhhw-zh.com/p/933.html.
② 50 Best Graduate Research Institutes 2018[EB/OL]. (2019-05-24)[2019-11-11]. https://www.gradschoolhub.com/best/graduate-research-institutes/.

表 5-4 纽约市不同阶段各行业就业人员结构变化(1990—2018) 单位：千人

1990 年			2000 年			2018 年		
产 业	就业人员	占比/%	产 业	就业人员	占比/%	产 业	就业人员	占比/%
政府服务	607.1	17.0	专业和商业服务	587.4	15.7	专业和商业服务	762.1	16.7
专业和商业服务	468.4	13.1	政府服务	572.8	15.3	卫生保健	751.1	16.5
金融保险	412.0	11.5	卫生保健	486.4	13.0	政府服务	588.3	12.9
卫生保健	375.2	10.5	金融保险	369.8	9.9	住宿和餐饮服务	369.0	8.1
制造业	265.3	7.4	零售业	281.8	7.5	零售业	350.1	7.7
零售业	263.6	7.4	住宿和餐饮服务	200.4	5.4	金融保险	340.9	7.5
批发贸易	179.5	5.0	信息服务业	188.0	5.0	教育服务	255.1	5.6
住宿和餐饮服务	175.3	4.9	制造业	176.8	4.7	信息服务业	204.4	4.5
信息服务业	170.5	4.8	批发贸易	153.5	4.1	其他服务业	193.1	4.2
运输、仓储和公用事业	154.6	4.3	其他服务	147.4	3.9	采掘及建筑业	157.8	3.5
其他服务	124.8	3.5	教育服务	142.3	3.8	运输、仓储和公用事业	141.1	3.1
采掘及建筑业	114.5	3.2	运输、仓储和公用事业	133.9	3.6	批发贸易	139.9	3.1
教育服务	111.7	3.1	采掘及建筑业	120.5	3.2	房地产及租赁	133.8	2.9
房地产及租赁	109.2	3.1	房地产及租赁	118.0	3.2	艺术、娱乐和休闲	94.0	2.1
艺术、娱乐和休闲	43.1	1.2	艺术、娱乐和休闲	57.3	1.5	制造业	70.6	1.6

资料来源：美国劳工统计局。

第一，伴随着纽约城市产业结构的升级，一流大学在人才培养上也加以及时调整。随着纽约市从传统的消费城市、金融城市向高科技城市和绿色城市转变，很多专业领域存在极大的人才缺口。新的需求主要包括：① 大学在专业设置上应与社会发展相匹配，尤其是社会需求量较大的以服务为导向的专业。曾经需要高中毕业证书并支付家庭维持工资，包括退休和健康福利的工作正在消失，新工作需要比以往更多的知识和技能。目前，大约三分之二的新工作要求从业者拥有某种形式的高等教育背景。参考表 5-5，纽约目前增长最快的 10 个职业中有 7 个需要高等教育学位。② 要求大学提供与社会需求契合度更高的人才。建设高科技城市和绿色环保城市离不开各级各类专门人才，尽管美国大学的发展方式通常以人才引进为主，但在缺口很大的时候，增强自身的人才培养能力，可以进一步增强大学与区域发展的耦合性。③ 加速科研成果的技术转化。社会的发展需要大量科技成果的支撑，尤其是在大数据时代，而这些成果主要依赖于纽约市的高等教育系统，尤其是市立大学系统和私立大学系统。

表 5－5　2008—2018 年发展最快的职业的教育或培训水平

排　名	名　　称	教育或培训水平
1	生物医学工程师	学士学位
2	网络系统分析师	学士学位
3	家庭健康助手	短期在职培训
4	个人和家庭护理助手	短期在职培训
5	财务审查员	学士学位
6	医学家	博士学位
7	医师助理	硕士
8	皮肤护理专家	高等职业
9	生物化学家和生物物理学家	博士学位
10	运动训练师	学士学位

资料来源：Source：Employment Projections Program，U. S. Department of Labor，U. S. Bureau of Labor Statistics.

第二，纽约市教育系统在教育质量、专业人才培养开发等方面进行积极的合作与互动。2012 年，纽约市政府宣布引进康奈尔大学和以色列理工学院，在罗斯福岛共建大学园区和初创企业孵化器——康奈尔纽约科技园区(Cornell NYC Tech)，以媒体、医疗和环保三大领域为核心，设立计算机、电子工程、生物医学等 20 多个专业，计划每年培养 2 500 名硕士和博士生，弥补纽约在应用科学领域的短板。公司向学校委派驻校企业家和客座讲师，从而在校园建立起长期的影响力。导师项目也将会为每名学生指定一位产业导师。康奈尔科技园的建设是新时期纽约城市发展战略的重要一环，它将成为纽约培养科技创新人才和思维活力的实验基地，使纽约补上“应用科学”的短板，为纽约成为全球科技创新中心奠定坚实的基础。

三、创新实力突出，科研成果丰硕

纽约汇集众多的世界一流大学和学院，同时还拥有与旧金山的硅谷齐名的“硅巷”。与硅谷的郊区科技园不同，纽约的科创产业在中心城区聚集——以中城南区的熨斗区、切尔西地区、SOHO 区和联合广场为起点，逐渐向曼哈顿下城和布鲁克林延伸，隐藏在纽约曼哈顿下城区老宅中的高科技企业群将纽约打造成能与硅谷匹敌的美国第二大科创高地。作为美国典型的区域性“创新驱动型经济体”，纽约始终着眼于未来发展的战略需要，重视高层次创新与创业人才的培养。正是由于良好的创新生态，纽约培养出了大量颇具创业精神的大学生，如表 5-6 所示。

表 5-6 2018—2019 年纽约地区大学企业及创业生态统计

本科排名	大学名称	企业家数量/人	公司数量/家	资本筹集/亿美元
1	康奈尔大学	750	693	201
2	哥伦比亚大学	459	424	84.5
3	纽约大学	379	351	48.1
4	纽约州立大学	254	248	33.5

注：排名是基于对 2006 年“当前数据”关于风头支持公司创始人的教育水平分析。
资料来源：Pitch Book 2018 Report.

纽约地区的多样化经济越来越受到技术的引领。在 2019 年《财富》杂志评选出的世界 500 强企业中，有 15 家企业将总部设在纽约。从行业分析来看，金融类企业占据半壁江山。上榜的 15 家企业中有 11 家金融企业，比重堪称全球第一。此外，还有 1 个制药企业(辉瑞)、1 个烟草公司、1 个电信公司、1 个食品公司(百事公司)。不过，此项统计口径只涵盖了纽约行政区内的企业，周边企业，比如位于阿蒙克的 IBM，和纽约非常近，属于大纽约都会区，所以 IBM 一般也被认为是一家纽约企业。2019 年《财富》500 强纽约地区企业名单如表 5-7 所示。

表 5-7 2019 年《财富》500 强纽约地区企业名单

排名	企业	行业	营业收入/百万美元	收入/百万美元
41	摩根大通公司(JPMORGAN CHASE & CO.)	投资银行、商业金融	131 412.00	32 474.00
43	威瑞森电信(VERIZON COMMUNICATIONS)	电信	130 863.00	15 528.00
71	花旗集团(CITIGROUP)	银行、商业储蓄	97 120.00	18 045.00
142	大都会人寿(METLIFE)	人寿与健康保险	67 941.00	5 123.00
154	百事公司(PEPSICO)	食品消费品	64 661.00	12 515.00
198	辉瑞制药有限公司(PFIZER)	制药	53 647.00	11 153.00
204	高盛(GOLDMAN SACHS GROUP)	银行、财产管理	52 528.00	10 459.00
218	摩根士丹利(MORGAN STANLEY)	银行、商业储蓄	50 193.00	8 748.00
235	美国国际集团(AMERICAN INTERNATIONAL GROUP)	财产与意外保险	47 389.00	−6.00
268	美国纽约人寿保险公司(NEW YORK LIFE INSURANCE)	人寿与健康保险	43 425.30	880.00

续 表

排 名	企 业	行 业	营业收入/百万美元	收入/百万美元
270	美国运通公司(AMERICAN EXPRESS)	多元化金融	43 281.00	6 921.00
297	美国教师退休基金会(TIAA)	人寿与健康保险	41 052.10	1 560.50
413	Travelers Cos. 公司(TRAVELERS COS.)	娱乐	30 282.00	2 523.00
422	菲利普-莫里斯国际公司(PHILIP MORRIS INTERNATIONAL)	烟草	29 625.00	7 911.00
449	国际资产控股公司(INTL FCSTONE)	多元化金融	27 622.70	56.00

资料来源：2019 年《财富》杂志。

结合风险投资在纽约的地区分布，我们可以看出纽约整体创新文化的深厚底蕴与生态成熟度。2019 年，第一太平戴维斯发布《技术城市进行时》全球报告（*Tech Cities in Motion 2019*），从商务环境、技术环境、城市活力及健康、人才储备、房地产成本、移动性六大层面考察全球 30 个技术城市，纽约超过旧金山成为第一。据《旧金山商业时报》2016 年的报道，旧金山湾区的科技工作者对于寻找旧金山湾区以外的工作机会表现出持续升高的热情，在理想城市中，纽约一马当先，成为检索率最高的城市。根据在线求职平台 Woo 的数据，在 2015 年希望离开湾区的科技工作者中，37.5%表现出对纽约的兴趣，该比例在 2016 年上升为 47%。7 000 多家知名科技创业公司，遍布在曼哈顿区下城区、切尔西地区、上东城及东河附近的皇后区。一直以金融、媒体和时尚为支柱产业的纽约，在科技创业公司眼中有了别样的光辉。

随着知识经济的发展，知识生产的新模式悄然形成，“模式 II”“区域创新体系”等概念的出现进一步昭示着大学不仅要履行教学和研究职责，更为重要的是要进行创新和成果的转化。被誉为“IT 精英的摇篮”的纽约大学理工学院（New York University Poly Technic School of Engineering）堪称创新创业教育的典范，其独特的 ie2（invention, innovation and entrepreneur ship）教学模式，培养了大批科学技术方面的领军人物，推动了诸如心脏起搏器、条形码扫描仪、自动取款机、触摸屏等许多重大发明创造的诞生。设在大学校园内的孵化器、科技园等能够直接有效地借助各种大学的资源为高科技企业的成长提供服务和支持。这种方式也能够鼓励师生参与创新创业，既增加了师生们的积极性，也使得学生们可以亲自参与产品的研发和技术的发展。高度发达的创新创业教育对于纽约世界城市地位的确立与巩固产生了重要的推动作用，纽约能从 19 世纪末全美最大的制造业基地发展为今日模样，纽约高校发达的创新创业教育功不可没。

专利数量的增加和企业孵化器、丰富的创业生态系统得益于纽约的大学系统培养出的高技能劳动力。纽约世界一流大学高地长期以来汇集的科学优势，也吸引了全世界年轻自由的博士群体。纽约与周边的波士顿、费城等城市组成的纽约湾区具有明显的高校聚集效应，这里拥有世界顶级大学“常青藤盟校”集群，并以此为枢纽产生了强大的辐射力和影响力。

四、文化影响力不断提升

文化，特别是文化创意产业的蓬勃发展，给纽约这座城市增添了巨大的价值。文化给予纽约新的发展契机，催生出更多的创新性，使城市产生巨大的动力。根据联合国教科文组织、国际作家与作曲家联合会（CISAC）和安永会计师事务所（EY）共同发布的最新的文化与创意产业报告，全球文化创意产业创造产值 2.25 万亿美元，超过电信业全球产值（1.57 万亿美元）。

纽约公共文化设施资源十分丰富，主要分为五个类型：图书馆系列、博物馆系列、表演艺术系列、休闲娱乐系列以及文化标志建筑系列。根据美国国家统计局的 NAICS 产业代码，纽约的文化创意产业包括：广播、出版、建筑、广告、电影和电视、设计、音乐、视觉艺术、表演艺术九大类。截至 2016 年 1 月，纽约已有大约 2 000 个艺术及文化非营利机构，大约 2 300 个设计服务商业机构，500 多个艺术馆，超过 1 100 个与广告相关的电影公司，将近 700 个书籍、刊物出版机构，以及 145 个电影制作工作室。纽约文化设置及文化资源如表 5-8 所示。丰富且富有特色的文化资源汇集了来自世界各地的文化爱好者，同时也为一流大学的人才培养提供了良好的“基地”，使其成为全球最大的文化创意产业发展地区。

表 5-8 纽约文化设置及文化资源

项目	数量	项目	数量
喜剧俱乐部	24	专业私人文化设施	12
公共图书馆	217	电影院	95
其他博物馆	136	电影屏幕	374
国家博物馆	7	书店	839
博物馆总数	143	已有二手书店	91
主要音乐厅	16	酒吧	2 657
现场音乐场地	453	酒店	23 520
剧院	640	米其林星级餐厅	76
公共绿地占比（公园/花园）	27	市场	144
历史遗迹与遗址	1 474	电子游戏机	32
联合国教科文组织世界遗产	1	夜总会和舞厅	498
艺术画廊	613	专业的公共文化机构	—

资料来源：根据《世界城市文化报告 2015》相关数据梳理。

虽然，随着近年来经济的迅速发展，纽约在某些领域逐渐走向疲软，但整体而言纽约依旧具备较强的引领优势。据统计，纽约市拥有美国28%的时装设计师、14%的制片人和导演、12%的印刷和媒体编辑以及12%的艺术总监。在2006—2016年的十年间，纽约市文化创意产业的增速远高于其他产业，全行业平均增速达到12%，其中电视电影类增速53%，美术类33%，表演艺术类26%，广告类24%，这些都远高于金融保险类0.1%的增速。

纽约的艺术人才资源是文化产业持续快速发展的根本原因。纽约市的人口结构为纽约市文化创意产业的发展提供了人才资源。NCES 2017年的统计数据显示，纽约25岁以上的成年人中有36.2%拥有学士或以上学位，超过美国32.0%的平均值[①]。人才和技术劳动力的聚集，促进了纽约文化创意产业的快速发展，同时也促进了纽约文化创意产业市场的成熟。其次，众多一流大学的图书馆、博物馆是文化工作者的“能量补给站”。例如，哥伦比亚大学有26个颇具规模的图书馆，藏书600多万册。哥伦比亚大学东亚图书馆的藏书或许比不上哈佛大学的燕京图书馆，但由于纽约是美国东部地区的文化中心，其图书的出借率在全美最高。此外，哥伦比亚大学新闻学院的图书馆收集了近20年来的《纽约时报》，教育学院的图书馆则收藏了美国70年来的中小学教科书，均为全美之冠。据统计，1/4哥伦比亚大学毕业生留在纽约工作，其法律系的校友是纽约法律界的执牛耳者，而新闻学院的毕业生是纽约媒体争相选聘的对象。诸多美国知名报纸的主编都毕业于哥伦比亚大学。

最后，纽约庞大的顶尖艺术院校体系为文化创意的进一步发展提供了有力的人才供给。纽约的人口结构虽有利于文化创意的生发，但要想持续发展，必须有持续的人才供给，单靠吸引外围的人才是远远不够的。纽约能够成为文化创意领先城市，更得益于能够利用地缘优势培养大量的艺术人才。纽约既有著名的茱莉亚音乐学院、全美最优秀的美术院校——纽约大学蒂什文科学院，还有位于曼哈顿绿洲旁的派特学院以及汇集全美芭蕾舞精英的美国芭蕾舞学院。

五、对标国际水准，口碑持续攀升

国际化不仅是衡量大学发展成效的一项重要标志，也是它的一个本质特征。时至今日，纽约已发展成为重要的国际高等教育中心及精英人才集散地，拥有众多世界一流的学府和高度发达的高等教育体系。当前的纽约高等教育体系是一个既坚持政府引导又注重市场需求，类型多样、层次分明、公私立教育协调发展的多元化高等教育体系，其中既有知名的研究型大学，也有作为中流砥柱的综合型大学以及职业技术学院，涵盖理工、医药、师范、人文、法学、艺术等学科。

---

① https://nces.ed.gov/programs/digest/2018menu_tables.asp.

第一，教育理念不断变革，追求卓越。伴随着经济全球化的深入发展和数字化、网络化信息技术的迅猛发展，知识经济时代已然到来，“越来越多的城市参与到全球网络中来，知识的流动也更趋全球化”[①]。在这股全球化浪潮中，纽约市清晰地意识到了“全球化对大学和城市的影响力以及大学在推动城市社会变革中的角色与作用”[②]，不仅通过调整产业结构，致力于实现纽约从传统的消费城市、金融城市向高科技城市、绿色城市转型，更将建设一流研究型大学、多元化巨型大学、全球性大学视为纽约高等教育的新发展目标。近年来，按照《纽约市2030年总体规划》（*New York 2030 Plan*）的要求，纽约市的各类高等教育机构将积极调整自身目标以回应新的城市定位，努力提供更加全面的、与城市社会经济发展需要高度衔接的教育与培训，充分发挥其在世界城市建设中的“火车头”作用，着力建成一个“更绿色更强大的纽约”[③]。康奈尔大学的使命宣言就着重强调“教育下一代的全球公民，并在整个康奈尔社区之外推广探究文化。康奈尔大学还致力于通过公共服务来改善学生、纽约居民和世界其他地区人民的生活和生计”[④]。

第二，在校生来源更加多元。纽约地区的世界一流大学一方面不断从世界各地聘请一流的学者，另一方面也在世界范围内选拔一流的学生，意在培养全球的优秀人才。哥伦比亚大学的海外学生占据学生总人数的1/3左右，并且还在不断地增加；康奈尔大学的海外学生虽较少，但总数也超过5 000人。世界一流大学的国际化战略，非常重视学生到世界各地区学习、交流的机会，为学生提供自我展示和自我发展的机会，增强国际合作。例如，纽约大学通过海外办学的合作项目、国际交换生项目等多种项目，鼓励和支持学生增强国际化体验，扩大学生的国际视野，促使其为更好地进入全球社会做准备。

第三，科研国际合作更加频繁。在科学合作份额方面，纽约地区由位于不同国家的两名或两名以上研究人员共同开展的科学合作的份额从1998年的15%增至2017年的26%。在专利方面，国际合作发明所占份额持续攀升至2009年的11%，但在此后略有下降，部分原因是某些国家的国内合作迅速增长。大多数国际合作发生在顶尖的大城市热点地区。产自排名前十的热点地区（旧金山、纽约、法兰克福、东京、波士顿、上海、伦敦、北京、班加罗尔和巴黎）的国际发明合作占全部国际合作发明的26%。位于美国的热点地区是全球合作最为紧密的热点地区。通过广泛的交流与合作，纽约的世界一流大学几乎与世界上的每一个国家都有所联系，这也使得这几所顶尖大学能够与世界上最优秀的人才合作，共同推进人类社会的发展。

---

① Alice S. Y. C, Becky P. Y. Loo. Applying a World-City Network Approach to Globalizing Higher Education: Conceptualization, Data Collection and the Lists of World Cities[J]. Higher Education Policy, 2015, 28(1): 107 - 126.

② Robert A. Rhoads, Amy Liu. Globalization, Social Movements and the American University: Implications for Research and Practice[J]. Higher Education, 2009, 24: 273 - 315.

③ City of New York. PlaNYC2030—A Greener Greater New York[EB/OL]. http://www.nyc.gov/html/planyc2030/html/theplan/the-plan.shtml.

④ Mission[EB/OL]. [2019 - 06 - 24]. https://www.cornell.edu/about/mission.cfm.

第四节 纽约地区世界一流大学高地建设的经验及启示

当今世界，综合国力的竞争日益激烈，经济全球化和区域合作深入发展，贸易争端时有发生。大学是满足社会关系的实践活动得以发生的重要场所，承担着高端人才供给和科学技术创新的重要责任，肩负着探寻经济增长规律、实现全球化再平衡、开创地区新型合作的重要使命。纽约世界一流大学高地建设的成功案例，以其发达的经济建设、高密度大规模的大学群、完善的基础设施、开放包容的市场环境和文化氛围，吸引着全球的优秀人才，与此同时，优秀的人才服务于这片土地。从长远角度来看，我国世界一流大学的建设不仅要吸收借鉴纽约地区世界一流大学高地建设的成功经验，更重要的是在实践中稳步推进、统筹兼顾。

一、纽约地区高地的成功经验

长期以来，大学的建设与发展以服务社会为导向，充分履行服务社会经济发展的责任与义务，不断增强自身的内涵建设水平。纽约地区世界一流大学高地的发展历史已充分证明了它的非凡的活力和改变社会、促进社会改革和发展的能力。历史性地把握纽约地区高地建设的成功经验，有利于我国世界一流大学的建设。研究纽约地区世界一流大学与城市之间的关系，我们可以发现大学的发展与城市的发展之间存在适应性、关联性和独立性。

（一）大学与城市发展的适应性

适应城市发展的定位不仅是大学发展的实际需要，也是大学与城市互动的必然结果。大学作为极其重要的社会组织，其重要性首先表现为在特定的历史条件下，作为实现社会发展目的的手段，为社会政治经济的良性运行和健康发展服务，并发挥其独特的作用。大学深入城市，通过把握城市定位、回应城市需求来培育城市文明，进而催生社会文明，应以培养高层次人才和精英人才来满足社会发展的内在需求为己任。

第一，明确人才培养定位。随着纽约提出绿色城市和科技城市等新的城市定位，纽约地区大学的发展规划也随之策应。在布隆伯格就任市长，提出要将纽约打造成为“创新之都”之后，康奈尔大学响应政府的罗斯福岛科技园建设项目的号召，与其合作伙伴以色列理工学院在罗斯福岛上建造了一座估值 20 亿美元的应用科技园区。作为纽约发展计划的产品之一，2017 年 30 名教师和 300 名研究生进入康奈尔科技园区学习，校方计划在未来 20 年把学生数量扩大到 2 000 名[①]。纽约市希望这座园区的工程学本科生和博士生人

① CORNELL TECH About[EB/OL]. [2019－09－22]. https://tech.cornell.edu/about/.

数能够持续增长。康奈尔大学迅速成立了针对计算机科学、电子与计算机工程、信息科技以及工程学领域的研究机构,用以培养硕士和博士。此外,哥伦比亚大学、纽约大学以及纽约市立大学也在增加新课程、教学楼以及研究所。

第二,确立科研创新目标。近年来,随着纽约从传统的金融城市向高科技创新型城市转变,高等教育在城市发展中的支撑、引领作用更加突出,这种作用尤其表现在为城市发展提供更多高技术含量的智力成果。例如,纽约大学目前累计获授权的专利就达 767 项,其中接近 60%已经在城市的生产实践中得到应用,超过 70 家新成立的创业公司依赖于纽约大学提供的科技成果①;哥伦比亚大学材料研究科学与工程中心也非常注重与产业界的技术合作与产品研发,目前该中心着重开展的新型纳米晶体研究,旨在为纽约市新兴产业的发展提供新型材料。

(二)大学与城市发展的关联性

大学生长于城市,城市以其特有的方式影响着大学的发展。社会的演变促成了大学的演变。大学与城市之间的关系不同于一般的组织关系,大学是城市整体组织的一部分,却又是一个相对独立的存在。大学形成了城市独特的风景线,甚至是城市的名片。大学的发展与城市的发展紧密结合,具有很强的耦合性。

第一,大学为城市的发展提供顶尖人才。人才是国民财富的重要依托。人才不同于其他的生产要素,资本和资源具有被动性,而人才的培养具有能动性。人作为知识的能动载体,既是知识的创造者,又是知识的使用者和传播者,知识型人才是社会和经济发展的最大动力。从这个意义上说,知识经济时代的竞争,实际上就是知识型人才的竞争,大学对人才的培养强调对知识的探究、加工与再生产。由世界一流大学培养出的具有"高深知识"的顶尖人才,更是成为推动全球经济社会持续发展的重要动力。

随着纽约从传统的消费城市、金融城市向高科技城市和绿色城市的转型升级,纽约地区大学的专业设置也发生了改变。2008—2009 年,教育、卫生和社会服务等方面的岗位增加了 32 600 个,休闲娱乐、医疗、餐饮和其他服务业岗位增加了 7 700 个,政府提供的岗位增加了 1 500 个。与此相反,贸易、运输和公共事业单位减少了 48 100 个岗位,制造业减少了 34 900 个岗位、建筑行业减少了 24 000 个岗位②。

第二,城市为大学提供资源。企业或工厂可以自我生产或者自给自足,但大学是一个资源依赖型组织,需要通过社会资源的消耗来维持自身的稳定和发展③。纽约之所以能够形成世界一流大学高地,除了政策上的支持,还离不开许多机构组织的贡献,它们的存在给大学的发展提供了有力的支持。比如纽约市成立的经济发展委员会,根据众多当地

① New York University Office of Industrial Liaison. Technology Transfer at New York University[EB/OL]. [2019-07-26]. http://www.med.nyu.edu/oil.

② New York Education Department Office of Higher Education & Office of Research and Information Systems. An overview of higher education in New York State[EB/OL]. [2012-06-18]. http://www.highered.nysed.gov/oris/over view.pdf.

③ 张德祥,李枭鹰.大学与城市互动发展论[M].北京:科学出版社,2018:83.

企业家的评价，这个组织给当地大学的创业孵化基地的建立与发展提供了信息交流的平台。

（三）大学与城市发展的独立性

大学是城市发展整体的一部分，也是独立的个体。因此，我们要关注彼此之间的关系的性质和程度。从纽约和大学之间的合作和互动经验看，合作和互动不是与单个大学进行的，而是与全州/市四大高等教育系统即纽约州立大学系统、纽约城市大学系统、非营利性私立学院和大学系统、营利性私立学院系统的合作和互动，是分层次、有选择、可衔接的合作和互动。

第一，大学应坚守使命，个性化发展。大学的使命促成大学的精神。大学是具有独特使命的特殊组织，因此，凡是大学，都应该具有一些共同的精神。其中最重要的就是理性、道德、科学等。如果没有这些精神，大学就难以成其所是。当然，每一所大学又都有自身的历史、学科专业等特点，因此，一所大学又总是在自身的历史发展进程中，把一般的大学精神与自身的特殊性相结合，形成独具特色的大学精神。

第二，大学要确立培养目标，特色化发展。纽约州各类高校都有明确的定位，面向不同类型的目标群体。如哥伦比亚大学、纽约大学等私立大学培养更多的是精英人才和高端人才，纽约州立大学和纽约市立大学则更多地担负着培养应用型人才和进行基础培训的任务。但是，纽约州各类高校之间又是相互延伸、衔接和贯通的，只是侧重有所不同而已，从而确保整个大学系统能够为城市社会经济的发展提供全面的服务。比如在纽约附近高校集群有世界一流综合性大学哥伦比亚大学、康奈尔大学，还有纽约大学以及纽约州立大学石溪分校、宾汉姆顿分校、水牛城分校三大著名分校，还有众多的市立大学、文理学院、社区学院。这些大学并不把哥伦比亚大学、康奈尔大学作为其发展目标，不求“大而全”，而追“小而精”，正是每所大学的“一枝独秀”，才让湾区大学有了“满园春色”的良好生态，才有可能办出每一种类型、每一种层次大学的“一流水平”。

二、纽约地区世界一流大学高地建设的启示

从我国实际情况来看，不同地区、不同城市乃至不同大学的差异非常明显，不同地区、城市和大学各有自己的优势和不足，因此，它们的合作和互动必须因地制宜，有选择地进行。

（一）区域层面：增强合力，找准定位，强化督导

世界一流大学高地的建设是一项系统工程，需要中央、省（区市）和高校共同努力。建设政府、学校、教师、社会之间的新型关系，构建法治化、科学化的现代治理体系，提升治理能力，是加快推进世界一流大学高地建设的战略保障之关键。

第一，增强合力，为大学发展提供良好的环境支持。通过研究纽约地区世界一流大学高地可以发现，政府在颁布政策之后，其他相关部门也会出台相应辅助政策以配合。现阶

段我国同一城市内各高等教育系统之间基本上是相互独立的、相互之间的衔接和整合比较缺乏。

借鉴纽约的经验，我国各大城市的高等教育系统可以以专业课程的设置和专门人才培养为主线，由省市政府牵头推动各个高等教育系统之间的衔接与合作。具体而言，我们可以借鉴纽约“州大学董事会”的做法，在省/市设立“高等教育委员会”或类似常设机构，直属省/市长办公室，由各方面的代表组成，承担协调、认证、顾问等责任，协同省/市教育主管部门，负责协调和推动各大高等教育系统在专门人才培养上的衔接与合作，并推动各系统在其他方面的整合。

第二，找准定位，引导大学明确发展方向。纽约地区的哥伦比亚大学、康奈尔大学、纽约大学等都各具特色。几所高校分别发挥自身优势，结合社会资源，争创世界一流。我国的“双一流”建设高校可以从所在地区出发发挥优势。例如，我国东部地区城市和大学之间的合作，可能主要是资金、资源、科研成果、技术、高端人才等方面的合作，而西部地区城市和大学之间的合作，可能更多的是专门人才、实用技术、政策咨询等方面的合作。具体的城市和大学，需要根据本地区和本城市的产业发展程度、行业分布情况、社会经济发展水平、大学的专业设置情况、服务能力等确定合作渠道和合作要素。

（二）大学层面：深化认识，明确责任，优化配置

我国开展世界一流大学高地建设的目的是让我国的名校跻身国际一流高校行列，打造一流建设的中国名片与中国气度，止步于“中国一流”，也就失去了建设的意义。

第一，深化对世界一流大学建设的认识。伴随高等教育规模的扩张，我国逐步形成了较为完善的高等教育体系。与之相对应，部分高校过分地将创办研究性大学、应用型大学或者“特色”大学作为自己的培养目标，使得我国高校和部分研究机构“同质化”情形严重，迫切地需要从增量式发展转变为内涵式发展。在面对我国经济社会新机遇、新需求、新挑战时，学校要重新调整自己的定位，不能将世界一流大学的建设简单认为是“发帽子”“报稿子”“分银子”，而要实实在在有所作为，发挥示范带动作用，用建设实绩说话，为我国高等教育在国际上争出一席之地。

我国有全世界最大的高等教育体系，有近 3 000 余所高校，高校的类型、规模等差别很大，区域发展也不平衡，经济社会发展对高校的要求也越来越多样，不可能用一个模式办学，也不能用一把尺子衡量所有高校，一流大学也不可能全部办成研究型大学或综合性大学。各个高校要找准自身优势，明确自身定位，在各自类型上办出高层次、高质量、高水平，让“优势更优、特色更特”。

第二，优化高校内部资源配置。康奈尔科技校园一贯秉持“创业文化”，学校对于学生创业给予的“软支持”数目自然不在话下。从课程到奖学金，康奈尔科技校园用行动践行“让科技走进来，让学生走出去”的战略。“双一流”建设工作启动以来，国家已在人才评价、教师队伍建设、科研管理等方面出台了一系列政策举措加以支持，中央财政和中央预算内投资计划五年投入 1 000 多亿元；各地年投入总计约 300 亿元统筹支持“双一流”建设及区域高水平大学和特色优势学科建设；有关行业企业也积极参与。但是，部分高校仍然没能改变“摊大饼”的发展模式，内部资源配置模式优化还没有完成。只有打造层次分明、衔接有序的建设体系，融合多元投入、合力支持的建设格局，我们才能树起新时代世界一流大学高地特色发展争创一流的旗帜。

本章小结

教育兴则民族兴，教育强则国家强。大学，尤其是世界一流大学是知识创造的源泉和人才培养的摇篮。世界一流大学高地作为知识和人才的聚集地，未来发展将被赋予更加深远的时代内涵。纽约世界一流大学高地的形成得益于纽约市雄厚的经济基础、丰富的创新要素、便捷的交通网络和密切的全球联系，满载着浓厚的历史文化，凝结着城市特有的价值观，不断引领和带动着区域乃至世界的经济增长和新一轮的技术变革。梳理纽约世界一流大学高地发展规律，有助于丰富对世界一流大学高地的理论认识，有利于我国进一步推进“双一流”建设，有助于实现我国世界一流大学高地在质量和内涵上的更大跨越。

第六章
美国·波士顿

大学是知识的聚集地，是人才培养的重要摇篮。世界一流大学是大学中的佼佼者，起到引领社会思想、推动知识创造和技术革新等重要作用。世界一流大学对一个国家乃至全世界文化、科技、经济、政治、社会、教育、国防等领域的发展都起着不可替代的作用，发挥着重要的影响。一个有趣的现象是，有那么一批世界一流大学，集聚在某一个城市或城市的周围，成为一道靓丽的风景线，这是历史的必然，还是现实的偶然？带着这个问题，本章主要着眼于美国波士顿地区世界一流大学的发展，探讨世界一流大学高地波士顿的历史、发展特色、卓越贡献，以期回答以上问题。

第一节　波士顿世界一流大学高地概况

区域是一种行政区划，是为了特定目的而划定的范围，在某些国家或地区特指由地方政府管理的地域范围。美国行政区划主要分为三级。第一级行政区划是“州”或“联邦直辖特区”。美国是由华盛顿哥伦比亚特区、50 个州和关岛等众多海外领土组成的。第二级行政区划是“县”。美国州下设县，2019 年美国共有 3 144 个县。第三级行政区划是“市”。美国各“县”，尤其是“市”的大小不一，差异很大。

为清晰地展示各地理名词的含义，举例如下。马萨诸塞州总面积 27 340 平方千米（相当于北京市面积的 1.67 倍），人口 690.2 万人（相当于北京市人口的 32.0%），下设 14 个县。波士顿市面积为 124 平方千米（相当于北京市的 0.76%），人口 69.5 万人（相当于北京市的 3.23%），隶属于萨福克县（Suffolk）。剑桥市面积为 18.47 平方千米（相当于北京市的 0.11%），人口 10.5 万人（相当于北京市的 0.49%），隶属于米德尔塞克斯县（Middlesex）。本书中的波士顿是一个广义的概念，即不仅包含波士顿市，也包含波士顿市周边的市，如剑桥市等。

一、波士顿世界一流大学简介

在人类历史上，高水平的智力发展，依赖于社会给予的有效支持。波士顿地区缔造了世界大学发展的奇迹。据 2019 年 ARWU、*U. S. News*、QS、*THE* 四大世界一流大学排行榜统计，波士顿地区排在世界前 500 名的大学共 8 所，分别为哈佛大学（Harvard University）、麻省理工学院（Massachusetts Institute of Technology）、波士顿大学（Boston University）、塔夫茨大学（Tufts University）、马萨诸塞大学安姆斯特分校（University of Massachusetts Amherst）、布兰迪斯大学（Brandeis University）、东北大学（Northeastern University）和波士顿学院（Boston College）。其中，哈佛大学、麻省理工学院为世界顶尖大学，在四大排行榜中名列前茅，波士顿大学始终排在世界一流大学前 100 名之内，其他五所大学的排名因排行榜指标差异而有所变动，但始终处于世界排名前 500 之内，享有广泛的世界声誉。2019 年波士顿地区世界一流大学排名表如表 6-1 所示。

表 6-1　2019 年波士顿地区世界一流大学排名表

学　校　名　称	ARWU	*U. S. News*	QS	*THE*
哈佛大学	1	1	3	6
麻省理工学院	4	2	1	4
波士顿大学	76	46	93	74
塔夫茨大学	151～200	179	237	152
马萨诸塞大学安姆斯特分校	151～200	119	259	—
布兰迪斯大学	201～300	251	429	201～250
东北大学	201～300	202	326	184
波士顿学院	301～400	468	376	301～350

注：
1. 数据来源于 2019 年世界 ARWU、*U. S. News*、QS、*THE* 四大排行榜。
2. *THE* 排行榜列出了“马萨诸塞大学”的排名，没有列出分校“马萨诸塞大学安姆斯特分校”的排名。

在波士顿，哈佛大学、麻省理工学院、波士顿大学、塔夫茨大学、马萨诸塞大学安姆斯特分校、布兰迪斯大学、东北大学和波士顿学院等 8 所高校形成了明显的世界一流大学高地。

二、波士顿高地特征

对波士顿地区 8 所世界一流大学基本信息进行梳理，我们可以发现波士顿世界一流大学具有显著的特征。波士顿世界一流大学基本信息如表 6-2 所示。

表 6-2 波士顿世界一流大学基本信息

项目	哈佛大学	麻省理工学院	波士顿大学	塔夫茨大学	马萨诸塞大学安姆斯特分校	布兰迪斯大学	东北大学	波士顿学院
建校时间/年	1636	1861	1839	1852	1863	1948	1898	1863
公/私立	私立	私立	私立	私立	公立	私立	私立	私立
面积/平方千米	22.08	0.67	0.54	0.61	5.87	0.95	0.30	1.37
学院数/个	11	6	17	10	9	6	8	8
本科生/人	6 699	4 602	16 792	5 541	23 515	3 639	8 685	9 300
研究生/人	13 120	6 972	15 238	5 908	7 078	2 161	18 448	5 000
国际学生/人	5 353	3 848	6 652	1 437	—	1 420	—	—
学生数/人	19 819①	11 574	32 030②	11 449	30 593	5 800	27 133	14 300
校友数/人	371 000	137 000	377 900	—	—	—	—	182 000
教师数/人	2 400	1 056	4 021	1 556	1 300	542	1 257	821
录取比例	5%	8%	29%	14%	58%	33%	29%	31%
学生年均花费/美元，2018 年	69 600	67 430	70 302	70 600	48 135	70 943	68 177	70 588
学生平均经济资助/美元，2018 年	48 195	41 674	34 255	37 747	8 867	33 806	32 793	38 399

注：
1. 数据主要来源于各大学官方网站。
2. 其他注释：① 不含哈佛拓展学院学生 16 193 人；② 不含非学位学生 2 232 人；③ 塔夫茨大学、东北大学、波士顿学院占地面积来源于网络：http://www.idp.cn/meiguo/zexiaozhidao/105185.html；④ 录取比例、学生花费、平均经济资助数据来源于福布斯美国顶尖大学排名. https://www.forbes.com/top-colleges/list/#tab:rank_search:Eas。

第一，从大学性质来看，8 所世界一流大学以私立研究型大学为主，兼有公立大学。除马萨诸塞大学安姆斯特分校以外，波士顿地区其余 7 所大学均为私立研究型大学，从侧面反映出美国私立大学的独特优势和绝对领先的地位。美国私立大学比公立大学早 100 多年起步，具有明显的先发优势。同时，美国一流私立大学较早地、自主地实现了产权社会化和出资人职能替身化。再者，在美国一流私立大学的发展过程中，美国政府主要扮演资助者的角色，尊重其“自发秩序”①。除私立大学以外，马萨诸塞州公立大学系统也十分

① 李虔. 国外一流私立大学发展的多元模式研究——基于对美国、韩国、土耳其和拉美经验的考察[J]. 外国教育研究，2018，45(08)：44-55.

发达，其公立大学系统拥有29所大学，这些公立大学拥有在校生29万人，教职员工4万人，每年毕业人数约43 000，为马萨诸塞州尤其是波士顿地区提供了充足的人才资源。其中，马萨诸塞大学安姆斯特分校是该地区唯一一所排名在世界前500以内的公立大学。

第二，从建校历史来看，8所世界一流大学大多历史悠久，但也不乏后起之秀。8所世界一流大学中，1所建于殖民地时期，6所建于19世纪，1所建于20世纪中叶。建于殖民地时期的哈佛大学是美国最早的高等教育机构。19世纪建立的大学多集中在美国南北战争前后成立，包括塔夫茨大学(1852)、麻省理工学院(1861)、波士顿学院(1863)、马萨诸塞大学安姆斯特分校(1863)等4所大学，另外还有稍早建立的波士顿大学(1839)和稍晚建立的东北大学(1898)。建于20世纪中叶的大学是布兰迪斯大学，该校成立于1948年，距今仅70多年，可谓"后起之秀"。2017年，布兰迪斯大学的杰弗理·霍尔(Jeffrey C. Hall)和迈克尔·罗斯巴什(Michael Rosbash)教授因发现昼夜节律的分子控制机制而获得诺贝尔生理学或医学奖，为大学赢得了声誉。此外，该大学还有许多"明星教授"获得了其他知名大奖，大卫·哈克特·菲什尔(David Hackett Fischer)(已退休)、艾琳·麦克纳马拉(Eileen McNamara)、耶胡迪·怀纳(Yehudi Wyner)(已退休)是普利策奖获得者，彰显了其高水平的师资力量。

第三，从大学规模来看，巨型、中型、微型大学兼而有之。从在校学生数来看，8所大学中有巨型大学3所，中型大学4所，微型大学1所。巨型大学的典型代表是波士顿大学、马萨诸塞大学安姆斯特分校和东北大学，3所大学在校生人数都在2.5万～3.5万人。中型大学的典型代表是哈佛大学、麻省理工学院、塔夫茨大学和波士顿学院，在校生数在1.1万～2.0万人。微型大学的代表是布兰迪斯大学，该校在校生共计5 800人，与其他高校相比属于"袖珍型"大学。通过比较这些大学的研究生与本科生人数，我们可以发现，大学发展水平与研究生本科生人数比值基本呈正相关，即大学发展水平越高，其研究生与本科生人数的比值越大。例如，哈佛大学和麻省理工学院的研究生与本科生人数比例分别是2∶1和1.5∶1，凸显其研究生教育的重要地位。此外，世界一流大学对国际学生具有强有力的吸引力，其中，麻省理工学院的国际学生在全校学生中所占的比例在8所大学中最高，为33.2%，哈佛大学紧随其后，为27.0%。

第四，从资助水平和录取率来看，8所世界一流大学对学生的资助力度较大，录取率较低，学生入学竞争激烈。总体上，波士顿世界一流大学中，私立大学的资助力度比公立大学大，录取率则更低。唯一的一所公立大学——马萨诸塞大学安姆斯特分校的学生的年均花费为4.8万美元，资助力度约为0.8万美元，资助费用占学生年均花费的1/6。其他7所私立大学在校生的年均花费在6.7万～7.1万美元，对学生的平均资助在3.2万～4.9万美元，资助费用占学生年均花费的1/2以上。其中，哈佛大学和麻省理工学院的学生花费最少，但接受的经济资助最高，不仅体现出这两所世界顶尖大学的雄厚财力，同时也体现出它们对优秀人才的特殊眷顾。在新生录取率方面，私立大学的录取率在总体上比公立大学低，排名靠前的大学的录取率比排名靠后的大学低。其中，哈佛大学和麻省理工学院的学生录取率最低，分别是5%和8%，其他大学的录取率在14%～58%。

第五，从学校办学水平来看，8所大学被分为世界顶尖大学和世界一流大学两类。四大排行榜显示，哈佛大学与麻省理工学院属于世界顶尖大学。其他6所大学属于世界一流大学。在波士顿高地，哈佛大学与麻省理工学院几乎在所有指标上都很优异，各项指标得分均显著高于其他6所大学，总体上，8所大学显示出明显的梯队特征。波士顿大学等6所大学属于世界一流大学。这些大学虽然在科研成果等诸多显性指标上与哈佛大学、麻省理工学院相比有一些差距，但这并不影响其世界一流大学的地位，每所学校都尽己所能，发扬特色。例如，东北大学有一个合作教育项目，它将课堂学习与专业知识结合，在七大洲有3 100多个合作伙伴。该项目已成为东北大学经验学习课程的一个重要组成部分。东北大学目前在《普林斯顿评论》(*Princeton Review*)的“最佳实习学校”排行榜上名列第一，并且在过去十年中一直名列前五。

综上所述，波士顿世界一流大学具有普遍的共性，主要体现在学校性质、对学生的吸引力上。同时，波士顿世界一流大学也有多样性和个性化因素。波士顿世界一流大学既让我们认识到悠久的历史对于大学发展和声誉积累的重要性，也让我们看到“新兴大学”成为世界一流大学的可能性；既让我们看到大学规模对于大学声誉积累所起的重要作用，也让我们看到规模与能否成为世界一流大学之间并没有必然的联系，规模大的大学不一定能成为世界一流大学，规模小的大学不一定不能成为世界一流大学。大学规模增长的“临界点”或许是存在的，而对于这个临界点大学需要根据自身的特点去度量。

第二节　波士顿世界一流大学高地的演进

波士顿高地的形成非一朝一夕之功，它经历了漫长岁月的打磨和沉淀。对波士顿世界一流大学的发展历程进行梳理，我们可以发现波士顿高地的演进大致分为四个历史时期。与此同时，我们从高地的演进过程中发现了一些共性因素。

一、波士顿世界一流大学发展脉络

马克思主义哲学指出，事物发展的方向是前进的、上升的，道路是曲折的。新事物的出现必然经历一个漫长和曲折的过程。波士顿高地的形成并非一蹴而就。从波士顿第一所大学——哈佛大学的成立到波士顿高地的形成，跨越约300年的历史。根据关键节点，我们可将波士顿高地的演进分为四个历史时期，分别是高地萌芽期(1636年—19世纪末20世纪初)、高地初步形成期(19世纪末20世纪初—1945年)、高地巩固和发展期(1945年—20世纪90年代)以及高地成熟期(20世纪90年代至今)。

（一）世界一流大学高地萌芽期（1636 年—19 世纪末 20 世纪初）

波士顿高地的萌芽期可追溯至 1636 年。这一年，哈佛大学成立。这个学院原本只是一个地方性的学院，招收学生的数量仅为个位数。创始者们志存高远，目标是将哈佛大学建成与英国剑桥大学一样优秀的大学。直到 19 世纪中后期，哈佛大学才由一个地方性的学院发展为一所大学，时间跨越 200 余年。

19 世纪中后期是美国经济社会的重要发展时期，同时也是波士顿高地形成的重要历史节点。在这一时期，世界主要国家完成了第一次工业革命，第二次工业革命刚刚兴起。美国在完成了第一次工业革命后，经济快速发展，综合国力显著增强。与此同时，美国结束了南北战争，政治统一，社会安定。1862 年，美国政府颁布《赠地法案》，由政府免费提供土地以创办“赠地大学”，激发了美国人民创办大学的激情。19 世纪中后期，波士顿大学（1839）、塔夫茨大学（1852）、麻省理工学院（1861）、波士顿学院（1863）、马萨诸塞大学安姆斯特分校（1863）和东北大学（1898）相继成立，奠定了波士顿高地形成的基础。

19 世纪末 20 世纪初，美国工业生产总值跃居世界第一位，成为世界头号资本主义大国。经济实力的增强促进了自然科学的迅猛发展，美国进入“科学发展时代”。与此同时，众多留学英国、德国、法国等欧洲国家的美国学子纷纷回国，新的教育思想和理念也被引入美国。1896 年，约翰·霍普金斯大学（Johns Hopkins University）建立，它鼓励研究，专注于研究生教育，开启了新式研究型大学模式，对美国其他大学产生了巨大的影响。哈佛大学、麻省理工学院等波士顿地区大学纷纷效仿并加大改革力度，最终成功跻身美国研究型大学之列。

回顾这一段波士顿地区大学发展史，哈佛大学如同一个孤独的战士，奋斗了 200 年。在 19 世纪中后期，波士顿其他大学如雨后春笋般涌现。这是因为美国政治的稳定、经济的飞速发展，以及政府对高等教育的政策推动为大学发展提供了充足的养分。麻省理工学院等这一时期的新兴大学既从哈佛大学获得借鉴和参考，也从英国、法国等欧洲主要国家学习到先进的办学理念和教育思想，为世界一流大学高地的形成奠定了坚实的基础。

（二）世界一流大学高地初步形成期（19 世纪末 20 世纪初—1945 年）

20 世纪初至 20 世纪中叶，国际政治、经济格局发生巨大变化。两次世界大战先后爆发，帝国主义各国上演了瓜分世界的丑剧。一战后，凡尔赛-华盛顿体系形成，英、法、美三足鼎立；二战后美苏对峙，冷战开始。经济方面，在世界其他主要发达国家忙于战争之际，美国经济继续发展，虽然经历了 1929 年—1933 年的经济大危机，但总体上这一时期的美国经济始终处于世界领先地位。

1941 年 12 月，日本海军偷袭美国珍珠港，最终让美国卷入第二次世界大战。美国的参战为波士顿地区大学的发展提供了重要的历史机遇。美国总统富兰克林·德拉诺·罗斯福（Franklin Delano Roosevelt）为哈佛大学毕业生，他凭借其在母校积累的资源，从哈佛大学招募了一批教授充当其智囊团。当时 35％的哈佛教师服务于战争，战争的需要成为大学科研的风向标[1]。哈佛大学、麻省理工学院等大学的科学家积极参与“曼哈顿计划”。该计划历时 3 年，耗资 20 亿美元，最后原子弹的爆炸加速了战争的结束，哈佛大学、麻省理工学院的科研地位也因此骤升。二战结束后，哈佛大学、麻省理工学院从地方性学校转变为家喻户晓的世界一流大学。

回顾这一历史时期，波士顿世界一流大学的主角为哈佛大学和麻省理工学院，尤其以麻省理工学院为突出代表。美国政府在二战中投入巨额科研经费用于发展军事，在这个过程中，哈佛大学和麻省理工学院获得了飞速的发展，两所大学由地方性的大学跃升为世界一流大学，波士顿地区也因为有了这两所世界顶尖大学而初步成为世界一流大学高地。

（三）世界一流大学高地巩固和发展期（1945 年—20 世纪 90 年代）

二战后，美国和苏联成为世界政治格局中最重要的两极，主宰着世界政治。在两国争夺世界霸权的过程中，实力的天平不时转换，直到 1989 年，美苏两国首脑在马耳他会晤，“冷战”才宣告结束。为争夺世界霸权，美国在军事领域投入了大量的科研经费，促进了大学的进一步发展。其中，哈佛大学、麻省理工学院等波士顿地区的大学是主要获利者。例如，1940 年，哈佛大学的全部科研经费为 3 100 万美元，到了 1979 年，来自政府的科研拨款达 30 亿美元，仅美国科学基金会的科研项目资助就达 7 亿美元。

此外，波士顿地区世界一流大学的权威专家教授担任国防部、军事实验室或者国防工业部门顾问，并以这种形式对美国军事研究发挥着引导作用。例如，美国第一任国防研究委员会共有 8 人，主任为布什，成员包括哈佛大学校长詹姆斯·布赖恩特·科南特（James Bryant Conant）、麻省理工学院校长卡尔·泰勒·康普顿（Karl Taylor Compton）等。波士顿地区大学校长或著名专家直接参与制订美国重大计划，不仅体现了波士顿地区世界一流大学在美国政府决策过程中的不可或缺的地位和作用，同时也表明了大学主动服务国家战略的理念和态度。

最后，政府拨款投资大学实验室建设，如全美雷达研究发展中心——麻省理工学院的辐射实验室、哈佛大学著名的有关电子对抗研究的无线电研究实验室等。政府的相关投资不仅促进了大学物理、化学等与军事技术相关的学科的迅速发展以及新型实验室的兴建，也让社会各界看到了波士顿世界一流大学的巨大科研潜力，开创了联邦政府资助大学科研的新局面。

回顾这一历史时期，哈佛大学、麻省理工学院等世界一流大学的地位得到巩固和加强，波士顿地区其他大学也在加速发展，但影响力相对较小。

（四）世界一流大学高地成熟期（20 世纪 90 年代至今）

20 世纪 90 年代以来，美苏两极格局解体，经济全球化为世界各国经济社会的发展带来了历史机遇，同时也提出了更高的要求。伴随着信息化潮流席卷全球，科学技术在世界范围内加速发展，经济全球化推动了世界高等教育的发展变化。世界高等教育发展的基

---

① 刘月桃. 二十世纪七十、八十年代哈佛大学科研改革历程研究[D]. 华东师范大学，2010.

本趋势是高等教育的大众化、终身化、信息化、国际化①。在这样的时代背景下，大学作为一个国际性的社会机构走上世界的舞台，与世界各国的大学同台竞争与合作。大学的影响越来越超越地域的限制，大学的发展也增添了多样化的色彩。这一时期，以哈佛大学、麻省理工学院为首的世界顶尖大学，会同其余六所世界一流大学，形成了世界一流大学高地。在高地内，各大学各显其能，大放异彩，相互促进。

二、波士顿世界一流大学高地演进的经验

《孟子·公孙丑下》记载："天时不如地利，地利不如人和。"《孙膑兵法·月战》也指出："天时、地利、人和，三者不得，虽胜有殃。"波士顿形成世界一流大学高地的过程，也离不开"天时""地利""人和"三大成功要素的作用。

（一）"天时"——高地发起于偶然，形成于重要的历史节点

波士顿高地形成于偶然，并且在两次世界大战的历史节点迅速崛起。

第一，英国宗教迫害导致清教徒移居美国，天气变化导致清教徒由弗吉尼亚转道马萨诸塞，偶然中马萨诸塞州成为后来世界一流大学的发起之地。早期的波士顿地区"欧洲居民"主要是清教徒。17 世纪初期，英国宗教斗争非常激烈。清教徒在王室与教会迫害下，既不愿意放弃信仰，又无力反抗教会的专制，因此很多人选择逃离英国。1620 年，清教徒中的激进分子在英国的普利茅斯港登上五月花号（Mayflower）前往北美大陆，原计划抵达弗吉尼亚，但受海上风暴影响停在马萨诸塞的科德角。这群清教徒在港湾附近找到了最理想之地定居下来并将其取名为普利茅斯。1623 年，英国政府授权私人公司在马萨诸塞开辟定居点。1629 年，马萨诸塞湾殖民地建立。1630 年，约 1 000 名清教徒被迫移居马萨诸塞。在此后数十年间，每年约有 2 000 名清教徒移居马萨诸塞。

第二，两次世界大战催生了波士顿高地的崛起。一战和二战是人类历史上波及范围最广、影响程度最大的世界性战争。在这两次战争中，欧洲的主要发达国家都成为战争的主要参与者，受战争的影响也最大。美国偏居北美，免于战争扰乱，专心于推动社会经济发展和科学技术进步，积累了大量的资本，吸引了世界各地的科技人才，为世界一流大学的崛起奠定了坚实的物质和人力基础。在美国被迫参战时，美国从上到下同仇敌忾，拥有良好研究基础的哈佛大学和麻省理工学院被委以重任，充当政府的智囊团和先进军事技术的研发基地。伴随着科研经费和优秀人才的聚集，两所大学科研成果日渐显著，声名鹊起，在美国乃至世界政治格局动荡、经济变革、军事竞赛等重要节点，波士顿地区的大学抓住了发展的机遇，迎头赶上，迅速跃升为世界一流大学。

---

① 顾明远. 世界高等教育发展的基本趋势和经验[EB/OL]. http://www.cssn.cn/gj/gj_gwshkx/gj_zhyj/201310/t20131026_589594.shtml.

(二)"地利"——高地得益于波士顿地区得天独厚的自然地理条件

波士顿地区优越的地理环境为波士顿地区世界一流大学高地的形成奠定了坚实的基础。

第一,波士顿区位地理条件优越,促进了早期制造业的发展。波士顿是马萨诸塞州的首府和最大城市。它濒临大西洋,陆地和水域面积相当,是优良的海湾城市。波士顿与欧洲的距离较短,是美国与欧洲国际贸易发展的纽带。独立战争后,美国向欧洲出口酒、鱼、盐和烟草等,波士顿成为世界上著名的港口城市。1822 年,波士顿得到特许状并正式取得城市身份。港口城市的优势推动波士顿制造业迅速发展。19 世纪中叶开始,波士顿制造业的重要性超过国际贸易,波士顿也因此成为美国最大的制造业中心。波士顿制造业以服装、皮革制品和机械工业著称。

第二,波士顿气候适宜,风景秀丽,适合人类居住。波士顿的气候属于大陆性气候,四季分明,阳光普照,海风宜人,树木茂密。经过近 400 年的建设,波士顿市非常干净、整洁。波士顿海拔最高点是贝勒维尔山,海拔 101 米。波士顿的古老建筑与现代建筑并存,住宅区与商业区交相呼应。在波士顿金融区等重要区域,波士顿图书馆、克莱普广场等基础地表建筑随处可见。举例来看,自由之路(the Freedom Trail)是波士顿市政府为方便游客旅游观光而设计的路线,起点为波士顿公园(Boston common),终点为邦克山纪念碑,途经景点十余个。昆西市场(Quincy Market)是波士顿最著名的购物场所,方便人们购物。因此,波士顿宜居的特色和风格为世界一流大学高地的形成提供了必要的环境支持。

第三,波士顿交通便利,便于与外部联系。首先,波士顿空运发达,位于东波士顿的洛根国际机场承接了波士顿的大部分客运业务。此外,还有一些小型机场。其次,波士顿公共交通发达。90 号州际公路、93 号州际公路、95 号州际公路、128 号公路等贯穿波士顿。同时,波士顿地铁是美国第一个快速运输系统。再次,波士顿发达的水系和密集的铁路网方便了当地人的出行和货物的运输。

(三)"人和"——高地依赖于创始者对教育的重视和热爱

除优越的地理环境以外,深厚的历史文化底蕴是波士顿地区世界一流大学高地形成的另一原因。

第一,清教徒注重教育并兴办教育。波士顿地区的初步繁荣归功于早期的清教徒。早期来到马萨诸塞的清教徒中,来自英国剑桥大学伊曼纽尔学院的毕业生们雄心勃勃,立志要把"古老英国大学的传统移植到北美的荒野中"。他们关心的是要让自己的后代受到最好的教育,同时,坚决抵制将教育的权力交给不学无术的牧师。他们热衷于兴办学校,促成了哈佛大学的建立。1636 年 10 月 28 日,在清教徒的积极倡导下,马萨诸塞湾殖民地议会通过决议,决定筹建一所像英国剑桥一样的高等学府。由于主持建立事宜的 12 个监理会成员中,8 人毕业于剑桥大学新城被更名为剑桥——与家乡英国的剑桥相同。此后,这个小镇逐渐兴起。1639 年因牧师约翰·哈佛的慷慨捐助,改名为哈佛学院,即哈佛大学的前身。自此,美国大学开启了自己的发展历程。

第二，波士顿人文社会环境优越，对世界各地的人才具有强有力的吸引力。波士顿于1630年创建，是美国历史最悠久、文化底蕴最深厚的城市。因为大学众多，知识分子影响力大，波士顿被认为是一个很有教养的城市，有“美国雅典”的美誉。波士顿文化艺术氛围浓厚，它不仅拥有卡特拉庄严剧院（Cutler Majestic Theatre）等众多剧院，还拥有著名的波士顿交响乐团、波士顿芭蕾舞团等艺术团。每年国庆日，波士顿交响乐团会在波士顿蚬壳剧场（Hatch Shell）露天表演台举行演出。该表演台容纳力很强，三四万人同时聆听或观看演出都不会影响附近的交通。很多美国人甚至外国游客都能享受到高水准的音乐视听盛宴。

第三，波士顿人崇尚体育运动，为波士顿这个城市增添了活力。在体育竞技方面，波士顿红袜队（the Red Sox）是美国职业棒球大联盟的创始成员之一，曾赢得8个世界系列赛冠军。该队的主场芬威球场（Fenway Park）是至今仍在使用的最古老的职业体育球队体育场。波士顿的TD北岸花园球馆，是国家冰球联盟的第一个成员——波士顿棕熊队和NBA中获得总冠军次数最多的球队——波士顿凯尔特人队（the Celtics，NBA中获得总冠军次数最多的球队）的主场。波士顿郊外福克斯堡（Foxborough）的吉列体育场是美式橄榄球队新英格兰爱国者队（New England Patriots）的主场。此外，波士顿是波士顿马拉松比赛的举行地。每年的爱国者日（四月的第三个星期一），众多参赛者参加此项比赛。

综上，波士顿高地的形成和发展，主要得益于“天时”“地利”和“人和”。这三者互为因果，奠定了波士顿成为世界一流大学高地的坚实基础。而在这三者之中，“人和”起着最为关键的作用。正是因为创始者们的远见卓识和砥砺奋斗，才有了哈佛大学这一举世瞩目的大学的建立；正是因为有了哈佛大学，一批优秀的学者、学子才慕名而来。这种知识分子的自由流动，不仅推动了哈佛大学的发展和繁荣，同时也激发了一批热爱教育、致力于教育事业的学者兴办教育的热情。

第三节 波士顿世界一流大学的服务与贡献

大学是国家和民族发展的重要动力，是值得珍视的明珠。波士顿高地的服务与贡献主要通过波士顿世界一流大学实现。波士顿世界一流大学是影响本地区、美国乃至世界政治、经济的重要力量。它们通过服务，实现了自身的发展；它们在发展的过程中，实现了对社会的贡献；它们在对社会作出贡献的同时，赢得了广泛的声誉。

一、波士顿世界一流大学是社会政治、经济、国际发展的助推器

（一）波士顿世界一流大学推动美国乃至世界政治进步

波士顿所在州是美国的发祥地之一。在波士顿及周边地区发生的重要历史事件影响

了美国的历史，同时塑造了美国人的思想。

1. 波士顿世界一流大学是政治家的摇篮

波士顿世界一流大学诞生了诸多政治家，他们为美国的发展贡献了力量，在这方面，哈佛大学表现最为优异。追溯历史，在波士顿倾茶事件发生后，哈佛毕业生约翰·汉考克(John Hancock)成为独立宣言的第一个签署人，他的姓名也因此成为"亲笔签名"的代名词。此后，哈佛大学历史上诞生了32位国家或地区领导人，包括8位美国总统，1位美国副总统。此外，还包括阿尔巴尼亚、巴基斯坦、不丹、加拿大、墨西哥等15个国家的领导人(见表6－3所列)。在美国，哈佛大学校友中，约翰·肯尼迪(John F. Kennedy)和富兰克林·德拉诺·罗斯福是被公认的杰出总统。

表6－3 哈佛大学培养的国家、地区、世界组织领导人名单

校　友	授予学位年份	头　衔
策林·托杰(Tshering Tobgay)	2004	不丹首相
查希亚·额勒贝格道尔吉(Tsakhiagiin Elbegdorj)	2002	蒙古总统
菲利佩·卡尔德隆(Felipe Calderón Hinojosa)	2000	墨西哥总统
贝拉克·侯赛因·奥巴马(Barack Hussein Obama)	1991	美国总统
何塞·玛丽亚·菲格雷斯·奥尔森(José María Figueres Olsen)	1991	哥斯达黎加总统
贾米尔·马瓦德(Jamil Mahuad)	1989	厄瓜多尔总统
爱德华多·罗德里格兹(Eduardo Rodriguez)	1988	玻利维亚总统
潘基文(Ban Ki-moon)	1984	联合国秘书长
胡安·曼努埃尔·桑托斯(Juan Manuel Santos)	1981	哥伦比亚总统
李显龙(Lee Hsien Loong)	1980	新加坡总理
塞巴斯蒂安·皮内拉(Sebastian Pinera)	1976	智利总统
小布什(George W. Bush, Jr.)	1975	美国总统
贝娜齐尔·布托(Benazir Bhutto)	1973	巴基斯坦总理
艾伦·约翰逊·瑟利夫(Ellen Johnson-Sirleaf)	1971	利比里亚总统
戈尔(Al Gore)	1969	美国副总统
米格尔·德拉马德里(Miguel de la Madrid)	1965	墨西哥总统
威廉·伦奎斯特(William Rehnquist)	1950	美国首席大法官
皮埃尔·特鲁多(Pierre Trudeau)	1945	加拿大总理
安德烈亚斯·帕潘德里欧(Andreas Papandreou)	1943	希腊总理
约翰·肯尼迪(John F. Kennedy)	1940	美国总统
范S. 诺利(Fan S. Noli)	1912	阿尔巴尼亚总理

续 表

校　　友	授予学位年份	头　衔
富兰克林·德拉诺·罗斯福(Franklin Delano Roosevelt)	1904	美国总统
威廉·莱昂·麦肯齐·金(William Lyon Mackenzie King)	1898	加拿大总理
西奥多·罗斯福(Theodore Roosevelt)	1880	美国总统
卢瑟福 B. 海耶斯(Rutherford B. Hayes)	1845	美国总统
约翰·昆西·亚当斯(John Quincy Adams)	1787	美国总统
约翰·亚当斯(John Adams)	1755	美国总统

2. 波士顿世界一流大学培养和造就了无数的政治精英

波士顿世界一流大学是世界精英的集中地,各学科专家齐聚一堂,为政治、经济、科技等各领域的政府决策提供咨询服务和智力支持,是政府的“思想库”。它们为本国政治发展作出贡献的模式主要有两种:一是成立相关院系或机构,直接培养或培训政府管理人员;二是充当政府顾问,通过科学研究,为政府决策提供咨询建议。以哈佛大学为例,它是美国政府重要的智库中心之一,该校的肯尼迪政府学院(The John F. Kennedy School of Government)是美国乃至世界公职人员的培养培训基地和政府问题研究中心。肯尼迪政府学院设有 11 个研究中心,研究领域覆盖公共服务、全球安全、公共领导力等前沿领域,研究范围遍及世界各地,为推动和引领世界范围内的公共政策前沿问题研究,激发研究人员获得可持续性的解决问题方案提供强有力的支持。自 1936 年成立至今,肯尼迪政府学院接待了无数前来参观访问的世界各国领导人,同时通过授予学位或课程培训等形式提升公职人员的公共政策领导能力①。此外,哈佛大学教授通过充当政府咨询顾问,为美国政治经济的发展作出贡献。例如,1929—1933 年世界经济危机后,以哈佛大学为首的美国主要大学的教授直接充当美国政府智囊团,并设计了著名的罗斯福新政内容——救济、复兴和改革。新政的成功颁布和执行为美国经济的复苏起到了决定性作用。

(二) 波士顿世界一流大学推动经济的持续健康发展

地方经济发展离不开一流大学的支持,波士顿也不例外。波士顿世界一流大学是该市乃至马萨诸塞州经济的重要影响因素。一是因为波士顿世界一流大学是当地最大的雇主,二是因为波士顿世界一流大学将高技术产业吸引到波士顿市及附近地区。

1. 波士顿世界一流大学塑造了波士顿地区的产业结构

波士顿世界一流大学促使波士顿地区始终处于时代发展的前沿,并塑造了波士顿地区的产业结构,它们为推动波士顿地区产业转型作出了贡献。

① History of The John F. Kennedy School of Government at Harvard University[EB/OL]. https://www.hks.harvard.edu/more/about-us/history.

自1788年马萨诸塞州成为第六个认可美国宪法的州以来，波士顿地区在许多领域具有开创性。依托波士顿地区大学的支持，波士顿成为第一条铁路和第一条地铁的诞生地，也是摩尔斯电码、打字机和缝纫机发明者的家。有了这些发明，加上美国第一家棉纺厂，波士顿所在马萨诸塞州被认为是工业革命的推动者。在工业革命期间，优秀的港湾城市波士顿，其制造业发展迅速。近年来，伴随着第四次科技革命的到来，世界一流大学对当地经济结构的影响更加明显。

一方面，波士顿地区制造业依然发达，但制造业的主攻产品发生了变化。早先波士顿地区制造业以服装、皮革和机械工业产品为主，受麻省理工学院等世界一流学校的影响，波士顿与新兴科学技术相关的制造，比如计算机和电子产品制造发展迅速。另一方面，服务业超过制造业成为地区经济的主要产业。在新英格兰地区的6个州中，马萨诸塞州的劳动力比例最大，教育和卫生服务领域服务的人数最多，波士顿地区则更加明显。例如，马萨诸塞州著名的医院，例如马萨诸塞州综合医院（Massachusetts General Hospital）和波士顿儿童医院（Boston Children's Hospital）均设在波士顿，且与哈佛大学等波士顿世界一流大学关系密切。此外，近年来，波士顿世界一流大学成为旅游重地，它们的存在拉动了当地旅游业的发展。2016年，马萨诸塞州旅游业为当地政府贡献了总计14亿美元的州税和地方税，旅游业已经成为马萨诸塞州主要的经济来源之一。

经过数百年的发展，波士顿世界一流大学为波士顿地区经济的发展作出了卓越贡献。波士顿世界一流大学为地区发展提供了充足而优质的劳动力，为地区的第二、第三产业的发展提供了不竭动力。2018年，*U. S. News* 美国各州综合排名中，马萨诸塞州位列第8。其中，马萨诸塞州的教育排在第1位，医疗保健排在第5位，社会治安（Crime & Correction）排在第5位，经济排在第9位，就业机会排在第14位，显示出其综合实力。教育的发展有效地带动了当地经济发展和繁荣。

2. 波士顿世界一流大学促进了当地人口收入的增长

作为马萨诸塞州高等教育人口最密集的地区，波士顿是提升马萨诸塞州人口整体素质和当地人口收入的重要力量。由于波士顿人口收入数据未获得，笔者对马萨诸塞州的整体情况进行估计。

据统计，2018年，马萨诸塞州总人口为6 811 779人，占美国总人口的2.1%，排在美国的第15位。但马萨诸塞州GDP总量为5 057.76亿美元，排名全美第10位。在人均GDP方面，马萨诸塞州的优势更加明显。2018年，马萨诸塞州人均GDP为74 250美元，仅次于纽约州的80 940元，排名全美第2位。此外，该州人口收入中位数为41 821美元，仅次于康涅狄格州，排在全美第2位（图6-1）。

马萨诸塞州人口收入与该州人口的学历结构有很大的相关性。据统计，马萨诸塞州高等教育学历人口占51%，拥有学士学位以上的居民占比高达42.7%，约为美国整体水平的1.4倍。此外，马萨诸塞州教育委员会对该地区人口失业率以及25岁以上拥有学术学位人口比例作了分析。根据统计发现，马萨诸塞州整体失业率较低，尤其是剑桥、牛顿、

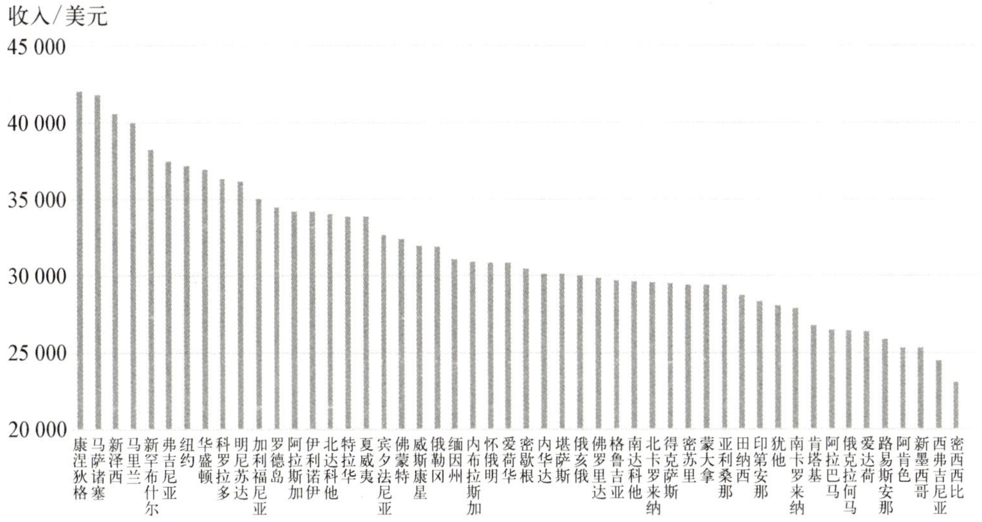

图 6-1　2018 年美国各州收入情况

布鲁克林等地区失业率最低，接受高等教育人口比例最高。① 这从侧面反映出人口受教育程度与就业的正相关关系，即一般一个地区接受高等教育人口比例越高，该地区人口的平均收入越高，失业率也越低。波士顿高地的 8 所世界一流大学以及一批其他大学而提升了当地居民的受教育程度，为推动马萨诸塞州，尤其是波士顿地区经济发展和人口收入增长提供了不竭动力。

3. 波士顿世界一流大学毕业生追求卓越，校友经济显著

波士顿世界一流大学人才辈出，校友遍布美国乃至世界各地，服务于世界各行各业。例如，哈佛大学校友 371 000 人，279 000 人在美国，59 000 人散布在其他 202 个国家和地区。这些校友为世界经济、科技、文化、卫生等各项事业的发展奉献了巨大的力量，同时为传播哈佛大学理念、提高哈佛大学声誉起到了重要作用。比尔·盖茨是哈佛大学史上最有名的辍学学生。在哈佛大学期间，他做了三件事：办了一个公司，写了一个程序，交了一个朋友。然而这三件事件件惊天动地——他创办的那个公司四海尽知；他写的程序成了微型电脑的第一个操作软件；他交的那个朋友成为微软公司的总裁兼首席执行官。

（三）波士顿世界一流大学对美国国防实力产生了广泛影响

除了政治、经济等为人熟知的领域以外，波士顿世界一流大学对美国国防实力也产生了广泛的影响。自美国独立以来，哈佛大学“长条红线”(Long Crimson Line)的成员就在美国部队服役。哈佛大学毕业生中有 18 个荣誉勋章获得者，是美国军事和海军学院以外的其他高等教育机构中最多的。1775 年，乔治·华盛顿将军在指挥革命军队之前将总部

① 2016 The Degree Gap — Vision Project Annual Report[EB/OL]. (2016-07)[2019-06-22]. https://www.mass.edu/about/publications.asp.

设在沃兹沃思宅邸(Wadsworth House),马萨诸塞州大厅(Massachusetts Hall)和哈佛大厅(Harvard Hall)被用作营房,并且在独立战争期间将建筑材料重新用于制作步枪球。纪念馆和纪念教堂纪念哈佛大学的牺牲勇士,他们为了战争的胜利奉献了宝贵的生命,为人民大众获得更好的生活创造了更美好的世界。

两次世界大战尤其是第二次世界大战期间,美国国防任务艰巨。麻省理工学院在军事领域的杰出贡献使其在国家军事中的地位不可替代,林肯实验室成为世界最具代表性的军事研发基地。尽管美国海军已从 1939 年便开始在军舰上使用雷达,但雷达性能亟待改进。国防科研委员会决定将实验室设在麻省理工学院,原因是麻省理工学院能胜任微波的研究工作。时任院长的康普顿抓住机遇,为麻省理工学院的迅速崛起作出了卓越贡献。罗伯特·奥本海默是美国犹太裔物理学家,他研究原子能,被誉为"原子弹之父"①。原子弹等军事武器的研制加快了第二次世界大战的结束进程,同时逐步确立了美国在世界政治和军事舞台上的重要地位。

到了 21 世纪,波士顿世界一流大学成为军队训练基地。2011 年,哈佛大学欢迎海军后备军官训练团[Naval Reserve Officers Training Corps (ROTC) program]计划重返校园。②

二、波士顿世界一流大学是推动人类科技进步的重要基地

波士顿的发展与波士顿世界一流大学的科技实力密不可分。波士顿政府高度重视尖端科学技术研究,采取积极的政策手段扶持和促进世界一流大学开展前沿研究。而世界一流大学则积极响应,在高精尖科技方面不断求索、改革创新,取得了一个又一个举世瞩目的成就。

(一) 波士顿世界一流大学是人类重大科技成果的开拓者

科学技术是第一生产力。纵观人类发展历史可以发现,人类科学技术的发展经历了漫长的孕育之后,在近百年来取得了突飞猛进的发展。伴随着第一次工业革命的兴起,技术革命带来了社会关系变革,新兴资产阶级开始崛起,自然科学不再是神学的附庸和小部分上层社会人士的爱好和特长,自然科学和工程应用类科技人员显著增加。20 世纪以前,人类伟大的科学家有的是靠自学成才的,比如有"交流电之父"之称的迈克尔·法拉第(Michael Faraday),有"发明大王"之称的托马斯·阿尔瓦·爱迪生(Thomas Alva Edison)等,但在进入 20 世纪后,人类社会的知识呈几何级增长,"自学成才"成为科学家的时代已经过去,大学不仅是传授和从事知识再生产的教育机构,更是从事科学研究的重要基地,担负着生产新科学知识的重要使命。

---

① [美] 丹尼·冯.美国顶级大学传奇[M].北京:北京理工大学出版社,2012:3-24.
② 数据来源:哈佛大学官网。

以麻省理工学院为例，麻省理工学院研究办公室将过去50年的科研成就作了梳理，选取了具有代表性的科研成就115项，主要集中在生物医药、计算机、雷达监测系统、新材料等领域。这些科研成果既是对科学发展历史的见证，也是科学发展的不竭动力。这些科研成果为人类维持可持续发展，追求更高的生活质量作出了卓越的贡献，同时引领国际科学研究的潮流。麻省理工学院的灵魂就是研究[①]。近百年来，麻省理工学院取得的杰出成就包括：20世纪30年代，开创性的高速摄影；20世纪40年代，微波雷达的工程应用；20世纪50年代，使数字计算机成为可能的磁芯存储器；1957年，首次化学合成青霉素；20世纪60年代，为阿波罗太空计划开发惯性制导系统；20世纪60年代，开发世界上第一个生物医学假肢装置；1977年，第一个公钥密码系统；1986年，第一个独立式全息图；1988年，发现海洋中最小的最丰富的光合细菌；1996年，使用新的遗传和多细胞监测技术展示动物如何形成关于新环境的记忆；2002年，制造第一辆高度灵活的直升机，用于山地和城市战斗；2010年，设计自动破译古代语言的计算机技术；2016年，首次直接探测到达地球的引力波（与加州理工学院和世界各地的其他人合作），证实了阿尔伯特·爱因斯坦100年前的预测等。这些研究不仅推动了科技的发展，同时也切实改变了我们的生活状态。

（二）波士顿世界一流大学是世界大学科技竞争的引导者

波士顿世界一流大学科技竞争力强劲，为世界其他大学树立了标杆。《2018年上海交大世界大学学术排名》数据显示，在获诺贝尔奖和菲尔兹奖的校友与教师数量、各学科领域被引用次数最高的科学家数，在《自然》（*Nature*）和《科学》（*Science*）上发表论文最多的科学家数等指标上，哈佛大学为世界之最，而这些指标是目前人类社会科学研究水平的高度表征，是其最显著的标志，不仅为哈佛大学赢得了世界声誉，也为世界一流大学树立了标杆。此外，麻省理工学院的表现也举世瞩目。在所获荣誉中，麻省理工学院的教师或校友共有诺贝尔奖获得者90人，国家科学奖章获得者（National Medal of Science winners）59人，国家技术与创新奖获得者（National Medal of Technology and Innovation winners）29人，麦克阿瑟研究员（MacArthur Fellows）75人，图灵奖获得者15人。哈佛大学与麻省理工学院等波士顿世界一流大学的成就远远超出世界上其他国家和地区的大学。波士顿各世界一流大学科技表现如表6-4所示。

此外，波士顿世界一流大学始终充当前沿科学研究和新兴科学研究的先锋。经过多年的规划、设计和施工，麻省理工学院NANO——一个致力于制造纳米级材料的新型实验室于2018年6月投入使用。此外，麻省理工学院于2018年2月1日启动了麻省理工学院智能探索（Quest of Intelligence）计划，这是一项关于人类和机器智能的新倡议。麻省理工学院位于人工智能研究的最前沿，该计划由两个主要实体组成，一是核心（Core），一是桥梁（Bridge）。Core是一个旨在推动人类和机器智能研究的科学和工程，Bridge致

---

① 数据来源：麻省理工大学官网。

力于计算工具的拓展，以及将人工智能扩展到麻省理工学院的各个学科领域。这些新兴研究动态将为世界各地相关研究机构的发展指引方向。

表 6-4 波士顿各世界一流大学科技表现

指标	哈佛大学	麻省理工学院	波士顿大学	塔夫茨大学	马萨诸塞大学安姆斯特分校	布兰迪斯大学	东北大学	波士顿学院
获诺贝尔奖和菲尔兹奖的校友折合数	100	70.9	11.4	18.3	13.4	19	0	0
获诺贝尔奖和菲尔兹奖的教师折合数	100	83.6	11.4	16.1	0	12	0	0
各学科领域被引用次数最高的科学家折合数	100	52.5	30.3	16.6	25.3	9.6	13.5	13.5
在《自然》和《科学》上发表论文的折合数	100	71.4	24.3	12.5	15.7	16.4	18.7	16.8
被科学引文索引（SCIE）和社会科学引文索引（SSCI）收录的论文折合数	100	64.4	53.1	35.6	38.5	18.7	33.9	23.5

资料来源：http://www.shanghairanking.com/.

三、波士顿世界一流大学是文化教育的重要贡献者

文化传承与创新是大学的重要职能之一。世界一流大学因对人类优秀文化的继承和发扬而永葆青春活力。波士顿世界一流大学的文化传承与创新主要体现在文化和教育两个方面。

（一）波士顿世界一流大学影响整个教育链条

第一，波士顿世界一流大学是世界大学发展的龙头，引领了大学的发展。世界上很多教育改革都发起于此。例如，哈佛大学的通识课程制度为世界各个大学所学习和推崇。在校长查尔斯·威廉姆·埃利奥特（Charles William Eliot）的领导下，哈佛大学全面推行选修课。此后，该教学模式为美国乃至世界各国众多大学所效仿。此外，哈佛大学还开美国校友捐赠之先河。约翰·哈佛虽不是哈佛大学的创始人，也不是哈佛大学的校长，但这所首屈一指的世界名校却是因他这个牧师而命名。约翰·哈佛生于英格兰，父亲是一个

屠夫。他曾经有多个兄弟姐妹，可惜1625年发生的一场瘟疫夺去了他的父亲和四个兄弟姐妹的性命。他自己也英年早逝，没有留下子女，在临终前将一半家产(约合780英镑，当年政府给学校的拨款是400英镑)及400册藏书全部捐给坎布里奇学院。为了纪念这位伟大的牧师，1639年，坎布里奇学院正式更名为“哈佛学院”，即哈佛大学的前身。约翰·哈佛是哈佛大学的第一位捐赠者，开美国校友捐赠之先河。哈佛大学跨越历史长河，历经世事沧桑，是无数美国学子的最高向往，同时也激励着青年学子反哺母校，回馈社会的捐赠热情和意识。与哈佛大学输出教育理念方式不同，麻省理工学院以实际行动开创新型教育模式。例如，麻省理工学院利用其强大的理工科优势，开创了大学在线课程模式，掀起了世界教育教学模式改革浪潮。该教学模式不仅在高等教育领域，更在初、中等教育领域飞速发展。

第二，波士顿世界一流大学立足区域，为繁荣区域初等或高等教育贡献力量。波士顿当地政府为波士顿世界一流大学提供大量教学、科研场地，同时给予大学住房建筑用地等各项优惠政策支持。波士顿世界一流大学立足当地，为波士顿地区的政治、经济、社会提供全方位的支撑，最为明显的是，“高地”的大学为当地高中生源入读大学提供诸多便利。波士顿大学为波士顿地区居民子女入读大学提供诸多便利。2017年9月，82名波士顿公立高中毕业生进入波士顿大学学习。为了进一步扩大当地学生获得奖学金资助的机会，该大学于2009年承诺通过创建“社区服务奖学金”以满足波士顿公立高中毕业生入读波士顿大学的全部经济需求。此后，共有466名波士顿公立学校学生获得了超过5 900万美元的社区服务奖学金。2017年12月，波士顿大学和波士顿市长马丁·沃尔什(Martin Walsh)共同宣布扩大该计划。波士顿大学还开设托马斯·M. 梅尼诺(Thomas M. Menino)奖学金项目，该项目每年为来自波士顿公立高中的大约25名优秀学生提供四年的全额学费。至于塔夫茨大学，其来源于马萨诸塞州的本科生占19%，各学院来自马萨诸塞州的研究生占13%～45%①。

(二) 波士顿世界一流大学文化是社会文化的重要组成部分

“波士顿”是一个极富文化气息、学术风气极其浓厚的区域。一方面，受地域环境的影响，大学被打上地区的烙印。另一方面，大学又反作用于周围环境。波士顿世界一流大学通过培养大量高素质人才提高区域民众文化素养，推动当地精神文明建设进程和社会经济的发展。大学文化是社会文化的重要组成部分，波士顿世界一流大学的文化主要体现在大学的图书馆、博物馆以及独特的大学文化特色等方面。

首先，图书馆历史悠久，藏书丰富。波士顿地区图书馆众多，其中世界一流大学的图书馆特色鲜明。例如，哈佛大学图书馆包括众多分馆，仅哈佛校内的分馆就有76个②。该图书馆是美国历史最悠久的图书馆，也是当今世界最大的学术图书馆。哈佛大学藏书量

---

① University Facts[EB/OL]. https://provost.tufts.edu/institutionalresearch/files/Fact-Book-2018-19.pdf.

② 数据来源：哈佛大学图书馆官网。

为世界大学图书馆之最，共有图书 2 040 万册，18 万个系列，4 亿份手稿，1 000 万张照片，1.24 亿个存档网页，以及 5.4 TB 的原始数字档案和手稿。哈佛大学图书馆共有 800 名工作人员，这些工作人员分别管理 70 多个图书馆分馆①。其中威德纳图书馆是哈佛大学最大的图书馆。威德纳于 1907 年从哈佛大学历史专业毕业，1912 年与父母一道登上"泰坦尼克号"而不幸遇难。威德纳的母亲幸存，为满足儿子生前的愿望，捐资兴建该图书馆。哈佛大学图书馆不仅让学术之花永远盛开，同时也向世人昭示，哈佛大学的每一个进步，都离不开那些钟情于教育的有心之士的慷慨资助②。

此外，博物馆众多，声名显赫。波士顿地区文化底蕴深厚，其中，哈佛大学博物馆与世界上最著名的一些博物馆齐名，馆藏 2 800 多万件艺术品、文物、标本、材料和乐器等。这些国际知名的藏品深深扎根于学术和教学，是学科发展和延续的基础。哈佛大学博物馆向公众开放，每年接待 65 万余名国内外游客③。哈佛大学博物馆主要分为艺术博物馆和文化、自然、科技博物馆两类。其中，哈佛艺术博物馆与牛津大学的阿什莫里博物馆、剑桥大学的菲茨威廉博物馆并称为世界三大有影响力的大学艺术博物馆。艺术博物馆是哈佛大学的一部分，由三个博物馆组成：福格博物馆（the Fogg Museum，成立于 1895 年）、布希-雷辛格博物馆（the Busch-Reisinger Museum，成立于 1903 年）和亚瑟·M. 萨克勒博物馆（the Arthur M. Sackler Museum，成立于 1985 年）④。藏品来自世界各地，包括北美、北非、中东、南亚、东亚和东南亚等地。除了艺术博物馆外，还有皮博迪考古与民族学博物馆、哈佛自然历史博物馆、哈佛科学与文化博物馆、哈佛矿物学与地质博物馆等⑤。

最后，大学文化丰富多彩。世界一流大学文化多元，内涵丰富。波士顿世界一流大学在文化方面主要有三个特征。首先是创新。波士顿世界一流大学崇尚创新理念，追求创新价值，将创新与社会实践紧密结合，不断推动知识创新和社会进步。其次是包容。世界一流大学的包容性主要体现在人才选拔上。例如，布兰迪斯大学由旅美犹太人建立，旨在创建一所兼容并蓄的大学。在这里，不论宗教派别和个人信仰差异，任何一位有才华和能力的教师或学生都受到欢迎；在这里，任何一个个体都有可能在这种包容性的学习社区中取得成功。再次是多样性。波士顿世界一流大学已然成为世界各个国家和地区优秀学生的向往之地。教师和学生来自世界各地，各式各样的思想观念在此碰撞，不断形成新的思想火花，体现了不同观点相互尊重的力量。

---

① Library Collection[EB/OL]. https://www.harvard.edu/about-harvard/harvard-glance.

② Harvard at a Glance[EB/OL]. https://www.harvard.edu/about-harvard/harvard-glance.

③ Museums[EB/OL]. https://www.harvard.edu/about-harvard/harvard-glance.

④ Harvard Art Museums[EB/OL]. https://en.wikipedia.org/wiki/Harvard_Art_Museums.

⑤ Harvard Museums[EB/OL]. https://www.harvard.edu/on-campus/museums.

第四节　波士顿世界一流大学高地建设的经验及启示

大学作为一种特殊的社会机构，面对重重考验却历久弥新。哈佛大学前校长洛韦尔在 1934 年指出："大学的存在时间超过了任何形式的政府，任何传统、法律的变革和科学思想，因为它们满足了人们的永恒需要。在人类的种种创造中，没有任何东西比大学更经受得住漫长的吞没一切的时间的考验。"[①]波士顿世界一流大学的发展起始于哈佛大学的创立，伴随着麻省理工学院等一批世界一流大学兴起，波士顿高地逐渐形成。波士顿高地的形成和发展，离不开对"大学与社会""大学与政府"以及"大学与大学"等关系的合理处理。我国"双一流"建设即将要完成"三步走"战略的第一步，学习和借鉴波士顿高地的成功经验显得十分必要。

一、波士顿高地的成功经验

通过研究波士顿高地的特征、形成历程及对社会的服务与贡献，我们可以清晰地看到波士顿高地的形成与发展离不开波士顿高地内的世界一流大学正确地处理了大学与社会、大学与政府、大学与大学之间的关系。

（一）大学与社会：定位高远，服务需求，造福人类社会

大学与社会环境的和谐相处，为大学的发展提供了养分，同时，大学的发展也推动了社会的进步。波士顿世界一流大学在其发展过程中定位高远，且以追求真理和服务人类社会为宗旨和准绳，满足了社会发展的需求，得到了社会的广泛认可和推崇。

第一，大学致力于培养世界级顶尖人才。21 世纪的竞争是科技和人才的竞争。培养高层次人才是大学的重要任务，也是大学持续健康发展的重要支柱。哈佛大学在其官网中这样表述："哈佛并没有一个统一的使命陈述，但却始终围绕着这一主题，即为社会培养公民和公民领袖。"从课程出发，哈佛大学让学生接触新思想，对事物产生新的理解方式和认识方式，引导学生踏上知识转型之旅。多样化的生活环境，让学生与不同研究主体、来自不同阶层的人生活在一起，推进智力转型乃至社会转型。哈佛大学希望学生在学习过程中，借助自己的天赋和才能，感知自己将来想要做的事业，评估他们的价值和兴趣，学习如何更好地为世界服务并塑造他们的生活。麻省理工学院致力于为学生提供这样的一种教育，将严谨的学术研究和新发现的兴致紧密结合，从而培养产生知识的学生，促进社会的可持续发展。波士顿大学始终铭记其创校宗旨：所有人都应该接受高等教育。

① ［美］布鲁贝克. 高等教育哲学［M］. 王承绪，等译. 杭州：浙江教育出版社，2002：29.

第二，大学与波士顿地区唇齿相依，共同进步。世界一流大学的形成齐聚“天时”“地利”“人和”三大因素。该地自然条件优越，海运便利，尤其重要的是民众对大学教育的高度重视，让波士顿地区成为一个人才聚集之地。波士顿形成世界一流大学高地并非一日之功，它的形成有赖于哈佛大学的最先成立，哈佛大学的声望吸引了其他大学的加盟，最为典型的莫过于麻省理工学院。其他大学的成立，极大便利了各大学教师与学生之间的沟通与协作。同时，最为重要的是形成了大学之间激烈的竞争态势，激发了大学的创新潜能，推动大学朝着可持续性的方向不断发展。在大学取得不断进步的过程中，大学为地区输出了最优质的人才，从事生产创作，地区则为大学提供了可靠的土地、人员以及物质保障，两者唇齿相依，共同进步。任何一方受损，都将严重影响对方的生存和发展。波士顿世界一流大学越来越重视自己与所处地区关系的紧密性。他们挖掘大学与地区之间合作的各种机会，切实履行大学对当地政府、民众的承诺，不断提升大学与所处地区的融合度、贡献度，从整体上提升所处地区的知名度、美誉度，帮助所处地区民众教育水平整体提升，从而最大限度地提高所处地区的文明程度，通过履行大学的社会服务职能，达到推动社会文明进步的功效。

第三，大学崇尚学以致用，广泛服务社会生活。社会服务是大学的重要职能之一。波士顿世界一流大学“128 公路”开创了校企合作的“大学科技园区”模式。二战后，科学技术突飞猛进，新技术不断涌现，人类开始向信息时代迈进。信息技术的发展为企业带来了无限商机，也为产业界与大学的合作创造了条件。以哈佛大学、麻省理工学院为中心的“128 公路”科技带开创了校企合作的新模式。该模式打破了大学与企业的割裂状态，将大学研究成果尽快就地转化，同时，增强其研究的应用价值。“128 公路”建设吸引了众多新兴企业，一批批大学毕业生进入科技带创业，大学的研究成果又不断地在科技带内得到转化。产业界与大学的合作极大地推动了地方科技和经济的迅猛发展。同时，这些地区经济和科技的发展又反过来推动了大学的快速发展，造就了哈佛大学、麻省理工学院等一批世界一流大学。

第四，大学提倡学以致用，发扬奉献精神。波士顿世界一流大学的学生积极为社会作贡献。例如，波士顿大学 75%的本科生生活在校园内，服务社区时间超过 80 000 个小时，一年级学生外展项目志愿者达 900 人以上，学生组织达 450 个以上，艺术与表演组织 75 个，学术和专业组织 120 个，社区服务和司法组织 85 个。在国际化方面，9 742 个国际学生，来自 130 多个国家。全球性活动 300 多场。全球服务方面，2 425 位志愿者参与了 14 418 个小时的志愿活动，这些活动分布在 147 个城市，268 个项目，遍布 180 多个国家。通过志愿服务活动，大学与社区、大学与社会加强了合作和联系，同时，也提升了大学的知名度。

（二）大学与政府：与时俱进，改革创新，服务国家战略需求

第一，服务国家战略需求。大学首先是国家的大学。所有伟大的教育哲学家都把教育作为政治的分支来看待[①]，大学所具有的国家属性十分强烈。

1862年，美国政府通过《赠地法案》，这在美国高等教育历史上具有划时代的意义。联邦政府通过赠地、提供资金资助等方式刺激了美国高等教育的发展。塔夫茨大学、麻省理工学院、波士顿学院等均在其前后几年时间内成立，或多或少受惠于该法案，同时将社会服务的理念贯彻始终。麻省理工学院建校时，为适应工业迅猛发展，大量技术人才急缺的社会需求，抓紧培养为美国社会服务的科学技术人才。1882年，麻省理工学院毕业典礼上，创始人威廉·巴顿·罗杰斯受邀演讲并在演讲台上与世长辞，最后一句仍然是"理论与实践结合"，这是他创立麻省理工学院的初心，也是对当时美国古典教育盛行期教育理念的重大突破。麻省理工学院的这种精神，极大地推动了美国的工业革命进程，加快了美国成为世界经济第一大国的步伐。如今，麻省理工学院的使命之一是教育其学生，使他们为国家乃至整个世界提供最好的服务。今天的麻省理工学院，其毕业生大多在国家重点行业或领域就业，对国家经济发展起到了非常重要的支撑引领作用。2018年麻省理工学院毕业生就业情况如表6－5所示。

表6－5　2018年麻省理工学院毕业生就业情况

就业领域	本科毕业生	硕士毕业生	博士毕业生	行业最大雇主
航空航天/国防	8%	5%	4%	Ball Aerospace、波音、Northrop Grumman、SpaceX
计算机技术	23%	16%	11%	Ab Initio Software、Akamai Technologies、亚马逊、ADI公司、Apple、Facebook、Google、Rubrik
咨询	15%	21%	4%	埃森哲、贝恩公司、波士顿咨询集团、德勤咨询、麦肯锡公司
教育	1%	<1%	25%	哥伦比亚大学、哈佛大学、麻省理工学院、普林斯顿大学、斯坦福大学、加州大学伯克利分校、芝加哥大学
能源/公用事业	3%	4%	4%	埃克森美孚、壳牌石油公司、斯伦贝谢
工程(所有领域)	23%	15%	25%	安海斯-布希、应用材料、福特汽车公司、Formlabs、通用汽车公司、宝洁公司、密尔沃基工具公司、特斯拉公司、丰田研究院
金融/银行	9%	13%	2%	Capital One、Fidelity Investments、Goldman Sachs、Hudson River Trading、Jane Street Capital、摩根大通、摩根士丹利、Susquehanna International Group

① [美] 布鲁贝克. 高等教育哲学[M]. 王承绪，等译. 杭州：浙江教育出版社，2002：15.

续 表

就业领域	本科毕业生	硕士毕业生	博士毕业生	行业最大雇主
健康/医疗	5%	1%	8%	波士顿儿童医院、马萨诸塞州综合医院
其他部门	13%	14%	<18%	Koch Industries、IBM 研究、美国空军、美国陆军、美国海军

资料来源：MIT Facts. ALUMNI. http://web.mit.edu/facts/alum.html.

第二，大学在服务国家战略中成长和发展。纵观世界高等教育发展史可以清晰地发现，世界一流大学是紧跟时代发展脚步甚至是超前于时代发展的，它们要么在民族和国家需要之时诞生，要么在民族和国家危亡之际担当重任，要么在民族振兴和国家进步之际贡献卓著。同时，世界一流大学在应对时代挑战的过程中抓住了时代发展的机遇，对时代的召唤作出了及时、正确与合理的回应。在服务国家战略时，大学获得了政府大量科研经费的支持，教学和科研条件得到改善，综合实力得到显著增强，对社会的影响力、辐射力也得到相应的提升。哈佛大学在第二次世界大战时期的成功崛起，主要在于其适应了当时国际战争情势的变化，并积极服务于国家政治和军事需求。

(三) 大学与大学：多元开放，凸显特色，促进竞争与合作

波士顿世界一流大学发展起始于哈佛大学，近 200 年后，伴随着政府在教育政策上的支持，麻省理工学院等一批世界一流大学崛起，波士顿高地形成。波士顿能够成为世界一流大学高地，哈佛大学的作用功不可没，因为它的成立为其他大学树立了标杆，同时，其他大学的兴起，也助推了哈佛大学继续前行。波士顿世界一流大学各有特色，并不雷同，走出了一条多样化、特色化的发展道路。

第一，坚守使命，推动社会进步。21 世纪，知识成为重要的战略资源。波士顿世界一流大学坚守创办时的初心和使命，推动知识的产生、发展和传播，并造福社会(波士顿地区部分世界一流大学使命见表 6-6)。例如，麻省理工学院致力于产生、传播和保存知识，并与其他人合作，将这些知识应用于解决世界面临的巨大挑战。麻省理工学院寻求每一位成员都能明智地、有创造性地和有效地工作，以让人类社会更美好。这一使命不仅在于知识的产生、拓展和推进，也烘托出大学的所有活动旨在让人类社会变得更加美好。波士顿大学致力于创造新的知识并造福社会。研究、学问、艺术创作和专业实践应该在更广泛的社区——地方和国际社会服务中进行。塔夫茨大学是一所以学生为中心的研究型大学，致力于创造和应用知识。大学致力于在一个包容与协作的环境中为师生提供变革性体验。波士顿学院坚守其传统，履行耶稣会、天主教的信仰和服务使命，制定示范性教育项目，直接解决世界上最紧迫的问题。波士顿学院的学术和社会使命的灵感来自大学独特的宗教和知识遗产。在这种使命感召下，增强学习、寻求真理并为他人服务。

表 6-6　波士顿地区部分世界一流大学使命

学校名称	大学使命
哈佛大学	为社会培养公民和公民领袖
麻省理工学院	在 21 世纪推进知识，并教育科学、技术和其他领域的学生，使得他们为国家乃至整个世界提供最好的服务
波士顿大学	致力于将学生培养成为有反思的（reflective）、足智多谋的（resourceful）人，适应并在互联的世界生活中充当领导角色。致力于创造新的知识并造福社会
塔夫茨大学	以学生为中心，致力于创造和应用知识。致力于在一个包容和协作的环境中为师生提供变革性体验。在该环境下，学者能够提出大胆的想法，面对复杂的挑战进行创新，并成为世界积极的公民
波士顿学院	坚守传统，履行耶稣会、天主教的信仰和服务使命，开展示范性教育项目，支持学生成长。作为研究人员、教育工作者、领导者和护理人员，解决世界上最紧迫的问题

在清晰的大学使命指导下，波士顿世界一流大学培育了一批社会精英，在很大程度上影响了美国的发展方向。这些高学历人才进入社会，携带的新科技、新发明等在最短时间内转化为生产力，推动了企业的发展以及国家的经济发展，推动了国民生产总值的增长。查尔斯·布伦顿·哈金斯是哈佛大学医学博士，他第一个打破了医学界的肿瘤不可治的禁区，给无数癌症病患者带来了福音①。麻省理工学院的成立加速了国家的工业革命。凭借其独创性和动力，其毕业生更新基础技术，开创了新的产业，创造了数百万计的就业机会。通过教学、研究和创新，麻省理工学院致力于完成服务国家和世界的使命。

第二，大学多元发展，特色鲜明。翻开麻省理工学院的历史，我们发现麻省理工学院的创始人威廉·巴顿·罗杰斯正是因为无缘担任哈佛大学教职，转而激发了创建一所与哈佛大学比肩的世界一流大学的冲动。创建之初，麻省理工学院只有 15 名学生。经过 140 多年的发展，现有学生万余名，并且已被世界公认为与哈佛、剑桥等老牌名校齐名的世界一流大学。麻省理工学院有“世界理工大学之最”的美名，且毫不讳言自己是一所科技学校，其工程领域专业十分出色，在全球理工类大学中始终处于最前列，其中电子工程和计算机科学是全美公认的第一名。此外，麻省理工学院借助其强大的理工科背景和优势，加强跨学科专业的发展，在经济学、心理学以及媒体科学与设计等方面实现突破，探索出了一条理工背景下的人文社会科学发展的新路径。布兰迪斯大学规模虽小，但丝毫不影响其成为世界一流大学。该校以包容性为基本原则，认可任何一个有天赋的人才，而不论其所在的民族、种族、性别、来源国家的差异等。该校塑造的理念，一是崇尚真理，倡导学术自由，通过追求最高标准的严谨的学术工作来反映学术价值；二是尊重知识，强调对学习的敬意，不论出身，强调公平和包容，培养对社会有用的人才；三是注重创新，广纳人

① [美] 丹尼·冯. 美国顶级大学传奇[M]. 北京：北京理工大学出版社，2012：3-24.

才，以创新能力为衡量师生能力的重要标尺，通过个体行动使世界更美好。布兰迪斯大学坚守其教育理念和办学特色，走出了一条属于自己的特色发展之路。

第三，波士顿世界一流大学国际化程度高，促进学生群体来源多元化。例如与哈佛大学、麻省理工学院隔河相对的波士顿大学，是全美第四大私立大学。波士顿大学规模大，拥有来自全美 50 个州及全世界 130 多个国家的 34 000 多名学生，其中海外学生 4 700 多人。波士顿大学拥有 10 000 多名教职员工，17 个学院，以及 300 多个专业，拥有三个校区，学位项目横跨 6 大洲，海外项目 90 个，分布在 21 个国家 30 多个城市。波士顿大学采取的国际化、多元化的管理方式，使之成为世界文化交流的学府。再比如，麻省理工学院 2018 级(class of 2018)学生中，申请 21 706 人，录取 1 464 人，录取率 6.7%，最终报到 1 115 人，其中，国际学生占 8%，来源于 54 个国家。研究生中，28 826 人申请，3 516 人录取，录取率 12%，其中，43%的学生是国际学生，来源于 85 个国家。这些国际学生是各国学子中的杰出代表，不仅将所在国家的优秀传统文化带到美国，促成了美国的多元化特色，同时，当这些学子学成归国时，他们又将美国的优秀文化带回自己的国家，促进美国文化在世界各地的传播。在将世界各地优秀学子“引进来”以外，波士顿地区世界一流大学还坚持“走出去”战略，积极扩展学生视野，培养具有世界眼光和胸怀的学生。

第四，波士顿世界一流大学人才交流互换，开放融合。首先，高地内世界一流大学是学生攻读硕士和博士学位的重要选择。麻省理工学院公布的毕业生就业报告[①]显示：本科毕业生中，52%选择就业，39%选择继续读书。研究生入读学校排在前列的包括加州理工学院、哥伦比亚大学、杜克大学、哈佛大学、麻省理工学院、西北大学、普林斯顿大学、斯坦福大学、加州大学伯克利分校、芝加哥大学、加州大学洛杉矶分校等世界一流大学。2018 年，博士毕业生就业人数最多的领域是教育和工程领域。博士生最大的就业单位包括哥伦比亚大学、哈佛大学、麻省理工学院、普林斯顿大学、斯坦福大学、加州大学伯克利分校、芝加哥大学等世界一流大学。其次，高地内世界一流大学是教师交流交换的重要选择。1970 年，保罗·A. 萨缪尔森成为获得诺贝尔奖项的第一位美国经济学家，瑞典皇家学院提供的理由是：“他发展了数理和动态经济理论，其研究涉及经济学全部领域。”毕业后，他接受麻省理工学院经济学系聘请，短短十多年时间，将一个普通的系迅速提升到与哈佛大学并驾齐驱的水平，在美国非常罕见[②]。

二、波士顿世界一流大学高地的启示

波士顿高地之所以能够建成，离不开“天时”“地利”和“人和”因素的有机组合。波士顿高地在形成与发展的过程中，服务与贡献是波士顿世界一流大学建设和发展的主旋律，

① 数据来源：麻省理工大学官网。
② [美] 丹尼·冯. 美国顶级大学传奇[M]. 北京：北京理工大学出版社，2012：3-24.

同时,也是波士顿世界一流大学的成功秘诀。对波士顿高地形成和发展的历史、特征及经验的系统梳理,有助于推动我国世界一流大学建设进程。

(一) 政府层面:定位高远,战略统筹世界一流大学高地建设

我国是实行单一制的国家。"双一流"建设战略是由党中央、国务院作出的重大战略决策,并在各个大学具体实施。科学决策对于有效推动我国"双一流"建设具有非常重要的作用。

第一,高屋建瓴,通盘考察我国世界一流大学的可能高地。考察波士顿高地的特征和贡献,能一叶知秋,明确我国可能的世界一流大学高地。我国北京、上海、广州、武汉、西安等城市"双一流"建设大学数量较多,具备冲击世界一流大学高地的实力和希望。对世界一流大学高地特征的考察,有助于我们从大处着眼,通盘考察,跳出单一世界一流大学建设的限制,从而形成世界一流大学群的集体建设思路。建设世界一流大学高地,不仅有助于提升世界一流大学的集体优势,而且对提升我国高等教育整体水平、促进经济社会可持续发展也会有重大贡献。

第二,加强宏观统筹,加快我国世界一流大学高地建设。首先,明确世界一流大学高地与波士顿高地等其他高地之间的差距和优势,加强系统谋划和资源整合,统筹推进世界一流大学高地建设。其次,进一步对可能的世界一流大学高地予以分级支持,鼓励和支持高地内的"双一流"建设大学和学科的差异化发展,全面提升其国际竞争力。再次,多元主体共同发力,推动世界一流大学高地建设。政府积极发动社会各界共同努力,实行政府、社会、大学共建机制,鼓励有关部门和行业企业共同参与,积极拓宽支持和发展渠道,推动世界一流大学高地建设。

(二) 大学层面:明确服务与贡献宗旨,推动世界一流大学建设进程

大学是"双一流"建设的主体,对世界一流大学高地建设进程的推进和目标的达成至关重要。学习波士顿高地经验,大学应加强社会服务与贡献,实现自身实力的不断增强。

第一,明确世界一流大学建设任务,加快特色发展。我国"双一流"建设的目标是要建成有中国特色的世界一流大学和一流学科。在该理念指导下,各大学应首先明确自身发展特色和优势,始终回望大学发展和"双一流"建设初心,积极探索"人无我有、人有我优、人优我特、人特我强"的大学或学科建设之路,有勇气、有能力成为在某个领域、某个学科或者大学范围内的世界一流。

第二,服务国家战略,回应社会需求,在服务与贡献中实现更快更好发展。我国的世界一流大学首先是中国的大学,这就决定了我们的"双一流"建设大学或学科需扎根中国,遵循教育规律,积极发挥其在中华民族优秀传统文化的传承与创新、中国人民面临的重大问题的解决等方面的积极作用。同时,我国的世界一流大学也是世界范围的一流大学,需定位高远,立志于对人类的政治、科技、文化、军事、教育等方面起到重要推动作用。明确服务与贡献的主要任务,"双一流"建设进程将得以推进,世界一流大学高地的目标也将逐步达成。

第三，加强大学与大学尤其是周边大学的合作与交流，形成“高地”态势。大学与大学之间既存在激烈的竞争，也存在很大的合作空间。波士顿高地内既有世界顶尖的哈佛大学和麻省理工学院，也有 6 所世界一流大学，还有一批未进入世界一流大学的普通大学。这些大学形成了良好的生态合作网络。在该合作网络下，各大学各司其职、互促互进。我国的“双一流”建设也要形成区位优势、大学集群优势，在教师科研合作、学生学分互换交流以及实验室共建共享等方面形成特色、发挥作用，推动“双一流”建设发挥实效，实现“双一流”建设持续、健康、快速发展。

本章小结

通过研究，我们可以发现世界一流大学高地的形成是历史发展的必然，体现了国家战略与社会发展的需求。得益于“天时、地利、人和”的独特优势，依托地理、政治、经济、文化、科技等诸多因素，世界一流大学的形成是多重驱动力相互作用的结果。因此，世界一流大学高地建设，必须科学合理地处理“大学与社会”“大学与政府”以及“大学与大学”的关系，实现大学与城市的互促发展、大学与国家战略的匹配发展。波士顿地区缔造了世界大学发展的奇迹，波士顿世界一流大学高地完美诠释了世界一流大学的服务与贡献：政治进步的助推器、高等教育改革和发展的领头羊、知识生产和科技创新的集大成者。

第七章
美国·洛杉矶

洛杉矶位于美国加利福尼亚州（下文简称加州）西南部，是美国第二大城市。洛杉矶是美国重要的商贸、科教、娱乐和体育中心之一，也是美国石油化工业、海洋行业、航天工业和电子业的主要基地之一。洛杉矶还拥有许多世界知名的高等教育机构，比如加州理工学院、加州大学洛杉矶分校、南加州大学等，高等教育发展水平位居世界前列，是典型的世界一流大学高地之一。马克思曾指出："不同公社在各个自然环境中，找到不同的生产资料和生活资料，因此，他们的生产方式、生活方式和产品也就各不相同。"[①]一个地域的教育发展水平也必然与特定地域经济发展水平和社会发展水平相一致。[②] 洛杉矶发展成为世界一流大学高地，离不开洛杉矶独特的社会、经济、文化等多元因素的孕育，在这座世界级大都市，各高校汲取营养、开拓进取、追求卓越，塑造了其在人才培养、科学研究、社会服务等多个方面在全球范围的引领力、辐射力和影响力，使得洛杉矶的高等教育呈现世界领先、多元差异、布局合理、富有活力、深入融入区域发展的典型特征。

第一节　洛杉矶世界一流大学高地概况

洛杉矶地区地域辽阔，人口众多，环境优美，气候宜人。在其百余年的发展历程中，加州大学洛杉矶分校（University of California，Los Angeles）、加州理工学院（California Institute of Technology）、南加州大学（University of Southern California）等全球闻名的著名高校飞速发展，使其成为典型的世界一流大学高地之一。以三所高校为代表的世界一流大学的高质量、特色化发展，使洛杉矶的高等教育在世界范围内获得了卓越的引

① 马克思恩格斯全集[M]. 第 23 卷. 北京：人民出版社，1973：390.
② 罗明东. 教育地理学[M]. 昆明：云南大学出版社，2003：43.

领力。

一、洛杉矶地区概况

从行政区域划分上看，人们对于“洛杉矶”的理解一般可分为三个层面，一是洛杉矶县(Los Angeles County)；二是洛杉矶市(Los Angeles Metro)，即洛杉矶大都会，一般指的是由洛杉矶县、橙县(Orange County)及圣贝纳迪诺县(San Bernardino County)的西南角组成的发达城市圈；三是大洛杉矶地区(Greater Los Angeles Area)，又称加州南部地区，指的是加利福尼亚州南部的一个横跨 5 个县的大型联合统计区，分别是洛杉矶县、橙县、河滨县(Riverside County)、圣贝纳迪诺县和文图拉县(Ventura County)。本研究从广义上理解城市概念，所指的洛杉矶是大洛杉矶地区。

大洛杉矶地区地域辽阔，北起塔哈扎比山，南至长滩，东起波莫纳，西抵圣莫尼卡，由 70 多个建制市区和大量未获建制的地域组成，较知名的城镇或地区包括比弗利山庄(Beverly Hills)、帕萨迪纳(Pasadena)、长滩(Long Beach)等。洛杉矶总面积为 1 290. 6 平方千米，其中陆地面积 1 214. 9 平方千米，水域面积 75. 7 平方千米。总面积在美国城市中位居第 2 名，仅次于纽约市，陆地面积，在美国大陆城市中位列第 9。

从人口规模来看，洛杉矶是加州的第一大城市、美国的第二大城市，仅次于纽约市。全市人口 3 834 340 人。人口密度 3 168 人/平方千米。其中，洛杉矶大都会人口 12 95. 01 万。大洛杉矶地区所涵盖的范围更大，包括 5 个县，大约 1 800 万人口。

在城市布局上，洛杉矶具有多中心、低密度、水平发展的空间结构特征。市中心以外有 10 余个次中心。2000 年，洛杉矶有 16 个城市的人口在 10 万以上，29 个城市的人口在 5 万～10 万，与纽约、芝加哥等以城市为中心向外扩散的同心圆发展结构所呈现的单中心、高密度、垂直化发展特征形成鲜明对比。

从地理环境上看，洛杉矶位于美国西岸加州南部，是一座风景秀丽、璀璨夺目的海滨城市。城市坐落在三面环山、一面临海的开阔盆地中，除局部为丘陵外，地面平坦，平均海拔为 84 米。洛杉矶地区气候温和，全年降水较少、温差不大，是一座宜居城市。

二、洛杉矶世界一流大学概况

洛杉矶是一个发展历史较短的美国西部城市，但在百余年的发展历程中，加州大学洛杉矶分校、加州理工学院、南加州大学等全球范围的著名高校在此生根发芽，使得洛杉矶成为典型的世界一流大学高地之一。

表 7－1 展示了洛杉矶三所大学的世界排名情况，由表可见，三所大学在 *U. S. News*、QS、*THE*、ARWU 四个较具影响力的世界排名中几乎都在前 100 位，在人才培养质量、科研水平及国际化、社会服务等多方面都具有良好的表现。

表 7－1　洛杉矶地区世界一流大学排名情况表

学校名称	*U. S. News*	QS	*THE*	ARWU
加州理工学院	6	4	5	9
加州大学洛杉矶分校	13	32	17	11
南加州大学	62	115	66	55
加州大学河滨分校	151	384	201～250	151～200

资料来源：2019 年世界 QS、*THE*、*U. S. News*、ARWU 四大排行榜。

洛杉矶三所世界一流大学的在校人数、教职工人数与经费投入情况如表 7－2 所示。

表 7－2　洛杉矶三所世界一流大学的在校人数、教职工人数与经费投入情况

学校名称	在校人数/人			教职工人数/人		经费投入/美元		
	本科生	研究生	海外学生	教师人数	职工人数	总收入	总支出	科研投入
加州理工学院	948（2018）	1 285（2018）	46.5%（2018—2019）	300 余人（2019）	3 500（2019）	3 303 054（2018）	3 348 554（2018）	2 664 521
加州大学洛杉矶分校	31 002（2017—2018）	14 426（2017—2018）	约 12 000	7 388（2018）	28 731（2018）	76.86 亿（2018）	77.77 亿（2018）	—
南加州大学	20 000（2018—2019 学年）	27 500（2018—2019 学年）	11 308（2018—2019 学年）	4 451（2018—2019）	15 717（2018—2019）	49 亿（2018）	50.43 亿（2018）	5.16 亿（2018）

洛杉矶三所世界一流大学的获奖情况如表 7－3 所示。

表 7－3　洛杉矶三所世界一流大学的获奖情况

学校名称	诺贝尔奖获得者/人	图灵奖获得者/人	奥运冠军获得者/人	院士及知名协会成员	其　他
加州理工学院	39	—	—	73 位国家科学院院士，9 位国家医学研究院院士，46 位美国国家工程学会院士，106 位美国艺术与科学学院院士	8 个卡弗里奖获得者，58 个国家科学奖章，13 个国家科技创新奖章

续 表

学校名称	诺贝尔奖获得者/人	图灵奖获得者/人	奥运冠军获得者/人	院士及知名协会成员	其他
加州大学洛杉矶分校	14	1	133	134 位美国艺术与科学学院院士， 124 位美国科学发展协会成员， 17 位美国哲学会成员， 20 位美国国家教育科学院院士， 33 位美国国家工程院院士， 5 位美国国家发明家学院院士， 37 位美国国家医学院院士， 53 位美国国家科学院院士	3 个普利策奖， 11 个国家科学奖章， 13 个麦克阿瑟奖， 1 个普利兹克奖
南加州大学	6	—	135	34 位美国国家工程院院士， 16 位美国国家医学院院士， 16 位美国国家科学院院士	5 个麦克阿瑟奖， 3 个国家艺术奖章， 1 个国家人文奖章， 6 个国家科学技术奖章

注：数据截至 2019 年 10 月 16 日。

第二节 洛杉矶世界一流大学与城市协同发展

洛杉矶世界一流大学的产生与发展跟城市的建设与发展是积极互动的。洛杉矶城市的出现为世界一流大学的萌芽提供了良好的土壤，洛杉矶经济发展转型为世界一流大学提供了新机遇。

一、城市的出现与世界一流大学萌芽

与美国波士顿、纽约、华盛顿等东部城市在 17 世纪初期便开始建立城市制度和高等教育机构不同，以洛杉矶为代表的美国西部城市的发展起步相对较晚。直至 19 世纪中后期，伴随着金矿的发现，洛杉矶地区的工业、服务业、交通运输业等才发展起来，城市开始迈入快速发展轨道，高等教育也在这一时期开始孕育、萌芽。

19 世纪中期，伴随着美国西进运动的开展和加州金矿资源的开发洛杉矶地区逐步崭露头角。美国自建国之后便开始向西开拓疆域、迁移人口，但在此之前，加州的人口规模

很小，直至1848年，美国移民萨特在加利福尼亚的萨克拉门托附近发现了金矿，一些冒险商人、投机者将金矿发现的消息传播到全世界，吸引了附近城市以及全美甚至世界各国的成千上万淘金者奔赴加州，形成了美国历史上著名的"淘金热潮"(the gold rush)。淘金热潮带来加州地区人口的迅速增长，加快了农业、牧业的发展，也带动了加州地区工业、服务业乃至美国西部交通运输业的兴起，增加了社会财富。洛杉矶、旧金山等城市的人口迅速增长，经济、交通、工业也随之发展起来。1850年，洛杉矶正式设市，同年，加州也成为美国第31个州。

洛杉矶城市的发展对各行各业人才的需求刺激了洛杉矶高等教育的萌芽。19世纪70年代初，法官罗伯特·麦克雷·威德尼(Robert Maclay Widney)领导的一群热心公益的公民希望在洛杉矶建立一所大学。1879年，威德尼成立了董事会，并从社区的三位成员处获得了308块土地的捐赠，南加州大学于1880年正式成立了。1881年3月，在洛杉矶市民的强烈要求下，加利福尼亚州立法机关决定在洛杉矶市内建立该州的第二所师范学院，以此来为加利福尼亚南部不断增多的人口培养教师。1882年8月29日，洛杉矶州立师范学校在洛杉矶公共图书馆的所在地开办，这所学校是如今加州大学洛杉矶分校的前身。1891年，洛杉矶富商、政治家阿默斯·苏普(Amos Throop)在洛杉矶市区北郊的帕萨蒂纳创建了苏普大学，以服务社区为宗旨，培养各类职业人才①。之后，在美国天文学家乔治·艾勒瑞·黑尔(George Ellery Hale)担任苏普大学理事长后，学校开始集中精力发展工程教育，并逐步发展成为今日的加州理工学院。

二、经济的转型与大学发展新机遇

加州的淘金热潮带动了美国西部的开发，但淘金热潮的持续时间不长，对洛杉矶发展的促动作用逐渐削减。直到1892年，人们在洛杉矶郊区发现了大量石油，矿产资源的开采再次带动了整个美国的西进扩张运动，也进一步促进了洛杉矶地区的崛起②，石油、造船等制造业有了较大的发展。到1900年，洛杉矶人口已经超过10万。之后的第一次世界大战加速了整个美国西海岸城市的工业化，洛杉矶的工业规模不断扩大，工业门类日趋多元化。石油精炼、钢铁机械、汽车工业和电影制造行业快速发展，构成相对完整的生产体系，同时，全国性大公司在洛杉矶设立分厂，使得整个洛杉矶的工业产值从1919年全美第27位上升至1939年的第7位，成为南加州的区域性制造中心③。

1940—1969年是洛杉矶发展的"黄金时代"，制造业蓬勃发展。第二次世界大战期

① Judith Goodstein，道君. 加州理工学院的历史[J]. 世界科学，2001(12)：11-12.
② WARNER S. The Urban Wilderness：A History of the American City[M]. Berkeley：the university of California press，1995.
③ 刘艳艳. 洛杉矶工业产业升级的主要经验及启示[J]. 世界地理研究，2013，22(04)：54-62.

间，在国防开支的刺激下，洛杉矶制造业迅猛发展，主要体现在飞机制造业、造船业、橡胶制造业以及石油化工业上。其中，首屈一指的就是飞机制造业。“1939 年时它是一个以熟练工人为主，就业人数共 2 万的产业，而 1943 年时它已成为一项使用装配线生产的大型工业，仅在洛杉矶县就有 24.3 万工人”[①]。之后，大份额的联邦预算成为该地区经济发展的强劲动力。飞机制造业所提供的就业机会从 1950 年的 10 万个发展到 1955 年的 27.5 万个，到 1967 年则达到 35 万个，另有 15 万个分布在邻近各县。飞机制造业成为洛杉矶的支柱产业。此外，战争需求也刺激了钢铁工业的发展。1942 年钢铁工业的生产规模开始扩大，产量有所提高，当年该地区的钢铁消费量是 200 万吨，此后钢铁工业蓬勃发展，成为制造业的有机组成部分。1950 年，洛杉矶在制造业产值方面成为仅次于纽约和芝加哥的全国第三大制造业城市，制造业成为洛杉矶大都市区经济的主导力量。此后，其发展速度进一步加快。“1950 年至 1960 年间，其制造业就业人数增长速度超过了美国平均速度 10 倍”[②]。到 20 世纪 60 年代早期，洛杉矶成为闻名全美的制造业中心。之后，随着国防工业向高、精、尖方向发展，洛杉矶逐步从飞机制造中心转变成导弹与宇宙飞船的综合性研发中心[③]，到 20 世纪 60 年代末，洛杉矶已经形成了美国中西部最大的“汽车—玻璃—轮胎”一体化汽车制造综合体以及集民用飞机制造、电子工业、宇宙探索、武器研究等业务于一体的国家高科技工业复合体中心。

制造业的高速发展带动了洛杉矶地区高等院校的发展，一些高校获得了来自联邦政府或企业的大批经费支持，并借助服务制造业发展的机遇取得了一系列科研成果。例如，1936 年，加州理工学院成立了世界著名的宇航研究中心——美国喷气推进实验室(JPL)，专门负责为美国国家航空航天局开发和管理无人空间探测设备，在这里，科学家们成功设计了人类最早的现代火箭，设计组装了执行美国阿波罗登月计划的太空飞船。又如，第二次世界大战时期，加州大学结合战争的需要，将工作重心迅速从以农业和技术服务转移到国家的国防需要之上，战后，该大学的研究中心由武器研发转移到核能的和平利用和民用工业上[④]。

20 世纪 70 年代，洛杉矶地区的经济重心开始从制造业向高科技产业转变。联邦政府国防开支的缩减和世界“石油危机”的爆发冲击了制造业的发展，洛杉矶短暂地出现了工厂倒闭、高失业率等现象。随着第三次科技革命成果的推广及应用，美国政府开始高度重视科学技术的发展，提出了优先发展信息产业的计划。洛杉矶通过重组资本和劳动力资源，在国防工业的基础上，调整产业结构，大力发展高科技产业。在先前发展起来的飞机制造业基础上，宇航业较早地在洛杉矶发展起来。位于洛杉矶的北美航空公司、麦克唐纳·道格拉斯飞机公司、休斯飞机公司都开始对导弹与宇宙飞船进行研

---

① [美] 艾博特. 大都市边疆——当代美国西部城市[M]. 北京：商务印书馆，1998：22.
② 王旭. 美国西海岸大都市研究[M]. 长春：东北师范大学出版社，1994：131.
③ 王受之. “太平洋的东部首府”洛杉矶(二)——一个被低估了的美国城市[J]. 美国研究，1989(02)：146－162＋8.
④ 黄崴，杨文斌. 研究型大学自主创新能力建设：来自国外名校的实践[J]. 复旦教育论坛，2010，8(03)：70－75＋89.

究。洛杉矶盆地俨然成为全国最先进的"太空时代实验室"①。此外,通信设备、计算机、电子仪器等产业也在洛杉矶发展起来,计算机产业的发展尤为引人注目。1974 年,洛杉矶从事计算机服务、软件产品及数据处理工作的人数达到了全加州的 50%。② 1972—1979 年,洛杉矶地区电子及航空业雇佣人数增长了约 11 万。一项联邦统计显示,"到 1985 年,仅洛杉矶县就有超过 25 万人从事高科技产业"③。以电子和航空为中心的高科技产业成为洛杉矶经济发展的"加速器",使得洛杉矶成为全美第一大制造业中心及世界上重要的高科技产业研发中心之一。

洛杉矶高科技产业的发展进一步刺激了高校人才培养与科学研究朝着高科技产业转变。20 世纪 70 年代,加州理工学院在独立研究和应用物理学方面设立专门项目,并把环境工程项目上升为学位教育;20 世纪 80 年代,加州理工学院前校长埃弗哈特批准了激光干涉仪引力波天文台(LIGO)项目,旨在探测引力波并将其用于物理学和天文学的基础研究④。1972 年,南加州大学信息科学研究所成立,为互联网在国家和世界范围的发展提供支持,1977 年,南加州大学又建立了一个专门从事碳氢化合物研究的机构,后来被命名为 Donald P. 和 Katherine B. Loker 碳氢化合物研究所。1982 年,南加州大学独具开创性的 NIBS 项目(神经、信息和行为科学)开始培养研究生。

第三节 洛杉矶世界一流大学与区域的多元互动

洛杉矶地区几所高校不仅在洛杉矶及整个加州的发展过程中寻求发展机遇,实现与区域共同发展,也在科技、经济、文化、社会等多个方面与所在区域开展互动,通过深度融合实现双方的互利共赢。

一、城市高科技中心与大学科研创新

经过 20 世纪 70 年代的产业结构调整,在第三次科技革命的推动下,高科技产业成为城市经济的主导,服务业得到发展,产业结构日趋合理。洛杉矶已经成为美国乃至世界重要的科技创新中心。航天技术、多媒体通信技术、生物制药技术成果显著。洛杉矶南部的橙县也逐渐发展为南加州的技术核心地区,航空业、航天业和制造业发达,被称为世界计算机存储器之都。

从各行业的企业数量、年度薪酬来看,2015 年,专业与科学技术服务行业成为洛杉矶

① 王旭. 美国西海岸大都市研究[M]. 长春:东北师范大学出版社,1994:106.
②③ KEIL R. Los Angeles: Globalization, Urbanization and Social Struggles[M]. New York: JOHN & SONSLTD, 1998: 109.
④ History & Milestones[EB/OL]. https://www.caltech.edu/about/legacy/history-milestones.

企业数量[①]和支出薪酬[②]金额最高的行业，显著高于其他行业。科学技术服务行业在洛杉矶的蓬勃发展反映了当地技术的不断进步和科技创新需求的多样化发展趋势。这一趋势推动科技创新服务链条不断细化分解、各创新要素不断重组和对接，并最终催生了这种新的创新服务模式和业态，包括风险投资机构、产业技术联盟、创业苗圃、研发外包、互联网众包等科技服务机构，主要服务于科研活动、技术创新和成果转化，还包括研究开发、技术转移、检验检测、创业孵化、知识产权、科技咨询、科技金融、科学普及等专业科技服务和综合科技服务等。这些新型组织的出现一方面紧跟当前创新全球化的历史潮流，另一方面，随着科技服务业业态的逐渐形成，其对全社会科技创新发展的带动和提升效应也将日益凸显。

高新科技产业的快速发展也使洛杉矶成为一座典型的创新创业城市。从 2012 年开始，洛杉矶不断地发展为一个全面、多元化的创业社区。2015 年，洛杉矶继续保持其全球第三大创业社区的位次，仅次于硅谷和纽约。全地区共有 407 家企业在 2015 年得到融资，融资总额超过 48 亿美元。在洛杉矶市、帕萨迪纳、比弗利山庄、圣塔莫尼卡以及南部的威尼斯、玛丽安德尔湾等地，一个融高科技、文化、娱乐和媒体产业为一体的新型创业基地正在快速成长。因为拥有着长达 7 千米的海岸线，这片创业社区被称为"硅滩"(Silicon Beach)。

知名的高科技公司如谷歌、亚马逊、Buzz Feed、AOL 和美国知名的兰德智囊集团以及美国一些主流文化、娱乐、媒体公司都位于洛杉矶的硅滩。同时，这里还聚集了 IdeaLab、StartEngine、Launchpad La、Science 等创业孵化器与加速器，再加上相当规模的风险投资公司和富有投资者，从而构成了一个完整的创业生态圈。根据相关数据，综合考虑如人才、公司业绩、风投资金、基础设施等 50 多种因素，"硅滩"被评为全美第三大创业社区，仅次于硅谷和纽约。这里孕育着 9 000 多家创业公司、8 000 多个独立投资公司，成为一个正在崛起的全球科技创业中心。

高科技产业的蓬勃发展和浓厚的创业环境为洛杉矶高等院校的创新创业活动提供了良好土壤。在商业经营方面，洛杉矶的自立公司、自我创业者的人数超过美国任何一个城市[③]。这些创业者大多毕业于知名大学，他们不甘心居人门下、受雇于人，便到市中心区、比弗利山、好莱坞、威尔夏大道、帕萨迪纳市等地的商业大厦中租一两间办公室，自己开设一家公司，出售自己的知识与才干，所得利润颇为可观。他们的业务五花八门，几乎无所不包，主要包括电脑软件编排、财税金融计划、律师服务、电影与电视剧本撰写、房地产咨询、室内设计、高科技研究等。

以三所高校为代表的洛杉矶一流大学科研成果显著，在学术探索和技术创造方面获

---

①② Business Establishments, Employment & Payroll Los Angeles County, 2015[EB/OL]. http://www.laalmanac.com/economy/ec88.php.

③ 王受之."太平洋的东部首府"洛杉矶(二)——一个被低估了的美国城市[J].美国研究，1989(2)：146－162＋8.

得了一系列辉煌的发展成绩，其研究成果推动了人类关于世界、宇宙和人本身的认识的巨大飞跃，使洛杉矶地区成为科技创新的中心。

以加州理工学院为例，加州理工学院拥有50多个研究中心和研究所、5台美国国家航空航天局(NASA)设施，在量子科学和工程、生物信息学和生命本质、人类行为和经济学、能源和可持续性等领域取得了革命性的突破。1958年以来，加州理工学院和NASA一道，共同致力于空间探索和行星科学研究，推动了人类对于宇宙的认识，使美国在航天探索领域一直保持在世界领先的地位。如，1977年，旅行者号宇宙飞船首次发现了土星卫星泰坦(Titan)上的类地大气层和木星卫星木卫一上的活火山；2012年，迄今为止发送到火星的最大、最先进的运载工具“好奇号”火星车在盖尔陨石坑着陆，发现火星表面曾经有水流动的证据；2017年，卡西尼号(Cassini)飞船首次在土卫二的冰壳下发现了液态水海洋……与此同时，加州理工大学也发明了一批先进设备，包括斯皮策太空望远镜、开普勒太空望远镜，人工智能步行机器人、无人驾驶技术以及可用于探测木星冰层下海洋的智能潜水机器人，供宇宙飞船使用的微型摄像机，为可穿戴设备服务的无线反射器芯片等①。

加州大学洛杉矶分校和南加州大学的成就也享誉全球。加州大学洛杉矶分校教授拉吉·甘(Rajit Gadh)开发的技术正在彻底改变能源消耗；天文学教授安德里亚·盖兹的发现重塑了人类对星系形成的理解；教授约拉姆·科恩(Yoram Cohen)正在为洛杉矶以外的，饱受干旱困扰的加州带来淡水……从革命性的医学诊断和治疗到为创建互联网奠定框架，正重塑我们对人类状况的理解，加州大学洛杉矶分校研究成果的影响遍及全球。以服务社会进步著称的南加州大学在解决人类现实问题上作出了杰出贡献，南加大的科研人员开发了一种视网膜假体系统，可以为数百万盲人提供视觉上的帮助，发明了“Golomb编码”识别数字序列，以实现包括深空在内的远距离通信，发明了RSA算法，在全球范围内被用于保护互联网、银行、智能卡和信用卡交易的安全，通过胚胎干细胞(ES)为基础的基因靶向技术培育出转基因大鼠，研究一系列人类疾病，创建了“乔治·奥拉赫二氧化碳转化可再生甲醇厂”，这是国际碳循环组织在冰岛基于当地地热能的项目和世界上第一个商业二氧化碳回收工厂，创造了THX，服务于全球影院使用的音频系统标准……

这些世界一流大学的卓越科研成果丰富了洛杉矶作为一座科技之城、创新之城的内涵，奠定了洛杉矶在引领相关领域学术前沿、影响世界科学研究进展方面不可取代的重要地位。2018年7月，加州理工学院主办了“天文节”(Astrofest)，世界上顶尖的空间科学专家齐聚洛杉矶的帕萨迪纳，就各种太空科学主题进行了会谈。同年，南加州奥林匹克科学竞赛(Southern California State Science Olympiad Tournament)在洛杉矶展开，这是自

---

① Explorationand Achievement CAMPUS + JPL COLLABORATION[EB/OL]. https://www.jpl.nasa.gov/about/history.php.

20 世纪 80 年代以来美国最重要的科学竞赛之一，共有超过 1 000 名中小学学生赴洛杉矶参加比赛。

二、大学成为城市发展的动力源泉

洛杉矶地区几所典型的世界一流大学在发展过程中不仅受益于洛杉矶独特的发展环境，也通过自身优势服务于区域发展。尽管各大学成为一流大学的路径不同，但在深度融入区域社会发展中凸显优势、成为一流是各大学的共同特征，各世界一流大学在城市发展中均扮演着重要角色。

加州理工学院的研究成果在深化产教融合、推动科学创新和关键技术突破转化等方面的成绩非常突出。在 2014 年至 2018 年，加州理工学院以 900 项美国专利显著领先于其他高校。2018 年，加州理工学院共获批 182 项美国专利、1 944 项美国有效专利，成立了 11 家创新公司，获得了 80 项经营许可，签署了 277 份转让协议。同时，为更好地建立并维护行业与研究所之间的互利关系，加州理工学院成立了技术转让与合作伙伴办公室(OTTCP)，帮助学校和实验室的科学家、工程师将他们的研究成果转化为商业成果。

加州理工学院与社会的合作领域广泛且富有成效。80 多年前，加州理工学院建立了喷气推进实验室，并一直为美国宇航局管理喷气推进实验室，使美国保持了在太空探索和行星科学领域的前沿地位。2015 年，加州理工学院和安进(Amgen)公司建立了伙伴关系，重点研究生物科学，特别是药物发现、药物传递和诊断。加州理工学院和波音公司自 20 世纪 30 年代以来一直保持合作。加州理工学院与陶氏化学公司有着长期的联系，合作领域从可持续发展到材料化学再到应用物理。加州理工学院已开始与迪士尼研究院(Disney Research)合作，研究机器人和人工智能技术，使其更顺畅地与人类互动。2018 年，超过 160 家公司赞助了加州理工学院的研究工作。

加州大学洛杉矶分校的社会服务实力也不容小觑。加州大学洛杉矶分校的学术研究成果取得了显著的经济效益。2016—2017 财年，加州大学洛杉矶分校对加州经济的总贡献(包括产出、就业和劳动收入)为 110.6 亿美元，为全州提供了七万多个全职工作岗位，是洛杉矶市的第四大雇主。2000 年以来，基于开发的技术，加州大学洛杉矶分校已经创建了 140 多家公司，这些公司的市场估值总计达到了 330 亿美元。2016—2017 财年，加州大学洛杉矶分校共有 70 项发明被授权给公司用于商业用途，获得了 1 226 项美国专利。

研究发现，南加州大学每年为洛杉矶地区乃至加州带来 80 亿美元的经济活动。在 2015—2016 财年，南加州大学为洛杉矶创造了 61.1 亿美元的经济产出，为南加州创造了 74.4 亿美元的经济产出，为加州创造了 81.3 亿美元的经济产出；为洛杉矶提供了 42 315 个就业岗位，为南加州提供了 50 487 个就业岗位，为加州提供了 53 425 个工作岗位；为洛杉矶提供了 21.9 亿美元的工人工资，为南加州提供了 26 亿美元的工人工资，为加州工人提供了 29.1 亿美元的工人工资；为洛杉矶当地政府创造了 1.55 亿美元的税收收入，为南部地方政府带来1.78亿美元的税收收入，为加州的地方政府和州政府带来4.55亿美元的税收收入。学校在医疗保健、经济发展、社会福利、科学研究、公共政策和艺术等领域提供公共领导和公共服务，是洛杉矶最大的私人雇主，服务于公众利益以及洛杉矶最大的私营出口产业。

三、城市活跃创新氛围与大学开拓创新精神

虽然发展时间较短，但洛杉矶却有着特色鲜明的社会文化，这种文化既表现在多元文化构成带来的交叉融合、开放包容的文化环境、城市建设过程中开拓进取的企业家、冒险家精神，也表现在其电影、娱乐、艺术行业发展带来的鲜明与活跃的社会氛围。

从小城镇到如今的大都会，大量、多元的移民一直是洛杉矶发展的强大动力。1848年“淘金热潮”兴起后，大批敢于冒险的人纷纷加入了西进的潮流。洛杉矶继承并发扬了美国传统文化中的勇于进取、不断开拓的冒险创新精神，把企业家精神运用于企业经营管理，各种信息在交流中不断创新，培养了一种鼓励革新和创业的文化环境。洛杉矶是最年轻的美国大城市，也是美国最少被传统束缚的大都会①。在这里不存在对某一种文化或文明的尊崇，因而对新鲜事物的包容性很强。来自世界各地的移民共同形成了洛杉矶宽容和多元的文化，其推崇创业、宽容失败、鼓励冒险、开放合作的特点也为洛杉矶企业注入强大的活力和创造力，促使开放性社会的形成，有利于社会进步和经济发展。洛杉矶埃尔普韦布洛历史纪念碑(El Pueblo de Los Angeles Historical Monument)是一座活生生的博物馆，反映了美国原住民、非洲裔美国人、西班牙人、英国人、墨西哥人、中国人、意大利人和法国人的文化，这些文化对洛杉矶的历史发展作出了贡献。

洛杉矶人善于创新、讲求实效的最好例证便是1984年的奥林匹克运动会。这次奥运会是有史以来第一次由私人公司承办的国际体育比赛盛会。这届奥运会壮观至极，从开幕、闭幕的精彩，到各项赛事、设备与服务的完善，都是奥运史上“史无前例”的。更无前例的是它的盈利：总收入6.5亿美元，扣除费用支出，净得2.13亿美元利润。而早几年在加拿大蒙特利尔举行的奥运会则耗资3亿美元，使蒙特利尔与加拿大长期担负债务。洛杉矶奥运会后，世人难以忘怀。

此外，作为西海岸的年轻城市，活泼、简明也是洛杉矶城市文化的显著特征。由于发展历史较短，洛杉矶的历史不如旧金山那么厚重，也不如波士顿受到欧洲文化的影响那么深刻，城市风貌更加简洁明快。作为美国西海岸较为活跃的城市，洛杉矶本土文化是美国电影、移民混居和街头潮流的结晶，散发着青春和活力。不论走在洛杉矶市中心还是郊区，人们都能从吃喝玩乐中感受到扑面而来的浓郁街头气息。在美国所有城市中，洛杉矶的博物馆和剧院数量居于首位，音乐厅和画廊也非常多，这座城市可谓电影、音乐、

① 王受之.“太平洋的东部首府”洛杉矶(一)——一个被低估了的美国城市[J].美国研究，1989(1)：137-150+7-8.

舞蹈、绘画、汽车、体育爱好者的天堂。今天的洛杉矶已成为美国西海岸文化与艺术的中心。

洛杉矶开拓进取、勇于创新、讲求实效的城市性格与简明、开放、活泼的城市文化融于一体,潜移默化地影响着其地区高等教育的发展,赋予了洛杉矶高校、学生锐意进取的洛杉矶品质。与洛杉矶这座城市共同发展起来的高等教育机构同样年轻,但它们在百余年的时间里便在全美甚至全世界崭露头角,在人才培养和科学研究等方面取得了卓越的成绩,这些成绩的取得同样得益于其开拓进取、勇于创新、讲求实效的办学精神和探索品质。以加州理工学院为例,开展教育,为教育事业、政府及工业发展需要培养富有创造力的科学家和工程师一直是加州理工学院办学的基本宗旨。这种高标准体现在教学和科研、硬件与软件的各个方面。以人才培养为例,多年来,加州理工学院始终遵循“学科不求过多,范围不求过宽,严格保证学生入学和学习质量,宁缺毋滥,精益求精”的方针,对学生的筛选不仅体现在入学筛选上,还体现在学习过程中。该校学生高中时居于全班前 10%者所占比重高出哈佛大学 8 个百分点。① 同时,学生入学后必须刻苦学习方能完成学业,学生们相信一个既定的公式“努力＝成功”,几乎人人抱着一种不管教授布置什么难题都能完成的“豁出去”的态度。即便如此,加州理工的学生毕业率仅为 85%,低于麻省理工学院和哈佛大学。

四、大学为区域吸引与培养全球人才

学生强、教师优是一流大学的典型特征。一流大学的在校生拥有强大的学习能力,毕业生拥有强劲的职业发展力;一流的大学拥有杰出的教师团队,产出一流的科研成果,取得优异的学术成就。洛杉矶地区的世界一流大学为这座城市在全球范围的各领域吸引优秀人才,一流的生源和一流的师资队伍使洛杉矶成为世界一流人才的中心。

一流大学能够在世界范围内吸引人才,并通过具有不同文化背景的人来进一步促进学术创新、提升校园活力。洛杉矶一流高校的学生国际化水平都非常高。在加州理工学院 2018—2019 年毕业生中,有 46.5%是外国学生,以中国、加拿大、印度、韩国为主。加州大学洛杉矶分校 2017—2018 年本科生新生中,有 12%的国际学生。在南加州大学 2018 年秋季的学生中,国际学生占 23.9%,主要来自中国、印度、韩国、加拿大等地。在南加州大学 2018 年秋季招收的 3 400 名大一新生中,西班牙裔和非裔美国学生达到该校有史以来入学新生人数最高值。

这些新生来源于不同国家,是在全球范围内有竞争力的优秀人才。洛杉矶地区的几所知名大学的入学要求都非常高,且申请人数众多,竞争激烈。2018 年,加州理工学院共

① 李硕豪.加州理工学院成功的原因及其启示[J].长春工业大学学报,2003(03):16－17＋76.

收到 8 208 份本科生入学申请，但最终仅招收了 200 余人，2018 年各类新生的入学率仅为 7.7%，99%的学生在高中毕业时名列前茅。加州大学洛杉矶分校是全美申请人数最多的大学，2017 年秋季，新生入学申请超过了 10 万份，2018 年的新生录取率却仅为 16%。南加州大学 2018—2019 学年新生录取率为 12.9%。

除了在全球范围内吸引一流的学生，三所高校也汇聚了全球各领域的教师和科研人员。加州理工学院仅有 300 余名教授、副教授、助理教授。但在这 300 人中，有 74 名国家科学院院士、46 名国家工程院院士和 106 个国家艺术科学院院士，这在全美乃至全球是无出其右的。加州理工学院的教职员工、学生、校友因其大胆的科学探索和富有灵感的合作而获得了国家和国际最高荣誉以及世界上最负盛名的奖项。表 7－4 列示了加州理工学院的部分获奖情况，就诺贝尔奖来说，加州理工学院获奖数达到 38 个，平均每 1 000 个毕业学生中就有 1 个诺贝尔奖获得者，比例为世界大学之首。

表 7－4　加州理工学院获奖和学界翘楚数量

奖项或身份名称	数　量/个
诺贝尔奖	38
克拉福德奖	7
国家科学奖章	58
国家技术创新奖章	13
国家科学院成员	74
国家医学研究院成员	9
国家工程院院士	46
美国艺术与科学学院成员	106

资料来源：Historic Awards & Honors，https：//www.caltech.edu/about/legacy/historic-awards-honors.

加州大学洛杉矶分校和南加州大学的师资队伍水平同样不容小觑。自建校以来，加州大学洛杉矶分校共获得了 14 个诺贝尔奖，产生了 13 个麦克阿瑟奖获得者(MacArthur Fellows)和 116 个全国大学体育协会(NCAA)冠军，1 位菲尔兹奖获得者、2 位图灵奖获得者和 3 位普利策奖获得者。南加州大学自建校以来，产生了 5 名诺贝尔奖获得者，6 名麦克阿瑟奖获得者，10 人获得国家级艺术、人文及科学技术奖章，数十个国家荣誉获得者，包括麦克阿瑟奖、古根海姆奖、国家艺术奖章、国家人文奖章、国家科学奖章、国家科技创新奖章和普利策奖。在洛杉矶，加州大学洛杉矶分校创造的就业岗位将近 2.8 万个，资助了近 6.9 万名全职工人。2017 年，加州大学洛杉矶分校的学生中有 77%继续留在洛杉矶工作，对于提高区域劳动力水平、贡献区域发展发挥了重要作用。

五、国际化城市与大学发展空间广阔

随着美国经济国际化、美国与亚太国家经济联系的加强以及移民的持续到来，美国西部城市国际化水平不断提高。20 世纪 80 年代，洛杉矶已经成为世界级的经济金融中心、贸易中心、休闲娱乐产业中心，洛杉矶成为名副其实的全球性的国际交流大都市。

洛杉矶是世界上多元性最为显著城市。洛杉矶常住居民来自 140 多个国家，说着 80 多种不同的语言。洛杉矶人口结构大致如下：42%拉丁裔、36%盎格鲁裔、12%非洲裔、10%亚裔。在洛杉矶，英语经常被作为第二语言，每天有 50 多种外文报纸在洛杉矶发行，17 种外文电台在洛杉矶广播。西班牙文是最常见的非英语语言，几乎成为洛杉矶的第二官方语言。人们在洛杉矶街头常常听见越南语、粤语、他加禄语、希伯来语、俄语、韩语、亚美尼亚语、柬埔寨语等各式语言，各种菜式的餐馆也足以显示洛杉矶的国际特色。

从经济总量来看，2017 年，洛杉矶地区的 GDP 为 9 782 亿美元，接近 1 万亿美元（如图 7－1 所示），在全美 351 个大都市区经济体中排名第二，仅次于纽约大都市区，在世界城市排名中位居第三，仅次于纽约和东京。对比之下，洛杉矶的 GDP 总量高于首尔、伦敦及巴黎，接近荷兰一国的 GDP，是中国上海的近两倍。如果大洛杉矶地区被列入世界 214 个独立国家经济体，它就将成为世界第 17 大经济体，仅次于墨西哥、西班牙和澳大利亚等其他国家。

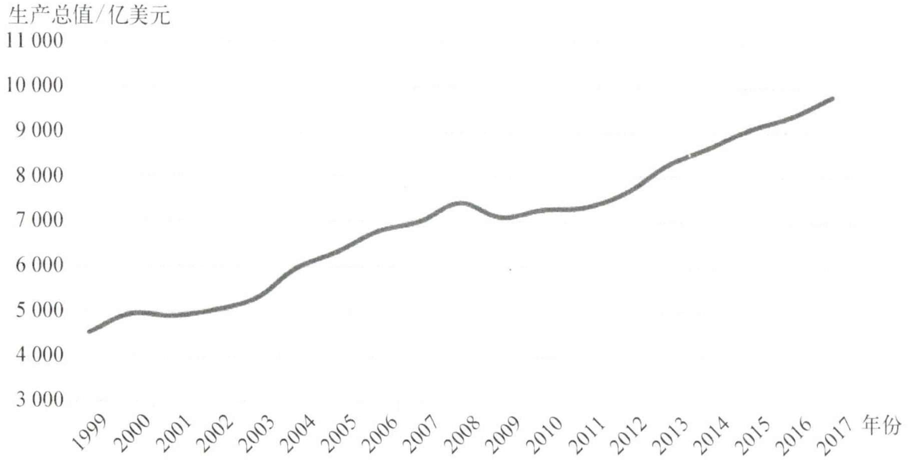

图 7－1 洛杉矶大都市区生产总值

资料来源：Los Angeles-Orange County Gross Metropolitan Product，http：//www. laalmanac. com/economy/ec001. php.

从休闲娱乐产业发展来看，洛杉矶是世界电影中心、艺术之城、体育之城，也是世界著名旅游城市。世界闻名的电影中心好莱坞（Hollywood）位于洛杉矶郊外，每年在此举办的奥斯卡颁奖典礼则是世界电影的盛会。好莱坞不仅是全球时尚的发源地，也是全球音乐电影产业的中心地带，拥有世界顶级的娱乐产业，引领并代表着全球时尚的最高水平，比如梦工厂、迪士尼、20世纪福克斯、哥伦比亚影业公司、索尼公司、环球影片公司、华纳兄弟、派拉蒙等电影巨头，还有RCAJIVE Interscope Records等顶级唱片公司，这里的时尚与科技互相成就，以深厚的时尚底蕴，并以成熟的科技为支持，一直被全球各地争相模仿。沙滩和明媚的阳光、好莱坞、迪斯尼乐园、比弗利山庄使洛杉矶成为一座举世闻名的“电影城”和“旅游城”。2017年12月，洛杉矶入选2017年“世界十佳春城”；2018年9月，洛杉矶获得“世界旅游城市联合会香山奖——城市营销奖”。

洛杉矶经济的良好态势以及优越的商业气候，使得国外投资者纷至沓来。他们投资于制造业、金融业、房地产业等，使洛杉矶经济更具国际化特色。从20世纪70年代开始，洛杉矶就逐渐成为国际金融和服务中心。1972—1984年间，洛杉矶服务业就业增长了63.5%，这种增长遍及商业、旅游、娱乐、法律、建筑和会计等服务业企业。1990年，洛杉矶服务业就业比例已达69%。目前，洛杉矶已成为仅次于纽约的全美第二大金融中心，36家美国银行、108家外国银行及许多著名的跨国公司在此设有机构。洛杉矶还有来自76个国家和地区的领事机构，33个国家和地区的贸易代表办公室，35个外国商会组织。2004年，全球500强企业中有22家总部位于该地区，分布在各个行业。批发、零售业仅次于纽约和芝加哥。洛杉矶经济日益呈现国际化特征，与日本东京一起构成太平洋经济圈的“都中之都”①。

高度的国际化为洛杉矶各高校的发展提供了更为宽阔的世界级平台，为洛杉矶高校的国际交流与合作、增进各高校的国际影响力提供了可靠的国际环境与平台。

六、大学服务城市社会发展

在提供继续教育、改善公共医疗、提升劳动力素质等方面，加州大学洛杉矶分校也取得了较好的成绩。加州大学洛杉矶分校是美国最大、最全面的继续高等教育项目，提供20个不同领域的100个证书课程，为已经参加工作的成年人提供高度灵活和可定制的课程安排。加州大学洛杉矶分校的健康医院，在洛杉矶排名第一，在全国排名第七，是加州健康和福祉的主要守护者。

此外，南加州大学在推动城市文体事业发展方面发挥了重要作用。南加州大学参加奥运会的历史可以追溯到1904年，从那时起，南加州大学培养的奥运选手、奖牌获得者和金牌获得者就始终比美国其他任何一所大学都多。南加州大学的奥运选手在奥运代表队中赢得了635个席位，并获得了135枚金牌、88枚银牌和65枚铜牌。在2016年里约夏季奥运会中，南加州大学共获得288枚奖牌。假如该校是一个参加奥运会的国家，这一奖牌

---

① 王立新.洛杉矶产业转型对深圳建设国际化城市的启示[J].特区实践与理论，2008(2)：52－56＋1.

数量将使其在所有参赛国家中排名第16。

世界一流大学不仅行动上服务社会，更通过树立明确的发展理念来增强其与区域社会发展之间的联系。加州大学洛杉矶分校“致力于通过教学和学术服务于社会，教育一代又一代的社会领导者，并将适应社会需求的技能和社会责任感传递给学生”。南加州大学在其《回应需求：2018南加州大学战略计划》中明确提出：“我们应该认识到，洛杉矶民众的希望和梦想是全世界的希望和梦想。我们要成为21世纪最具影响力的大学，就必须既是一个伟大的全球性机构，也是一个伟大的当地人民的朋友和邻居。”

在广泛的服务区域发展、融入区域建设过程中，世界一流大学也实现了自身的成长与发展，长期以来服务区域发展的理念与行动也成为推动加州大学洛杉矶分校成长与发展的重要力量。加州大学洛杉矶分校现任校长吉恩·布莱克(Gene D. Block)指出，加州大学洛杉矶分校从佛蒙特大道的一所大专升入世界领先的研究型大学之一，反映了洛杉矶令人震惊地崛起为美国第二大大都会的过程。这座非凡的城市是我们的家，它的发展在很大程度上促进了我们的快速发展。2019年是其建校100周年，学校将其百年来产生的广泛影响归功于几代人为公共利益和社区服务所作的贡献。“这是对一个世纪以来我们共同致力于公共利益的认可。”“我们与洛杉矶的联系并不仅仅体现在我们的名字上，这座城市的前瞻性、进步性塑造了加州大学洛杉矶分校，就像加州大学洛杉矶分校塑造了洛杉矶一样。”

第四节 洛杉矶世界一流大学间的竞争与合作

洛杉矶独特的经济、文化和科技发展为这个城市的一流大学的成长提供了良好的环境。同时，其合理的区位布局和与产业经济较高的协调度带来了洛杉矶高等教育资源配置的高效率，几所世界一流大学在发展过程中定位明确、各具特色，避免了过度竞争带来的资源浪费，促进了各自长远、有效的发展和洛杉矶地区高等教育整体水平的提高。

一、聚焦个性发展，形成竞争优势

洛杉矶地区的一流大学尽管在人才培养、科学研究、社会服务等方面均有一流的表现，但这些高校却有着互相迥异、各有特色、个性鲜明的成长和发展路径，这使得洛杉矶地区的一流大学整体呈现出一种个性多元、富有活力的发展态势。

三所学校中，加州理工学院是一所小而精、内部深度融合、理工特征鲜明的院校。加州理工学院在建校之初就明确了以理工为主的办学方向，以为教育事业、政府及工业发展需要培养富有创造力的科学家和工程师为办学使命。尽管取得了卓越的成绩、具备丰厚的发展条件，加州理工学院始终保持其小而精的理工学院发展模式，仅设置了生物学与生物工程学院、化学与化学工程学院、工程与应用科学学院、地质与行星科学学院、人文与社会科学学院以及物理、数学和天文学学院六个学院，2018 年在校生规模仅 2 000 余人，在校生人数只占同类型的麻省理工学院的五分之一左右。加州理工学院教师队伍同样保持小而精的特色，全校仅有 300 余名专业教师和 600 名左右的研究学者，师生比常年保持在 1∶3 左右。较低的师生比加上较高的入学要求，进一步形成了加州理工学院“精英化”的教学特色，在这里，90%的本科生都能够得到系统的科研训练，80%的本科生都参加了暑期本科生项目。同时，较小的规模也为其内部深度融合的跨学科交流创造了条件，各个学科的教师得以共享资源、协同合作，突破传统的束缚，发现新的研究领域①。

加州大学洛杉矶分校是洛杉矶最为知名的公立大学，是美国顶尖综合性大学之一，也是加利福尼亚大学系统中的第二所大学。它是美国商业金融、高科技产业、电影艺术等专业人才的摇篮，是全美培养尖端人才领域最广的大学。各项功能发挥也充分体现了其作为公立大学的使命与职责。加州大学洛杉矶分校以“创造、传播、保存和应用知识，改善我们的全球社会”为责任与使命，致力于整合教育、研究和服务，使三者融合起来。因此，教学与研究融入社会，社会力量参与教学、科研是加州大学洛杉矶分校的一大重要特征。学校致力于通过教学和学术服务于社会，培养一代又一代具有社会责任感的公民，并传递给学生以服务社会发展的技能和积极参与社会的信念。学生的学习不仅发生在课堂上，更通过参与校园生活以及大学以外的社区和组织，通过公共健康课程、地方文化宣传、K－12 教育等多种项目，在融入社会的过程中习得本领。同时，学校的科学研究也围绕紧迫的社会需求展开，制订改善社区、国家和全世界生活质量的解决方案，包括环境的可持续发展、人口与种族研究、城市发展研究等。比如，加州大学洛杉矶分校正在开发关于当地能源利用的技术、政策和战略，以实现 2050 年之前洛杉矶县转变为 100%可再生能源、100%当地用水和增强生态系统健康之地的目标。

这种在社会服务中培养人才、开展研究的做法使得加州大学洛杉矶分校在服务社会方面的成效十分显著。它的健康医院在洛杉矶排名第一，在全国排名第七，是加州健康和福祉的主要贡献者。较低的学费和较为全面的奖助学金体系使加州大学洛杉矶分校在促进地区社会阶层流动、增进社会公平方面发挥了积极作用，长期以来一直担任家庭中第一代大学生或来自不发达背景学生自我发展的引擎。2016 年秋季，加州大学洛杉矶分校的新生中有 34%的学生是其所在家庭的第一代大学生。这些学生中有将近 1/3 的人来自低收入家庭，35%的人是佩尔助学金(Pell Grant)获得者②。此外，加州大学洛杉矶分校的学生、教职员工和校友都是所有大学中最具奉献精神的志愿者。每年 9 月，5 000 多名新生和转校生、500 多名教职员工、校友和团队负责人齐聚洛杉矶，共同参与为期一天的社区服务。加州大学洛杉矶分校的“健康科学”是世界上规模最大、最活跃的志愿者项目。

---

① 郭航. 加州理工学院人文学科教育：理念、特点及启示[J]. 黑龙江高教研究，2018，36(06)：32－36.

② 佩尔助学金是由联邦政府资助的一项专为极度低收入家庭设立的项目。

南加州大学位于洛杉矶市，与理工特色鲜明的加州理工学院相比，南加州大学是一所偏重人文社会科学的私立大学。南加州大学的主要优势领域集中在艺术、会计、建筑、商业、舞蹈、动画等领域，达娜和大卫·多恩西夫文学、艺术和科学学院是这所大学的学术中心，罗斯基艺术与设计学院、桑顿音乐学院、建筑学院、电影艺术学院和戏剧艺术学院享誉全球，学校在人文社会科学的知识深化拓展方面发挥着重要作用。学校的核心使命是通过培养和丰富人类的思想和精神，促进人类和整个社会的发展。尽管是一所私立大学，南加州大学以其强烈的社会责任感在服务区域发展方面具有非常出色的表现。自 1880 年成立以来，南加州大学有意识地宣称自己不是一所脱离人类事务世界的田园大学，而是一所致力于推动社会进步和提升人性的城市大学。南加州大学立志成为一所服务公众利益的私立研究型大学，其热情在很大程度上与其与这座城市的共生关系有关——彼此相互扶持，彼此因对方而成功，在促进当地的商业、艺术和非凡的文化繁荣昌盛方面发挥了重要作用。

其中，两所高校的特征在各自的学生规模上也有所体现。从各校 2018—2019 年秋季学期的招生规模来看，南加州大学这所私立院校呈现出以研究生为主体的结构特征，而加州大学洛杉矶分校的本科生招生数量高于研究生，这可能与其公立大学的性质有关，如图 7－2 所示。

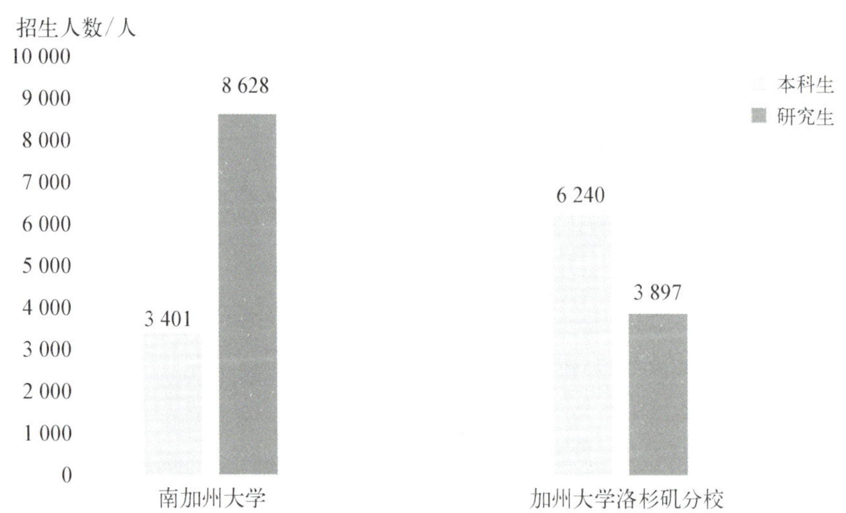

图 7－2 两所大学 2018—2019 年秋季招收的新生数

资料来源：USC：Common Data Set 2018－2019. https：//oir. usc. edu/wp-content/uploads/2019/06/CDS_2018－2019_FINAL1. pdf.

UCLA：UCLA Academic Planning and Budget. https：//www. apb. ucla. edu/campus-statistics/enrollment.

综上所述，洛杉矶作为世界一流大学高地，其内部的几所典型世界一流高校各具特色、各有所长，以不同的发展理念和发展路径实现了世界一流，高等教育提供多种发展模式以满足城市需求,使城市生机勃勃,富有活力。

二、明确发展方向,规避过度竞争

办学定位是对学校培养目标、发展方向的蓝图设计。高校的办学定位不仅涉及一所高校如何发展,不同高校间办学定位的关系也影响着所在地区高等教育的整体发展情况。在结合区域情况协调各校科学设置办学定位方面,加州政府作出了很好的示范。

加州的高等教育水平在美国名列前茅。早在1930年,加州高等教育毛入学率就达到了24%,而当时全美的平均水平是12%;1960年,加州的高等教育毛入学率是55%,而全美平均水平只有45%。加州是美国第一个实现高等教育大众化和高等教育普及化的州。在快速发展的同时,加州高教系统的公立高校(加州大学、加州州立学院和加州社区学院)和私立高校普遍存在着"攀高贪大"的热望。一些州立学院希望变成完全的研究型大学,希望能够授予硕士和博士学位;一些社区学院(最初称为初级学院)希望成为四年制学院,面向全州招生;私立学院则觉得受到公立高等教育部门的"威胁",两个系统的关系变得非常紧张,导致当时加州高等教育发展过程中出现定位不明、职责不清和无序竞争的混乱局面[①]。这带来了当时高等教育内部混乱、政府预算不足以及入学人数激增等问题,为解决这些问题,1960年,加利福尼亚州政府出台了《加州高等教育总体规划》。

《加州高等教育总体规划》明确规定了加州大学、加州州立大学、加州社区学院三类公立院校的办学类型、招生对象、转学要求、师资要求等内容,尤其明确了加州大学研究型大学的办学类型,规定加州大学可从当年高中毕业生的前12.5%中招收新生,并在博士学位授予方面给予特权。这些规定从根本上巩固了加州大学精英型大学的地位,为加州大学系统在未来集中人力、物力、财力,致力于学术研究提供了政策保障,也使其在获得州政府的研究项目、研究经费方面比其他高校更具优势,使加州大学系统各校能够长久地保持精英教育的品质,这为日后加州大学成为世界一流研究型大学奠定了可靠的基础。

三、合理布局区位,提高资源配置效率

对于一座城市而言,其高等教育布局影响着城市不同区域的发展情况。与所在地的地理、经济、产业等紧密结合是洛杉矶世界一流大学分布的重要特征,这种布局营造了一

---

① 邱地,邱德雄,宋家陵.美国加州高校办学定位成功经验及其启示[J].长江师范学院学报,2015,31(06):102-109+144.

流大学与外部社会的良性运转关系，提升了整座城市的高等教育资源配置水平。

从区位布局看，大洛杉矶地区三所世界一流大学分布的位置相对均衡。加州理工学院位于洛杉矶东北郊帕萨迪纳市，加州大学洛杉矶分校和南加利福尼亚大学则位于洛杉矶市中心地区。这种区位布局符合洛杉矶大都市各个市县的发展和各大学发展的需求。如，加州大学洛杉矶分校坐落于洛杉矶市比弗利山庄附近，与美国电影产业的核心地相同。学校和所有的电影公司、电视节目制作公司甚至商业公司的往来都极其便利，为学校电影教学提供了条件。加州理工大学位于洛杉矶大都市区东北郊的帕萨迪纳市，帕萨迪纳的工业以精密机械等轻工业为主，这和加州理工的学科布局和发展特色是相契合的。南加州大学达娜和大卫·多恩西夫文理学院和许多专业学校位于洛杉矶市中心的帕克校区，帕克校区所在地是城市中心艺术和教育走廊的一部分，与学校的艺术特色紧密结合在一起。

第五节　洛杉矶世界一流大学高地建设的经验及启示

洛杉矶成为全球范围内典型的世界一流大学高地，既离不开城市为大学提供的良好环境与发展条件，也离不开各所大学在追求卓越、服务区域方面所作的探索与贡献。洛杉矶世界一流大学高地的生成与发展，对于在区域层面助力我国世界一流大学建设具有积极的借鉴意义。

一、区域层面：加强统筹规划，引导大学科学发展

各省、自治区、直辖市是我国“双一流”建设的重要力量，我国在建设世界一流大学的过程中，不仅要考虑国家如何提供政策支持和高校如何进行改革创新，更需要从区域角度，考虑如何将大学建设与区域发展结合起来，切实推动世界一流大学建设融入区域经济社会发展。在促进区域世界一流大学发展方面，各级政府应做好宏观设计，加强统筹规划，引导区域内各校的科学、可持续发展。

第一，促进社会发展，为大学发展提供良好环境支持。洛杉矶地区世界一流大学的产生、发展是伴随着城市的产生、发展而进行的。在城市发展、转型、升级过程中，大学也不断获得新的发展机遇，同时，洛杉矶大都市区在科技、经济、金融、文化、艺术等领域的世界领先地位也为当地的大学提供了广阔的发展空间和不竭的创新动力。因此，我国各省、自治区、直辖市也应不断提升省域经济、社会、文化的发展水平，为世界一流大学的成长提供一个创新、开放的发展环境。

第二，引导各校明确定位，特色发展。通过制定和颁布《加州高等教育总体规划》，加

州政府明确了加州大学系统作为研究型大学的定位，为其一流而卓越的招生、人才培养、科学研究确定了基本前提。我国各区域在建设世界一流大学过程中，也要合理配备资源，引导不同类型、不同发展潜力的高校结合自身优势以个性化发展路径实现世界一流。

第三，结合当地发展实际，促进大学发展方向与区域发展战略相融合。洛杉矶世界一流大学与区域发展战略的结合体现在区位布局上大学与产业布局、行业布局的一致。大学是区域人才输出、科技输出、创新成果输出的重要来源，我们在制定相关政策、规划的过程中，也需要考虑将大学的发展与地方行业、产业布局相结合，实现大学建设与省域经济、政治、文化、社会发展战略相融合。

二、大学层面：树立发展新理念，深度融入区域发展

世界一流大学高地是区域和大学双向互动、互为支撑的一种良性区域-高校发展模式。区域应当做好统筹协调和科学引导，各高校也需要为区域建设提供高质量的服务与支持。

第一，树立发展新理念，实现区域合作从“自省”到“自觉”的转型。洛杉矶地区几所世界一流大学的卓越成就在很大程度上来源于其始终保持着对大学以外的社会、经济、文化，尤其是地方发展需求的密切关注和持续行动。它们将洛杉矶人民的希望与梦想作为指引，致力于从洛杉矶的需求出发构建全球最具影响力的大学。在融入区域发展的过程中，洛杉矶的世界一流大学为我国高校树立了典范。近年来，我国高校也越来越认识到发挥大学职能服务社会的重大意义，并作出了积极的贡献，但这些行动大多是零散的、随机的或被动的，而在认同区域战略融合的基础上，自觉地建构与区域全面合作的高校仍然不多。未来，我国高校应在区域合作上下功夫，实现从自省到自觉的理念转化，积极投入到区域经济社会发展过程中。

第二，明确比较优势，建构特色化发展路径。洛杉矶大都市区有三所世界瞩目的一流大学，但却形成了互相迥异、各具特色的大学发展模式。三所高校分别结合自身优势，集中资源，在不同领域发挥自身作用，创造世界一流。我国“双一流”建设同样强调“扶优、扶强、扶需、扶特”，注重各高校结合社会发展需求，形成自身特色。各高校应结合自身优势有所作为，以特色服务社会，以特色建构世界一流。

第三，全面、深入地融入区域发展。洛杉矶大都市区各所世界一流大学与社会、区域的融合是多元的、全面的、深入的，这不仅体现在为区域发展提供高层次人才支持和创新技术支撑以及深入社区、中小学的社会服务，也体现在艺术、体育、医疗等各个方面。此外，各所高校在融入这些领域的过程中，均作出了不可替代的卓越贡献，成为支撑洛杉矶艺术、体育、医疗卫生、基础教育、社区服务事业的重要力量。相比于洛杉矶的世界一流大学，我国高校在融入区域发展方面的广度不足、深度有限，迫切需要在当前基础上更进一步。在全面、深入的区域合作中，我国高校应提高自身的社会影响和社会地位，塑造具有

社会责任感、富有贡献力的良好形象，在提升自身影响力、引领力、辐射力的过程中提升高校人才培养水平和科学研究能力。

本 章 小 结

洛杉矶优越的地理位置和宜居的环境，吸引了加州大学洛杉矶分校、加州理工学院、南加州大学等全球范围的著名高校在此布局，成为典型的世界一流大学高地之一。洛杉矶发展成为世界一流大学高地，是洛杉矶社会、经济、文化等多元因素共同孕育的成果，是区域和大学双向互动、互为支撑的良性的区域-高校发展模式。洛杉矶世界一流大学高地的产生与发展与洛杉矶整个城市的建设与发展是同步展开的。各高校合理规划布局、聚焦个性发展、追求卓越一流，发挥了在人才培养、科学研究、社会服务等多方面的引领力、辐射力和影响力，使得洛杉矶的高等教育呈现出世界领先、多元差异、大学与城市同生共长的典型特征。

第八章
美国·旧金山

美国旧金山举世闻名，不仅因其是世界科技中心“硅谷”所在地，是兼具自然风光与人文景观的世界旅游胜地，是联合国诞生地，更是因其拥有多所世界一流高等学府，是全球莘莘学子向往的地方。缘何这么多世界知名高等学府聚集此地，将旧金山地区打造成为世界一流大学高地？本章从旧金山地区概况、历史发展、世界一流大学与区域的社会互动等方面探寻形成原因。旧金山地区作为全球最繁华的地区之一，拥有誉满全球的世界一流大学集群，并具有发展历史赋予多元文化、地理位置驱动空间交流、政治地位稳定教育生态、经济中心提供实践场所、科教文化鼓励自由开放五大特征，是稳定高校建设的“压舱石”；世界一流大学将服务社会理念融入办学过程，催化了技术进步与扩散、助燃了文化创新与繁荣、支撑了军事建设与变革、提升了医疗技术与质量、领航了高教理论与实践，是驱动区域发展的“发动机”。旧金山地区在区域发展和高校驱动的作用下形成了世界一流大学高地同频共振的“双螺旋”互促模式。本章建议我国“双一流”建设重视教育溢出效应，争取教育溢出效应最大化。

第一节　旧金山世界一流大学高地概况

位于美国太平洋沿岸的港口城市旧金山，拥有世界著名高新技术产业区硅谷，是全世界最重要的高新技术研发基地之一、全世界接待游客最多的城市之一、全球最繁华的地区之一和美国最重要的金融中心之一。在这里，城市魅力与大学活力交相辉映。

一、繁荣领先的旧金山

旧金山，英文名为 San Francisco，是美国加利福尼亚州太平洋沿岸的港口城市，也可译为“三藩市”或“圣弗朗西斯科”，“旧金山”为使用率最高且接受度最广的中文称呼。旧金山人口密度大，经济发达，拥有世界领先的高科技地区硅谷与不少一流大学，同时也是世界旅游胜地。2019 年，根据美世咨询的数据显示，旧金山为世界宜居城市评选中排名最高的美国城市，被认为是美国生活质量最高的城市。根据美国管理和预算办公室的划分设定，旧金山是加利福尼亚州旧金山—奥克兰—海沃德大都会统计区的一部分，该区域也叫旧金山大都会区[①]。

本章节研究对象旧金山地区的选取范围为旧金山大都会区，人口超过 880 万人，是 2018 年美国的第五大统计区。旧金山地区的基本情况如表 8-1 所示。

表 8-1 旧金山地区基本情况表

中文名	旧金山地区	所属地区	加利福尼亚州
创建时间	1769 年西班牙人发现此地，1848 年加入美联邦，19 世纪中叶旧金山在淘金热中迅速发展	地位	世界著名旅游胜地、世界最重要的高新技术研发基地和美国西部最重要的金融中心，联合国的诞生地
外文名	San Francisco	地理位置	美国加利福尼亚州西海岸圣弗朗西斯科半岛（37°48′0″N，122°25′0″W）
别名	“三藩市”“圣弗朗西斯科”“金门城市”“湾边之城”“雾城”等	面积	约 6 400 平方千米
气候条件	地中海气候，冬暖夏凉	人口	2018 年 7 月，美国人口普查局统计旧金山人口为 4 729 484 人，人口密度为 738 人/平方千米[②]。华人占比高，总数量仅次于纽约
GDP	5 007.1 亿美元（2017 年）	名校	斯坦福大学、加州大学伯克利分校、加州大学旧金山分校、旧金山艺术大学等

二、誉满全球的一流大学

旧金山地区形成了高等学府集群，汇聚至少 25 所高等学府，其中公立大学包括：全美第一公立大学加州大学伯克利分校、世界顶尖医学中心加州大学旧金山分校、美国最大的社区学院之一旧金山城市学院、旨在为加州法律实践律师作准备的加州大学黑斯廷斯法学院以及位于城市西南角的旧金山州立大学。

私立学院包括：享誉世界的斯坦福大学、美国西部最老的旧金山大学、全美最大艺术院校旧金山艺术大学、国际知名的加州艺术学院等，宾夕法尼亚大学沃顿商学院在旧金山也设立了校区。

此外，旧金山艺术大学虽未进入世界一流大学前列，但由于其在艺术领域的卓越成

① “OMB BULLETIN NO. 13-01”(PDF). February 28, 2013[EB/OL]. [2019-06-24]. https://obamawhitehouse.archives.gov/sites/default/files/omb/bulletins/2013/b13-01.pdf.

② 数据来自美国人口普查局官网。

就，故也将其纳入本章研究范围之内，以下为几所世界一流大学的现状。

（一）硅谷核心——斯坦福大学

斯坦福大学（Stanford University），由利兰（Leland）和简·斯坦福（Jane Stanford）于1885年创立，1891年开学，全名为小利兰·斯坦福大学（Leland Stanford Junior University），也可被简称为"斯坦福（Stanford）"，是一所综合性研究型私立大学。斯坦福大学位于美国加州旧金山湾区南部的帕罗奥多市（Palo Alto），面积约为33.1平方千米，近700座主要建筑，是美国最大的校园之一。斯坦福大学有商业，地球、能源和环境科学，教育，工程，人文与科学，法律，医学7个学院，卓越领域为人文科学、社会科学、工程科学等。据学校官网显示，斯坦福大学现有15 157名学生，2 279名教职员工，全校生师比超过5∶1[①]。

（二）公立第一——加州大学伯克利分校

加州大学伯克利分校（University of California，Berkeley），简称"伯克利"或"加州伯克利"（以区分于位于波士顿的伯克利音乐学院），位于美国旧金山湾区伯克利市，成立于1868年3月，是加利福尼亚州第一所全日制公立大学——加利福尼亚大学的创始校区，致力于"为加利福尼亚州未来的荣耀和幸福作出更多贡献"[②]。一位名为菲比·赫斯特（Phoebe Hearst）的女士自1891年起多次捐赠帮助学校大量开展新学科和购买先进教学设施，创建赫斯特博物馆，在伯克利的发展扩张中起了不可磨灭的作用[③]。在校训"让光明普照"（Fiat Lux）的引领下，伯克利致力将新知识带到光明中，为改善人类状况提供解决方案，并为有前途的年轻人和顶尖教师提供机会的灯塔。目前，伯克利生师比为17.8∶1。到现在为止，伯克利已诞生9位诺贝尔奖得主。2009年，诺贝尔经济学家奥利弗·威廉姆森曾说过："伯克利是一个光荣的地方。无论你到哪里，你都会发现这种对卓越的承诺。"在2018年"美国新闻与世界报道"公布的最新全球排名中获得了世界排名第四、公立第一的好名次[④]。

（三）医学前沿——加州大学旧金山分校

加州大学旧金山分校（University of California，San Francisco，简称UCSF），位于美国加利福尼亚州旧金山，美国加州大学系统的第二所公立大学，是世界著名的生命科学及医学中心，是加州大学系统中唯一的只专注于健康和生命科学的大学，也是唯一一所致力于研究生和专业教育的大学。加州大学旧金山分校的前身是1864年于旧金山建立的托兰医学院（Toland Medical College），1873年加入加州大学，成为伯克利加州大学附属的医学院。1952年加州大学开始体制改革后逐渐成为一所独立的公立大学。2019年加州大学旧金山分校的教学和科研活动在三个主校区（Parnassus校区、Mission Bay校区、

---

① 斯坦福大学2019概况一览[EB/OL]. [2019-04-30]. https://facts.stanford.edu/.

②④ 关于加州大学伯克利分校[EB/OL]. [2019-04-30]. https://www.berkeley.edu/about.

③ 加州大学伯克利分校赫斯特博物馆[EB/OL]. [2019-04-30]. https://hearstmuseum.berkeley.edu/phoebe-heast/.

Mount Zion 校区）和其他 19 个教学或科研点展开。有牙科、药学、护理、医学四个专业学院，包含 19 个博士专业与 11 个硕士专业，有 3 100 名注册学生、1 600 名临床研究员、110 名博士后学者、3 200 名教师和 24 000 名员工。学校只专注于医学相关专业研究生的培养，专业而精深的办学定位使其医疗系统以其高质量、创新、先进的技术和开创性的研究而闻名于世。截至 2018 年 10 月，共有 9 位加州大学旧金山分校的教授或研究人员获得诺贝尔奖。在健康和生命科学领域，加州大学旧金山分校是唯一一所在一个年度包揽三项顶级大奖的学校。加州大学旧金山分校在 2017—2018 学年有 70.7 亿美元收入预算，在公立机构中是美国国立卫生研究院（NIH）竞争性项目资助的最高接受者①。

（四）时尚弄潮儿——旧金山艺术大学

旧金山艺术大学（Academy of Art University）于 1929 年成立于旧金山，是全美最大的私立艺术设计大学，学生和校友来自 112 个国家，每年在旧金山举办 70 余场学生和校友艺术展以及画廊展览。汇聚了广告、动画、建筑、通信、游戏开发和网页设计等各领域巨头的旧金山地区为旧金山艺术大学在艺术界前沿的地位创造了条件，它的愿景是成为寻求世界一流艺术教育的学生的首选，也成为寻求在全球范围内聘请艺术家的组织的首选②。旧金山艺术大学致力于艺术和设计的最高成就标准，其下属学院在 2018 年分别在新秀三维动画学院、新秀创意媒体与娱乐学院评选中排名全球前 5，在新秀最佳数字插画学校评选中获得全美第一的好成绩。在奥斯卡奖项中，旧金山艺术大学的优秀校友参与了 2018 年奥斯卡获奖者和提名中的 16 部作品与 2019 年奥斯卡颁奖典礼提名中的 12 部作品的制作，其中就包含 2018 年发布的电影《复仇者联盟 3：无限战争》与富有中国元素的皮克斯动画《包宝宝》，《复仇者联盟 3：无限战争》中有 37 位校友参与后期制作，《包宝宝》中有 5 位校友参与后期制作③。获第 91 届奥斯卡金像奖最佳动画短片奖的《包宝宝》讲述了由一个包子变成的“包宝宝”为饱受空巢之苦的中国年迈母亲重新带来家庭欢乐，也让她明白孩子终将长大的故事④。以中国传统食物包子作为故事原型进行的创作一度成为中国网友的热搜话题。2019 年旧金山地区世界一流大学集群基本数据如表 8－2 所示。

表 8－2　旧金山地区世界一流大学集群基本数据（2019 年）

项　　目	斯坦福大学	加州大学伯克利分校	加州大学旧金山分校	旧金山艺术大学
建校时间/年	1885	1868	1864	1929
公/私立	私立	公立	公立	私立

① 加州大学旧金山分校概况总览[EB/OL]. [2019－04－30]. https://www.ucsf.edu/about.
② 旧金山艺术大学概况总览[EB/OL]. [2019－06－15]. https://www.academyart.edu/about-us/.
③ 旧金山艺术大学获奖情况[EB/OL]. [2019－06－15]. https://www.academyart.edu/about-us/awards/.
④ 最新奥斯卡获奖片《包宝宝》让人泪目：孩子留身边还是放手[EB/OL]. [2019－06－15]. http://edu.zjol.com.cn/jyjsb/zh/201902/t20190225_9534366.shtml.

续 表

项 目	斯坦福大学	加州大学伯克利分校	加州大学旧金山分校	旧金山艺术大学
面积	33 平方千米	5 平方千米	1.7 平方千米	—
学院数/个	7	14	4	22
本科生/人	7 083	30 853	0	9 571
研究生/人	9 437	11 666	3 100	5 305
校友数/人	—	—	67 000	50 000 多
教师数/人	2 219	2 389	3 200	300 左右
录取比例/%	5.04	14.8	11	—
生均学校总收入/美元	29.66 万	6.82 万	228.06 万	—

第二节 旧金山地区形成发展的五大特征

世界一流大学建设与城市发展密不可分。经济是基础，政治是经济的集中体现，文化是经济、政治的反映。旧金山地区由于其独特的发展历史、适宜居住的地理环境、强大的经济实力与不俗的政治地位，以及先进的文化思潮，具备许多得天独厚的因素，成为全美最具智力和文化多样性的地区之一，这些区域特征也是当地高等教育发展的重要支撑力量，成为世界一流高校建设过程中的“压舱石”。

一、旧金山几易其主赋予多元文化

旧金山地区的发展历史如图 8-1 所示。1542 年，欧洲人率先到达旧金山湾区；1769 年以后西班牙人发现此地并占领；1821 年，上加州跟随墨西哥独立成为墨西哥领土。1835 年，英国人威廉·理查德森(William Richardson)在半岛建立了第一栋私人住宅并开始规划住宅附近的街市，将此区域称为 *Yerba Buena*。墨西哥和美国战争爆发后，1846 年，美国海军准将约翰·斯洛特(John Sloat)占领此城。

1847 年 1 月 30 日，海军上校约翰·蒙哥马利(John Montgomery)将城市更名为 San Francisco。更名后的第二年，一名木匠在水流中发现了黄金，从此一发不可收拾地吸引了全世界的目光，引发淘金热。

在随后的几个月里，旧金山人口迅速激增，许多华人作为廉价劳动力被贩卖至此做苦力，为区别澳大利亚的新金山，安家落户的华人称这座城市为旧金山。虽然旧金山在整个发展过程中可谓几经易主、形势多变，但也正是这充满传奇色彩的城市发展史造就了旧金

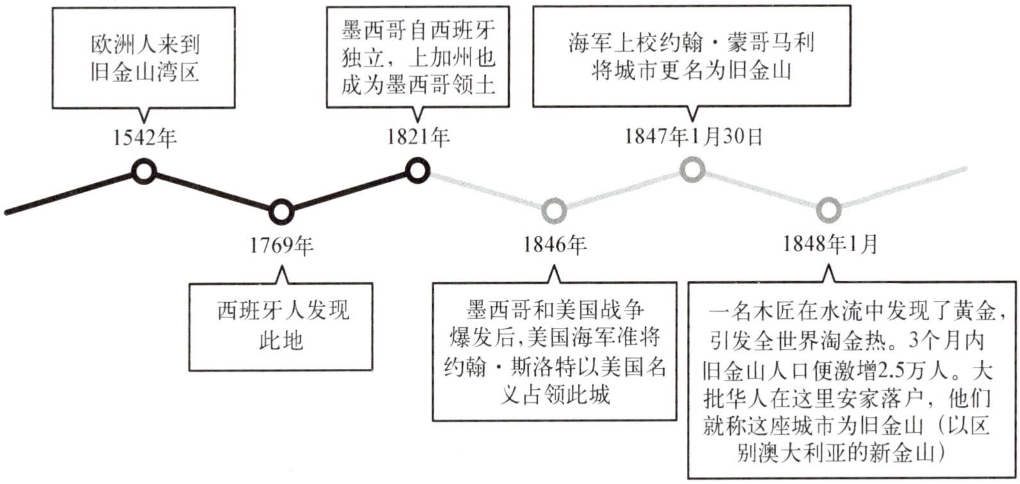

图 8－1 旧金山地区发展历史图

山独特的移民文化。2018 年美国人口统计局数据显示：在旧金山，白人占 53.1%（西班牙裔或拉丁裔占 15.2%）、亚洲人占 35.9%、黑人或非裔美国人占 5.5%、美洲印第安人和阿拉斯加原住民占 0.7%、两个或多族混血裔占 4.3%。

人口数量多、密度大，生源充足、对高深知识的追求随着地区发展愈加迫切，诸多高等学府应需而生。1866 年，加州大学伯克利分校最初由私立的加利福尼亚学院所买下，于 1868 年 3 月 23 日在加州奥克兰市成立。1873 年，托兰医学院加入加州大学，成为伯克利加州大学附属的医学院，在 1952 年加州大学开始体制改革后，逐渐成为一所独立的公立大学——加州大学旧金山分校。1885 年，斯坦福大学创立，并于 1891 年开学，是一所综合性研究型私立大学。1929 年，美国旧金山艺术大学成立于旧金山市中心，现为美国规模最大的私立艺术高校，全美国顶尖的艺术院校。多元移民文化的存在推动了大学的招生与发展，营造了大学包容开放的文化，同时由于旧金山吸引了世界的目光，也为坐落于此的高校在各族裔民众心里营建了最初的国际化印象，在初建之时便有一定的国际知名度。

二、地理位置得天独厚吸引优秀教师

旧金山位于美国加利福尼亚州西海岸圣弗朗西斯科半岛（37°48′0″N，122°25′0″W），面积为 121.73 平方千米，三面环水，环境优美，是典型的地中海式气候，冬暖夏凉，阳光充足，被誉为“最受美国人欢迎的城市”。图 8－2 为曾是世界上最长的悬索桥金门大桥，因其复杂的数学推算、新颖的结构和超凡脱俗的外观被誉为 20 世纪桥梁工程的一项奇迹，也是旧金山的重要地标。市区是典型的丘陵地带，图 8－3 展现的著名景点“九曲花街”便是旧金山蜿蜒曲折的地貌的典型，它是全美国最弯曲的一条街道，短短一小段共有八个急弯。复杂的地形导致旧金山位于加州主要地震区，1906 年 4 月 18 日、1989 年 10 月 17 日、2014 年 8 月 24 日，美国旧金山先后发生了 7.8 级、6.9 级、6.1 级大地震，其中 1906 年的地震最为惨重，估计损失约 4 亿美元，保守估计死亡人数在 3 000 人以上。

图 8－2　金门大桥

图 8－3　九曲花街

高等学府依靠得天独厚的地理位置得到了发展。首先，历史上曾经的地广人稀能够为高校提供大片土地建造校园。斯坦福大学位于旧金山湾区南部的帕罗奥图(Palo Alto)市，邻近硅谷。加州大学伯克利分校位于美国旧金山湾区东北部的伯克利市，是根据 1862 年的莫里尔法案获得联邦赠地建立起来的。加州大学旧金山分校的教学和科研活动在三个主校区和其他 19 个教学或科研点展开，主校区位于旧金山湾区中部。

适宜居住的天气有利于吸引优秀师资。例如，加州大学伯克利分校的数学、自然科学和工程学等学科研究能够在 20 世纪进入黄金时期，一跃成为世界学术研究中心，与其占据有利地理位置吸引优秀师资是分不开的。20 世纪前期，物理学教授、原子弹之父罗伯特·奥本海默在伯克利成立了“奥本海默理论物理学中心”(现更名为“伯克利理论物理学中心”)，吸引了大批顶尖理论物理学家、研究人员，形成“伯克利物理学派”，使伯克利成为世界理论物理学研究中心之一。1931 年，诺贝尔物理学奖得主欧内斯特·劳伦斯在伯克利建立加州大学放射实验室，同样为学校吸引了大批顶尖实验物理学家和研究人员。在人文社科领域，美国著名的教育社会学家马丁·特罗(Martin Trow)是加利福尼亚大学伯克利分校公共政策研究生院教授，他曾提出高等教育大众化与普及高等教育等概念。其中华人也作了不少贡献：华裔数学大师、20 世纪微分几何奠基人陈省身从 1960 年起担任伯克利的数学教授，使伯克利成为世界微分几何研究中心之一；1971 年在伯克利获得数学博士学位(师从陈省身)的著名华裔数学家丘成桐，于 1982 年获得菲尔兹奖；1981 年，伯克利成立了享誉世界的美国国家数学科学研究所(MSRI)，陈省身教授担任研究所首任主任，数学所为表彰其贡献，特意以他的名字为教学楼命名；著名华裔物理学家、美国物理协会第一位女性会长、素有“中国居里夫人”之称的吴健雄曾是放射实验室中的一员，是她用实验验证了李政道、杨振宁“弱作用下宇称不守恒”假说。

此外，交通便利有助于高校开展国际交流。虽然旧金山地区地形复杂，但交通便利，拥有包括道路、桥梁、高速公路、铁路、机场等复杂的多式联运基础设施。同时，该地区还拥有多个港口和机场，包括美国第四大集装箱港口奥克兰港，以及旧金山国际机场(SFO)、奥克兰国际机场(OAK)、圣何塞国际机场(SJC)、索诺玛县机场(STS)和斯托克顿大都会机场(SCK)。

三、政治地位稳定形成良好教育生态

旧金山注册成立于1850年，拥有一个统一的合并市县政府。1932年的章程在市县仍然运作的背景下，为市长提供强大的行政权力，但授予行政官(由市长任命)和控制人实质性权力。立法机关由选举产生的监事会提出。其他主要官员都是学校负责人和公用事业的经理。旧金山市宪章规定市政府由两个平等的部门组成。行政部门的主要首长为市长和其他民选官员，11名议员组成旧金山市监事会议(San Francisco Board of Supervisors)，负责监督所有市政府运作情况，议员由各个选区分别选出。假如市长死亡或无法行事，监事会议议长自动继任市长职务。

美国联邦政府在旧金山设有许多代表联邦政府利益的各种机关组织，如美国第九巡回上诉法庭(Ninth Circuit U. S. Court of Appeals)、联邦储备银行旧金山分行与美国铸币局。旧金山直到1990年初期还保有三个大型军事设施：旧金山要塞、金银岛和旧金山海军造船厂。年度的舰队周庆祝活动为这些军事设施的遗留产物之一。加州州政府将旧金山作为加利福尼亚最高法院(Supreme Court of California)和一些州府机关的总部所在地。旧金山参与姐妹城市计划，2019年共有41个总领事馆和23个名誉领事馆在旧金山湾区设有办事处。①

图8-4 联合国宪章签署地

此外，旧金山还是联合国宪章的签署地。1945年，50个国家的代表在旧金山的联合国国际组织会议上举行会议，起草“联合国宪章”。图8-4为联合国宪章签署现场照片。

政治清明、稳定与繁荣促进了高等教育的发展，加州政府高度关注和支持当地高等教

① 旧金山姐妹城市列表[EB/OL]. [2019-05-20]. https://oewd.org/san-francisco-sister-cities.

育的发展。1960 年出台的加州高等教育总体规划使得加州公立高等教育体系中三级系统按照总体规划之中的职能划分和院校定位要求走上了可持续发展道路，形成了相对独立、功能分层、协调管理的形同“金字塔”的三大公立高等教育系统：位于“塔尖”的加州大学系统，是加州研究型大学，培养高层次科研人才；位于“塔中”的州立大学系统（第二层级），是加州教学研究型大学；位于“塔基”的社区学院系统（第三层级），是加州教学型大学。世界经济合作与发展组织（OECD）在考察加州高等教育时曾评价道：“总体规划代表了创立高等教育大众化最先进的成就……加州逐渐形成的结构框架可能是一种合适的高等教育模式。”[①]三大系统的高校在旧金山地区相互合作、协同发展，满足了学生与家庭对高等教育的多层次多职能需求以及社会经济发展对高等教育人才的多元化需求。

四、经济中心协同发展提供产学研场所

经济是基础，为政治和文化的发展奠定物质条件，同时一定的社会文化反映着一定社会的经济和政治发展状况，经济和政治决定着文化的性质和发展方向。在旧金山地区，第三产业为主，第二产业与第一产业辅助协调发展，既满足了当地对经济产品的多元需求，又保证了不同工种从业人员的社会构成多样性，为旧金山成为文化活动中心奠定了坚实基础，当地社会开放宽容、充满活力。

据统计，旧金山地区[旧金山—奥克兰—海沃德，加利福尼亚（大都市统计区）]2017 年国内生产总值（GDP）为 5 007.1 亿美元，人均 105 918 美元[②]，拥有全美最高人均 GDP，若将旧金山地区作为一个国家与世界其他国家的总体 GDP 相比[③]，则可排名世界第 68 位。旧金山地区以服务业为主，金融业和国际贸易也很发达，其就业人口约占市区总就业人口的一半以上，工业仅占 15%。城市的批发、零售商有 2.6 万多家。

旧金山为美国西部的金融中心，许多大型金融机构、跨国银行和风险投资公司、世界 500 强企业都在旧金山地区设立或设有地区总部。其中蒙哥马利街的金融区后来被称为“西部华尔街”，是美国银行、旧金山联邦储备银行、富国银行的公司总部以及太平洋海岸证券交易所的所在地。截至 2018 年 9 月底，旧金山在全球金融中心指数中排名世界第 14 位，在美国排名第 3 位[④]。

20 世纪 90 年代，旧金山的经济从金融和旅游业转向多元化的高科技、生物技术和医学研究领域。硅谷是旧金山地区最有名的经济支柱，硅谷的形成与发展将斯坦福大学推

---

① John Aubrey Douglass. The California Idea and American Higher Education, 1850 - 1960 Master Plan[M]. California: Stanford University Press, 2000: 311 - 312.

② 美国经济分析局旧金山区域数据[EB/OL]. [2019 - 05 - 15]. https://apps.bea.gov/iTable/iTable.cfm?reqid=99&step=1#reqid=99&step=1&isuri=1.

③ 美国经济分析局区域 GDP 数据[EB/OL]. [2019 - 05 - 15]. https://www.bea.gov/data/income-saving/personal-income-county-metro-and-other-areas.

④ 全球金融中心指数[EB/OL]. https://www.longfinance.net/media/documents/GFCI_24_final_Report_7kGxEKS.pdf.

至世界前列。斯坦福大学将高深的理论研究与稳扎稳打的实践相结合，得益于拿出土地换来的巨大收益。工业园区吸引大批高新技术企业来此落地，不久就超出斯坦福所能提供的土地范围，随后向外发展扩张，形成美国加州科技尖端、人才高地的“硅谷”。于是斯坦福大学便被高新科技公司重重包围，与前沿科技、商界顶流建立了密切的联系，斯坦福大学的地位越来越举足轻重，成了“硅谷”的核心。旧金山地区健全的医疗系统为旧金山分校提供了健全完善的实践系统，当地医院与诊所成为加州大学旧金山分校的“教室”。整个海湾地区的顶级医院和医师团体与加州大学旧金山分校的医疗系统建立联系，为当地患者提供专业护理。截至 2019 年，加州大学旧金山分校（UCSF）的医疗系统包括 UCSF 医疗中心、UCSF 贝尼奥夫儿童医院、兰利波特精神病医院和诊所，其中 UCSF 医疗中心被《美国新闻与世界报道 2018—2019》评为全美五大医院之一。

此外，旧金山曾经拥有重要的制造业，2019 年的旧金山工业以传统的服装、食品、印刷为主。同时新兴的航天、汽车装配、电子、炼油等工业部门也有了较大的发展。旧金山的城郊农业也十分发达，盛产蔬菜和亚热带水果，还是重要的花卉产区。湾区的北部县是加州著名的葡萄酒之乡，是数百个葡萄园和酿酒厂所在地。

五、科教文化引领世界鼓励创新开放

旧金山地区是世界最重要的科教文化中心之一，拥有的世界著名高等学府包括公立型的加州大学伯克利分校和私立型的斯坦福大学，以及世界顶级医学中心加州大学旧金山分校，同时还有全美最大艺术院校旧金山艺术大学、美国西部最老的旧金山大学、旧金山州立大学、加州大学黑斯廷斯法律学院、金门大学。市内还有世界闻名的柯伦剧院和金门剧院。众多世界级艺术博物馆（如亚洲艺术博物馆、伯克利博物馆）与最好的百老汇音乐剧、获奖剧本、现场音乐会（如福克斯剧院、旧金山歌剧院）共同为旧金山艺术大学的学生们寻找灵感提供场所。

论在科教文化领域的贡献，旧金山地区成绩斐然。当今电子工业和计算机业的王国“硅谷”便坐落于旧金山地区南面。此外，截至 2019 年 6 月底，逾百位诺贝尔奖获得者、众多菲尔兹奖获得者以及图灵奖获得者曾在此求学或工作，更有约 200 位奥运会冠军来自旧金山地区。其中伯克利的校友、教授及研究人员中共有 107 位诺贝尔奖获得者，14 位菲尔兹奖获得者和 25 位图灵奖获得者，19 位普利策奖以及 20 位奥斯卡金像奖获得者；斯坦福大学的校友、教授及研究人员中有 83 位诺贝尔奖获得者，8 位菲尔兹奖、27 位图灵奖以及 4 位普利策奖获得者①。在体育运动上，截至 2019 年年末，斯坦福大学的现任学生或校友在历届奥运会中获得了 270 枚奖牌，其中 139 枚金牌②；伯克利的学生和校友在奥

---

① 历届诺贝尔奖得主[EB/OL]．[2019－05－15]．https：//www.nobelprize.org/prizes/lists/all-nobel-prizes.

② 斯坦福大学奥运奖牌历史[EB/OL]．(2016－07－01)[2020－01－18]．https：//gostanford.com/news/2016/7/1/athletics-stanford-olympic-history.aspx.

运会上共赢得 207 枚奖牌，其中金牌 117 枚[①]。

旧金山地区还是美国嬉皮士文化、近代自由主义和进步主义的中心之一。20 世纪 50 年代在旧金山地区兴起了名为“击败运动”（beat movement，也叫“垮掉的一代”）的美国社交和文学运动，核心理念包含拒绝时下流行话语的价值观，进行精神探索，反对物质主义，可被视为美国文化史上的第一支“亚文化”，参与者被称为是“披头族”（beatnik）。“垮掉的一代”对 1960 年代的抵抗思潮产生了非常巨大的影响，例如“嬉皮士”文化从中演化而来，诞生于加州大学伯克利分校，强有力地推动了 20 世纪 60 年代的反越战运动。众多著名的设计师毕业于美国旧金山艺术大学，其中时装设计学院位列全美前 10 名，平面设计学院位居全美前 20 名。时装设计学院每年举办的毕业生时装秀一直是全世界的时尚盛宴。

第三节　旧金山世界一流大学与区域协同发展

新增长理论认为，知识和专业化的人力资本积累可以产生递增收益并使其他投入要素的收益递增，进而使总的规模收益递增。知识和人力资本产生的溢出效应是区域实现持续发展所不可或缺的条件，高等教育是推动区域发展的重要动力。坐落于旧金山地区的高校具有多层次、多维度互补的特征，其中斯坦福大学、加州大学伯克利分校、加州大学旧金山分校三所高校在四大世界大学排名中均名列前茅，斯坦福大学更是在各排行榜上维持前三名。世界一流大学通过独有的知识优势成为区域发展的“发动机”。三所世界一流大学世界排名情况如表 8－3 所示。

表 8－3　旧金山世界一流大学排名一览表

学校名称	ARWU	*U. S. News*	QS	*THE*
斯坦福大学	2	3	2	3
加州大学伯克利分校	5	4	27	15
加州大学旧金山分校	20	15	—	—

注：
1. 数据来源于 2019 年世界 QS、*THE*、*U. S. News*、ARWU 四大排行榜；
2. “—”表示该排行榜中未出现该大学或不在前 1 000 名内。

一、扎根本土，服务社会的世界一流大学建设理念

高校发展与革新体现于社会贡献。在旧金山地区，扎根本土为社会服务的精神深深

① 加州大学伯克利分校的数据[EB/OL]．(2018－05)[2020－01－18]．https：//admissions. berkeley. edu/sites/default/files/docs/Cal-Facts－2018. pdf.

渗透于坐落于此的世界一流大学的办学过程之中，培养出了一流人才，创造了一流成果。

(一) 斯坦福大学：务实服务、创新合作

务实服务、创新合作是斯坦福大学的办学特点。斯坦福大学创建于 19 世纪末期，此时正逢美国产业革命和高等教育改革之时，斯坦福大学的目标是“使学生有资格获得个人成功，并在生活中发挥直接作用”(to qualify its students for personal success, and direct usefulness in life)，其目的是“通过为人类和文明施加影响来促进公共福利”(to promote the public welfare by exercising an influence in behalf of humanity and civilization)。可见它并不拘泥于旧金山或是加利福尼亚州，而是以整个人类和文明进步为最终利益，希望积极发挥大学的作用，促进社会发展；教导学生遵纪守法，自由地享受生活；教育学生尊重和热爱民主政体、追求幸福。在心怀社会与学生的办学理念下，斯坦福大学为教学与研究提供强有力的资源支撑，现有 18 个独立的研究所、上百个研究中心与实验室、20 个图书馆(拥有超过 950 万册藏书)以及 16 亿美元的年度研究预算。截至 2019 年 2 月，斯坦福大学共有 6 000 多个由外部赞助的研究项目，2018—2019 学年赞助项目的总预算为 16.3 亿美元，截至 2018 年 8 月，累计获得 260 亿美元的捐赠。这些研究所与研究课题符合斯坦福大学跨学科解决社会问题的传统，让教师和学生参与从国际和经济研究到环境、能源和健康研究的合作。政府与社会给予的大力度研究支持收获了令人惊喜的一流师资与一流成果：截至 2019 年 6 月底，斯坦福大学的教师群体中包括 17 位诺贝尔奖获得者、32 位麦克阿瑟研究员、4 位国家人文奖章获得者、4 位普利策奖获得者、13 位国家科学奖章获得者、1 位国家技术奖章获得者、281 位美国艺术与科学学院成员、161 位国家科学院院士、109 位国家工程院院士、74 位国家医学院成员、25 位国家教育学院成员、47 位美国哲学学会会员、5 位狼疮基金会获奖者、2 位总统自由勋章获得者、1 位国家艺术奖获得者①；2017—2018 年，斯坦福大学从 813 项技术中获得了 4 096 万美元的特许权使用费总收入，其中 7 项发明产生了至少 100 万美元的收入。这些技术成就，不少在社会发展进程中发挥了举足轻重的作用。例如，可以治疗自身免疫性疾病和癌症等的抗体疗法，能帮助处理大量数据、快速分析、可视化和共享信息的数据分析软件，能够通过组合来自不同生物的 DNA 片段进行基因工程的重组 DNA 技术等。

(二) 加州伯克利：高瞻远瞩、兼容并包

高瞻远瞩、兼容并包是加州大学伯克利分校的办学特点。伯克利秉承“卓越、公平和包容”的指导原则，目的是通过将卓越、公平和包容的原则嵌入到每个校园单位中来实现制度变革，从而真正拥有校园利益相关者，同时通过将责任置于最高级别来更好地确保问责制和可见性。2009 年，加州大学伯克利分校发布《通往卓越之路——加州大学伯克利分校的战略计划：前瞻性、包容性和多样性》，计划完成时间为 10 年，文件中再次提出“卓越、公平和包容”的办学指导原则：卓越体现于加州大学伯克利分校在研究、教学和公共

① 斯坦福大学 2019 师资概况[EB/OL]. [2019-5-15]. http://facts.stanford.edu/academics/faculty/.

服务方面所做的最高质量的期望和标准，处于前沿，严谨于方法，培养批判性和创造性思维，并对其所有参与者作出反馈；公平体现于在加州大学伯克利分校教育和职业发展的每个阶段，公平对待所有学生、教员和员工，是让他们获取机会和进步的保证，同时努力找出和消除阻碍边缘群体充分参与的障碍；包容体现于创造一种环境的行为，在这种环境中，任何个人或群体都能感到受到欢迎、尊重、支持和重视。办学原则中并未放入“多样性”，这是因为多样性是伯克利现存的既定事实，加州大学伯克利分校存在多种形式的多样性。公平和包容性原则将巩固加州大学伯克利分校的卓越，并继续将其定位为世界上最杰出的公立大学[①]。加州大学伯克利分校的办学原则如图 8－5 所示。

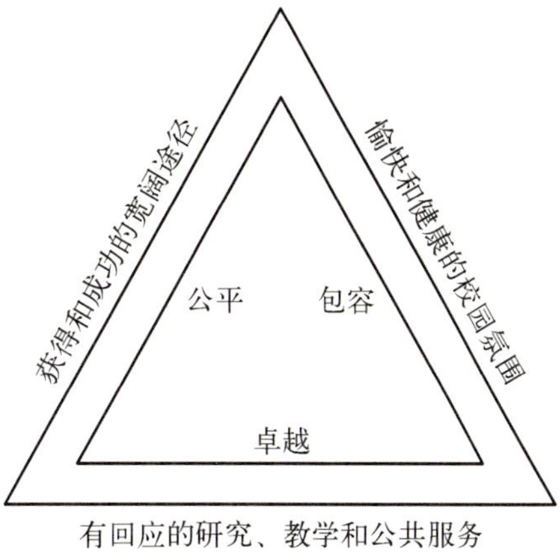

图 8－5　加州大学伯克利分校办学原则

加州大学素以学术自由和师生自治著称。正是这种源自西部开发的自由思想，在伯克利加州大学孕育了无数的新思想和伟大的发现。曾任伯克利校长的华裔科学家田长霖也曾思考过“加州大学伯克利分校何以如此成功”这个问题，他认为：“天时、地利、人和是该校成功的外在条件；坚持学术本位，充分尊重教授会决定的学术方针是它成功的关键”。在建校之初，伯克利在发展目标上采取兼收并蓄、自由开放的方针，紧追世界先进水平，并于 19 世纪 80 年代初以其初具规模的学科设置和崭新的综合性大学形象出现在人们眼前。伯克利分校坚持学术民主，不搞论资排辈，不用名人、权威压人。学校要求新教师不与著名教授合作搞科研、写论文，鼓励年轻教师自己去开创新领域。这种做法是鼓励竞争，促使学术研究领域充满勃勃生机的明智之举。

在高瞻远瞩的办学理念、包容自由的校园文化、强大坚实的师资力量多维加持下，加州伯克利在其 300 多个学位课程中提供超过 10 000 门本科和研究生课程，包含 50 多种外语课程，甚至有齐切瓦语、加泰罗尼亚语、库尔德语和高棉语，跻身美国五大博士学位授予机构之列。图书馆藏有 1 200 多万册书籍，书籍语言达 400 多种，拥有 9.3 万千兆字节的数字化收藏。

伯克利有 22 名成员获得了诺贝尔奖，其中包括 7 名现任教员。此外伯克利还有 30 名校友获得了诺贝尔奖，其中 5 名曾在该校任职。2018 年 3 月 8 日，伯克利大学举行了第四次大型捐赠活动，一次 24 小时的校园募捐闪电战。受竞赛、社交媒体参与和保持伯克利大学成为世界第一公立大学集体愿望的推动，捐助者捐赠了 8 600 多份礼物，总额超过

① 通往卓越之路——加州大学伯克利分校的战略计划：前瞻性、包容性和多样性[EB/OL]．[2019－5－15]．https://diversity.berkeley.edu/sites/default/files/executivesummary_webversion.pdf.

2 240 万美元。

(三) 加州旧金山：严谨专注、服务医疗

严谨专注、服务医疗是加州大学旧金山分校的办学特点。加州大学旧金山分校是一所致力于通过卓越的生物医学研究、生命科学和健康专业的研究生教育以及卓越的患者护理来推动全球健康发展的引领性高校，提出“提高每个人每个地方的健康程度”，办学理念是当最好的研究、最好的教学和最好的患者护理融合在一起时，促进有助于治愈世界的突破。在 2016 年的大学演讲中，校长山姆 · 霍古德(Sam Hawgood)宣布，加州大学旧金山分校正在接受一套共同的价值观，为我们共同完成使命的所有 UCSF 社区成员制定明确的价值方向，他将这套价值观总结为 PRIDE：“P”是 professionalism，指负责可靠地与所有的同事、学生、病人、访客和业务伙伴积极协作和互动；“R”是 respect，指推己及人，有礼友善，以最大限度考虑他人；“I”是 integrity，指诚实守信、遵守道德，始终做正确的事，追求真相不妥协真相，公平诚实；“D”是 diversity，指欣赏尊重分歧，创造公平和包容的环境，给大家发挥潜力；“E”是 excellence，指要专心上进、创新自信，每天给予他人最好的鼓励和支持，让他们在工作生活中出类拔萃①。在此价值观的引导下，加州大学旧金山分校吸引了能够反映湾区充满能量活力的才华横溢的教职员工，借鉴艺术家和企业家的创造精神以及科技行业的颠覆性，招聘顶尖人才，不断注入新的想法和方法，这些人才带来了不同的背景、经验和观点，共同创建了一个充满活力的社区。学校也十分鼓励学生以批判性思维和探究精神解决医疗问题，展现改善人类状况和推动医疗保健事业发展的热情，成为未来的健康和科学领域的领导者。加州大学旧金山分校有此巨大成就还有一个关键因素是其根深蒂固的合作文化。科学家经常跨越学科甚至学校的边界，推进基础科学知识，并制定治疗疾病的新策略。这种协作精神及其回声效果带来了改变世界的结果，也使加州大学旧金山分校的研究成果享誉全球，再加上将“卓越”作为学校的“DNA”，从基因组学和免疫学到妇女和儿童的专业护理，加州大学旧金山分校汇集了几乎所有健康领域的世界领先专家，他们提高了对癌症、神经退行性疾病、衰老和干细胞的认识。学校的教师几乎赢得了健康科学的所有领先奖项，从诺贝尔奖到国家科学奖章，拥有 1 800 多项发明，不断将创新转化为对现实世界的患者治疗。根据“美国新闻与世界报道”的最新调查，加州大学旧金山分校的医院和教育计划一直是全国最好的，已成为近年来美国国立卫生研究院资助最多的公立学术机构。

二、驱动区域可持续发展的世界一流大学建设成效

一流高等学府集群拥有优质丰富的人才资源，通过产学研协同创新发展转化科研成

① 加州大学旧金山分校的使命与价值观[EB/OL]. [2019 - 5 - 15]. https://www.ucsf.edu/about/mission-and-values.

果、推动资本流动、激发技术进步、驱动区域创新发展，更具有溢出效应，在相关领域里推动产业联动发展，在空间上辐射周边地区乃至全世界创新生产力。

（一）催化科技进步与转化

随着美国工业向高科技转移，新兴产业往往位于大型研究中心附近。斯坦福大学和加州大学伯克利分校在吸引计算机、电子和新能源等产业进入其所在地区方面的能力一直领先于美国其他大学。

说到斯坦福大学在世界一流大学高地——旧金山地区的地位与作用，就不得不提毗邻的世界著名高科技园区硅谷。若没有斯坦福大学，便没有如今饮誉全球的硅谷，斯坦福大学为硅谷的形成和崛起奠定了坚实的基础。由于学校占地广，1951 年，工程学院院长弗雷德里克・特曼(Frederick Terman)提出将一千英亩土地以极低廉、只具象征性的地租，长期租给工商业界或毕业校友设立公司，再由他们与学校合作，提供各种研究项目和学生实习机会。从此斯坦福成为美国首家在校园内成立工业园区的大学。随着美国西海岸高科技带的兴起，走在世界前沿的各高新科技公司纷纷在这一带安营扎寨，"硅谷"就此形成，从此一发不可收拾，成为全世界科技创新的中心。自 20 世纪 30 年代以来，斯坦福大学的校友和教师已经创建了超过 39 900 家公司。1955 年至 1965 年担任教务长的弗雷德里克・特曼被称为硅谷高科技地区的"学术建筑师"，惠普、谷歌、雅虎、耐克、罗技、色拉布、美国艺电公司、太阳微系统、英伟达、思科及领英等公司的创办人均来自斯坦福大学。

劳伦斯伯克利实验室通过将多学科研究团队聚集在一起，为科学发现创造世界一流的工具，为世界科学和技术开发提供解决方案。致力于提供科学的解决方案，扩大人类知识的范围，并寻求科学解决人类面临的一些最大问题。该实验室在过去 10 年中获得 913 项软件和发明的知识产权许可证，有 48 家初创公司基于伯克利实验室技术而建立，发布了 678 项美国专利。例如，研究水能量关系对可持续水和能源系统的需求，需要新的方法来指导未来对能源和水基础设施的投资，并确保各种规模的弹性；开发先进的机器学习方法，以分析试验设计(DOE)科学和应用能源应用中出现的复杂数据集，如生物学和环境、观测和模拟的材料数据、高端通信网络和能源系统，这一观点还可应用于宇宙学、粒子物理学、核物理学和其他领域的数据分析问题[①]。

（二）助力文化创新与繁荣

美国的人文关怀、自由信仰在加州大学伯克利分校体现得淋漓尽致。伯克利被认为是美国最自由、最包容的大学之一。20 世纪 60 年代，加州大学伯克利分校在越南战争期间由于其学生对于美国政府的抗议而变得全球知名。而 1964 年在伯克利发起的"言论自由运动(Free Speech Movement)"更是改变了几代人对政治和道德的看法，成为美国社会变革的引领者。学校为纪念此次运动特意建立了"言论自由运动咖啡厅(Free Speech Movement Cafe)"。前面提到，旧金山地区是美国嬉皮士文化、近代自由主义和进步主义

---

① 劳伦斯伯克利实验室的愿景[EB/OL]. [2019 - 06 - 25]. https://www.lbl.gov/programs/our-vision/.

的中心之一，嬉皮士文化是“垮掉的一代”的文化分支，而这个文化分支嬉皮士文化就诞生于伯克利。加州伯克利还曾被作为体现反抗精神的电影《毕业生》的故事背景，获得 1968 年金球奖最佳影片和第 40 届奥斯卡金像奖最佳影片提名。有意思的是，以特立独行著称的著名华人女作家张爱玲在 1969 年至 1971 年之间恰巧在此地从事学术研究，从另一个角度看，加州伯克利独特的校园文化也影响了中国文学与社会思潮的发展。

旧金山艺术大学促进了旧金山地区文化繁荣、引领全球时尚潮流。学校鼓励师生学以致用，积极与社区、公司合作为师生创作创造机会、搭建平台，学校师生不负众望，创造出优秀作品回馈社会。2016 年 3 月，旧金山艺术大学平面设计专业的学生为旧金山消防局历史悠久的 150 周年纪念设计的品牌和官方标志，成为周年纪念活动的重要组成部分；在校生还参与了旧金山不少区域的景观设计，其中为弯道公园(Bendway Park)改造的设计使沿河 100 英亩工业区恢复了活力，获得了美国景观建筑师协会颁发的著名景观建筑奖①。设计工业设计学院与捷豹路虎团队合作设计了 2030 年的美洲虎，与菲亚特克莱斯勒汽车公司合作，为 Jeep 品牌打造了一款高级概念车。艺术大学也为全美乃至全世界影视文化发展增添了浓墨重彩的一笔。动画和视觉效果学院的师生为一系列享誉全球的电影作出了贡献，包括《阿凡达》《X 战警：逆转未来》《死亡之日》《独立日 2：复兴》《蜘蛛侠：英雄归来》。数字动画学院的简・菲利普・克雷默(Jan Philip Cramer)教授更是担任了大片《复仇者联盟 3：无限战争》的动画导演。

此外，斯坦福大学与加州大学伯克利分校也是文体两不误，培养了众多优异的运动健将，推动体育文化精神更上一层楼。截至 2019 年年底，在历届奥运会上，斯坦福大学的现任学生或校友共赢得了包括 139 枚金牌在内的 270 枚奖牌，金牌数及奖牌数均位列全美第 2。斯坦福大学的校友包括 30 余名富豪企业家及近 20 位太空员。该校也是培养最多美国国会成员的院校之一。伯克利的学生和校友在奥运会上共赢得金牌 117 枚、银牌 51 枚、铜牌 39 枚②。

(三) 支撑军事建设与变革

加州大学伯克利分校与斯坦福大学在美国军事发展方面扮演了不可磨灭的历史角色。加州大学伯克利分校的多位教授参与美国原子弹研发计划，伯克利实验室为该计划提供先进技术支撑。1942 年，加州大学伯克利分校的奥本海默教授被任命为美国原子弹研发计划“曼哈顿计划”(Manhattan Project)的首席科学家。同期物理学家欧内斯特・奥兰多・劳伦斯创立了放射实验室，劳伦斯教授因发明回旋加速器而获得 1939 年诺贝尔物理学奖，回旋加速器为高能物理学打开了大门。放射实验室在第二次世界大战时期“曼哈顿计划”中起了不可磨灭的作用，并逐步成为美国最重要的科学研究所之一。该实验室在科学界相当于“卓越”的代名词，致力于解决人类面临的最紧迫、最深刻的科学问题，对未

---

① 校友荣获著名景观建筑奖[EB/OL]. [2019－06－15]. https://www.academyart.edu/awards/alumnus-wins-prestigious-landscape-architecture-award/.

② 加州大学伯克利分校的数字[EB/OL]. [2019－05－30]. https://www.berkeley.edu/about/bythenumbers.

来安全的能源进行基础研究，了解生活系统，以改善环境、健康和能源供应，了解宇宙中的物质和能量，为国家建设和安全运营领先的科学设施，培养下一代科学家和工程师。1971年，为纪念劳伦斯，放射实验室正式更名为美国劳伦斯伯克利国家实验室（Lawrence Berkeley National Laboratory），隶属于美国能源部。截至2019年，该实验室诞生了13项诺贝尔奖，80名实验室科学家是美国国家科学院（NAS）的成员（美国科学家的最高荣誉之一），15位科学家获得了国家科学奖章（美国科学研究领域终身成就的最高奖项），其中亚瑟·罗森菲尔德教授获得了国家技术和创新奖章。此外，劳伦斯伯克利国家实验室也培训了数以万计的大学科学和工程专业的学生，他们正在推动全国乃至全世界的技术创新[①]。

斯坦福大学教授参与军事相关科研，系统工程实验室与斯坦福工业园促使斯坦福大学成为美国军工合作伙伴。美国联邦政府在第二次世界大战期间成立美国科学研究与开发办公室（OSRD），下拨调配资源与经费给高校做与军事相关的科研，斯坦福大学前副校长弗雷德里克·特曼就是受资助建立的哈佛无线电实验室（Harvard Radio Research Laboratory）的负责人，研发的雷达干扰器可对敌人的雷达接收器产生欺骗性的反射信号，在战场上发挥了重要作用。同时特曼在斯坦福大学成立系统工程实验室，专门从事与军事相关的机密研究工作，斯坦福大学开始成为美国军工巨头的合作伙伴。1955年，特曼出任斯坦福教务长，主持成立了斯坦福工业园（Stanford Industrial Park），核心目的是与斯坦福的军事伙伴更好地合作，以及让斯坦福系统的科研成果即军事技术和武器系统的研发和生产能够靠近斯坦福校园。斯坦福工业园的成立，让斯坦福成为美国军事单位最喜欢的合作方[②]，该工业园也奠定了“硅谷”电子等产业的基础。

（四）提升医疗技术与质量

加州大学旧金山分校为旧金山地区提供了优质的医疗服务。加州大学旧金山分校是专门致力于健康科学的领先机构，在公共使命的推动下，学校带领一群科学家、临床医生、学生和员工通过对健康的独特关注，努力使世界变得更美好。同时，加州大学旧金山分校并没有安于现状，学校认识到对于医院中的患者和面临流行病的人群而言，时间至关重要。学校利用多学科团队的效率来加速科学进步，加快新疗法的研究，不断推进政策和合作伙伴关系，确保有需要的人获得最前沿的护理和治疗。作为一所领先的公立大学，UCSF秉持着为社区服务、教育和关怀的公共使命。社区参与计划种类繁多：UCSF科学与健康教育伙伴关系（SEP）覆盖了旧金山90%公立学校的科学教育；UCSF牙科推广计划在北加利福尼亚州提供300万美元的免费牙科护理服务，为低收入和无家可归的患者提供1 300多个免费项目；UCSF城市服务不足（Prime-US）医学教育项目通过与社区诊所和非营利组织合作，为弱势群体提供医疗保健；旧金山癌症倡议（SF CAN）致力于降低

---

① 劳伦斯伯克利说实验室[EB/OL]．[2019－06－25]．https：//www.lbl.gov/about/.

② 暗黑斯坦福历史，从被人看不起到称霸全球[EB/OL]．[2019－06－15]．https：//baike.baidu.com/tashuo/browse/content？id＝5bb6134fff8615d8d14f1dbd&lemmaId＝278716&fromLemmaModule＝pcBottom.

旧金山癌症死亡率；早期学术推广计划（EAOP）推广科学教育，提高了附近社区的大学入学率；通过社区参与学习卓越项目（EXCEL）为旧金山居民提供公共服务的培训和机会。自 2010 年以来，该项目已毕业近 250 名居民，在该项目上每投资 1 美元的学员从该课程毕业后的收入约为 3.15 美元①。此外，作为一家国际知名的健康科学机构，加州大学旧金山分校的公共服务范围早已超越了国界，截至 2019 年年底，有超过 600 名加州大学旧金山分校的调查员来自 190 多个国家的各个学校开展的项目，例如，在非洲积极参与西非艾滋病关怀和预防的能力建设和技术援助；在亚洲研究伊朗等国的药物滥用问题；在欧洲研究注射吸毒者中新生儿中风、艾滋病毒和丙型肝炎合并感染等各种问题；在拉丁美洲和加勒比地区参与了从跟踪病毒病原体到大规模临床试验，再到基本药物价格的政策研究等一系列公共卫生和医学项目；在大洋洲致力于提高当地应对大洋洲疟疾和艾滋病的能力。

加州大学旧金山分校的医疗系统几乎吸纳了所有专业的领导者，包括癌症、心脏病、儿童健康、神经学和移植，每年指导 1 500 多个临床试验项目。其下设的贝尼奥夫儿童医院构建了加利福尼亚北部最大的儿童医疗服务网络，提供超过 65 个儿科医学专业和子专业的教育与研究服务。UCSF 牙科中心在旧金山设有 22 家诊所，提供从日常护理到当今最先进口腔保健的综合牙科服务。在拥有完善的医疗系统与坚实的技术支持下，加州大学旧金山分校成为旧金山的第二大雇主，为旧金山地区创造了近 43 000 个工作岗位，产生约 89 亿美元的经济贡献。超过 185 家初创公司来自加州大学旧金山分校的研究，致力于将湾区建设成为全国首屈一指的生物技术中心②。

（五）领航高教理论与实践

加州大学伯克利分校与斯坦福大学对全球高等教育发展具有巨大的推动作用。加州大学伯克利分校是公立大学的旗帜，在全球范围内的公立大学中起着示范引领作用，斯坦福大学与加州大学伯克利分校并驾齐驱，近几年更有超越哈佛大学之势，跻身世界高校榜首，是各国高校争相效仿的对象。国际公认的高等教育研究领导者、著名教育社会学家马丁·特罗与伯顿·克拉克均曾在旧金山地区任教，甚至一度成为同事，在伯克利大学共用一个办公室。加州大学伯克利分校社会学名誉教授尼尔·斯梅瑟表示，马丁·特罗和伯顿·克拉克一直被认为是高等教育社会科学研究中无可争议的领袖，他们俩在 1966 年和 1972 年发表的学生文化合作论文至今仍然是对学生生活理解的里程碑。

1957 年，伯克利高等教育研究中心在校园内成立，该中心是美国第一个专注于高等教育政策问题的学术研究机构。1962 年，马丁·特罗教授在加州伯克利高等教育研究中心首先提出了“大众高等教育”概念，1970 年提出“普及高等教育”概念，1973 年提出高等教育大众化三阶段论，高等教育大众化理论诞生③。根据马丁·特罗的理论，高等教育的

---

① 加州大学旧金山分校事实一览[EB/OL]. [2019-05-30]. https://www.ucsf.edu/sites/default/files/UCSF_General_Fact_Sheet.pdf.

② 加州大学旧金山分校成就[EB/OL]. [2019-05-30]. https://www.ucsf.edu/about/achievements.

③ 马丁·特罗讣告[EB/OL]. https://www.berkeley.edu/news/media/releases/2007/03/02_trow.shtml.

毛入学率低于15%的属精英教育阶段，毛入学率大于15%且小于50%的为大众化阶段，毛入学率大于50%的为普及化阶段。大众化理论与高等教育毛入学率对全球高等教育发展起到重要作用，至今还在被联合国教科文组织使用。世界著名高等教育学者伯顿·克拉克于1953年至1956年在斯坦福大学的人类学社会学系第一次当大学教师。克拉克在斯坦福大学任教时期接触成人教育，意识到社区学院正迅速成长为美国教育介于高中和四年制大学之间的一个部分，经实地走访调研后，于1960年撰写出版《开放学院》一书，并在《美国社会学杂志》上发表《高等教育中的安抚功能》，安抚功能因其重要意义而成为教育社会学中必不可少的一部分。在伯克利，克拉克作为组织分析学家，通过访谈教师与管理人员来分析学校的整体特征，用这些材料编写出版《著名学院：安迪奥克、瑞第和斯瓦第莫》(1970)，并于1972年在《管理科学季刊》发表《高等教育中的组织传奇》一文，这篇文章推动了组织文化概念的产生，组织传奇概念又被广泛使用。

第四节　旧金山世界一流大学高地与区域“双螺旋”互促

世界一流大学高地是通过地区发展与高校建设相互作用形成的。区域发展是高校建设的“压舱石”，区域发展为建设良好高等教育生态保驾护航；高等学府是区域发展的“发动机”，一流大学对区域发展产生强大的影响力、辐射力与引领力。在区域发展与高校建设双轮驱动作用下，旧金山形成区域—高校同频共振的“双螺旋”互促模式。

一、区域发展为建设良好高等教育生态保驾护航

从历史沿革角度出发，几经易主的历史归属与曾经的淘金热引发移民热潮，为旧金山地区多元文化共存、文化差异包容度提供基础；从地理环境角度出发，旧金山气候冬暖夏凉，适宜居住，有助于吸引外来师生来此潜心研究；从政治地位角度出发，高级政府机关为地区、高校的国际交流保驾护航，高校的世界影响力成为城市的标签；从经济产业角度出发，服务业发达、高新科技与时俱进，多产业交融发展为高校发展提供各类实践基地，高校为经济发展注入新鲜血液；从科教文化角度出发，剧院、体育场、开放广场应有尽有，高包容度给予高校自由，为其营造思想碰撞的环境，高校为头脑风暴提供实践场所。区域—高校互促具体体现为：具备务实、创新、合作精神的斯坦福大学与硅谷相辅相成；加州大学伯克利分校作为加州大学的创始校区，受自由主义文化的影响形成自身特色，创建新文化，优越的地理条件与兼容并包的校园文化为加州大学伯克利分校吸引了大批优秀师资，学校与一流教师团队之间相互成就；专注于医学发展的加州大学旧金山分校依赖旧金山地区庞大的医疗体系，将理论研究与行业实践的结合互通做到极致，为旧金山地区提供了

一流的医疗服务保障，为旧金山地区乃至全美甚至全球人类的健康水平提升作出卓越贡献。

高校的区域布局与经济发展程度、人口密度、政治地位呈正比关系，经济实力越雄厚的区域，办学能力就越强，其吸引高校集中分布的能力越强，高校的聚集度越高。同时，经济发展水平越高，人口集聚程度也会相应提高，美国加州的人口大多集中在以洛杉矶和旧金山为轴心的南北加州都市区(带)，这两个地区集中了美国加州近70%的人口，加州高等院校几乎都集中在这些人口密度大的城市中。各级政府大力支持高校发展也体现在经费支持上。表8-4为加州大学伯克利分校与加州大学旧金山分校的财务收入与各级政府拨款与合同金额。其中，拨款是机构通过各级立法机构的行为收到的金额，但赠款和合同以及资本拨款不足。这些资金用于支付当前的运营费用，而不是用于特定项目或计划。各级经营补助金和合同是各级政府机构的收入，用于特定研究项目或其他类型的计划，一并归类为营业收入。例如研究项目和类似活动，根据赠款或合同条款收到金额，支出可以报销。各级非经营性赠款是指以非交换方式提供的州政府机构的营业外收入，这不包括资本补助和礼物。

从表8-4中可以看出，从联邦政府到州政府再到当地政府，各级政府对高校均有不同程度的资金支持。

表8-4 三所公立高校财务收入 单位：万美元

学校名称	2017年财务收入	联邦政府拨款和合同	州政府拨款和合同	当地政府拨款和合同
斯坦福大学	832 685	132 102	3 111	0
加州大学伯克利分校	272 601	41 612	48 187	1 298
加州大学旧金山分校	639 125	70 407	27 601	18 409

资料来源：美国综合高等教育数据系统①。

二、世界一流大学对区域发展产生强大的影响力、辐射力与引领力

高校将社会服务紧紧渗透到办学过程的每一处。务实服务、创新合作的斯坦福大学，高瞻远瞩、兼容并包的加州大学伯克利分校，严谨专注、服务医疗的加州大学旧金山分校，为旧金山地区乃至全球发展作出了不可磨灭的"三力"贡献，即影响力、辐射力、引领力。

影响力体现于教育渗透产业，地区全球影响力提升。高校培育了优秀人才与前沿科研成果，为旧金山的经济、政治、文化发展注入新鲜血液。例如，优秀毕业生在当地创建了众多公司，惠普、谷歌、领英等公司的创办人均来自斯坦福大学；加州伯克利的理论物理

① 美国综合高等教育数据系统[EB/OL]. [2019-04-30]. https://nces.ed.gov/ipeds/.

学、放射实验室的研究人员是美国原子弹研发计划“曼哈顿计划”的中流砥柱，提升了旧金山地区的全球影响力。

辐射力体现于跨层次跨空间的贡献。高校对社会贡献为多层次辐射，不仅为旧金山的区域发展输送人才，同时也为当地创造出丰富的就业岗位。其中，加州大学旧金山分校就是该市第二大雇主，雇员超过 22 000 人，不仅如此，该校还创办培训课程为当地无业居民教授医疗服务知识，帮助他们获得工作能力。同时，加州大学旧金山分校不仅服务于当地医疗，与整个海湾地区的顶级医院和医师团体建立联系，更是立足本国放眼世界致力于提升全球医疗健康水平，与各大洲、各国医疗项目合作，辐射范围遍布全球。

引领力体现于行业领头人的培养、新产业集群的诞生与世界各国高校的标杆。一方面，旧金山地区一流大学的人才培养目标无一例外是培养未来各行各业的领导者，引领所在领域的发展。在体育方面，斯坦福大学的学生或校友共赢得了包括 139 枚金牌在内的 270 枚奥运会奖牌；加州伯克利的学生和校友共赢得包括 117 枚金牌在内的 207 枚奥运会奖牌。另一方面，这些大学引发了新的产业集群的形成。例如，加州大学旧金山分校生物化学和生物物理系主任、激素研究所所长威廉·鲁特（William Rutter）与硅谷之父、斯坦福大学前副校长弗雷德里克·特曼提供了支持创业与产业发展的研究环境。在思想方面，加州伯克利创造了嬉皮士文化，领导了引发美国不同阶层对社会道德思考的反越战运动。可见旧金山一流大学在各个领域引领着世界向前推进。此外，随着世界各国政府陆续推出建设本国一流大学的政策，旧金山地区一流大学因位居世界前列而成为它们建设的标杆。其中，加州大学伯克利分校是公立大学的旗帜，在全球公立大学中起着示范引领作用；斯坦福大学不仅是私立大学的旗帜，也是紧随国家发展而崛起的模范；加州大学旧金山分校则是全球生态医学领域教育机构的榜样。

三、“双螺旋”互促模式的表现形式

世界一流大学高地必定有世界一流大学集群，当众多高等学府汇聚一地，高校与区域、高校与高校如何布局配合是绕不开的问题。在旧金山区域—高校同频共振“双螺旋”互促模式下，旧金山地区世界一流大学的布局体现了教育地理学角度的整体性、分异性和关联性。①

（一）旧金山地区世界一流大学定位具有整体性

整体性是反映区域教育之间、区域教育内部的整体关系，及其在区域发展过程中所担负的教育功能。对于旧金山高等教育高地来说，一方面，三所世界一流大学与其余高校在旧金山形成多层次、多类型、多目的的高等教育生态系统，从不同层次为旧金山的社会发展培养人才。斯坦福大学、加州伯克利分校、加州旧金山分校三所顶尖学府则担负着为当地、行业乃至国家培养顶尖一流人才、创造一流成果的任务。另一方面，高校之间互相竞

① 罗明东. 教育地理学：一个崭新的研究领域[J]. 上海高教研究，1997(6)：6－8.

争又彼此依赖的共生关系，又推动了旧金山地区一流大学集群的发展。斯坦福大学和加州伯克利分校是美国乃至全球的一流大学，它们同位于旧金山地区，有着相似的教师，相似的学生，相似的荣誉，甚至有着相似的资金规模，不可避免地被公众进行对比，两校之间也会产生各式各样的竞争。在这些竞争中，许多教师与学生会积极投资自己的学校，甚至有些投资会对竞争机构产生负面影响。但这两所学校之间的共生关系是长期存在且非常密切的，曾任加州大学校长的克拉克・克尔说："它们都需要彼此，它们互相为对方创造了一个知识共同体。两者都必须共同努力，以发展西海岸的文明"①。

（二）旧金山地区世界一流大学布局具有分异性

分异性指教育内部各单位的布局差异、布局实况乃至布局规律。对于旧金山高等教育高地来说，地理空间中，旧金山地区的高等学府集群汇聚至少25所高等学府，分别坐落在旧金山的各个区域；斯坦福大学、加州伯克利分校、加州旧金山分校三所顶尖学府也是分布在不同地理方位，错开了一定的社会公共服务辐射范围；斯坦福大学位于旧金山的东南角，加州伯克利分校位于旧金山的东北角，加州旧金山分校则是位于旧金山的城市内，相互之间有半小时到一小时的车程。办学定位上，三所学校在主要资金来源、办学使命、优势学科等方面大相径庭，各有自己的独特之处，其中斯坦福大学属于依托区域技术创新的高等教育发展体系，加州大学伯克利分校则属于依托区域文化交融的高等教育发展体系，加州大学旧金山分校则是依托区域机构合作的高等教育发展体系。

（三）旧金山地区世界一流大学发展具有关联性

关联性指教育内部构成要素与地理环境要素之间的隐性或显性的相关关系，"关联性"可从天时、地利、人和三个因素三足鼎立、互相支撑来解释。对于旧金山高等教育高地来说，就"天时"而言，20世纪"硅谷"的形成与美国迫切要求稳固国际地位形成对高端人才与成果的强烈需求有关；就"地利"而言，海岸湾区有助于发展经济与促进世界各地的交流，气候宜人与淘金热有助于吸引各文化族群聚集；就"人和"而言，经济与人文发展对优质高等教育提出需求，三所高校在发展过程中不断吸引来自世界各地的顶尖学者来校任教，既有合作又有竞争，积极与地方、国家各级层面沟通联系，在日积月累下慢慢打造出了现有的一流师资队伍。例如，加州伯克利分校通过高薪聘请的手段，辅之以优良的工作环境与自由开放的学术气氛与加州西海岸得天独厚的自然环境，从美国东北部的学术重镇吸引了大批名牌教授和著名学者，使得伯克利分校的师资队伍在较短时间里得到加强和发展。

很多时候，天时、地利与人和往往同时出现，互为因果。感受到战时工程和物理研究进展所带来的重大技术机遇，弗雷德里克・特曼在斯坦福大学工程学院院长任职期间创建了综合学者社区，专注于数量有限的研究领域。斯坦福大学工程学院及其周边地区培

---

① BASU, ELSE J. Berkeley and Stanford: The Etiquette of Gentlemanly Competition[J]. Change, 1984, 16(2): 32-44.

育的研究环境帮助斯坦福大学的研究人员开发了宝贵的专业知识网络，以识别推动高科技电子行业创新的研究领域，这些研究领域正是新兴高科技电子产业的核心。相似的例子也出现在加州大学旧金山分校。威廉·鲁特在加州大学旧金山分校创建了一个开创性的研究组织，来自各种生物和临床研究学科的分子生物学家联合起来，围绕一个具有治疗相关性的研究议程展开研究①。此举令加州大学旧金山分校成为生物技术学术领域的领导者。世界一流大学高地旧金山模式如图 8-6 所示。

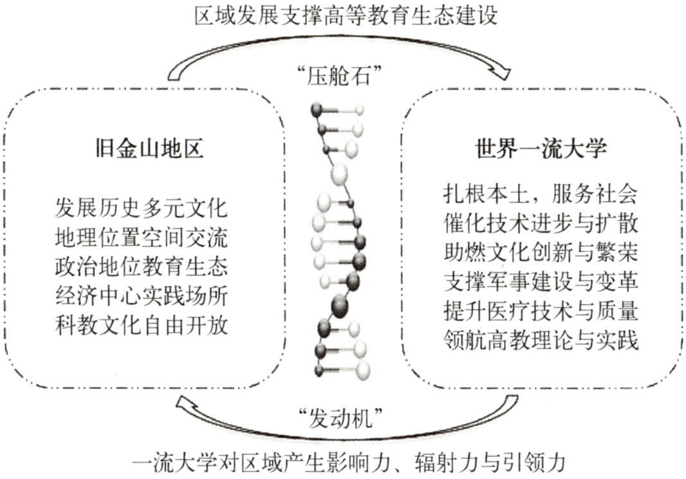

图 8-6 世界一流大学高地同频共振的“双螺旋”互促模式

本 章 小 结

美国旧金山地区享誉全球，在全球经济、文化、科技、高等教育界都具有影响力、辐射力与引领力。本章从旧金山地区概况、世界一流大学概况、旧金山地区与世界一流大学的关系初探三个方面分别展开分析论述，对旧金山地区成为世界一流大学高地的原因进行了剖析，认为旧金山地区与各高等教育知名学府构建的教育—区域生态系统，三所顶尖高校的发展各具特色，独特的发展模式兼具历史机遇、区域文化、地理环境等充分条件，不易复制，但可借鉴。美国旧金山地区世界一流大学高地可为我国建设一流大学高地提供有益参考。

① JONG S. How organizational structures in science shape spin-off firms: the biochemistry departments of Berkeley, Stanford, and UCSF and the birth of the biotech industry[J]. Industrial and Corporate Change, 2006, 15(2): 251-283.

第九章
日本·东京

纵观大学与城市发展的历史，一流大学往往建立在历史悠久、经济发达的城市中，这些城市通常是国家或者地区的经济中心，它们往往为一流大学的发展壮大提供物质、资金、政策等支持条件。与此同时，一流大学以文化滋养城市，以培养高精尖人才反哺城市，以领军科技创新引领城市发展。日本东京发展成为世界一流大学高地，离不开其历史、政治、经济、文化、社会等多种因素的发展融合。在这座世界知名的大都市中，大学处在良好的社会环境中，汲取城市提供的养分，通过人才培养、科学研究、社会服务、文化创新等发挥其引领力、辐射力和影响力，使得日本东京世界一流大学高地呈现出多元融合、错位发展、世界领先的典型特征。

第一节　东京世界一流大学高地概况

东京（Tokyo）是日本的首都，是面向东京湾的国际大都市，是全球最具竞争力的城市之一，也是世界著名的旅游城市、世界上经济发展度与富裕度最高的城市之一。2018 年发布的“全球城市竞争力排行榜”中，东京排名第二[①]。2019 年发布的《世界旅游城市发展报告（2019）》中，东京位列世界旅游城市发展综合排行榜第二，在旅游便捷度单项排行中位列榜首[②]。在百余年的发展历程中，东京逐渐成为日本政治、经济、文化、交通等众多领域的枢纽中心，吸引了全球高端人才，形成了东京大学（University of Tokyo）、早稻田大学（Waseda University）、庆应义塾大学（Keio University）、东京工业大学（Tokyo Institute of Technology）等全球著名的大学，成为知名的世界一流大学高地。

① 21 世纪经济报道. 2018 年全球城市竞争力排行：中国 9 个城市进入 TOP50（榜单）[EB/OL].（2018－10－14）[2019－10－17]. https://static.nfapp.southcn.com/content/201810/14/c1570814.html? colID=14.

② 中国新闻网. 世界旅游城市排行榜出炉　中国三城市跻身前十[EB/OL].（2019－9－4）[2019－10－17]. http://www.chinanews.com/cj/2019/09-04/8946699.shtml.

一、东京地区概况

正式的行政区划定义上，东京仅限于东京都，与道、府、县同为日本的一级行政区。行政级别相当于我国的省、直辖市和自治区。广义理解的东京可泛指首都圈。根据1956年日本政府为统合东京及周边地区而制定的《首都圈整备法》的规定，东京及周边地区是日本的“首都圈”。

“首都圈”最初的范围包括东京都与周边的七个县，分别是埼玉县、千叶县、神奈川县、茨城县、栃木县、群马县、山梨县。但是随着20世纪90年代初日本泡沫经济崩溃，日本首都圈朝着集约化方向发展，“首都圈”的概念逐渐被涵盖范围更小的“东京圈”“东京都市圈”所取代。

“东京圈”最终成为由东京都与相邻的三个县构成的地区，包括东京都、埼玉县、千叶县和神奈川县，东京都的官网称之为“Greater Tokyo Area”，翻译为“东京圈”[①]。本章所研究的世界一流大学高地就是东京圈，也称为东京地区。

东京圈环绕东京湾。东京都大致位于日本列岛中央，东面即千叶县，南为神奈川县，北面是埼玉县，西面与山梨县为邻。东京地区的总面积约1.4万平方千米，占日本国土面积的3.5%，人口数量约为3 700万，占日本总人口的27%。

（一）东京都介绍

东京都的面积约为2 188平方千米，人口约1 385万(2019年1月)[②]，人口密度为每平方千米6 330人，处于日本之首。

东京都由23个特别区及26个市、5个町、8个村构成[③]。东京都内的23区是日本行政机构的汇集之地，集中了国家与地区的大部分政府机构。23区内还遍布教育文化机构，批发零售业、住宿餐饮等服务行业企业，金融保险业、不动产业等部门；聚集了日本几乎所有的大型跨国银行、保险、证券、期货等金融机构总部；汇集了全日本五百余所民间研究机构的四分之一，600多家顶级技术型企业的一半。可以说，东京都是日本整个国家发展的命脉，发挥着不可替代的中枢职能作用。

东京都不仅是日本国内政治、经济与文化的核心命脉，还是世界三大金融中心之一，是世界上最重要的经济中心之一，是2018年全球化与世界城市(Globalization and World Cities，简称GaWC)公布的55个世界级城市Alpha+级别的上榜城市之一[④]。作为全球

---

① 东京都. 东京都的行政区划[EB/OL]. [2019-10-17]. http://www.metro.tokyo.jp/chinese/about/history/history02.html.

② 外交部. 日本国家概况[EB/OL]. (2019-05-08)[2019-10-17]. https://www.fmprc.gov.cn/web/gjhdq_676201/gj_676203/yz_676205/1206_676836/1206x0_676838/.

③ 东京都官网. 都政情报[EB/OL]. [2019-10-7]. http://www.metro.tokyo.jp/tosei/tokyoto/profile/gaiyo/shikumi/shikumi01.html.

④ 全球化与世界城市网络研究官网[EB/OL]. [2019-10-10]. https://www.lboro.ac.uk/gawc/group.html.

最权威的世界城市研究机构之一，GaWC 排名主要关注该城市在全球活动中具有的主导作用和带动作用。2019 年，由中国社会科学院财经战略研究院与联合国人居署共同发布的《全球城市竞争力报告 2019—2020：跨入城市的世界 300 年变局》报告显示，东京位列全球城市竞争力 20 强中的第 6 位[①]。

东京都聚集了 145 所大学，聚集了全日本一半左右的高水平大学，其中包括东京大学、东京工业大学、庆应义塾大学和早稻田大学等世界一流大学。这些世界一流大学集中分布在东京都的不同区内。千代田区是东京都内大学聚集最多的区，21 所大学的校区坐落于此，包括东京理科大学、日本齿科大学、明治大学等。同时，千代田区是日本天皇住所所在地，日本国会、最高裁判所等中央行政单位全部位于该区，该区是日本的政治中心和经济中心。东京都行政管辖区的多摩地区是大学、研究开发机构和高科技产业的聚集地，同时也是商业发达地区。多摩地区的八王子市是一座大学城，包括首都大学东京、创价大学在内的 13 所大学位于该市，也因此成为了东京地区乃至全日本的研发引擎。

（二）埼玉县

埼玉县是位于日本关东平原内部的内陆县，面积约为 3 800 平方千米，人口约为 720 万人。埼玉县有着丰富的民间艺术和历史遗迹，具有多彩的历史文化，因此也被称为“多彩的城市”[②]。埼玉县自古以来就与东京都有着密切的联系，历史上和现在东京都的大部分地区被称为武藏国。埼玉县内的浦和、大宫、与野市于 2000 年开始联合创建未来型城市——“埼玉新都心”，接纳了东京中心区政府部分职能的转移。浦和也是埼玉县的行政中心，承担着国际交流和商务职能。大宫是日本的副都，是日本东部最重要的交通枢纽之一，其所在区域范围内交通网络密集。该地区是埼玉县的经济中心，聚集了政府机构、住宿餐饮、商务休闲等场所，商品业、服务业较为发达。

位于埼玉县的大学或大学的分校(部)总共有 42 处，埼玉县内的每个市和区几乎都至少有一所大学或大学的分校(部)。埼玉市是县厅的所在地，是经济、文化、艺术的中心都市，也是重要的交通枢纽。该市的制造业发达，化学工业、精密机械和电器行业产品是核心产业。埼玉市有“文教都市”和“足球都市”之称。以国立埼玉大学为首的 7 所大学和 3 座大型足球场分布于该市，其中埼玉专用足球场是日本最大也是亚洲最大的足球专用体育场之一。

（三）神奈川县

神奈川县面积约为 2 416 平方千米，人口约为 1 000 万人。横滨是神奈川县的县厅所在地，是一座港口城市。横滨的人口数量在全日本排名第二，是人口最多的市级行政区。横滨市内的横滨港被视为东京的外港，优良的港口吸引了大批工业部门和仓储产业在此落户。地处东京和横滨之间的川崎市的人口规模在日本排名第九。川崎港的主要功能是

---

① 新浪网. 全球城市竞争力榜单发布：中国 20 城入围经济百强，深圳领跑[EB/OL]. (2019-11-13)[2019-11-18]. http://news.sina.com.cn/o/2019-11-13/doc-iihnzhfy8863208.shtml.

② 埼玉県官网. 県政情報. 統計[EB/OL]. [2019.10-10]. https://www.pref.saitama.lg.jp/.

为企业输送原材料和成品，港口周围坐落着许多日本重型工业企业和科技企业，其中知名的企业包括日本钢铁、日本石油、富士、日本电器公司、东芝、戴尔等。川崎港与横滨港在功能上形成了互补，港口优势不断扩大，因此使神奈川县渐渐发展成为东京地区工业和物流产业的聚集地。

神奈川县共有 50 所大学或大学的分校(部)。在位于神奈川县的众多市当中，横滨和川崎是非常重要的两个市，这两个地区既是工业重地，又是大学的聚集地。这两市的大学数量占整个县的 78%。横滨市是神奈川县的县厅所在地，是一座港口城市，坐落于该市的大学或大学的分校(部)共有 30 所。地处东京和横滨之间的川崎市是东京地区以及京滨工业带的重要城市之一。日本女子大学、日本映画大学等 9 所大学的校区坐落于此。

（四）千叶县

千叶县面积约为 5 158 平方千米，人口约为 620 万人，是关东地区重要的港口群所在地。千叶港是全日本最繁忙的国际货运码头，大量的仓库与工厂位于海岸沿线。县内的成田国际机场的国际旅客数量在世界上位居第 9 位，货物吞吐量位居第 7 位，成田国际机场及其周边地区不仅是日本的空中国门，而且是日本经济发展中具有中心作用的国际性战略基地[①]。千叶县的城市功能定位之一是居住，由于可居住面积大，拥有大面积的住宅区，且白天在东京上班的人很多，因此已经成了东京的“睡城”。据日本总务省统计，千叶县白天到东京都内上班的人数约 700 万。千叶县内坐落着东京迪士尼乐园、奥特莱斯购物城等大型设施，是日本开发成就最为显著的地区之一。

千叶县共有大学或大学的分校(部)41 所。其中千叶大学是世界一流大学。世界顶级大学东京大学也在千叶县设立了分校。此外，日本大学、东京医科齿科大学等日本知名大学在千叶县都有分校(部)。千叶县还拥有众多从事最尖端技术研究开发的企业。

二、东京地区世界一流大学概览

东京地区是当之无愧的世界一流大学高地。目前日本共有大学 780 所，位于东京地区的大学 221 所，占比 28%[②]，是日本大学分布最密集的地区。学术研究机构占全国的 40%左右，研究人员数更是超过 60%[③]。大批高等学府向区域内的企业输送了科技创新人才，大学和研究所在东京地区的密集分布也为产学研结合推动产业发展奠定了基础。位于东京地区的大学当中，更是有诸如东京大学、庆应义塾大学、东京工业大学、千叶大学等大批日本著名、世界一流的高等学府。这些世界一流大学在发展过程中，与城市密切互动、互为支撑、休戚与共。

---

① 千叶県官网. 県政情報. 統計[EB/OL]. [2019 - 10 - 10]. https://www.pref.chiba.lg.jp/index.html.

② 地域别大学検索. 日本の大学[EB/OL]. [2019 - 10 - 10]. https://www.gakkou.net/daigaku/search/area.html.

③ 日本東方新報. 东京湾地区哪些经验可资粤港澳大湾区借鉴? [EB/OL]. (2018 - 12 - 21)[2019 - 10 - 10]. http://www.livejapan.cn/review/review_sound/review_sound_talk/20181221/16315.html.

2019年，东京地区共有8所世界一流大学分别进入《美国新闻与世界报道》(*U. S. News*)、国际高等教育咨询机构(QS)、《泰晤士高等教育》(*THE*)、上海交通大学学术排行榜(ARWU)的前500名。在进入四大世界一流大学排行榜的大学中，东京大学表现最为突出，在四大排行榜中的排名均在前100名以内，是全球公认的世界顶级一流大学，这充分说明东京大学在人才培养质量、科研水平及国际化、社会服务等方面均具有优秀的表现。表9-1展示了2019年东京地区世界一流大学的排名情况。

表9-1 2019年东京地区世界一流大学排名

学校名称	*U. S. News*	QS	*THE*	ARWU
东京大学(University of Tokyo)	62	23	42	25
东京工业大学(Tokyo Institute of Technology)	289	58	251～300	101～150
千叶大学(Chiba University)	667	464	601～800	401～500
庆应义塾大学(Keio University)	489	198	601～800	301～400
早稻田大学(Waseda University)	388	208	601～800	501～600
东京医科齿科大学(Tokyo Medical and Dental University)	663	352	401～500	601～700
东京都立大学(Tokyo Metropolitan University)	503	651～700	401～500	901～1 000
东京理科大学(Tokyo University of Science)	837	751～800	801～1 000	401～500

资料来源：2019年世界QS、*THE*、*U. S. News*、ARWU四大排行榜。

(一) 全球顶级——东京大学

东京大学成立于1877年，是日本第一所按照现代学制成立的大学，是日本第一所国立大学，也是亚洲创办最早的大学之一。作为日本七所旧帝国大学之首，东京大学在日本及全球享有盛誉。东京大学的前身是江户时代原幕府直辖学校昌平坂学问所、开成所和医学所。明治维新初期，日本政府颁布了《学制令》，其中一项主要内容是“教育管理体制实行中央集权制，全国的学校由文部省统一管理”。1877年，文部省将昌平坂学问所、开成所和医学所三所学校合并，称为东京大学。合并改制之初，东京大学共有在校生500余人，设有文学、法学、理学、医学四个学部和一所大学预备学校。1878年，文部省批准东京大学授予学士学位。1886年，明治政府颁布《帝国大学令》，东京大学改名为“帝国大学”，采用分科大学制，并开设了研究生院。1887年，东京大学获博士学位授予权。1897年，“帝国大学”易名为“东京帝国大学”，以区分同年创立的京都帝国大学。1947年9月，“东京帝国大学”正式定名为“东京大学”。

如今，东京大学已经是拥有4个校区、10个学部、15个研究生院、11个附属研究所

(包括先端科学技术研究中心)、13个大学研究中心、3个附属图书馆和4个高等研究所的世界知名综合大学。东京大学各个学部、研究生院和研究所的附属机构遍布全国①。东京大学以培养治国人才为主,在科研人才培养方面也硕果累累。截至2018年,东京大学培养了近20位日本首相、20多位国会议长、10位诺贝尔奖得主以及若干位沃尔夫奖得主和菲尔兹奖得主。其他人才还包括学术名家、工商巨子、政界精英等。可以说,东京大学在日本国内的影响力和知名度都无可比拟。在世界范围内,东京大学也享有极高盛誉。2019年,东京大学同时进入四大世界一流大学排行榜的前100名,最好成绩是QS榜的排名,位居第23名。

(二) 理工之最——东京工业大学

东京工业大学创办于1881年,前身是东京职工学校,是一所以培养工学方面专业人才为主的高等学府。该校在经历三次更名后于1929年正式更名为"东京工业大学"。该校为日本理工科大学之最,是专攻工程技术与自然科学的日本顶尖、世界一流理工科大学。东京工业大学设置了染料化学、纺织学、陶瓷学、应用化学、电气化学、机械工学、电气工学、建筑学8个学科。2016年4月起,东京工业大学实施全面教育改革,将学部(本科)、大学院(研究生院)统一改组为"学院"。目前该校共有6个学院,包括理学院、工学院、物质理工学院、情报理工学院、生命理工学院、环境社会理工学院。各学院设有两年前期课程和三年后期课程的博士课程。两年前期课程为"修士课程",三年后期课程为博士后期课程。东京工业大学的组成还包括科学技术创成研究院、未来产业技术研究所等150多个校内共同教育研究机构②。

(三) 私学双雄之一——早稻田大学

早稻田大学,1882年以"东京专门学校"之名成立。自1892年起,人们才开始称它为"早稻田学校"。1902年,它获准改制为"早稻田大学",成为日本的一所研究型综合私立大学。

早稻田大学和庆应义塾大学并称为日本"私学双雄"。早稻田大学创办初期包括政治经济学科、法学科、理学科和英学科。经过100多年的发展,目前早稻田大学的院系设置包括本科和研究生院。本科包括文学、社会科学等13个学院;研究生院有教育学、文学、经济学等20个学院。它还设有运动中心、系统科学研究所等在内的39个研究所或研究中心;高等学院、专门学校等在内的8所附属学校;5个图书馆,2个博物馆。这些院系、设施等分别位于早稻田大学的5个校区③。

(四) 私学双雄之一——庆应义塾大学

庆应义塾大学始建于1858年,素有"亚洲第一私立学府"之称,是日本历史最悠久的

---

① UTokyo by the Numbers. 东京大学官网[EB/OL]. [2019-10-09]. https://www.u-tokyo.ac.jp/en/about/facts_figures.html.

② About Tokyo Tech. 东京工业大学官网[EB/OL]. [2019-10-08]. https://www.titech.ac.jp/english/about/disclosure/national.html.

③ About US. 早稻田大学官网[EB/OL]. [2019-10-08]. https://www.waseda.jp/top/en/about.

大学之一。庆应义塾大学的创办者是日本近代著名思想家、教育家福泽谕吉，以“兰学塾”之名成立于江户时期。1890 年正式成为日本政府认可的私立大学。

庆应义塾大学目前有 10 个面向本科生教育的学部，包括文学部、经济学部、法学部、商学部、医学部、理工学部、综合整治学部、环境信息学部、护理医疗部、药学部；14 个研究生院，包括文学研究院、经济学研究院、法学研究院等；6 个研究所，包括语言研究所、新闻研究所、经济研究等；电脑中心、语言视听教育等全校共同使用的研究设施；全日本大学中规模最大的函授部；2 所附属小学、2 所附属中学、4 所附属高中、1 所初高中一贯制附属学校①。

（五）国立综合大学——千叶大学

千叶大学成立于 1949 年，日本旧制官立大学之一，是日本著名的研究型国立综合大学。千叶大学共有四个校区，位于千叶县内的千叶市、松户市和柏市。千叶大学目前共有 10 个本科学部，包括文学部、法经学部、教育学部、理学部、医学部、园艺学部、看护学部、药学部、工学部等。千叶大学有 13 个研究生院（也叫研究科），包括教育学研究科、理学研究科、看护学研究科、工学研究科、园艺学研究科、融合科学研究科、人文社会科学研究科、医学研究科等。研究生院的课程分为硕士课程、博士课程、博士专门技术职务学位课程等②。

（六）医科类大学——东京医科齿科大学

东京医科齿科大学成立于 1928 年，是日本著名的国立大学，世界一流的医学类大学。它成立之初是东京高等齿科医学学校，1946 年开设大学教育，更名为东京医科齿科大学。该校目前拥有三个校区，主校区位于东京都内的文京区，其他两个校区位于千代田区和千叶县。该校目前拥有医学部、齿学部两个大学学部；医学研究科和齿学研究科两个研究生院；两所图书馆和两所附属医院③。

（七）私立理工类大学——东京理科大学

东京理科大学是日本顶级的私立理工科大学之一，创建于 1881 年。1949 年改组并更名为东京理科大学。该校一直处于日本私立大学的前 10 名，在企业想要聘用理工科人才大学中排名前十。该校目前共设有 7 个本科学部和 7 个研究生院。本科学部包括理学部第一部、工学部第一部、药学部、理工学部、基础工学部、经营学部、理学部第二部、工学部第二部（2016 年起停止招生，现有学生全部毕业后该部废除），其中理学部第二部是该校唯一开放的夜间学部，主要面向社会人士授课。研究生院包括理学研究院、工学研究院、综合化学研究院等④。

---

① Keio by the Numbers. 庆应义塾大学官网[EB/OL]. [2019-10-08]. https://www.keio.ac.jp/en/about/by-the-numbers/index.html.

② About Chiba University. 千叶大学官网[EB/OL]. [2019-10-08]. http://www.chiba-u.ac.jp/e/about/index.html.

③ About TMDU. 东京医科齿科大学官网[EB/OL]. [2019-10-08]. http://www.tmd.ac.jp/english/outline/.

④ About. 东京理科大学官网[EB/OL]. [2019-10-08]. https://www.tus.ac.jp/en/about/.

（八）公立大学——东京都立大学

东京都立大学是一所由公立大学合并而成的大学。2005 年，东京都立大学、东京都立科学技术大学、东京都立保健科学大学以及东京都立短期大学四所公立大学合并。在合并的四所大学中，历史最悠久的大学是东京都立大学，其前身是 1929 年成立的东京都立高等学校。合并后的四所大学称为首都大学东京，是日本东京都内唯一的一所公立大学。该校官网显示，2020 年 4 月 1 日，学校名称变更为东京都立大学。目前，东京都立大学依然保持了合并前各个学校的学科设置，包括四个学部、六个研究生院。

表 9－2 展示了东京地区八所世界一流大学的基本情况，包括在校生数、教职工数、经费投入等。

表 9－2　东京地区世界一流大学基本情况表

信　息	东京大学	东京工业大学	庆应义塾大学	早稻田大学	千叶大学	东京医科齿科大学	东京理科大学	东京都立大学
建校时间/年	1877	1881	1858	1882	1949	1928	1881	2005*
学校类别	国立	国立	私立	私立	国立	国立	私立	公立
校区/个	4	3	6	6	4	3	4	3
学院数/个	10	6	10	13	10	2	7	4
研究生院/个	15		14	20	13	2	7	6
研究生数/人	14 239	5 384	4 847	8 385	3 591	1 487	3 219	1 172
留学生数/人	4 267	1 664	1 677	4 439	1 443	—	446	656
本科生数/人	14 071	4 828	28 683	41 051	11 044	1 417	16 106	3 307
教师数/人	5 860	1 844	2 273	5 468	1 378	878	1 785	668
生师比	5∶1	6∶1	15∶1	9∶1	11∶1	3∶1	26∶1	8∶1
职员数/人	4 900	1 696	3 095	1 233	2 078	1 762	772	516
总收入	160.18 (2018)	27.48 (2017)	100.94 (2018)	63.12 (2017)	43.68 (2017)	36.33 (2018)	—	18.09 (2017)
总支出	169.69 (2017)	27.30 (2017)	97.05 (2018)	60.03 (2017)	43.68 (2017)	37.16 (2018)	—	18.09 (2017)
科研投入	33.30 (2017)	3.11 (2017)	—	6.56 (2017)	1.52 (2016)	1.19 (2017)	—	1.29 (2017)

注：① 以上数据根据大学 2018 年官网发布的数据整理；② 汇率以 2018 年 12 月 31 日的汇率为准：1 日元＝0.061 877 元；③ ＊ 表示 2005 年为合并时间；④ “—”表示未查到相关数据。

除了上述世界知名的一流大学以外，东京地区还拥有多所在日本至关重要的大学，比如，日本顶尖的著名外国语类国立大学东京外国语大学；日本国内历史最悠久、最高等的艺术家培养学府东京艺术大学；日本科学与科技领域的顶尖学府芝浦工业大学；日本唯一一所海洋研究与教育的国立大学东京海洋大学；日本唯一一所专攻人文社会科学的精英学校一桥大学；以少数精英教育与国际化而负有盛名的国际基督教大学；注重国际交流与外语教学的日本一流私立大学上智大学；汇集了现代尖端技术科学的国立大学电气通信大学；日本国内规模最大的著名综合性大学日本大学；日本著名私立大学创价大学、明治大学、法政大学等。

第二节　东京世界一流大学与城市协同发展

东京的城市历史要追溯到江户时代，东京地区的发展规划开始于日本《首都圈整备法》的颁布。世界一流大学伴随东京而生，又随着城市的发展规划而布局。日本最为著名的东京大学是以城市名命名，东京大学的诞生伴随着城市的诞生，在之后的发展中，城市和大学同舟共济，休戚与共。

一、世界一流大学与城市共生

东京的历史可以追溯到约 400 年前德川家康建立德川幕府的江户时代，江户在此时期成为一座政治城市。江户时期的人口逐渐兴旺，江户城渐渐发展成为当时的中心城市。江户城的政治、经济文化均比较兴盛。德川幕府推行了一系列的文教改革，使得江户末期的教育十分发达。教育机构数量不断增加、办学形式多种多样，规模不断扩大。截至 1867 年，日本国内已经有超过 1 万所寺子屋，500 多所乡学，1 500 多所私塾，200 多所藩校以及 20 余所幕府直辖学校。其中，幕府直辖的学校包括昌平坂学问所、和学讲习所、开成所及医学所等，这一类教育机构相当于高等教育机构。此时多数藩校以武士为教育对象，且教育年限不等。藩学是近代中学的基础。“民众”教育机构包括乡学、私塾、寺子屋等。私塾相当于现代的高等专门学校；寺子屋相当于初等教育；乡学的办学形式有的类似藩学，有的类似寺子屋。江户时代教育活动的繁荣，为日本近代教育的开端奠定了基础。

1868 年江户幕府倒台后，成立了明治政府，江户改名为东京，日本天皇也迁都至此，东京成了名副其实的日本首都。1889 年，《大日本帝国宪法》发布，东京市诞生，设 15 个区。1893 年，多摩地区纳入东京府。

进入 20 世纪，1932 年东京市将周边合并，形成了 35 区，与现在的东京都区域基本相同。1943 年，《东京都制案》提出并被通过，废除了东京府和东京市的形式，合并为东京都。1947 年，根据日本国宪法，开始实施新的地方自治制度，公选制产生的知事首次诞生，将 35 区最终统合为 23 区，并延续至今。

明治政府上台后，积极推行“明治维新”，成为日本历史的重要转折点。日本的近代大学出现在这一时期。1871 年，明治政府设置文部省，主要职能是负责管理全国的文化教育事业。1872年,政府颁布的《学制令》规定全国分为8个大学区,每个学区设1所大学。1877年,明治政府在东京建立第一所大学——东京大学。当时文部科学省将40%的教育经费拨给了东京大学,以举国之力办一所大学。由日本近代著名启蒙思想家、明治时期杰出的教育家福泽谕吉在江户时代设立的私塾——兰学塾,也在这一时期得到了发展,最终发展成为当今的庆应义塾大学。这两所大学目前都已成为日本顶尖、世界著名的一流大学。

二、世界一流大学伴随城市发展而发展

20世纪50年代,日本的经济开始复兴。以东京为中心的首都圈开始爆发出一系列因人口和产业聚集带来的负面问题,如城市无序扩大、人居环境愈加恶化、环境污染、交通拥挤等。日本政府及时开始治理城市,统一规划建设首都圈,于1956年颁布了《首都圈整备法》。之后依次于1958年、1968年、1976年、1986年、1999年制订了五次首都圈基本计划。在颁布每一次计划时,都对城市内的产业和大学的布局作出了明确规定。比如,根据《第一次首都圈基本计划》的建设方针,东京都内工厂和大学的新增得到了限制,控制了人口的膨胀。根据1965年修订的《首都圈整备法》,将原来城市街道开发区改成都市开发区,附加工业城市与住宅城市的功能,努力将其建设成研究学园、流通及多功能城市。根据《第三次首都圈基本计划》,对城市的中枢职能进行选择性的分散,控制大学向首都圈聚集,将大学疏散到老街区以外的地域,将工业疏散到东京大都市圈以外①。东京地区就是随着日本政府的有序规划、推动而逐步发展的。在发展过程中,相关法律的出台保障了东京地区的建设和发展。

随着日本政府首都圈的规划发展,教育先行的理念在日本得到了践行。出于政治体制原因,成立于明治时期的东京大学在当时为国家军事主义服务,大学和其所在地区之间缺乏互动。战争结束后,几近成为荒地的东京急需重建,经济复苏是当务之急。城市急需发展民用工业,制造业成为城市化的原动力。原有的第一产业中难以产生工业人才,因此对大学提出了培养人才需求。大学由军工转民用来迎合城市的需求。随着产业在战后的迅速发展,对大学提出了输送越来越高质量人才的需求,从期望大学培养普通技术人员,到期望培养不仅掌握技术理论知识,而且能够学以致用的高级技术人员,再到对培养创新人才的需求。随着经济变化对人才需求的变化,高等教育的结构也发生了变化,高校层次结构从专科提升至本科为主,并且这一时期的研究生教育发展较快②。

随着不同时期《首都圈基本计划》的规划,东京地区内的城市基本功能及产业发展需求发生了变化,促使大学及其学科随着城市发展空间的扩展和需求而布局得更加合理。东京地区以东京大学为中心,陆续诞生了十几所大学。大学的类别日渐丰富,国立大学、

① 史艳玲,刘子轩.日本首都圈建设及启示[J].合作经济与科技,2018(11):34-35.
② 张臻汉,张海英,张彦通.从历史视角探析日本大学与城市的互动关系[J].现代大学教育,2015(4):26-32.

私立大学、短期大学、高等专门学校等不断涌现。大学的学科结构也趋于合理。东京地区的工业发展，需要招收大批量的理工科大学生，大学顺应需求，增加了工学类学科，增加了理工科的招生人数。东京大学1958年的理科招生人数是840人，占招生总数的42%左右。到1968年，理科的招生人数为1 693人，约占总人数的56%[①]。东京工业大学等学校纷纷成立了专门机构，为迅速发展的工业高等专科学校培养师资。

三、世界一流大学和城市同生共荣

从东京的发展历史和东京大学的发展历史来看，大学与城市的关系休戚与共，同生共荣。诞生于帝国主义时期的东京大学与城市缺乏互动，使得大学无法按照大学逻辑发展，城市无法遵循城市演进规律发展。如今的东京地区以其优越的城市环境、便捷的生活条件、高速发展的经济、优质的高等教育资源吸引杰出人才和全球优秀学生，大学不断向城市溢出人才和知识，两者相互促进、相互依靠。

从东京城市和大学发展历史可以发现，城市经济、文化的繁荣为大学的诞生提供了必要条件。东京城市和大学的真正互动开始于第二次世界大战之后。江户时代幕府重视文教事业，推行的一系列改革为明治时期的教育繁荣奠定了良好的基础。明治政府高度重视教育和科学技术，颁布了一系列政策法令推动教育改革，最重要的是在财政上给教育事业投入大量的经费，使各类学校的发展能够得到物质上的保障。文部科学省当时将40%的教育经费都拨给了东京大学，以举国之力办一所大学。从这点就可以看出明治政府办大学的决心。此外，明治政府不惜重金聘请外籍教师和专家到日本的大学讲学。当时外籍教师的月薪最高可达600日元，而东京大学校长的月薪只有400日元[②]。由于政治体制原因，这一时期的大学是为国家军事主义服务的，大学与城市之间缺乏互动。这一点从东京大学的几易其名可以看出来，东京大学先是更名为“帝国大学”，之后又改名为“东京帝国大学”。这一时期也建立了多所帝国大学。这些帝国大学的建设及学科设置等与城市的发展关联不大，大学的社会责任难以发挥，使得大学无法按照大学逻辑发展，城市无法遵循城市演进规律发展。

经历战火之后的大学和城市“同生共荣”，开始了真正意义上的互动。大学和城市在战后都急需寻求发展，大学需要增强服务社会需求的功能，城市需要不断完善其政治经济体制。大学进行的各种改革使学科设置开始得以均衡化布局，大学的规模、水平均有所提升，从而促进了城市的工业化进程。工业化进程激发城市活力继而推进了城市的发展，城市的快速发展又为大学带来了新的发展机遇。两者正是在这种不断完善自身发展的过程中逐步接轨，开启了良性互动。城市与大学的良性互动促使战后的东京快速发展，经济不

---

① ［日］草原克豪．日本の大学制度——歴史と展望［M］．弘文堂，2008：117．
② 尹秀芝，徐亚萍．近代日本教育发达原因探析［J］．黑龙江社会科学，2008(5)：165－169．

断腾飞。东京依靠大学的有力支持，成了日本的研发中心以及全球的金融中心。围绕东京地区产业发展的需求，一流大学培养高端人才，服务地区建设发展。一流大学培养的企业家、政治家、教育家等在各个领域成绩斐然。早稻田大学、庆应义塾大学等被不同的世界知名大学排行榜认定为就业率第一的大学，培养出来的人才遍布日本的各个行业领域。早稻田大学至今培养了60多万名学子，活跃在文艺、体育、传媒、政治、经济、科技等各个行业领域。此外，不同类别企业的研发中心、各种创新研发机构，以及大小各异的资本孵化组织聚集于东京地区。大学和企业之间通过产学研结合，培养高端创新型人才，服务于社会发展。同时，大学通过与外部企业及投资机构的合作，一方面为自己的发展募集了外部资金，另一方面促进了科研成果的转化。比如，东京大学通过学校内部设置的"产学联合本部"、外设的技术转移机构、天使投资基金，打造产学联合的"金三角"，促进了知识成果转化；其"国际产学共同研究中心"与东芝、索尼等日本知名企业建立了合作关系，为本校的研发项目募集企业资金。在大学的人才溢出和不断支持下，东京的经济水平节节攀升。如今东京汇集了日本约一半注册资本超过10亿日元的大企业，占全国支票交易额的80%，股票交易额的70%，汇集80%的上市公司，成为国际金融中心。可以说，在战后大学和城市均遭受重创后，是大学与城市相伴发展与相互支持，让彼此重新焕发生机，彼此成就，最终实现了互利共赢。

第三节 东京世界一流大学与城市多元互动

东京地区的世界一流大学自诞生之日起就与城市的发展紧密相连，通过深入探索产学研合作机制推动东京地区经济发展。世界一流大学培养的社会精英成为各行业领域内的佼佼者。世界一流大学在发展中汲取城市养分的同时，也为城市提供了一流的社会服务，产出造福于全人类的科技创新成果。世界一流大学在经济、文化、政治、科技、社会等方面与城市多元互动，协同创新发展。

一、深入探索产学研合作新机制

产学研合作，是指日本产业界与学校在教育、科学研究方面实行的合作。20世纪90年代中期，日本实施科学技术创新立国战略，配套出台了一系列法律、制度，包括《科学技术基本法》《科学技术基本计划》《产业竞争力强化法案》《产业活力再生特别措施法》等。这一系列的法规、制度，促进了针对产学研发展过程中存在问题的改革，使产学研合作机制继续引领日本的科研事业发展，协同促进国家的科技发展和巩固创新国家核心地位。东京地区在产学研合作方面，已经探索出了新的合作机制，即根据产学研合作的不同特点，将产学研合作进一步细化为"产学合作"和"产研合作"。产学合作注重创新链前端的基础科学和技术，注重事实知识和原理知识，更加关注正式研发活动、高学历人才应用以及与知识结构的紧密联系；产研合作注重技能知识和人力知识，强调创新链后端的技术应用和成果转化，强调与产业链上客户、供应商以及同行间的合作①。

东京地区的一流大学基本上都成立了推进产学合作的机构，这些机构不单单在人才输出上为产业服务，在研究合作上，部分大学和研究所作为独立法人机构也拥有更大的行政权力来分配研究资源。东京工业大学于2003年成立了产学协创推进部，随后于2004年制定了本校的知识产权政策，在学校和企业的合作方面作了相关说明。企业和大学开展的产学合作形式多种多样，包括企业对受托于大学的研究项目进行冠名资助，学校向企业推送特聘学者开展共同研究讲座；学校鼓励教师在企业兼职，针对企业的研究开发项目进行指导和咨询；经常性地召开大学和企业之间的意见交流会、技术交流研讨会、未公开专利的优先披露会等，与企业保持密切联系，了解企业需求，促使研究成果在企业应用。通过上述有效做法，东京工业大学有力地推进了企业与大学的产学合作。东京大学在产学合作方面也表现突出。通过设立专门的"产学合作"本部，设置实习实践、技术追踪研修课程、创新创业课程等特别的课程，配置"协调者""双师型"教师等完善的人员，实现了依托"产学合作"培养应用型人才的目标。东京大学在产学合作方面不断探索新的模式，于2005年承担了日本文部科学省出台的"产学合作培养应用型人才长期计划"中的重大课题——"构建新型模式"课题。

产研合作主要由位于东京地区内的企业牵头。事实上，日本政府将科研的主要力量放在了企业中，每年拨付企业的研发经费支出约占日本研发经费的70%。2018年日本总务局发布的数据显示，2017年日本的科研经费总支出是19.05万亿日元，其中企业的研发经费高达13.80万亿日元，占研发经费比重的72.4%②。东京地区聚集了较多具有技术研发能力的大型企业。丰田、佳能、索尼、东芝等企业拥有自己的研究所，也有与高校及科研机构合作成立的研究中心，在促进各高校与企业间的科技合作和协同发展、推进高校科研成果产业化的转变和实践中发挥着重要的作用。东京地区还有五处技术创新中心，其中两个中心位于东京大学，其余位于东京工业大学、庆应义塾大学和东京艺术大学。这些技术中心着眼于社会未来发展愿景设置研发课题，由企业牵头进行产研合作。比如，东京大学与日立医学、索尼等合作成立纳米量子信息电子学中心，集中产学研的力量将该领域内最先进的研发成果实现产业化。东京大学与东京信用国库合作，开发出的超深海探察机"江户1号"的基本部件全部实现日本国产，并在8 000米超深海域实验成功。

二、诺贝尔奖及社会精英的摇篮

人才培养始终是大学肩负的根本使命之一。东京地区的世界一流大学服务社会发

---

① 林兰. 东京产学研合作创新的经验与启示[J]. 科技中国，2018(10)：31－37.
② 科学技术研究调查. 总务省统计局[EB/OL]. http：//www.stat.go.jp/index.html.

展，为国家和社会各界培养了精英。进入 21 世纪，日本社会进入转型期，在政府技术战略的指导下，日本不断引进新的制度措施，日本的经济社会发展已经从依赖资源、劳动力转向了依赖创新、依赖人才。世界一流大学伴随着高地的产业发展变化，在不同时期为东京地区的发展培养了杰出人才。最为突出的贡献是培养了近乎日本一半的诺贝尔奖获得者。

在 1901 年至 2018 年的诺贝尔奖颁发历史中，日本是除欧美之外获奖最多的国家，共计 27 人，包括物理学奖 11 人、化学奖 7 人、生理学或医学奖 5 人、文学奖 3 人、和平奖 1 人。进入 21 世纪，日本诺贝尔奖的获奖数仅次于美国，迄今已有 18 人获得诺贝尔奖。东京地区的东京大学、东京工业大学和东京理科大学的获奖人数近乎日本整个诺贝尔奖获奖数的一半，共计 8 人。其中东京大学 5 人，东京工业大学 2 人，东京理科大学 1 人。进入 21 世纪，这三所世界一流大学的诺贝尔奖获奖情况如表 9－3 所示：

表 9－3　新世纪东京地区世界一流大学诺贝尔奖获奖情况

学　　校	获奖年份	获奖类别	数　量
东京大学	2002	物理学奖	5
	2008	物理学奖	
	2010	化学奖	
	2015	物理学奖	
	2016	生理学或医学奖	
东京工业大学	2000	化学奖	2
	2016	生理学或医学奖	
东京理科大学	2015	生理学或医学奖	1

资料来源：根据各高校官网的公开信息绘制。

除了诺贝尔奖以外，东京地区的世界一流大学还为各行业领域培养了大批杰出人才，包括日本首相、物理学家、数学家、文学家、银行总裁、奥运冠军、宇航员、作家、演员、服装设计师等。如日本第 94 任首相菅直人、日本国宝级陶艺家滨田庄司是东京工业大学的优秀校友；《我是猫》的作者夏目漱石、荷尔蒙-"肾上腺素"的发明者高峰让吉曾就读于东京大学；恐怖电影《午夜凶铃》的原著者铃木光司、著名服装设计师川久保玲毕业于庆应义塾大学；执导作品两次获得戛纳电影节金棕榈奖的著名导演今村昌平、2014 和 2018 年两届冬奥会花样滑冰的男单冠军羽生结弦是早稻田大学的优秀校友；在《自然》和《科学》发表论文最多的日本化学家藤田诚是千叶大学的知名校友。此外，高地内的每所一流大学几乎都为日本培养了优秀的企业家。东京理科大学培养出了多名世界 500 强企业 CEO，包括铃木、富士通等知名企业的现任社长；日本上市公司社长有 1/10 毕业于庆应义塾大学，因培养企业家数量之多以及培养出的全球 500 强企业 CEO 校友数名列前茅，庆应义塾大学被称为“企业家摇篮”。

三、以开放办学丰富城市的多元文化

日本是一个拥有多元文化的国家，大和民族是一个十分善于吸收他国文化的民族。中国的儒家思想、佛教文化对日本的文化产生了巨大影响。明治时期的“文化开明”，吸收和借鉴了大量的西方文化。随着日本经济的繁荣昌盛，日本开始推销自己的文化，这种越来越强烈的意识促使日本提出了战略性的口号，就是曾任日本首相的中曾根康弘所说的“国际化”。日本政府为此投入了大量的资金。最具代表性的当属 20 世纪 80 年代起日本开始在高等教育中实施的国际化战略，政府陆续推行了一系列旨在提升高等教育国际化的改革举措。在不同的改革举措中，东京地区的一流大学一马当先，由过去的保守办学逐步开放，不断扩大留学生招生数量以及派遣海外留学生的数量，以开放办学的精神丰富城市文化。

日本高等教育国际化进程首推计划当属“21 世纪初外国留学生规模达到 10 万人计划”。2003 年该计划目标实现，日本一跃成为留学生人数排名第六的国家(2004)。在 2003 年留学生人数排名前 30 的大学中，东京地区的 4 所大学上榜。东京大学位列第一，接收留学生人数为 2 070 人；紧随其后的是早稻田大学，接收留学生人数为 1 593 人；东京工业大学以 901 人位列第 15 位；千叶大学以 746 人位列第 21 位。以东京为中心的关东地区的外国留学生占全国外国留学生的一半，在 1999—2003 年的五年期间，留学生人数占总学生人数比例平均为 50%[①]。具体到各县市来看，东京都有留学生 34 625 人，位居第一；埼玉县有 4 824 人，位居第五。

日本文部科学省于 2009 年推出了“全球 30 计划”，旨在促进日本留学生人数的进一步提高，提出“到 2020 年接收留学生人数达到 30 万”的目标。首批入选该计划的大学共有 13 所。2012 年，日本文部科学省正式启动推动经济发展的“国际型人才支援计划”，旨在提高国际产业竞争力，培养能够活跃于国际舞台、积极应对国际挑战的人才，对入选大学进行财政拨款。共有 42 所大学入选，其中 28 所大学位于东京地区。千叶大学、早稻田大学入选“全面培养型”大学之列，东京工业大学入选“特色培养型”大学之列[②]。2014 年，日本推出了“全球顶级大学计划”，旨在通过提高被资助大学的国际化水平，提升日本一流大学在世界一流大学排行榜上的名次。东京大学、东京工业大学、庆应义塾大学和早稻田大学入选 A 类顶级大学；千叶大学入选 B 类引领型大学。[③] 此外，还有 17 所入选“全球顶

① 侯梅芳. 日本“10 万留学生计划”的发展历程及特色[A]. 中国、日本外国留学生教育学术研讨会论文集[C]. 2004 年. 北京：北京语言大学出版社，2005：68－88.

② 日本文部科学省. グローバル人材育成推進事業の採択事業の決定について[EB/OL]. https://www.jsps.go.jp/j-gjinzai/kekka.html.

③ 王战军，雷琨. 日本“全球顶级大学计划”中期评估及启示[J]. 中国高等教育，2019(22)：62－64.

级大学计划”的大学位于东京地区。

随着东京地区学校开放办学力度的不断加大，一流的教育条件和优质的师资力量吸引了越来越多的留学生。根据独立行政法人日本学生支援机构的统计，截至2018年5月1日，日本高等教育机构的外籍留学生人数近20.98万人，其中研究生院共有5万多人；本科生共有近8.5万人；短期大学有近2 500人；日语教育机构留学生9万多人。从留学生的国籍来看，中国、越南、尼泊尔和韩国的留学生人数最多；从研究领域来看，人文科学、社会科学、工学领域的留学生人数最多。早稻田大学、东京大学、东京工业大学、千叶大学等世界一流大学的留学生人数位于日本所有大学的前30名之内，早稻田大学更是以5 412人的留学生人数拔得头筹。东京地区的留学生人数约15万人，占全日本留学生人数的71%。[①] 留学生的到来更加丰富了城市多元的文化，为城市发展注入新的活力。

四、产出一流的科技成果

东京地区的世界一流大学对科技发展的贡献不可小觑。2015年，汤森路透发布该年度全球企业创新排名前100名：日本上榜的企业共有40家，超过美国(35家)，成为创新第一大国。东京地区的研究机构占全国的40%、研究人员超过60%，高校数量高达221所，占整个日本高校数量的28%。东京地区的大学专利技术转移组织(Technology Licensing Organization，简称TLO)保证了科研成果专利化、产业化；大学与企业新合作计划不仅支持日本的汽车制造业，还有助于发展医疗器械、宇宙航空、机器人等新一代产业领域的重要技术；技术创新中心(Centre Open Innovation，简称COI)以未来社会发展需求设置研发课题；东京研究开发平台与可行性研究中心促进了东京地区大学和企业在工学、医学、药学等学科先进领域的融合。

全日本有37家TLO，位于东京地区的TLO就有10家。TLO的主要职能是负责选择、评估大学具有产业潜能的研究成果，将其转让给企业，帮助提高大学的科研转化率。位于东京地区的TLO包括日本大学、庆应义塾大学、东京大学、东京医科齿科大学等。截至2015年年底，东京大学的TLO帮助高校科研成果转化的收益已经超过40亿日元。大学与企业的新合作计划覆盖多个领域。在支持汽车制造业方面的合作是利用公共汽车内的无线网络设备实现多语言信息服务的开发和产业化；对于医疗产业的支持包括为认知症障碍提供对策支援服务的“D－cloud”计划。其他产业支持包括利用建筑耐震技术，实现建筑耐震服务产业化。东京地区的技术创新中心面向社会发展的未来设置研究课题，开展的研究包括东京大学的“健康社会”和“相干光子技术创新”课题；东京工业大学的“‘以心电心’(网络交流方式)社会”课题；等等。这些课题致力于解决人类社会发展中产

① 日本学生支援機構. 留学生に関する調査[EB/OL]. https://www.jasso.go.jp/ryugaku/statistics/index.html.

生的新问题。研究开发平台与可行性研究中心包括东京大学与未来制药研究所、奥林巴斯、积水医药、田边三菱制药、日立医学、索尼联合开展的系统疾病生命学相关的先进医疗技术；东京大学与夏普、日本电器、日立制造所、富士通研究所、QD激光等合作开展的纳米量子信息电子学。

东京地区世界一流大学及联合单位开展的研究，面向未来社会发展需求，面向造福人类的科技研发。世界第一个双足步行机器人是由早稻田大学于1969年首先研制成功的，是当时行走最接近人类的机器人，也是该大学研究的系列机器人之一，足以说明其在机器人领域的研究水平。2016年，该校与东芝联合研发的无线充电公交在川崎市殿町King Sky Front地区和羽田机场周边地区试运行，该研发着力解决的是电动汽车实用化面临的“体积大、重量重、价格高”的电池配备量技术和成本难题①。东京大学宇宙研究所在日本政府每年拨款的财政支持下，至今已发射了14颗卫星和多颗运载火箭，这些卫星和火箭被用来进行极光观测、探测行星和地球磁场、开展天文物理及无人宇宙实验室的试验。庆应义塾大学研发的电动汽车时速高达每小时310千米，为世界之最；其光纤是世界上传输速率最快的。这些高科技研发产品，都致力于解决人类未来可能面临的资源匮乏问题，具有重要的研究价值。

五、形式多样的社会服务工作

东京地区的世界一流大学不仅为经济发展和科研提供支持，在服务社会大众方面更是发挥了引领、示范作用。日本高校通过“资源共享”的服务模式向社区提供服务。日本通过一系列纲要和政策促进图书馆面向社会开放。比如1986年发布的《关于当前国立大学图书馆开展开放服务的策略》，1996年颁布了《新设私立大学图书馆改善纲要》。2004年，日本总务省要求国立大学图书馆不限制身份和目的分享图书资源。日本几乎所有具备条件的高校均向社会开放图书馆。校外用户可以利用图书馆资源进行电子期刊、纪要、学术论文及学位论文等校内资料的全文阅览，也可享受网络预约借书、文献的复制等数字化信息服务②。同时，日本的大学向社会开放体育馆、运动馆、研究室等基础设施。

大学还向社会人员提供多种多样的开放学习机会，面向社会招收在岗人员进入大学学习。考虑在岗人员的实际情况，设置大量夜间学部和学科，开办函授教育、设立广播电视大学，招收旁听生和委托研修生，接受委托研究员等，以多种方式招收社会人员参加学习。大学教授通过电视台、广播站、社会服务社等开展各种公益讲座。大学开放学习形式多样，类别丰富③。在众多一流大学中，东京理科大学理学部第二部是专门针对在岗人员

① 早稻田大学与东芝联合研发无线充电公交投入试运行[J]. 军民两用技术与产品，2016(5)：20.
② 李周珊，侯长林. 日本高校社会服务模式及其启示[J]. 高教发展与评估，2019(3)：74－81.
③ 朱永新，王智新. 当代日本高等教育[M]. 太原：山西教育出版社，1992.

开放的夜间学部，主要面向社会人士授课。庆应义塾大学拥有全日本大学中最大的函授部。

东京地区的一流大学积极成立创业企业并采取各种举措保障创业企业的成活率。东京大学、东京工业大学和东京农业大学成立的创业企业数量经常位列日本全部大学的前30。2015年，东京大学、东京工业大学、东京农业大学成立的创业企业分别位于全国排名的第1位、第7位和第21位[①]。这些创业企业涉及的领域以软件、生物、健康、医疗器械等为主。大学通过调配研发人员、聘请顾问、制订销售计划等一些特别措施保证较高的创业企业成活率。东京地区世界一流大学以实际行动服务区域经济发展。

六、战时和战后参与军事研究

由于政治体制原因，东京大学成立之初是为国家军事主义服务的。明治天皇颁布教育文件《教育敕语》，围绕其建立起的日本教育体制是国家军事主义教育体制，大学服务于国家主义。在这一时期诞生的东京大学，虽然以东京的城市名来命名，其实质是彻底"为了国家之需"而设立的大学。1886年，日本颁布《帝国大学令》，规定原东京大学改名为"帝国大学"，之后又更名为"东京帝国大学"。帝国大学的任务是适应国家发展的需要，教授学术、技术理论、研究学术和技术的奥秘[②]。大学为国家，国家为大学，城市仅是国家战略的载体。这一时期大学的学科设置由文部科学省控制，学科设置主要服务于重工业型的产业结构及军工。比如，1886年的东京帝国大学（现在的东京大学）重点建设外语学科。政府高薪雇用来自英法等国家的教员，目的是向西方学习，服务工业化。1938年，《国家总动员法》建立战时统制体制，日本的大学增设了飞机、机械、医疗等与军事相关的部分学科，科学研究集中于武器和军事学。东京帝国大学设立了研究武器制造的学科，学校的第二工学部主要研究军工产品的生产和应用。

战争结束后，日本的大学坚持与来自军事组织的补助划清界限。但据日本《朝日新闻》报道，2008年至2016年的九年间，日本的大学等学术界至少收到135项来自美军的研究补助，总额达到8亿8千万日元（约合人民币5 395万元）。该报道指出，补助金大约开始于1997年，由美国的陆海空军分别提供。补助对象仅限于基础研究，日本政府并不参与，由美军直接提供资金。一方面资金用途拥有高自由度、便于使用；另一方面，资金存在最终应用于军事的可能性。

根据参考消息网2017年5月16日的报道，东京工业大学、东京大学等大学允许职员从事军事研究。

---

① 数据来源于东京大学、东京工业大学、东京农工大学官方网站.

② 张臻汉，张海英，张彦通.从历史视角探析日本大学与城市的互动关系[J].现代大学教育，2015(4)：26－32.

第四节 东京世界一流大学高地的形成机制

东京地区成为世界一流大学高地绝非偶然，历史的选择、得天独厚的地理位置、经济发展的需求和大学之间的竞争共同作用于大学的发展，最终造就了东京世界一流大学高地。

一、历史的选择：东京大学的历史地位

从梳理东京地区高等教育的历史可以发现，江户时代的政治、经济和文化的兴盛为大学的诞生准备好了条件。江户时代幕府重视文教事业，推行的一系列改革为明治时期的教育繁荣奠定了良好的基础。江户时代的资本主义经济发展，使得日本的有识之士首先意识到了进行教育改革、培养急需人才势在必行。他们大声疾呼，倡导发展教育事业，并先后发表著作，论述教育的重要性及西方的教育情况。具有代表性的著作包括青地林宗的《舆地志略》和渡边华山的《外国事情书》。

明治政府成立之后，不仅接纳了这些有关教育改革和推进教育事业的意见和建议，颁布了一系列的政策法令推动教育改革，更重要的是在财政上给教育事业投入大量的经费，使各类学校的发展能够得到资金方面的保障。从 1870 年至 1896 年，明治政府颁布的重要教育法令和规章多达 30 多个，超过其他方面改革的法令或规章[①]。

正是在明治政府高度重视教育事业以及有识之士的大声呼吁下，东京大学诞生了。政府办大学的决心加上文部科学省的投入，为东京大学走上一流大学之路奠定了一定的基础。东京大学诞生之后不久，围绕东京大学又陆续建立了不同类别层次的多所大学，形成了东京地区较为完备的高等教育体系。经过上百年的发展，这些大学的积淀成为东京世界一流大学高地形成的必要条件。

二、得天独厚的地理位置：大学坐落于优质湾区

东京地区的一都三县紧紧环绕东京湾。东京湾位于日本关东地区，旧称江户湾，是日本的优质港湾，后因与东京接壤而得名。东京湾在古时就已经是主要的水上要道。中世纪，东京湾海盗活动频繁；战国时期，东京湾成为海军的战场；江户时代，东京湾成为海运的主要航道。江户时期的幕府奉行闭关政策，为对付外国船只，在湾内筑起不少炮台以备防御之需。1858 年，横滨港在《日美修好通商条约》中被开放。

由于实行明治维新，日本掀起工业化浪潮。面对日本国土面积不大、各类资源有限的

① 本书编写组.中外近代历史上的改革[M].北京：中共中央党校出版社，1991.

现实，充分利用海洋资源是发展的必由之路。明治政府从欧洲引进了大量的先进工业，主要有纺织业、机械加工业和炼钢产业，这些产业主要依托横滨港、东京港、千叶港等自身船运商贸和临港城市的货物加工、物流等小微企业而存在。随着港口经济的繁荣发展，大量工业逐渐集中在东京中心区。

工业集中造成了东京中心城区用地紧张、地价高昂以及交通拥挤的状况，迫使东京自20世纪60年代开始通过工业分散战略向外迁移。有着优良港口、土地广阔、地价低廉的神奈川县和千叶县成了首选。政府及时规划出台了《东京湾港湾计划的基本构思》，将东京地区的东京港、千叶港、川崎港、横滨港、横须贺港、木更津港、船桥港在内的港口有机整合，形成广域港湾[①]。随着东京地区产业的外迁，东京地区的高校也开始外迁。不仅一些众多著名大学从东京市中心迁往神奈川县或者东京都的多摩地区，还有些大学在周围的县区设立分校区，如东京大学、明治大学、日本大学。在空间上，最终形成了世界一流大学集中分布在东京都的不同区内，其他层次和类型的大学分布在东京都区和其他三个县内的错位布局，交相呼应，优势互补。

三、经济发展的需求：学科设置紧密对接产业需求

正是由于得天独厚的优质海域资源，使东京地区成为日本最早开展工业建设的地区。大学的发展布局及学科设置等紧密围绕产业发展需求。东京地区产业发展过程大致可以划分为四个阶段：港口经济—工业经济—服务经济—创新经济[②]。在不同发展时期，为顺应产业发展的需求，各种类别和类型的大学应势而谋，服务社会发展。比如，明治时期建设发展起来的单科大学达到了54所[③]，既为该时期的产业发展提供了大量急需的高级技术及管理人才，又为后续的产业发展储备了必要的人才。再比如，为顺应东京地区的工业发展需求，大学增加了工学类学科，扩大了理工科的招生人数，招收大批量的理工科大学生。东京大学1958年的理科招生人数是840人，占招生总数的42%左右。到1968年，理科的招生人数为1 693人，约占总人数的56%[④]。东京工业大学等纷纷成立了专门的机构，为迅速发展的工业高等专科学校培养师资。

20世纪90年代以后，东京地区进入知识技术密集型的创新经济阶段，中心城区进一步重点布局对外贸易、金融服务、精密机械、游戏动漫和高新技术等高端产业及现代服务业，逐步形成了由聚集在该地区的创新企业及服务机构、高校院所构建的创新生态体系。国立大学、私立大学、短期大学、高等专门学校等不同层次类别的高校服务于不同产业需求。东京地区随着产业需求增长布局建设不同类型的大学，进一步拉近了企业与大学合

① 尤蕾.世界三大湾区的“掘金之路”[J].小康，2019(10)：42－44.
② 刘道学，池仁勇，金陈飞.对标东京湾区，迎接大湾区时代[N].社会科学报，2018－8－2(2).
③ 尹秀芝，徐亚萍.近代日本教育发达原因探析[J].黑龙江社会科学，2008(5)：165－169.
④ [日]草原克豪.日本の大学制度——歴史と展望[M].弘文堂，2008：117.

作创新的距离，成了东京周边制造业创新升级的智力原动力，也强化了科技产业化的进程。比如，东京大学在周边设置了很多分校区，设立了产学研合作本部，它们负责处理产业创新与企业合作的事务。

四、大学之间的竞争：竞争性资助经费托起世界一流大学高地

大学部门的研究经费可以说是技术创新的源泉。日本的科技研发经费基本上一直处于世界前三的水平。根据日本总务省于 2018 年 12 月发布的《2018 年科学技术研究调查结果》(该调查的统计年度为 2017 年 4 月—2018 年 3 月)，2017 年度全社会研发经费总额为 19.05 万亿日元，占 GDP 的 3.48%。在研发经费的支出上，大学的总支出为 3.642 万亿日元，比上一年增长 1%①。日本政府对各大学经费的投入多采用竞争性经费资助的方式，尤其是在建设世界一流大学的过程中，通过项目资助的形式向入选学校投入经费，如“21 世纪 COE 计划”“远山计划”“全球顶级大学计划”。为了争得政府的资助，各大学制定改革举措，加快建设一流大学。

东京地区的大学在争取政府的竞争性经费中逐渐脱颖而出。以日本“全球顶级大学计划”为例，该计划是 2014 年日本文部科学省推行的世界一流大学建设计划。入选该计划的大学分为 A、B 两类。A 类大学每年获政府资助金额 4.2 亿日元(约合 2 700 万元人民币)，B 类大学每年获资助金额为 1.72 亿日元(约合 1 000 万元人民币)，该计划预计资助总金额约为 960 亿日元(约合 61 亿元人民币)。共有 37 所大学入选该计划，东京地区有 17 所大学入选。为了不被削减或终止资助经费，各入选大学纷纷依照计划开展各项改革。2018 年 2 月，该计划结束了首次中期评估，各入选大学均顺利通过，将继续获得政府资助。未入选的大学，也在为争取下一轮入选积极准备。大学之间为获得政府的经费资助，形成了良性竞争机制。在这个过程中，获得经费资助的大学的办学水平得到了很大提升，逐步引领其他大学发展，世界一流大学高地逐渐形成。

第五节　东京世界一流大学高地建设的经验及启示

东京地区一流大学高地的历史经验证明，大学因城市而兴、因城市而盛，名城名校总是相互支持的良性互动关系。同时，东京地区世界一流大学高地的发展为我国的世界一流大学建设提供了有益经验。

① 科学技術研究調查. 総務省統計局[EB/OL]. (2018 - 4 - 20)[2019 - 10 - 10]. http://www.stat.go.jp/index.html.

一、服务国家战略，强化司法保障

日本是一个太平洋西岸的岛国，领土由北海道、本州、四国、九州四个大岛及6 800多个小岛组成。由于资源有限，依靠海洋和海湾发展运输业、实行开放战略发展经济势在必行。从20世纪50年代开始，日本就开始依靠湾区构建其经济发展战略及东京首都圈。

1951年，日本政府颁布《港湾法》，规定由政府对整个国家港口发展的数量、规模和政策进行统一规划布局。1956年，日本出台《首都圈整备法》，之后依次于1958年、1968年、1976年、1986年、1999年制订了五次首都圈基本计划，为东京都市圈的规划与建设提供了法律依据，大学的发展和布局也随着每一次基本计划的规定产生相应的变化。除了这两部法律以外，在随后的港口和首都圈建设的不同阶段，又相继颁布了多部法律法规，如《东京湾港湾计划的基本构思》《首都圈市街地开发区域整备法》。

20世纪90年代中期，日本实施科学技术创新立国战略，配套出台了一系列的法律、制度。1995年颁布的《科学技术基本法》是日本第一部有关科学技术的根本大法，规定了日本在发展科学技术方面的基本国策和方针，要求增强产学研合作，推进基础研究、应用研究和开发研究的协调发展。2018年，日本政府公布了2018—2019年度《综合创新战略》，突出五大重点措施：大学改革、加强政府对创新的支持、人工智能、农业发展、环境战略。其中大学改革重点一是以企业运作形式、官产学研相结合、公益性地开展应用研究，激励大学积极争取民间研究资金；二是创立产学官一体的“大学改革支援产学官协议会”①。2018年5月25日，经日本参院全体会议上表决通过、正式成立的新法规定：10年内禁止东京23区的大学增加招生名额。此新法颁布的目的之一是搞活地方大学的办学，促进地方政府同大学紧密合作，办学效果良好的地方大学将得到政府提供的补助金②。

日本政府从整体谋篇布局，颁布一系列科学技术及创新法律法规，配合东京地区的发展战略，使东京地区的规划建设、企业和高校之间的合作有法可依，以东京为中心带动周边城市发展的格局得以形成。

二、跟踪产业趋势，优化大学布局

东京地区精密规划不同发展时期的产业布局，在“港口经济—工业经济—服务经济—创新经济”的一步步升级过程中，逐步实现“工业分散”战略。20世纪60年代前，东京依

① 中华人民共和国科学技术部. 日本提出2018—2019年度《综合创新战略》[EB/OL].(2018-07-03)[2019-10-10]. http://www.most.gov.cn/gnwkjdt/201807/t20180702_140381.html.

② 新华网. 防年轻人移居大城市　日本禁止东京23区扩大招生[EB/OL].(2018-05-26)[2019-06-06]. http://www.xinhuanet.com/world/2018-05/26/c_129880738.htm.

靠港口实现了初级工业化，形成了京滨和京叶两大工业聚集区。20 世纪 60 年代，日本经济进入高速发展阶段，人口和产业聚集产生的负面问题迫使京滨、京叶两大工业区的机械、电器等一般制造业逐渐从东京中心城区迁移至横滨、川崎等地。20 世纪 80 年代，东京的中心城区规划定位了高端服务功能，由此重点布局了高附加值、高成长性的服务行业、奢侈品生产业和出版印刷业。20 世纪 90 年代以后，东京地区进入知识技术密集型的创新经济阶段。正是由于不同阶段的布局规划，使东京地区一步步从传统工业化时期的一般制造业、重化工业为主的产业格局，发展成为今天的以对外贸易、金融服务、精密机械、高新技术等高端产业为主的产业格局。

大学的布局早在明治时期就已经开始。1872 年颁布的《学制令》规定全国分为 8 个大学区，每个学区设 1 所大学。东京帝国大学成立之后，京都、东北、九州、北海道等几个帝国大学相继成立，从而形成了高校教育网络系统。之后，农科大学、医科专门学校等单科学校逐步建立起来。在东京地区，围绕东京大学，周围的高校也逐渐多了起来。进入工业高速发展的时代，大学跟随产业发展趋势优化布局，很多历史悠久的老牌大学在东京都 23 区以外的东京地区建设了分校。比如，东京大学在千叶县的柏市建立分校，物理研究所、宇宙射线研究所等都位于该校区。在产业密集的地区，几乎每个城市都有一所大学。这些大学或大学的分校密切结合区域产业发展特色，进行人才培养或开展研究工作，不同类别的大学在东京地区错位分布。

产业的精细分工和大学的合理布局带来了发达的“产学研”体系。大学和企业通过合作研究制度、委托研究制度、委托培养研究人员制度、特定研究奖金的设立、共同研究中心的设置等增强了双方的交流合作，实现优势互补。

三、发挥大学优势，引领区域发展

东京地区世界一流大学在日本高等教育国际化进程中发挥了巨大作用，推动了区域国际化发展。日本在 20 世纪 90 年代就开始了高等教育国际化的战略。最初，大学通过聘用外籍教员、选派交流人员、吸引留学生等措施来达到国际化的“量”的基准。进入 21 世纪，由于日本老龄少子化、劳动力逐年下降等问题，日本文部科学省调整了留学生政策，希望通过大学的国际化吸引高端人才来支持日本的经济发展，解决劳动力不足带来的社会问题。日本的高等教育国际化理念由“量”的基准进一步发生了转移。

进入 21 世纪以来，东京地区多所一流大学入选日本文部科学省旨在推进高等教育国际化进程的项目，在政府资金及自募资金的支持下，推进学校国际化进程。以日本“全球顶级大学计划”为例，17 所入选该计划的一流大学位于东京地区。入选大学通过推进教育教学改革、增加英语课程的授课以及完善留学生服务支持体系等举措，增强了国家间高等教育的兼容性，提高了研究生教育的国际吸引力，吸引了越来越多的留学生毕业后留在日本就业。大批留学生的到来，强化了东京地区高度国际化的城市形象，吸引了更多的外资企业在这里扎根落户。可以说,东京地区一流大学的国际化进程在该地区迈向世界舞台的进程中功不可没。

此外,东京地区世界一流大学发挥学校产学研协同育人的优势,紧跟地区的产业发展需求,为地区的经济发展输送人才。早稻田大学、东京大学被不同的评价机构评为日本就业率第一的大学,这些大学的学生就业率接近 100%,就业领域为金融保险业、电子通信行业、制造业等东京地区的主要行业领域。东京地区其他大学的情况大致无二,学生的就业方向主要是当地的各种产业领域。

从以上分析可以看出,大学利用参与国际化建设的优势,引领区域的国际化发展;利用产学研优势,与企业协同育人,培养符合社会经济发展需求的高层次人才。

本章小结

在当今全球经济发展中,湾区经济是全球经济发展的重要驱动力和技术变革的领头羊。日本东京湾区因聚集了大批世界一流大学、一流人才和科研机构而成为日本经济发展的巨大引擎,也是名副其实的世界一流大学高地。本章梳理了东京世界一流大学高地的概况和形成历史,探讨了东京世界一流大学在日本经济社会发展中发挥的重要作用与作出的巨大贡献,剖析了东京地区世界一流大学高地的形成机制,为我国世界一流大学建设提供了宝贵的经验。

第十章
俄罗斯·莫斯科

著名教育史学者劳伦斯·布鲁克里斯(Laurence Brockliss)将大学与城市之间的渊源分为两个阶段：第一阶段是大学寄居城市，但不从属于城市；第二阶段是大学与城市之间关系密不可分[①]。中世纪以来，大学与城市从相互隔离到互动再到荣辱与共，大学逐渐由独立于城市之外的象牙塔化身为城市中心的地标建筑，大学与城市可谓你中有我、我中有你的命运共同体。21 世纪是知识经济时代，经济增长比任何时候都更加需要知识的生产、传播、应用和创新。大学，作为知识生产和创新的源泉，越来越受到城市发展的依赖，世界一流大学更是成为各大城市的靓丽名片。探讨世界一流大学对城市的依赖度和贡献度，以及世界一流大学与城市的互动程度有利于构建新的大学发展观[②]。

第一节　莫斯科世界一流大学高地概况

世界一流大学对于城市，特别是基于知识创新的现代化城市，其重要性是不言而喻的。不论是北美洲科技重镇旧金山，还是欧洲科技创新策源地伦敦和柏林，或是亚洲卓越全球城市东京，城市发展和世界一流大学的人才辐射效应是呈显著正相关的。莫斯科由 20 世纪的纺织城迅速发展成为 21 世纪的现代化知识创新城市，离不开莫斯科地区世界一流大学源源不断的智力支持。

一、莫斯科地区概况

莫斯科(Moscow)沿莫斯科河而建，故得名于此，斯拉夫语意为“石匠的城寨”。公元

---

① BROCKLISS L. Gown and Town: The University and the City in Europe, 1200 - 2000[J]. Minerva A Review of Science Learning & Pdicy, 2000, 38(2): 147 - 170.

② 刘晖，李嘉慧. 论大学与城市发展的时空逻辑[J]. 教育发展研究，2018(5)：1 - 7.

1147 年,莫斯科开始逐渐成为人群的聚集地。1156 年,基辅大公尤里·多尔戈鲁基(Yuri Dolgoruky)在莫斯科修筑克里姆林城堡,成为莫斯科城的奠基者。“克里姆林”(Kremlin)出自希腊语,意思是“城堡”,在俄语中当“内城”来讲。莫斯科地处俄罗斯欧洲板块中部,跨莫斯科河及其支流两岸,地理坐标为北纬 55°45′,东经 37°36′,平均海拔 120 米,年降雨量 582 毫米,气候较湿润,属于温带大陆性气候。莫斯科面积为 2 511 平方千米,人口为 1 415 万人。

莫斯科河和伏尔加河流域的上游入口和江河口处相通,是俄罗斯乃至欧亚大陆上极其重要的交通枢纽,成为通达波罗的海、白海、黑海、里海、亚速海的“五海之港”,市内三个河港年货运量达 2 900 万吨。莫斯科拥有众多名胜古迹,城市规划科学优美,掩映在一片绿海之中,故有“森林中的首都”之美誉。

从大公时代开始到俄罗斯联邦时代,莫斯科一直是俄罗斯联邦首都,也是莫斯科州首府所在地,迄今有近 900 年的历史。一直以来,它还是俄罗斯联邦的经济金融中心。莫斯科是俄罗斯联邦最大的综合工业城市,其中重工业和化学工业最为发达,机械和仪表制造工业占全市工业总产值的 50%以上,航空、航天等军事工业也集中于此,工业总产值位列全国首位。强大的工业产值贡献使得莫斯科 2018 年国内生产总值(GDP)突破 4 600 亿美元,约占俄罗斯联邦经济总量的 28%。2019 年《财富》世界五百强企业名单中俄罗斯占据 4 席,总部均在莫斯科。其中,俄罗斯天然气股份有限公司以 1 313 亿美元营业收入排名世界第 42 位,位居俄罗斯四强之首。

二、莫斯科世界一流大学概况

2018 年,全球化与世界城市(Globalization and World Cities, GaWC)通过检测创新知识流发布的《世界城市名册 2018》中,莫斯科位列 Alpha 级别,排名世界第 13 位。GaWC 由英国拉夫堡大学地理系创建,主要关注城市在全球活动中具有的主导作用和带动能力,排世界第 13 位充分说明了莫斯科在全球化经济中的位置及融入度,同时也突出了莫斯科世界一流大学的贡献度。

截至 2018 年年底,莫斯科地区共有公立和私立高校 81 所,其中莫斯科国立大学(Lomonosov Moscow State University)、莫斯科物理技术学院(Moscow Institute of Physics and Technology)、莫斯科工程物理学院(National Research Nuclear University)、国立高等经济大学(National Research University Higher School of Economics)四所大学最为著名。它们形成的世界一流大学高地已经在世界范围内占据了知识创新的一席之地,形成了较强的影响力、辐射力和引领力。

莫斯科四所世界一流大学 2019 年排名情况如表 10-1 所示。

表 10-1 莫斯科世界一流大学排名简表

大学名称	*THE*	Ranking	QS	*U.S. News*
莫斯科国立大学	199	87	90	275
莫斯科物理技术学院	251～300	401～500	312	460
莫斯科工程物理学院	351～400	601～700	329	419
国立高等经济大学	301～350	901～1 000	343	653

资料来源：2019 年世界 QS、*THE*、*U.S. News*、ARWU 四大排行榜。

莫斯科国立大学是俄罗斯历史最悠久、规模最大的大学，由著名教育家罗蒙诺索夫于 1755 年创办，目前在校本科生 21 545 人、研究生 13 177 人、留学生 3 907 人，教职员工 9 390 人。2018 年其财政收入为 4.51 亿美元，其中科研收入 0.38 亿美元，各类开支 4.62 亿美元；先后培养了 11 位诺贝尔奖获得者、6 位菲尔兹奖获得者、1 位俄罗斯总统和 167 位俄罗斯科学院院士；图书馆藏书量为 1 000 余万册。

莫斯科物理技术学院的前身是莫斯科国立大学物理技术系，在国际上享有“俄罗斯 MIT”的美誉，目前各类在校生 8 180 人，教职员工 3 400 人。2017 年其财政收入为 1.03 亿美元，其中科研收入 0.2 亿美元，各类开支与收入持平；先后培养了 10 位诺贝尔奖获得者和 100 多位俄罗斯科学院研究人员。

莫斯科工程物理学院，又称国立核能研究大学，前身是莫斯科弹药机械学院，目前各类在校生 38 000 人，教职员工 7 800 人。2017 年其财政收入为 1.06 亿美元，其中科研收入 0.13 亿美元，各类开支 1.1 亿美元；先后培养了 6 位诺贝尔奖获得者。

国立高等经济大学是俄罗斯“5-100”重点建设项目高校，目前共有 33 个教学院系和科研教学实验室，12 个图书馆，80 个本科专业、165 个硕士专业和 115 个博士专业；各类教师及科研人员共 3 700 名，其中教授 482 人、副教授 893 人、博士 739 人、副博士 1 754 人、外教 120 人；共 40 300 名学生，其中全日制申请学位学生 37 200 名。

第二节 莫斯科世界一流大学发展历史

从世界范围看，莫斯科的历史并不悠久，距今近 880 年。1156 年，多尔戈鲁基大公在莫斯科修建了克里姆林城堡，此后，以克里姆林城堡为中心，逐渐形成了农业、手工业和商业群体并有了相应的生产、交换等活动。13 世纪，莫斯科公国以此城堡为都城。14 世纪，俄罗斯人以莫斯科为中心推翻了蒙古贵族的统治并建立了第一个中央集权的封建国家，统一了俄罗斯。之后一直到 18 世纪初，莫斯科充当着统一的俄罗斯国家的首都。由于莫斯科并不悠久的城市历史，其高等教育发展的历史受其影响，大致分为全盘欧化和独立自主两个发展阶段。

一、全盘欧化时期

1682年,彼得大帝即位,他一直不满莫斯科处于内陆的地理位置,认为没有宽阔的海域和较大的出海口,俄罗斯的未来是无法发展壮大的,甚至无法生存下去。于是,俄罗斯与瑞典争夺波罗的海,并于1703年拿下涅瓦河的出海口,之后,彼得大帝开始在涅瓦河和芬兰湾交汇处建设要塞,定名为彼得保罗要塞。1712年,一直主张"俄罗斯欧化"的彼得大帝迁都圣彼得堡。面对所有反对意见,彼得大帝均以"圣彼得堡是俄罗斯通向欧洲、通向世界强国的窗口"回应。俄罗斯的这次迁都促进了与欧洲在科学技术、教育和文化等方面的交流是彼得大帝教育改革思想的标志性体现。

17世纪的俄罗斯各方面均远远落后于西欧诸国,究其原因,是俄罗斯落后的教育所致。彼得大帝即位之初,俄罗斯兴起向外国学习之风,大量国外科技著作被翻译成俄文,航海学校、工程师学校、外语学校、外科医学学校等大量实科学校建立,旨在培养一批服务国家经济的人才,储备一批领土扩张急需的专门人才。为了保证教育质量,彼得大帝制定了严格的规章制度,同时亲自去英国和法国等欧洲国家挑选授课教师,学生在学习期间的费用由国家负担,毕业之后服从国家的统一安排。事实证明,18世纪俄罗斯经济社会的迅速发展正是得益于彼得大帝兴办的这些学校,特别是航海学校培养的造船工程师和海军专业人才,使得俄罗斯的海上军事实力和海上贸易能力显著增强,加快了追赶欧洲的步伐。

进入18世纪以后,俄罗斯经济社会快速发展和军事实力与日俱增与落后的科学技术和文化教育之间的矛盾凸显。1717年,彼得大帝在访问法国时被评为巴黎科学院院士;访问德国时,著名数学家莱布尼茨建议他在俄罗斯创建科学院以加强科学技术等方面的研究。1724年,俄罗斯科学院成立。科学院主要研究数学科学、自然科学和人文科学三方面的内容。彼得大帝在科学院成立伊始就强调科学研究必须与俄罗斯的国情结合,为经济社会发展服务。俄罗斯科学院的创立为18世纪俄罗斯经济社会的发展插上了翅膀,不仅满足了经济社会发展急需的科学技术,同时也培养了大批科技人才,是俄罗斯高等教育史上极为重要的里程碑。

二、独立自主时期

1741年,彼得大帝的女儿伊丽莎白·彼得罗芙娜即位,她在位期间继承了彼得大帝的科技和教育思想。1755年1月25日,伊丽莎白女王命令著名科学家米哈伊尔·瓦西里耶维奇·罗蒙诺索夫创建了莫斯科大学。罗蒙诺索夫是俄罗斯百科全书式的科学家、语言学家、哲学家,被誉为俄罗斯科学史上的彼得大帝,也是瑞典科学院院士、意大利波伦亚科学院院士、俄罗斯科学院第一个俄罗斯籍院士。罗蒙诺索夫创建莫斯科大学的理念是：大学是一个研究和贡献科学和学说的场所，是提供人的生活中所需要的各门学科，启发学生的智慧和拓宽他们视野的机构①。所以，莫斯科大学从建校之初就摒弃欧洲早期大学的宗教性，秉承高等教育的世俗性。根据社会发展的实际需求，设立了哲学院、法学院和医学院。此外，莫斯科大学践行的无阶级原则、理论与实践相结合原则和教学与科研相结合原则均助推其在18世纪末快速成长为欧洲一流大学。同时，莫斯科大学形成了一个独特高效的“自产自销”模式，即学校大部分著名的教育家和学者均是本校毕业生。

进入19世纪，莫斯科大学办学规模迅速扩大，截至1820年年底，学生规模增长了四倍，达到500人②。自此开始，莫斯科大学拉开了大批量为国家经济社会发展培养高素质人才的序幕，可以说，莫斯科大学是俄罗斯第一所现代综合大学，它的创立是俄罗斯高等教育史上最伟大的事件③。随着19世纪产业革命在俄罗斯的推进，高级专门人才需求量骤增，高等教育再次面临重大挑战。1863年，尼古拉一世主持颁布了《俄罗斯帝国大学章程》，其积极意义在于大学办学自主权、学术民主和自由、高等教育师资培养、大力发展高等工程教育方面的改革。至此，俄罗斯初步建立起以高等农业学校、工业学校和师范学校为主的高等教育体系，俄罗斯高等教育也随之步入了快速发展期，除扩大莫斯科大学规模外，还创办了一批大学和新式学院，培养了门捷列夫、巴甫洛夫等世界知名科学家。其中门捷列夫最为大家熟悉，他发现了化学元素的周期性，依照原子量，制作出了世界上第一张元素周期表，并预见部分尚未发现的元素，影响了全世界一代又一代的化学人。

十月革命之后，苏维埃政府迁到莫斯科，莫斯科成为苏维埃社会主义共和国联盟的首都。苏维埃政权随之对高等教育进行了改造和建设。1928年，第一个“五年计划”期间，苏维埃政权主要通过改造综合性大学和多科性工业大学的方式发展高等教育。其中，综合性大学除保留文理科外，其余学科全部分解组建单科学院，多科性工业大学全部分解为单科性学院。通过改造调整，苏联高等学校数量和高等教育在学人数激增，截至1933年年底，高等学校数量增至701所，在学人数增至50多万人④。此后又经过两个“五年计划”的发展，到第二次世界大战结束后的1950年，高等教育学生规模增至124.7万人。到20世纪70年代，学生规模达到了458万人⑤。

莫斯科工程物理学院和莫斯科物理技术学院正是在这一高等教育大发展时期建立的。1942年，为了满足军事国防战略的人才需求，莫斯科弹药机械研究所成立，1953年更名为莫斯科工程物理学院。1946年，莫斯科国立大学物理技术系被分解出去，成立了莫斯科物理技术学院。它们连同20世纪20年代从莫斯科大学分解出来的莫斯科医学院、从莫斯科鲍曼高等技术学校分解出来的航空学院、机械制造学院、动力学院、建筑工程学

① 叶留金. 苏联高等学校[M]. 张天恩，等译. 北京：教育科学出版社，1983.
② 滕大春. 外国教育通史(第三卷)[M]. 济南：山东教育出版社，2005.
③ 周光礼. 俄罗斯走上高等教育强国的历程及其经验[J]. 赣南师范学院学报，2009(30)：27－33.
④ 谢雪峰. 从全面学苏到自主选择——中国高等教育与苏联模式[M]. 武汉：华中科技大学出版社，2004.
⑤ 贺国庆，王保星，朱文富. 外国高等教育史[M]. 北京：人民教育出版社，2006.

院等共同构建了俄罗斯国家战略和经济社会发展的智库。

进入21世纪，俄罗斯联邦政府不断调整俄罗斯高等教育体系以应对激烈的全球竞争。莫斯科国立大学和圣彼得堡国立大学在整个教育体系中始终发挥着重要作用，因此，联邦政府充分尊重它们的自主权。2005年，俄罗斯总统普京动员创办两所新型大学以促进创新型经济的发展，但是俄罗斯的每个区域都渴望建立这一类型的大学，于是，在随后的八年间，俄罗斯波罗的海、滨海边疆区、高加索等所有的关键区域建立起了9所联邦大学。联邦大学计划的潜能尚未显现出来，联邦政府根据区域经济社会发展中的不断变化的优先级，一项修正大学战略计划的机制应运而生①，即发展研究型大学。2008年，普京总统再次发布法令启动研究型大学试点项目，首批建设试点选中国立原子能研究大学和国立技术大学，随后几年间，联邦政府采用遴选竞争方式，共计29所大学成为“国立研究型大学”建设项目单位。总体来说，“国立研究型大学”计划比“联邦大学”计划更加成功。莫斯科最为突出，基本上形成了以莫斯科国立大学、莫斯科工程物理学院、莫斯科物理技术学院、国立高等经济大学为班底的一流大学高地。

第三节　莫斯科世界一流大学与社会发展

莫斯科地区的几所一流大学均与莫斯科国立大学有着千丝万缕的关系，或在向莫斯科国立大学的某个传统强势学科取经后逐渐变得枝繁叶茂，或与莫斯科国立大学在竞争融合中不断追求卓越。但是不论秉承哪种发展模式，以莫斯科国立大学为代表的各所大学自诞生之日起就与它们所处的城市有着极为密切的关系，在人才培养、民族精神传承和服务区域经济社会发展等方面展开了多元互动，进而实现大学与城市的互利共赢。

一、服务教育：一流大师的摇篮

人才培养是大学的根本任务，也是衡量大学办学水平、提高大学声誉的关键所在。莫斯科世界一流大学高地以其强大的师资、完善的设备、高质量的教学和高水平的学术标准享誉世界。莫斯科国立大学的科学家们在数学、物理学、生物学、地质学、化学以及其他科学领域所取得的成就举世瞩目，同时，还培养了苏联与目前俄罗斯联邦众多政府要员和高科技领域的专家。无论从学术水平还是从学校影响力来看，莫斯科国立大学都无愧于“俄罗斯第一大学”的称号。

260多年来，这座科学圣殿已培养出25万多名专家，其中著名作家契诃夫、莱蒙托

---

① Knyazev, Arzhanov. Establishment of federal universities: concept and realities[J]. Journal of Management: Practice and Analysis, 2013.

夫，著名心理学家艾利康宁都曾在这里攀登知识的高峰。莫斯科国立大学共产生 13 名诺贝尔奖获得者、6 名菲尔兹奖获得者和 100 多名国家科学院院士。其中最为著名的是 1908 年诺贝尔生理学或医学奖获得者梅契尼科夫(Ilya Mechnikov)、1964 年诺贝尔物理学奖获得者普罗霍洛夫(Alexander Prokhorov)和巴索夫(Nikolai Basov)、2010 年诺贝尔物理学奖获得者海姆(Andre Geim)和诺沃肖洛夫(Konstantin Novoselov)，他们的研究发现被认为是 20 世纪以来改变世界的三大成果：梅契尼科夫发现了具有特殊受体且能识别特定感染的吞噬细胞，即免疫细胞，可以帮助破坏有害细菌，从而掀起了一场世界范围内伟大的“免疫革命”；普罗霍洛夫和巴索夫发明了世界上第一台微波激射器，从而为量子电子学的出现和发展奠定了坚实的基础，进而催生了远程无线电通信技术和光纤技术；海姆和诺沃肖洛夫因发现石墨烯而名声大噪，这种被誉为“最有前途材料”的厚度不足一个原子，但是强度相当于钢材的 160 倍，而且柔韧性极好，带动了电子工业界的大变革。

一代代莫斯科国立大学人的努力源源不断地转化为莫斯科经济社会发展的不竭动力，在为俄罗斯一流大学培养人才的同时，也为俄罗斯综合国力的发展壮大作出了巨大贡献。

二、服务国家：民族精神的载体

俄罗斯民族是一个有着强烈爱国主义精神的民族。在 1754 年计划创办大学之初，针对当时彼得堡科学院只使用拉丁语、法语、德语教学的情况，莫斯科国立大学创始人罗蒙诺索夫在莫斯科大学章程中明确提出要使用俄语教学，充分体现了他强烈的民族意识和爱国主义精神①。这种强烈的民族意识和爱国主义精神之后便成为莫斯科国立大学的灵魂所在，一直激励着一代又一代莫斯科国立大学师生从一个辉煌走向另一个辉煌。

1941 年 9 月 30 日，德国中央集团军集中 180 万人对苏联首都莫斯科发动进攻。在民族和国家危难之际，莫斯科国立大学师生自发组织、奋起抗争，9 月 30 日当天就有超过 2 000 名师生走上街头，誓与德国法西斯血战到底。据此次保卫战的亲历者莫斯科国立大学退休教授安娜回忆，莫斯科国立大学大约有 5 000 名师生奔赴战斗前线，2 000 多名师生没有生还，他们将生命献给了祖国，剩下的人中有的负伤回到了学校继续工作，把自己的余生贡献给了在校生和同样伟大的学术事业②。为了纪念为国捐躯的师生，莫斯科国立大学在校园教学主楼前建了一座纪念碑，并将当年参战的全部老师和学生的姓名记录下来，特别是在战争中牺牲的几位莫斯科国立大学教师的名字被永久性地镌刻在两块小型纪念碑上。莫斯科国立大学浓重的爱国主义氛围令其潜移默化地发扬着英雄主义精神，自成立之日起，一直处于国家重大变革的中心。作家契诃夫、航空先驱茹科夫斯基均在这

---

① 谢雪峰. 从全面学苏到自主选择[M]. 武汉：华中科技大学出版社，2004(2)：24.

② 曹绪中. 莫斯科大学：伟大的统一力量[J]. 创新人才教育，2018(3)：92.

里沐浴精神，最终攀登上文学和科学技术的高峰。

2015 年，由莫斯科国立大学牵头，联邦和地方政府共同参与制订的《俄罗斯公民爱国教育规划方案(2016—2020)》中将爱国主义定义为热爱祖国、忠于祖国、捍卫祖国利益并时刻准备保卫祖国，同时也对各级各类学校，特别是大学提出了具体的爱国主义培养目标，即增强公民对国家命运的责任感，引导公民参与促进国家发展和强盛的建设性事业，实现俄罗斯民族的代际传承，增强公民对国家文化和历史的认同感等①。

莫斯科国立大学秉承“祖国、科学、荣誉”的校训引领莫斯科乃至俄罗斯大学不断弘扬爱国主义民族精神、传承俄罗斯国家文化和增强俄罗斯历史认同。

此外，以莫斯科国立大学为首的一流大学还承担着推动国家政治、经济、科学和文化不断向前发展的光荣使命。每所大学均通过各种文化课堂让学生时刻牢记自己肩上的责任和使命，从而培养他们严谨的科学态度和崇高的道德觉悟。以莫斯科国立大学为例，每年新生入学，校方会充分利用主校区特有的、宝贵的建筑和雕塑等教育资源(青年大学生渴求知识、攻克科学堡垒、学以致用、报效祖国生动造型的青铜雕塑，以及普希金和高尔基等著名作家、社会活动家的雕像)，在第一天组织一场声势浩大的“校园游”入学教育活动，以使学生早早立下为科学献身、为国为校争得荣誉的远大志向。俄罗斯科学院院士乌鲁索夫这样评价：“莫斯科国立大学一开始就是作为真正的古典大学建立的。这里有人类感兴趣的所有知识，从人文到自然科学，从数学到生物。莫斯科国立大学一直都在发展，这对于国家意义重大，因为没有知识的增长、没有现代知识青年，就不会有工业的发展、不会有国家现代科技的发展、不会有生活水平的提高。”

三、服务经济：社会经济的引擎②

在长期计划经济体制的影响下，俄罗斯高校、科研机构和产业机构脱节，一流大学培养的杰出人才和科研机构产出的强大科研能力无法及时转换成现实的生产力。进入 21 世纪后，一场突如其来的世界性经济危机给俄罗斯敲响了警钟，使俄罗斯充分认识到改变传统经济增长模式的必要性，大力促成创新型经济体系的建立，使位于技术创新上游的科研机构、中游的大学和下游的企业充分融合，推动社会经济的全面振兴。

2017 年 4 月 4 日，俄罗斯教科部发布高校对地方发展的贡献度调查，俄罗斯高校将其定义为“地方区域发展的引擎”。国立高等经济大学教育研究院研究人员以此为出发点，开展了一项以“高等教育区域学”为主题，以“高等教育体系对地方经济发展、人力资本培育和地方创新发展的贡献率”为内容的调查研究，此次研究活动主要使用了高校效益评估活动中的信息、高校毕业生就业统计资料和国家招生工作信息平台的数据等

① 邵海昆. 俄罗斯制订公民爱国教育规划方案[J]. 世界教育信息，2015(12)：77.
② 邵海昆. 俄罗斯调研高校对地方发展的贡献度[J]. 世界教育信息，2017(11)：73 - 74.

资料。

为评价地方高等教育体系对其经济发展的贡献率，研究人员综合分析了四个指标：高校收入与学生总数的比例、自费生数量、定向培养学生在学生总数中的比重、教师平均工资与地方平均工资的比值。结果显示，得分较高的地区分别为莫斯科、莫斯科州、圣彼得堡、列宁格勒州、托木斯克州、新西伯利亚州和斯维尔德洛夫斯克州。排名前七的俄罗斯联邦主体内广泛分布着国家一流大学，对于全国范围内的优秀学生具有很强的吸引力，在高校收入方面优势也较为明显。

为评估高校对地方创新发展的贡献程度，研究人员取用两组数据：研发资金总额，近五年俄罗斯科学引文索引和 Scopus 等文献数据库中高校论文的被引用次数。在这一方面，贡献程度较高的地区包括莫斯科州、伊尔库茨克州、托木斯克州和斯塔夫罗波尔边疆区。研究人员认为，这些地区集聚着不少国家研究型一流大学，像莫斯科一流大学集群已经成为地方创新发展的重要推动力。

第四节　莫斯科世界一流大学高地的形成机制

受苏联高等教育发展模式的影响，俄罗斯一流大学建设以及莫斯科世界一流大学高地的形成有着明显的“国家主义”痕迹。虽然俄罗斯联邦政府很尊重一流大学的自主权，但是政府主导的“顶层设计”、地域特色的“科技园模式”和校地合作的“企业大学模式”还是在莫斯科世界一流大学高地形成过程中扮演了极其重要的角色。

一、政府主导，规划顶层设计

苏联时期，在新的社会制度下，苏联政治、经济、文化领域都发生了翻天覆地的变化。在此背景下，作为社会体系重要一环的苏联高等教育也经历了重新构建和发展的变化。在斯大林模式的政治体制、经济体制和理论体系的影响下，苏联高等教育形成了独特的办学体制、运行机制和内部管理体制。高等教育的发展和高校的一切必须直接以国家经济体制和国家发展战略为转移。1991 年，苏联解体后，国民经济的各个领域出现了严重滑坡。但是俄罗斯高等教育却经历了前所未有的迅速发展。促使俄罗斯高等教育逆经济发展的主要原因是私立高等教育的准入和兴起。1993 年，私立高校只有 78 所，到 2000 年私立高校发展到 358 所，占全国高等学校总量的 37%。

进入 21 世纪，高等学校数量由苏联解体时的 600 多所迅速发展到近 1 000 所，在读学生数量增加了近一倍，几乎全盘继承并进一步壮大了苏联时期形成的免费的学前教育、普及的基础教育、产业针对性强的职业教育和多元的高等教育体系。教育遗产虽然丰厚，但苏联高等教育体系与国际通行的博洛尼亚体系并不对等，由此带来的人才培养规格、教育教学内容等无法与国际对接，进而造成高等学校国际竞争力整体弱化。2003 年，俄罗斯宣布加入博洛尼亚进程，并首先从人才培养体制机制入手进行改革。2007 年，俄罗斯颁布《关于引入两级高等教育体制的法律》，这标志着俄罗斯开始试行国际通行的博洛尼亚体系，即引入“学士—硕士”两级体制，将副博士和博士教育归为大学后研究生教育阶段，但继续保留传统的“专家文凭”形式。可以说，俄罗斯的高等教育国际化终于艰难地迈出了第一步，为后续的学生、教师互换和学分、学位互认提供了可能。

然而，俄罗斯固有的大学与科研部门的分离使得俄罗斯大学的世界排名很不理想，令俄罗斯国家决策者和高等教育专业人士震惊不已。针对这种缺陷，支持建设有国际竞争力的研究型大学的呼声越来越高。2008 年，俄罗斯政府首先通过法令，赋予科研产出强大的莫斯科国立大学和圣彼得堡国立大学特殊地位，并提供各种资源以改善基础设施建设和进一步提升教学质量和科研产出。其次，通过机构重组的形式成立了 9 所联邦大学，打造区域科研影响力的高等教育网络并服务区域均衡协调发展。最后，建立了由 29 所研究型大学组成的大学网络，旨在推动大学的知识生产和创新，弱化俄罗斯科学院的研究垄断地位①。

为了提升俄罗斯大学的整体水平和大学排名，让尽可能多的俄罗斯高校进入世界百强大学名录，俄罗斯政府 2013 年启动了旨在建设世界一流大学的“5－100”计划，即到 2020 年，不少于 5 所俄罗斯大学进入世界权威大学排名的 100 强。同时，针对这一目标制定了一系列具体措施，包括选拔和组建一批参与“5－100”计划的一流大学，为这些一流大学制定特殊发展规划，为参与该计划的高校制定来自国家支持的措施，以及为发展俄罗斯大学的长期竞争优势创造有利条件。首批入选“5－100”一流大学建设计划的共有 21 所大学。

中国有句古语叫“兵马未动，粮草先行”。放眼世界高等教育强国，经费保障始终是世界一流大学建设的基础。为此，俄罗斯联邦政府不断加大对一流大学建设的财政投入，以保障“5－100”计划的高效实施有充足经费。从 2013 年起，俄罗斯政府专项财政预算逐年增加，其中 2013 年 90 亿卢布、2014 年 100.5 亿卢布、2015 年 120 亿卢布、2016 年 125 亿卢布。除了专项预算外，俄罗斯政府还鼓励“5－100”计划建设大学积极拓宽资金来源，弥补财政预算经费的不足。在政府的主导下，俄罗斯一流大学建设效果明显，近几年的国际大学排名呈逐年上升趋势。

2017 年，俄罗斯对之前的“5－100”世界一流大学建设战略进行了调整，将“5－100”计划的结余资金用于继续支持莫斯科物理技术学院、莫斯科工程物理学院、莫斯科钢与合金学院、国立高等经济大学、圣彼得堡信息技术、机械与光学大学和新西伯利亚大学等发展潜力巨大的学校，从而确保实现“5－100”计划启动之初的既定目标。

---

① 程莹，王琪，刘念才. 世界一流大学：对全球高等教育的影响[M]. 上海：上海交通大学出版社，2015：50.

二、地缘集群,助力结构转型

地缘集群模式是一流大学与所处城市基于区域经济条件、区域文化认同和区域战略发展需求等因素而形成的空间集群发展模式。一流大学是人才和知识的核心地带,基于人才和知识的基础产业或主体产业很大程度上决定了城市经济的增长态势。一流大学与所处城市集群发展可以实现资源融合和互补并产生溢出效应,地缘集群模式在世界范围内的主要表现形式是科技园、大学城和科创中心①。

20 世纪 50 年代,世界范围内兴起了一种新的产研结合载体——科技园区,旨在促进科技创新和产业融合。此后,世界各地的科技园区如雨后春笋般出现,为区域经济发展注入活力。2010 年伊始,经历了经济危机的俄罗斯政府开始探索新的经济增长点,面对国际上汹涌的知识经济浪潮,知识创新转化被俄罗斯政府正式搬到台前作为转型发展战略的切入点。莫斯科是俄罗斯的经济和商业中心,同时考虑到莫斯科是俄罗斯世界一流大学的汇聚地,是知识生产和知识创新的主阵地,时任俄罗斯总统梅德韦杰夫决定在莫斯科进行科技园区的建设工作。2010 年 12 月 14 日,位于莫斯科郊区斯科尔科沃的现代科学创新中心项目正式启动。为了充分发挥科技园区的知识创新和引领示范作用,斯科尔科沃科技园区从一开始就注重利用莫斯科知名大学和科研机构优质的人才资源和科研产出,基于其开放的理念推动产学研的无缝结合。科技园区建筑面积达 10 万平方米,设计理念参考了美国硅谷、芬兰和新加坡等国际上知名的科技园区,以期面向全俄罗斯推广创新创业精神,帮助俄罗斯经济尽快实现由资源型向创新型的战略转变。

科技园区建成后,随即与莫斯科国立大学、国立高等经济大学、俄罗斯科学院等知名大学和科研单位联合创办了斯科尔科沃大学,培养生物医学、信息技术、核能技术、宇宙空间技术等园区优先发展领域的专门高级人才。此外,科技园区还积极践行新经济政策。在生物医学、信息技术、能源技术、核能技术、宇宙空间技术等国家优先发展的科技领域开展创新性研究,旨在吸引世界范围内的知名大学或者国际知名企业来园区进行投资或建立分支机构并开展基础研究和培养人才。斯科尔科沃科学技术学院就是园区与麻省理工学院共建、强调依托创新创业实践进行人才培养试点的国际性研究大学,面向全球招生并且拥有硕士和博士学位授予权。园区负责人伊诺泽姆采耶娃说,截至 2018 年年底,已经有 1 800 多家创业企业入驻园区,员工人数达 3.3 万人,申请知识产权总计 1 500 余项,实现累计总营业收入达 30 亿美元,吸引外部投资 2.5 亿美元。

斯科尔科沃科技园区是俄罗斯建设未来创新型社会的一次成功尝试,这个发展平台未来将吸引更多的国际高端科技人才,从而进一步夯实俄罗斯的创新发展之路。时任俄罗斯总统梅德韦杰夫总结斯科尔科沃模式后发表国情咨文说:"斯科尔科沃中心

---

① 张德祥,李枭鹰. 大学与城市互动发展论[M]. 北京: 科学出版社,2018.

(Skolkovo Innovation Centre)的健康发展只是一个开始,应该是科教和创新领域 30 年来最成功的全球创新模板,是第一个,但不是最后一个。”

三、校地合作,推动成果转化

校地合作是当今世界范围内促进人力资源流动和助力创新高地建设的一种有效模式,是大学依托“地利”的优势,与其所处区域内的政府、事业单位与企业的一种合作模式,合作范围涵盖创新人才培养、科技产业开发、创新成果转化、智库建设、培训交流等方面。互利稳定的校地合作不仅有利于区域产业升级和经济社会转型发展,而且有利于高等学校人才培养的体制机制创新。

20 世纪 90 年代苏联解体后,“国家主义”对俄罗斯大学的影响逐渐减弱,大学获得了更多自主发展权,逐渐开始和科研院所、事业单位和企业互动。作为一流大学聚集地的莫斯科也自此开始与企业尝试进行合作。合作初始,大学寻求更多的是经济方面的收益以弥补国家划拨经费的不足。之后,俄罗斯联邦政府也逐渐意识到传统社会经济发展模式已经不适应基于知识经济的世界趋势,便开始鼓励大学与企业的深度合作,努力建设企业型大学,即大学全方位、全过程参与企业的生产经营并获取相应的经济利益。大学从参与企业生产经营获得收益再用来投资人才培养和科学研究,从而实现大学和企业良性可持续的协同发展。俄罗斯联邦政府在校地合作方面分别给予政策和资金的大力支持,取得了良好效果。

政府修订政策助推校地合作。2009 年,俄罗斯联邦政府对之前的《关于预算性学术机构和教育性机构为使用智力活动而创建公司的法令》中的条款进行了修订,修订内容主要涉及高等学校创办创新类企业,修订原因主要基于高等学校特殊的优势。联邦政府认为,高等学校,特别是一流大学,高质量的科研产出和优质的人力资源是创新型企业创立和发展中最欠缺的,另一方面,大学直接创办企业有利于科研成果在最短时间内转化和反馈,弥补了原来经济发展中存在的环节过多等弊端,同时企业带来的巨大经济收益极大地弥补了大学的研发投入不足问题,便于大学研发人员取得更高质量的科研产出,从而形成高等学校运行的良性循环。如联合冶金公司(The Unified Metallurgical Company)和罗萨汤姆(Rosatom)核能公司就是莫斯科国立大学和国立核能大学参与创办的典型企业,它们的效益一直处于业内领先地位。

提供资金助力校地合作。为了进一步落实高等学校创办创新类企业的政策,俄罗斯联邦还委托经济发展部实施了一系列具体的扶持措施。其中包括在一定时期内为高等学校创办创新类企业或者为校企共同参与实施科研项目提供资金支持补贴。此外,联邦政府还给予创办创新类企业的基础设施补贴。经济发展部公开数据显示,2010—2012 年三年内,这两项预算分别为 190 亿卢布和 80 亿卢布。

第五节　莫斯科世界一流大学高地建设的经验及启示

仔细梳理俄罗斯高等教育发展历史，我们不难发现俄罗斯一流大学建设与我国的一流大学建设在战略目标、组织机制和资源配置方面有很多相似之处，俄罗斯一流大学建设过程中的一些经验对我国目前实施的“双一流”建设具有一定的参考意义。

一、深化产学研协同机制创新

为了加快大学成为科技创新的主导力量和生力军的进度，俄罗斯联邦政府2009年出台了《创新法》。《创新法》规定高校开办企业，并给出了众多相关优惠政策：通过技术入股来注册资金、减免企业开办场地租赁费等。俄罗斯联邦还通过修订法律，改变以往高等学校作为固有单位不从事商业经营活动的限制，允许大学通过科学研究，让创新成果直接落地进入市场流通领域，大学可以直接收取成本和利润。此外，俄罗斯联邦还通过政府主导、社会融资来建设“创新型大学”，以期改变过往研究所搞研究、大学搞教学的“两张皮”局面。整体来看，俄罗斯联邦政府通过一系列体制机制改革创新，整合大学教学与科研的融合，建立技术平台，吸引企业加入，全面推动了大学的创新能力发展。

产学研模式自从20世纪末引入中国后，虽然为我国的实体经济发展作出了一些贡献，但是一直表现为创新活力不够。究其原因，主要是体制机制束缚太多，产学研体系中作为主体的人创新动力不足。可喜的是2019年，北京市率先出台《关于支持和鼓励市属高校专业技术人员创新创业的实施办法》，通过设置流动岗位和科技成果转化岗、支持和鼓励专业技术人员离岗创业等方式激发产学研协同的创新活力。但是局部的松绑不能激发全局的创新，我们要加快推进“双一流”建设，就仍然需要进一步深化产学研协同机制的顶层设计创新。

此外，随着知识经济时代的到来，社会发展对于不同层次、类型、质量人才的需求也有了新的要求，大学在人才培养方面面临的压力和竞争与日俱增。大学唯有推进产学研深度融合，不断创新人才培养体制机制，才能进一步带动科技和社会的创新发展，并最终在竞争激烈的国际高等教育界觅得生存空间。

二、进一步创新大学治理理念

进入21世纪，俄罗斯大学管理重心逐步下移，构建了中央、省级和高校三级管理体系，但是仍然存在可提升的空间。俄罗斯大学治理在下移权力重心、分散治理主体两方面的经验有一定的借鉴意义。

（一）下移权力重心

国家体系宏观层面，1992 年《俄罗斯联邦教育法》规定：俄罗斯教育权力在联邦国家机关，联邦主体及地方自治政府之间进行划分，分层管理，各负其责。但是受到苏联“国家主义”的影响，教育权力还是较大程度地集中在国家机关。2013 年《俄罗斯联邦教育法》修订后进一步明确国家管理机关、联邦主体机构和地方管理机构三方的权力范围。第一级国家管理机关主要在国家层面进行高等教育立法活动；制定国家教育标准、政策和联邦教育发展纲要；保障高等教育领域国家统一政策。第二级联邦主体机构主要执行联邦中央的各项决议，受国家高等教育机关的管辖，但同时又有一定的自主权，在权力范围内自主决定联邦主体各项高等教育管理事务。第三级地方管理机构主要是在基层有效地贯彻和实施国家各项教育政策，并发挥地方自主权，对国家和联邦主体在一定程度上进行监督。下移权力重心后，每一层级均有相应的权力，充分激发了联邦主体和地方的自主创新能力，极大地增强了整体管理体系的有效性①。

院校内部微观层面，俄罗斯大学的院系部门作为教学科研的分支机构，主要职责是负责学科建设、教学科研等工作，并且最重要的是具有人事任免、调配和专业等其他教育资源配置的权力，代表行政权力的院系主任和代表学术权力的学术委员会共同管理院系工作。行政权力负责处理日常工作，学术权力负责院系发展的整体领导工作。

（二）分散治理主体

外部治理主体方面，在苏联时代，大学治理的唯一主体是联邦政府。苏联解体后，外部参与大学治理的主体呈现多元化态势，其中，从俄罗斯联邦中央教育管理机构中新成立的委员会、作为联结政府和大学的社会团体逐步开始参与大学的治理，成为大学治理中来自外部最为重要的部分。

内部治理主体方面，苏联时代自上而下的“国家主义”使得大学内部除了执行国家意志外，并无机会实质性参与大学治理。苏联解体后，大学内部最大的变化集中在教师身上，大学治理模式的改革使得他们积极参与学校的各项决策，希望成为大学治理的真正主体。教学方面，他们可以基于教育标准和教学质量讲授自己认可的教学内容、选择自己认可的科学的教学方法；科研方面，他们可以依据自己的研究兴趣选择自己的研究主题，并且可以获取学校和社会给予的研究经费和政策支持。此外，由教师组成的学校学术委员会可以直接参与学校管理，对关系学校发展的重大问题和对学校发展具有重要意义的规章制度有建议权和决策权，当教师职业受到威胁时，有权保障教师的职业尊严与声誉。

---

① 杨韵.《俄罗斯联邦教育法》1～8 章翻译报告[D]. 四川外国语大学，2017：57－62.

本章小结

知识经济时代，经济增长、产业发展对知识、技术、人才的需求比以往任何时候都要迫切。大学作为知识生产、人才培养、技术创新的重要场所，对城市建设与发展发挥着越来越重要的作用。而世界一流大学对于城市，特别是基于知识创新的现代化城市，其重要性不言而喻。莫斯科由 20 世纪的纺织城迅速发展成为 21 世纪的现代化知识创新城市，离不开莫斯科世界一流大学源源不断的人才与智力支持。作为一流大学的摇篮、民族精神的载体、社会经济的引擎，莫斯科世界一流大学高地的形成是国家之需、民族之需，是政府主导下城校深度合作的重要产物。

第十一章
中国 · 上海

上海位于中国东部弧形海岸线正中间的长江入海口。在近代，上海有着辉煌的历史，它是中国共产党的诞生地，中国近代工业的发祥地。改革开放以来，上海不断扩大开放、深化改革，成为中国经济前沿的城市和现代化的国际大都市，2018 年上海人均生产总值达到 13.50 万元①。上海屡开时代之先河，是中国改革开放的排头兵、创新发展的先行者，是国际经济、金融、贸易、航运、科技创新中心。截至 2018 年年底，累计引进外资项目接近 10 万个，涉及金额约 4 700 亿美元，有 670 家跨国公司的地区总部、411 家外资研发中心落户上海。2018 年，金融市场交易总额达 1 645.78 万亿元，多个品种交易量位居世界前列；港口货物吞吐量 73 047.94 万吨，位居世界前列；港口国际标准集装箱吞吐量达 4 201.02 万国际标准箱，连续九年位居世界第一。上海也是著名的国际旅游目的地和国际文化交流中心，2018 年入境国际游客达 893.71 万人次。

上海与周围的江苏、浙江两省多个城市共同发展，形成世界主要大城市群之一——长江三角洲城市群。上海肩负着面向世界、推动长三角地区一体化和长江经济带发展的重任，在全国经济建设和社会发展中具有十分重要的地位和作用②。《2016 年中国城市可持续发展报告：衡量生态投入与人类发展》中，上海人类发展指数达到 0.848，位列中国主要城市第 6 位③。

第一节　上海世界一流大学高地概况

城市是人类文明的中心，是社会进步的标志④。在城市的发展进程中，决定城市高度

① 上海市概况[EB/OL]. http：//www.shanghai.gov.cn，2019－6/2019－11.
② 国际经济中心建设[EB/OL]. http：//www.shio.gov.cn/sh/xwb/n809/n814/n835/u1ai13642.html，2019－11.
③《2016 年中国城市可持续发展报告：衡量生态投入与人类发展》发布[J]. 城市规划通讯，2016(23)：12.
④ 马克思，恩格斯. 马克思恩格斯全集[M]. 第三卷. 北京：人民出版社，1960.

的不是摩天大楼，而是大学，大学的品质决定了城市的品位。一流大学对城市的发展有着重要影响。城市的兴起与发展是社会经济发展的产物，然而优良的高等教育却是城市兴起和发展的动力和源泉，上海的兴起与发展也说明了这一问题。

一、上海高地概况

2018 年，上海拥有普通高等院校 64 所，在校学生 51.78 万人，毕业生 13.25 万人。上海有 49 家研究生培养机构，全年招收全日制研究生 5.27 万人，在校全日制研究生 15.85 万人，毕业全日制研究生 4.31 万人。上海有复旦大学、上海交通大学、同济大学、华东师范大学 4 所大学进入世界一流大学建设高校行列，华东理工大学、东华大学等 10 所大学进入世界一流学科建设高校行列，“双一流”建设高校数位居全国第三，“双一流”建设学科数位居全国第二。

在“加快一流大学和一流学科建设”的背景下，上海高校围绕立德树人根本任务，聚焦大学建设关键环节，以一流人才培养、一流学科建设驱动一流大学发展。上海市政府明确提出要率先实现教育现代化，建设中国最好、在世界上有影响力的一流高等教育。上海是国内最早启动教育综合改革试点的直辖市，通过教育综合改革，优化了高等教育治理机制，通过高峰高原学科建设计划和高水平大学建设计划，上海的高等教育对接国家“双一流”战略。同时，上海出台了面向 2020—2030 年的高等教育布局结构与发展规划、上海高校学科建设规划等系列前瞻性的规划，建立分类标准，引导高校和学科分类发展、特色办学。全国首部《上海高等教育促进条例》，为促进高等教育改革发展提供了立法依据。

上海根据分类发展的原则，将大学分为学术研究型大学、应用研究型大型、应用技术型大学和应用技能型大学，按照大学分类，分类规划、分类投入、分类评价，形成了高等教育治理新格局①。上海高峰高原建设第一阶段投入 36 亿元，全市有 30 所大学的 120 多个学科点被纳入投入范围②。上海还利用部市共建合作机制的平台，以 1∶1 的形式为在沪部属高校提供“双一流”地方财政配套资金，支持在沪部属高校发展，建设成效逐渐显现。

上海高峰高原学科建设目标如表 11 - 1 所示。

在沪大学利用各种有利资源，谋求主动发展，服务国家和区域重大战略的意识和能力不断提升，每年获得国家科技进步三大奖的数量占全市获奖总数的 60%左右，国内发明专利授权数占全市授权总数的 50%左右。上海高校在基础研究和前沿技术领域取得许多重大原创性突破，技术转移体系不断健全完善，在暗物质探测、集成电路与芯片设计等基础前沿领域取得重大原创成果；承建国家海底长期观测、转化医学、超强超短激光等一

① 上海以“高峰”“高原”学科建设率先对接国家一流大学和一流学科建设[EB/OL]. http://edu.sh.gov.cn/web/jyzt/zhgg16/detail.html? id=85865，2016 - 1/2019 - 11.

② 樊丽萍. 对接国家“双一流”建设，做强“双一流”地方版[N]. 文汇报，2018 - 09 - 29(004).

批国家重大科技基础设施，在国家大科学装置建设与管理、科研成果产出与孵化转化等方面发挥了重要生力军作用，初步形成了上海世界一流大学高地。

表 11－1　上海高峰高原学科建设目标①

类　别	建　设　目　标
Ⅰ类高峰	一级学科点保持或建成全国第一，总体实力达到世界一流
Ⅱ类高峰	一级学科点综合实力趋近全国第一，并在若干学科方向达到世界一流
Ⅲ类高峰	若干学科方向达到世界先进，培育若干具有国际影响力的学术团队
Ⅳ类高峰	成为支撑国家战略和满足区域经济社会发展的核心学科
Ⅰ类高原	一级学科点进入国内前三名或前 20%，各一级学科点中至少 1 至 2 个二级学科或方向达到国际先进、国内一流水平
Ⅱ类高原	特色学科方向达到国内先进水平

二、上海高地的“双一流”建设高校

上海有复旦大学、上海交通大学、同济大学等 14 所高校、57 个学科进入国家“双一流”建设高校，数量位列全国第二。为对接国家“双一流”战略，上海市政府发布的《关于本市统筹推进一流大学和一流学科建设实施意见》明确提出，到 21 世纪 20 年代，实现上海高校办学实力和学科水平进步明显，2 所左右大学和 20 个左右学科进入世界一流行列，若干学科进入世界一流学科前列，率先实现高等教育现代化。上海将加大“双一流”建设经费保障力度，发挥“双一流”建设高校的辐射作用，持续支持部市共建驻沪高校、高校高峰高原学科建设计划、高水平地方高校建设计划等。

2019 年世界大学四大排名如表 11－2 所示，以复旦大学、上海交通大学、同济大学和华东师范大学为代表的众多高校名列前茅。通过教育综合改革，上海大学探索高等教育治理体系和治理能力现代化，大学水平比肩国际大都市，大学发展适应上海城市经济社会，引领了城市文化的传承和创新，初步形成了世界一流大学的高地。

表 11－2　上海“双一流”建设高校排名情况表

序号	学校名称	*THE*	ARWU	QS	*U. S. News*
1	复旦大学	104	101～150	44	159
2	上海交通大学	189	82	59	145
3	同济大学	401～500	201～300	291	302

① 郭为禄. 调结构提质量　实现新时代上海高等教育内涵式发展[J]. 中国研究生，2018(2)：7－9.

续 表

序号	学校名称	*THE*	ARWU	QS	*U. S. News*
4	华东师范大学	501～600	501～600	501～510	497
5	华东理工大学	601～800	301～400	531～540	552
6	东华大学	—	501～600	—	685
7	上海海洋大学	—	—	—	—
8	上海中医药大学	—	—	—	—
9	上海外国语大学	—	—	—	—
10	上海财经大学	—	—	—	—
11	上海体育学院	—	—	—	—
12	上海音乐学院	—	—	—	—
13	上海大学	801～1 000	401～500	422	538
14	第二军医大学	—	701～800	—	1 183

注：
1. 数据来源于 2019 年世界 QS、*THE*、*U. S. News*、ARWU 四大排行榜；
2. “—”表示该排行榜中未出现该大学或不在前 1 000 名内。

上海高地一流大学中，综合性院校学生规模比较大，上海大学本科生超过 2 万人，上海交通大学研究生超过 3 万人。值得一提的是，除了综合性院校之外，还有一批规模不大、专业不多、学科单一的袖珍高校，如上海音乐学院本科生和研究生加起来不足 2 000 人，上海外国语大学只有 2 个一级博士授权点。这些袖珍高校跻身“双一流”的成绩表明，高校不应千篇一律地建成综合性大学，而应该紧抓特色，以特色提升核心竞争力，重视内涵而非规模，给出了世界一流大学内涵式发展的答案。上海中医药大学全部的三个一级学科即中医学、中药学、中西医结合取得最高的“A+”成绩，科学引文索引（SCI）论文数量连续 9 年、国家自然科学基金中标数连续 6 年保持行业第一①。上海“双一流”建设高校基本情况如表 11－3 所示。

表 11－3 上海“双一流”建设高校基本情况表②

序号	学校名称	本科生/人	研究生/人	专任教师/人	本科专业/个	一级硕士学位授权点/个	一级博士学位授权点/个	博士后流动站/个
1	复旦大学	13 361	19 903	2 655	74	43	37	35
2	上海交通大学	16 129	30 217	2 835	67	57	42	35

① 上海这些“袖珍高校”为何跻身“双一流”[EB/OL]. http://www.xinhuanet.com/2018－01/24/c_1122310155.htm.
② 数据根据各高校官方网站统计数据整理，统计时间截至 2018 年年底.

续　表

序号	学校名称	本科生/人	研究生/人	专任教师/人	本科专业/个	一级硕士学位授权点/个	一级博士学位授权点/个	博士后流动站/个
3	同济大学	17 757	12 852	2 708	85	47	31	25
4	华东师范大学	14 362	20 384	2 191	83	36	29	25
5	华东理工大学	16 485	7 819	1 799	68	27	13	12
6	东华大学	14 204	6 822	1 336	55	28	10	6
7	上海海洋大学	12 016	2 479	668	39	11	4	3
8	上海中医药大学	3 574	1 942	1 068	17	3	4	2
9	上海外国语大学	6 002	2 803	601	44	7	2	1
10	上海财经大学	8 000	5 097	886	38	12	7	1
11	上海体育学院	3 927	1 174	375	18	3	1	1
12	上海音乐学院	1 718	780	270	7	1	3	1
13	上海大学	20 406	16 464	3 155	86	42	24	19
14	第二军医大学	—	—	—	—	—	—	—

第二节　上海世界一流大学高地的演进

春秋战国时期，上海曾经是楚国春申君黄歇的封邑，故上海别称为“申”。唐天宝十年(751)，上海地区属华亭县，元朝时期上海镇从华亭县划出，设立上海县，标志着上海建城开始。明代上海成为全国棉纺织手工业中心。1978 年改革开放以来，上海不断扩大开放、深化改革，率先走出一条具有特大城市特点的科学发展之路。进入 21 世纪后，上海坚持创新驱动发展、经济转型升级，努力建设国际经济、金融、贸易、航运、科创中心和社会主义现代化国际大都市。

一、上海高地的发展历史

大学是城市发展的支撑，是城市活力、城市魅力、城市实力的体现。城市综合竞争力很大程度上取决于大学实力。中国现代的大学是西方现代大学制度中国化的产物，上海世界一流大学高地的产生与形成，大致经历了五个阶段。

第一阶段，19 世纪后半期。当时中国遭受民族与政治危机，清政府试图通过建立资本主义教育制度改革图强。早在清同治二年(1863 年)，时任江苏巡抚的李鸿章奏请，仿照北京同文馆在上海设立学习外国语言文学的同文馆，即上海同文馆。此后不断发展，形成了政府办学、私人办学和教会办学三股主要办学力量。南洋公学就是中国近代历史上最早创办的大学之一，开中国近代新式高等教育之先河。但这一阶段的模仿和发展是浅表性的，虽然有了现代意义上的大学，但西方近现代大学教育的思想与精华并没有被真正移植过来。

第二阶段，民国时期，中国大学教育进入规范化发展阶段。中华民国的成立，使一批具有资产阶级民主主义思想的教育家，开始从政府层面对中国近现代高等教育的发展产生重要影响，开启了中国近现代高等教育的法制化建设，纠正了清末以来中国大学教育名不副实的发展状态，开始有了中国本土真正的近现代大学。上海政府前后办有交通大学、同济大学、复旦大学等 43 所大学；私人办学有大同大学、仓圣明智大学、大夏大学、光华大学、上海大学、持志学院等 43 所大学；教会办学有圣约翰大学、震旦大学、东吴大学法学院等 10 所大学①。1917 年，蔡元培就任北京大学校长，重塑了大学精神，追求高深学问，与此相伴而生的学术自由精神理念开始在中国大学中生根发芽。此后，中国大学随着大批留学生的加入，大学改革与发展开始进入历史高潮期。

第三阶段，1949 年中华人民共和国成立以后，高等学校逐步归政府统一管理。1952 年，上海开始高等院校院系调整，将所有私立大学并入公办院校，圣约翰大学、沪江大学、震旦大学、东吴大学法学院停办，相关系科分别并入复旦大学、华东师范大学、华东政法学院、上海财经学院等高校。1955 年，国务院为改变高等院校过于集中在沿海地区的状况，决定将交通大学迁往西安，上海留部分系、专业，另外筹建了南洋工学院。1958 年，上海率先提出“以十五年左右时间普及高等教育”的目标，先后成立了一批大学，1959 年，国务院批准交通大学上海分部定名为上海交通大学。截至 1960 年年底，上海的全国重点高校增加到 7 所，形成了中央部委、上海市地方政府、地方工业局和国家大型企业的“条块结合”办学体制。1961 年上海重点高校情况如表 11 - 4 所示。

表 11 - 4　1961 年上海重点高校情况②

学校名称	修本年限/年	1961 年在校学生数			1960 年上半年曾拟定最大规模/人	审定意见			
						最大规模			达到最大发展规模的本科学生年度招生数/人
		合计/人	本科生/人	研究生/人		合计/人	本科生/人	研究生/人	
复旦大学	5	5 828	5 690	138	21 000	6 000	5 700	300	1 140
上海交大	5	8 382	8 309	73	10 000	8 000	7 700	300	1 540
华东化工学院	5	5 697	5 648	49	—	5 200	5 000	200	1 000

① 上海通志. 第三十五卷教育[EB/OL]. http://www.shtong.gov.cn/Newsite/node2/node2247/node4592/node79665/node79680/userobject1ai103435.html.

② 重点高等学校概述[M]//中国教育年鉴 1949—1981. 北京：中国大百科全书出版社，1984：329 - 334.

续　表

学校名称	修本年限/年	1961年在校学生数			1960年上半年曾拟定最大规模/人	审定意见			
						最大规模			达到最大发展规模的本科学生年度招生数/人
		合计/人	本科生/人	研究生/人		合计/人	本科生/人	研究生/人	
同济大学	5	7 053	6 917	136	10 000	7 000	6 800	200	1 360
华东纺织工学院	5	4 526	4 306	220	8 000	4 500	4 300	200	860
上海第一医学院	6	3 369	3 129	240	5 000	4 250	4 000	250	670
华东师范大学	5	5 597	5 509	88	10 000	6 000	5 500	500	1 100

围绕着重点高校建设，中央政府根据国家需要，对上海重点高校的学科专业设置作出调整，主要原则是“根据学校原有基础与国家建设的基础在所选专业中选定1～3个作为重点发展方向”。上海交通大学瞄准“国防建设”“造船”和“军用”的人才需求，以培养军用、造船科技为人才培养目标，构建了专业体系并形成了自己的学科特色。复旦大学则围绕物理、化学两大方向开设原子核物理、无线电物理、电子物理、放射化学、高分子化学和力学等专业，成为物理化学人才培养的重要基地。华东化工学院的专业设置主要以化学工业为主。同济大学的专业设置集中在城市建设和道路建设方面。华东纺织工学院为了开设纺织专业，不惜停办了数学和管理等专业。华东师范大学和上海第一医学院的精力则分别集中在高校师资人才的培养和医学领域专家的培养上。

第四阶段，1977年恢复高考以后，上海高等教育开始全面复苏。首先，上海邀请苏步青等一批德高望重的老专家领导大学发展，同时启用一大批年富力强的年轻干部走上领导岗位。其次，恢复、重建和迁回了许多高校，华东师范大学、上海师范学院、上海体育学院恢复建制；上海财经学院、上海对外贸易学院、华东政法学院复校，上海水产学院从厦门迁回上海。

1990年，上海又确定了“共建、调整、合作、合并”的方针，对高校进行撤减、合并、重组，调整高校布局，改变学校单一隶属关系，提高了办学效益，提高了高等教育整体水平，增强了高校为地方经济和社会发展服务的自觉性。

1994年，上海提出要建设“一流教育”的目标，决定加大投入，实施8项重点教育工程建设。上海除支持在沪的复旦大学、上海交通大学等8所委属重点高校进入“211工程”外，重点支持上海大学和上海第二医科大学建设。

第五阶段，2000年以来，上海高等教育外延式发展和内涵式发展并举。一方面，上海高等教育规模迅速发展，上海高等教育从大众化迈入普及化；另一方面，为适应上海产业结构布局调整和城市建设推进的需要，加大高等教育内涵建设力度，高等教育结构与经济社会发展的契合度进一步提高。

2005年，形成了“2+2+X+2”的高校布局结构，一方面，使得上海高校由中心城区迅速向郊区扩张，为大规模招生提供了基础条件，同时为进一步深化内涵建设奠定了坚实的基础，2007 年与 2000 年相比，在校生从 22 万人增加到 57 万人，高等教育毛入学率从 38.8%提高到 57%；另一方面，提高了高等教育资源的集约化和共享度，顺应了上海产业结构和生产力布局结构调整的需要，实现了高校布局结构与区域经济社会发展的精准对接，使高校能够更加紧密地贴近和服务上海经济社会发展。

目前，上海高等教育着眼“排头兵、先行者”的根本要求，聚焦加快实现高等教育内涵式发展根本目标，全面深化综合改革，落实立德树人根本任务，夯筑人才培养和本科教育之基，开展世界一流大学和高水平地方高校建设，实施高峰高原计划，开创了上海高等教育发展的新格局，初步形成了世界一流大学集聚的高地。

二、上海高地的成因

上海世界一流大学高地的形成原因很多，既有外力的推动，也有自身传统教育积淀的影响，主要表现在客观和主观两个方面。

（一）客观方面

客观方面，随着上海经济、政治、文化的发展，特殊的政治地位、灿烂的文化传统、优越的自然条件、繁荣的经济生活、频繁的中西文化交流，为上海教育高地的形成提供了成长的环境。

首先，租界的影响。上海城市的发展呈现出与国内其他城市不同的特点，主要表现在租界的影响上。上海租界面积很大，外国设在中国的银行总部大多在上海，使上海成为重要的经济中心，同时引入了西方的教育制度等，对世界一流大学建设产生了重要的影响。

同时，上海租界特殊的政治格局，形成了政治上的缝隙，无论是中国与外国的战争还是中国内战，租界都宣布中立，避免了战火波及，保持了相对稳定的环境。中国共产党在上海成立，中共一大、二大、四大，也在上海召开。中共中央的机关设在上海，左翼文化中心也在上海，这种稳定的环境对上海高等教育的发展起到了重要保护作用。

其次，经济的带动。交通上，早在 19 世纪中期上海就开辟了与欧洲、美洲、大洋洲及日本、东南亚的航线，已形成内河、长江、沿海和外洋四大航运系统，是全国最重要的交通运输枢纽。外贸方面，上海在 19 世纪 50 年代取代广州，成为中国外贸中心。金融方面，中国最早的外资银行和华资银行大多首先在上海开设，上海成为中国乃至远东金融中心。

工业上，上海以商兴市，19 世纪中后期近代工业兴起，成为中国工业中心，20 世纪 30 年代全国工业资本与产值的六成以上出自上海。同时，上海还是全国信息中心。交通的便利，外贸与金融的发展和自身工业的基础，使上海成为国家重要的经济引擎。2018 年，上海市生产总值（GDP）32 679.87 亿元，第三产业增加值占上海市生产总值的比重为 69.9%。根据《中国城市竞争力报告》数据显示，上海新经济概念挂牌公司 84 家，占全国的 16.34%，居全国第二。主要新经济公司分布在游戏、互联网金融、体外诊断、医疗服务和虚拟现实领域。

上海多功能经济中心的地位和港口、外贸、金融、工业、交通、信息的发展，为在沪大学提供了大量的人才需求，开辟了广阔的毕业生就业市场；同时为世界一流大学建设提供了科学研究和科技开发应用的课题，增加办学经费投入，对上海世界一流大学高地的形成提供了基础条件。

最后，文化的辐射。20 世纪初，中国留日学生迅速增加，长沙、武汉、重庆等内地学子赴日留学必经上海。他们在上海或停留进修日语，或做留学前的其他准备，这也促进了上海文化的发展。上海随着经济地位上升，在全国的文化地位也迅速提高。上海拥有文化艺术馆 25 个、艺术表演团体 329 个、公共图书馆 23 个、档案馆 49 个、博物馆 131 个①，形成了“海纳百川，兼容并蓄”的海派文化，成为全国的文化中心。同时，上海聚集了相当一批一流文化人才，成为全国传播西学的最大基地，也是中国孕育、宣传改良思想的主要地方。

上海教育思想活跃，教育流派纷呈。先后出现职业教育、科学教育、平民教育、实用主义教育、马克思主义教育、生活教育、活教育、社会教育等主张和实践。以蔡元培、陶行知、黄炎培、杨贤江、陈鹤琴、匡互生、俞庆棠等为代表的知名教育家在上海从事教育活动，西方教育理论在上海得到实验和推行②。丰富的文化资源和先进的教育思想使得上海成为中国教育最发达的地区之一，形成较为完整的高等教育体系，大学数量占全国 1/4，并出现了一批国内一流的知名学校，上海初步成为世界一流大学高地。

第四，人口的虹吸。历史上，每当上海周边发生动乱，上海租界往往保持了相对的安全和稳定。很多人平时会到上海买房子投资，一遇到战争就往租界跑，如张元济，因参加维新而被革职后离京南下上海，上海因此集聚了很多人才和财富，产生了许多杰出的教育家、出版家、翻译家、名记者、国学大师、文学大师、政治家等。同时，上海的人口是全国增长最快的。1843 年，上海仅 20 多万人口，1949 年达到 546 万人，2019 年达到 2 632 万人。上海从 20 多万人口发展到 2 600 多万人，就像一块巨大的海绵，吸引着周边和全国，乃至全世界的人口，形成了巨大虹吸效应。

人口的虹吸效应，尤其是高级人才在上海的集结，大大促进了上海人口素质的提高。眼界宽，信息灵，知识更新快，与中国各地联系密切，促进了上海文化事业的发展，上海成为中国西学传播中心、书籍出版中心、报刊出版中心、文学艺术中心和教育中心，这使世界一流大学高地的形成拥有了良好的文化环境。

（二）主观方面

主观方面，上海高等教育发展主动结合上海自身发展的需要，紧密联系国家和上海发

---

① 上海市人民政府. 文化设施[EB/OL]. http://www.shio.gov.cn/sh/xwb/n809/n814/n878/u1ai13677.html. 2019-11.

② 上海通志，第三十五卷　教育，第三十五卷[EB/OL]. http://www.shtong.gov.cn/Newsite/node2/node2247/node4592/index.html. 2008-7/2019-11.

展整体和战略的需求。

首先，上海高校主动服务国家教育强国战略，扎根中国大地办大学。中共十八大以来，党中央多次对教育发展和改革事业进行指示和部署，要求把“建设教育强国”确立为“中华民族伟大复兴的基础工程”，并将“双一流”建设作为“优先发展教育事业”的重要内容。“双一流”建设是党和国家在中国特色社会主义进入新时代的关键时期对高等教育提出的新要求。上海高校积极响应国家教育强国战略号召，扎根中国大地，以学科为基础，强化内涵建设，主动对接国家发展战略和当地发展需求，取得巨大成就。

上海是长江三角洲世界级城市群的核心城市，国际经济、金融、贸易、航运、科技创新中心和文化大都市，吸引了大量的外资和外企，辐射整个长三角经济圈。根据《上海市城市总体规划(2017—2035)》，上海计划2020年建成具有全球影响力的科技创新中心，2035年基本建成卓越的全球城市。根据发展需要，上海确定了六个重点发展行业，即电子信息产品制造业、汽车制造业、石油化工及精细化工制造业、精品钢材制造业、成套设备制造业和生物医药制造业。2018年，六个重点工业行业完成工业总产值23 870.77亿元，占全市规模以上工业总产值的比重为68.5%[①]，重点行业工业总产值及增长速度如表11-5所示。

表11-5 2018年上海六个重点行业工业总产值及增长速度

指　　标	绝对值/亿元	比上年增长/%
六个重点行业工业总产值	23 870.77	1.4
电子信息产品制造业	6 450.23	1.9
汽车制造业	6 832.07	0.8
石油化工及精细化工制造业	4 006.76	−1.5
精品钢材制造业	1 233.42	−6.5
成套设备制造业	4 171.70	4.8
食物医药制造业	1 176.60	9.8

上海高校根据国家和上海发展定位，积极参与全球科创中心建设，在学科布局等方面积极与上海产业结构相匹配，为上海发展服务。

上海交通大学、同济大学、上海科技大学等高校牵头承建了海底长期科学观测网、转化医学、活细胞功能成像、硬X射线自由电子激光装置等一批国家重大科技基础设施。上海建设世界一流大学高地，既是教育强国背景下高等教育内涵式发展的趋势，也是上海城市创新发展、人文建设、现代化发展的必经之路。

① 数据来自上海市统计局官网.

其次，上海市政府统筹规划，引导世界一流大学建设协调发展。一流城市孕育一流大学，一流大学成就一流城市。一流大学是城市核心竞争力的重要支撑，一流大学的发展需要与城市发展战略定位相匹配、与人的全面发展需求相契合、与信息革命大趋势相适应、与现代化教育制度体系相适应。上海是中国教育改革发展的排头兵和先行者。上海先后出台系列文件对上海教育发展进行规划。《上海教育现代化 2035》《上海市面向 2020 年加快推进教育现代化实施方案》明确了上海加快推进教育现代化的战略布局和实施路径。《上海高等教育布局结构与发展规划(2015—2030 年)》加快了建设与国际大都市相匹配的一流高等教育体系的步伐，为上海高地的形成与发展创造了良好环境、提供了积极引导，将上海高等教育发展带入了全新阶段。上海通过分类管理和分类评价引导高校自主明确发展定位，聚焦发展重点，进一步明晰功能定位和发展目标，建立错位竞争秩序，为上海世界一流大学建设创造全新环境，提供巨大动力。上海还通过立法促进高等教育发展，《上海市高等教育促进条例》是全国第一个高等教育的地方条例。该《条例》规定了高校分类发展、地方高水平大学与学科建设、学科专业设置、应用型人才培养等规划内容；明确高校的办学目标以及依法落实办学自主权的相关内容，从保障学校权利和推进政府简政放权两个方面规定了包括人员编制、职称评聘、收入分配等多项具体措施。此外，在支持学生创新创业、科研与成果转化、资产处置等方面，也赋予高校相应的自主权①。通过政府立法，固化了上海教育综合改革探索积累的经验，拓展了高等教育改革的广度和深度，为推动上海高校“双一流”建设保驾护航②。

第三，实施高峰高原计划，优化和提升高等教育内涵建设。上海作为国家新一轮“两校一市”教育综合改革唯一的试点城市，为了对接中央关于“统筹推进世界一流大学和一流学科建设”的战略部署，充分挖掘优质资源潜力，建立与上海城市地位相匹配、支撑社会经济发展的高等教育学科体系，推出了“高峰高原”学科建设计划，计划面向未来优化和调整学科布局，努力让上海的学科“高峰凸显”“高原崛起”，在“高原”之上建“高峰”，解决高校学科体系与上海发展的“不匹配”问题。高峰高原计划列入重大专项经费的 50%可以用于人，以求重点突破，瞄准国家和上海的重大战略需求。

高峰高原计划中，Ⅰ类高峰学科的入选“门槛”是四类中最高的，基本是全国第三轮学科评估中排名第一的一级学科点，或有望在本规划周期内建成全国第一名的一级学科点。而其建设目标是一级学科点保持或建成全国第一，总体实力达到世界一流。截至 2018 年年底，上海高校学科布局结构不断优化，学科集群优势日益凸显，学科建设取得长足进步，已形成一定规模，拥有大量基础科技成果和世界前沿水平科研产出，并逐渐形成一批汇聚创新创意的优势学科群。入选上海“高峰高原”计划Ⅰ类高峰学科名单如表 11-6 所示。

---

① 上海立法支持“双一流”大学　地方公办高校或有更多自主权[EB/OL]. https://www.thepaper.cn/newsDetail_forward_1806672，2017-9/2019-11.

② 新华网.《上海市高等教育促进条例》实施　促进地方高校分类发展[EB/OL]. http://www.xinhuanet.com/2018-03/15/c_1122542294.htm. 2018-3/2019-11.

表 11-6 入选上海“高峰高原”计划Ⅰ类高峰学科名单①

序号	学　校	Ⅰ 类 高 峰 学 科
1	复旦大学	政治学、中国语言文学、新闻传播学、基础医学、公共卫生与预防医学、理论经济学、哲学、中国史、数学
2	上海交通大学	机械工程、信息与通信工程、船舶与海洋工程、生物医学工程、生物学、工商管理
3	同济大学	土木工程、城乡规划学、管理科学与工程
4	华东师范大学	教育学、世界史
5	华东理工大学	化学工程与技术
6	东华大学	纺织科学与工程
7	上海外国语大学	外国语言文学
8	第二军医大学	护理学
9	上海交通大学医学院	临床医学
10	上海中医药大学	中药学、中医学、中西医结合
11	上海音乐学院	音乐与舞蹈学
12	上海戏剧学院	戏剧与影视学
13	上海体育学院	体育学

第三节　上海世界一流大学与城市共生互动

城市因大学而兴，一所大学，辉耀一座城市；大学因城市而盛，一座城市，孕育一所大学。在科技高速发展的时代，大学的发展需要以城市为依托，城市的发展需要大学提供人才支持和科技贡献，从而形成了城市与大学的共生互动关系。城市对大学的依赖度、大学对城市的贡献度、大学与城市的互动度，成为世界一流大学高地发展的衡量标准之一。从大学的发展历史看，欧洲最早的大学虽然处在城市中，但大学和城市之间的关系是疏远的，大学是一个实行自我管理的自治机构，是城市中的“象牙塔”。随着工业革命的发展和城市化进程的推进，经济和交通发达的城市能更好地为大学的诞生和兴起提供各种保障，同时城市的社会需求使大学的诞生变成了现实，大学与城市在社会需求的基础上产生互动。进入 21 世纪以后，知识经济成为城市经济的重要方面，大学的职能也发生了转变，大学能够为城市的发展提供全方位的服务和支撑，城市发展水平的提高也能够为大学发展提供经费、文化和市场的保障，城市和大学都具有高度开放、创新驱动等特点，大学和城市

① 上海高校高峰高原学科建设第二阶段动态调整学科名单的通知(沪教委科〔2018〕43 号).

之间的关系开始由疏离到依赖，在互动的过程中走向共生共荣。

近年来，上海按照中央的要求和部署，加快推进现代化、国际化大都市和“五个中心”建设，提出了创设中国（上海）自贸区等一系列创新理念和改革思路①，给大学带来巨大的发展空间和创新启迪。大学通过把握上海迈向世界城市的节奏和需求，融入上海的进步与发展，努力把区位优势转化为核心竞争力。上海城市与大学之间形成了以战略为导向、经济为纽带、科技为核心、文化精神为引领的共生互动关系，城市通过政策、经费、环境等支持大学发展，大学通过引领力、辐射力、影响力促进城市发展。上海城市区域与大学之间的共生互动关系如图 11－1 所示。

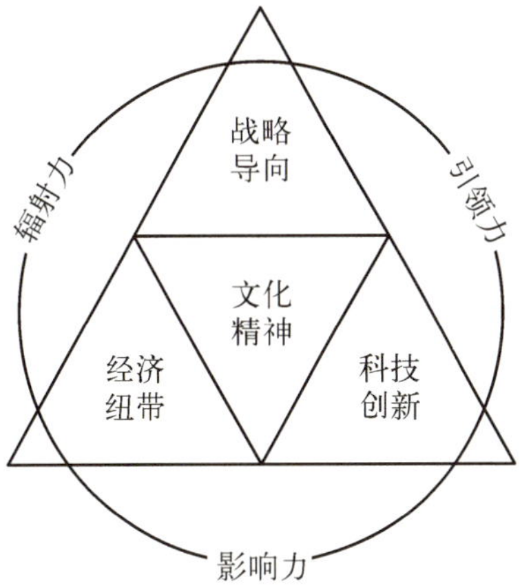

图 11－1　上海城市区域与大学的共生互动关系图

一、以战略需求为导向的共生互动

世界经济重心的东移和中国崛起，中国在全球化进程中的作用日益凸显，呼唤新的卓越的全球城市崛起。世界格局的大变革，世界经济重心继续东移，使得亚太地区涌现出一批全球城市集群。中国建设卓越的全球城市是一个国家战略。上海曾经是 20 世纪 30 年代远东的经济金融贸易中心，具有深厚的开放、创新、融合的城市基因。在改革开放 40 年中，上海发展综合性全球城市的基础已经逐步形成，有条件建设卓越的全球城市。

2014 年，上海市政府在《关于编制上海新一轮城市总体规划的指导意见》中提出：“上海在 2020 年基本建成‘四个中心’和社会主义现代化国际大都市基础上，再进一步努力建设成为具有全球资源配置能力、较强国际竞争力和影响力的全球城市。”上海的发展在为大学提供了财力支持和市政保障的同时，需要大学的智力支持与辐射带动。上海通过政策引导，努力让上海高校的学科“高峰凸显”“高原崛起”，在“高原”之上建“高峰”，让高校学科体系与上海地位相匹配。在沪高校也纷纷利用自身优势，以城市需求为自己发展导向，调整优化学科发展方向，服务国家和城市战略发展，实现自身跨越式发展，与城市发展共生互动，从而形成了好大学在好城市的发展格局。

上海交通大学联合中交疏浚（集团）股份有限公司等行业主力单位组成产学研用团队，攻克挖掘破碎、可靠定位、远距输送、总装集成等设计制造“卡脖子”难题，作业海域由近海拓展到远海，不断突破恶劣海况下的极限疏浚能力，为我国建设海洋强国贡献了“大国重器”。同时主动服务国家“一带一路”合作发展倡议，助力“一带一路”沿线国家和地区

① 姜斯宪. 世界城市与一流大学共生互动[N]. 中国教育报，2014－02－27(9).

经济社会发展，为“一带一路”沿线国家的优秀人才“量身定制”精准有特色的课程体系，充分发挥学科优势，设置了卫星导航与遥感“一带一路”留学生项目，通过3S专业课程体系和设置双导师制实现产业链“上中下游”全覆盖。

复旦大学利用自身学科优势，主动对标国家科技创新发展战略和上海科创中心建设战略，全力打造世界一流的张江复旦国际创新中心，以“在基础科研领域作出大的创新、在关键核心技术领域取得大的突破”为目标使命，通过建设多学科融合创新平台，面向变革性前沿技术以及大科学问题，聚焦集成电路、人工智能、生物医药等关键领域，抢先布局世界科技发展制高点。获批新一代集成电路集成攻关大平台、长三角集成电路设计与制造协同创新中心。同时，学校主动成立“一带一路”全球治理研究院，力图成为对接国家“一带一路”智库合作联盟和上海服务国家“一带一路”建设的重要智库，不断推动治国理政经验交流，为全球治理贡献中国智慧、中国经验、中国方案。研究院已与“一带一路”沿线大部分国家智库建立联系，重点形成了中国-东盟10+1智库联盟、中国-中东欧国家16+1智库联盟、中美智库对话、中英智库对话、中印智库对话、金砖国家智库联盟等“一带一路”智库区域网络。

同济大学以服务国家战略需求为牵引，坚持“与祖国同行、以科教济世”传统，充分发挥一流学科优势，在港珠澳大桥建设、北京城市副中心和雄安新区城市规划等重大工程中，不断贡献“同济智慧”。在科技领域，同济大学先后开展了在推进我国与“一带一路”沿线国家互联互通、亚洲公路网规划建设、“一带一路”中外合作园区发展等方面的研究工作。在人文社会领域，同济大学积极参与“一带一路”教育行动计划，发起“一带一路”语言文化传播校企联盟，以人才培养为重点，举办系列“带路”相关问题的高端培训班，依托合作“一带一路”沿线的4所孔子学院，积极开展合作研究和交流等活动，推进“一带一路”语言文化传播的“同济模式”。

华东师范大学主动服务国家战略和上海需求，在智库建设、科研合作、人才支撑、人文交流等方面推进互动互联，加强国际合作，打造了“一带一路”体系化高端智库，建设了俄罗斯研究中心、白俄罗斯中心、中亚研究中心、中东欧研究中心、周边国家研究院等国别和区域研究中心；已与“一带一路”沿线35个国家的73所高校或科研机构建立合作关系，已有35个“一带一路”沿线国家近800名留学生到校学习，其中汉语言类专业的学生达583人；促进人文交流，构筑“一带一路”常态化互通桥梁；举办“一带一路”沿线国家中学校长论坛，共享教育改革经验，为“一带一路”贡献智慧，为上海经济社会发展提供支持。

根据2018年毕业生就业质量报告，复旦大学2018届毕业生(不含高职生、港澳台学生及留学生)共7 629人，就业率为98.06%，签约率为94.14%；超过90%的毕业生投身国计民生领域，与时代同向同行；3 496名毕业生投身改革开放前沿，奔赴长江三角洲地区、粤港澳大湾区、京津冀地区等重点地区建功立业，服务区域经济发展；近70%的本科毕业生选择继续深造，选择境外高校深造的毕业生中近半数进入世界排名前50位的境外高校,服务国家创新与人类进步。上海交通大学毕业生共 8 674 人(不含台港澳及留学生),其中,博士生 1 209 人,占毕业生总数的 13.94%;硕士生 3 955 人,占毕业生总数的 45.60%;本科生 3 510 人,占毕业生总数的 40.46%[①]。

二、以经济社会为纽带的共生互动

一流城市孕育了一流教育,一流教育成就一流城市。教育是城市核心竞争力的重要支撑。大学的根本使命就是促进社会的可持续发展和进步。在知识经济时代,知识取代物质资本,成为经济中最重要的生产要素,高等教育与社会经济发展的关系更加密切,已从社会的边缘走向中心,成为社会经济科技发展的发动机。随着我国经济发展区域化和高等教育地区化现象的出现,高等教育与区域通过良性互动,谋求共同发展已成为必然[②]。上海在成就大学发展的同时,从中获得丰厚的回报。大学作为科技创新的源头,为上海经济社会发展提供创新驱动力、培养高级人才。

上海肩负着面向世界、推动长三角地区一体化和长江经济带发展的重任,在全国经济建设和社会发展中具有十分重要的地位和作用。土地面积仅占全国 0.06%的上海,生产总值占全国的 3.6%。电子信息产品制造业、汽车制造业、石油化工及精细化工制造业、精品钢材制造业、成套设备制造业和生物医药制造业是上海发展的六个重点工业行业。

复旦大学发展聚焦集成电路、人工智能、生物医药等关键领域。在生物医药领域牵头国际人类表型组重大科学计划,加快推进系统生物学国家重大科技基础设施、重离子智能诊疗系统重大设施研发、新药创制国际联合研究中心等建设,获批建设国家老年疾病临床医学研究中心、国家介入治疗临床医学研究中心、国家儿童医学中心,建立复旦大学人类精子库,构建起全生命周期的医学科研体系,在防治重大疾病、解决重大健康问题方面取得重要突破,在集成电路领域获批新一代集成电路集成攻关大平台、长三角集成电路设计与制造协同创新中心。

华东理工大学采用自动化、人工智能与制造流程紧密结合的方式,自主开发国内首套炼油过程机理模型与实时仿真技术,实现炼油全流程在线实时仿真;研发炼油装置全流程运行性能评估与协同优化技术,实现炼油过程安全、环保、质量、效益的多目标协同优化;创新研发融合装置运行特件的生产计划智能优化决策系统,实现炼油生产价值链最大化。基于机理的炼油过程在线模拟技术、融合装置运行特性的生产计划智能决策技术进入国际领先行列。

---

① 数据来自各高校 2018 年毕业生就业质量报告.
② 张振助. 高等教育与区域互动发展研究——中国的实证分析及策略选择[J]. 教育发展研究,2003(9): 39-44.

三、以科技创新为核心的共生互动

上海创造了众多全国科技第一乃至世界第一，在推动传统产业的升级换代、促进高新技术产业的发展、满足人民群众不断提高生活水平和健康水平需求等方面硕果累累。2018 年，上海全市有 100 多所科研机构、10 万名科研人员及 100 多所专业技术培训机构。专利申请量 150 233 件，其中，发明专利申请 62 755 件，发明专利授权量 21 331 件①。上海发达的经济基础和强大的科技为一流大学高地的形成提供了保障，上海研发经费占生产总值的比例逐渐上升，2018 年占比达到 4%，上海高校获得研发经费占科技经费总数的比例为 66.8%。上海市 2014—2018 年研发经费支出占上海市生产总值比例如图 11－2 所示。

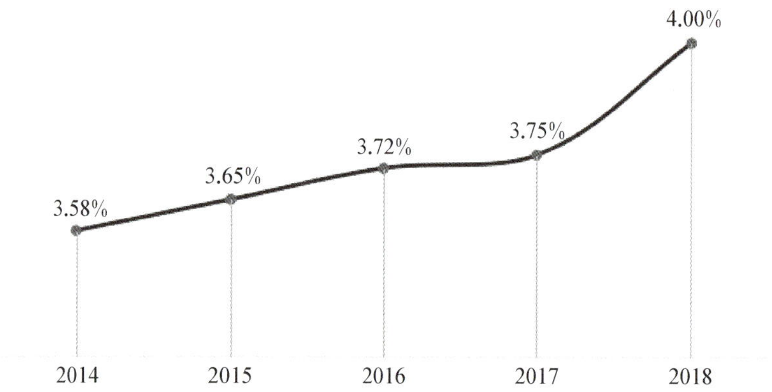

图 11－2 2014—2018 年研发经费支出占上海市生产总值比例

上海一流大学高地学科建设已形成一定规模，积极参与具有全球影响力的科技创新中心建设，拥有大量基础科技成果和世界前沿水平科研产出，推动了上海高端装备制造、生物医药与大健康工程、信息与大数据、新材料、新能源等领域科学的发展，为上海科创中心建设、国家创新体系及国际知识创新体系的构建与推进作出了重要贡献。2017 年度国家科学技术奖中，上海共有 58 项牵头及合作完成的重大科技成果获奖，占全国获奖总数比例首次突破 20%，达 20.7%。在 6 项上海牵头及合作完成的国家自然科学奖项目中，高校为主要完成单位的占到 2 项；在 11 项国家技术发明奖中高校占到 4 项；在 33 项国家科学技术进步奖中高校占到 17 项。三大奖按总数计算，上海高校贡献率超过 1/3。此外，上海市推荐的获得 2017 年度中华人民共和国国际科学技术合作奖的 2 位学者施扬和保罗·斯潘诺斯，合作单位均为上海高校。

复旦大学领衔的项目“外科术式改变脑血流的基础与临床创新”，获得 2017 年度国家

① 数据来自上海市统计局官网.

科学技术进步奖二等奖。项目共发表论文 74 篇，在《神经外科》(*Neurosurgery*)等期刊发表 SCI 论文 39 篇，述评文章 5 篇，被引 812 次，授权发明专利 2 项，并曾获上海市和教育部科技进步一等奖。该技术成果已在全国 200 多家三级医院得到普及。复旦大学的技术团队还积极参与了洋山四期建设，承担核心算法模块的研发工作。洋山港四期码头是中国经济融入全球经济的重要象征，它将进一步推动中国贸易和投资自由化便利化。上海把洋山港四期码头打造成我国扩大开放的重要窗口。由于复旦大学技术团队的支持，使中国港口的运营水平全面提升，同时，这场技术变革也将持续影响国家的整体交通运输系统。

上海交通大学共有 5 项第一完成单位成果获奖，其中国家自然科学二等奖 1 项、国家科技进步二等奖 4 项，在推动行业科技进步、改善民生、保障国家安全等方面作出了重大贡献。

同济大学发挥一流大学知识“溢出效应”，助力打响“上海制造”品牌，与嘉定区共建“环同济创智城”，重点聚焦新能源汽车和智能网联汽车、智能制造、人工智能、汽车文化和创意产业等。聚焦核心技术研发和技术成果转化，形成产业链集聚群。同济创智城产业规模巨大①。

华东师范大学通过建设的学科群为城市提供“大学智慧”，主动融入并服务上海。“安全攸关软件”项目能够确保不断延展的城市轨交网络高可信、高可靠。“面向大型银行应用的高通量可伸缩分布式数据库系统”项目突破了国外 IT 企业对大型银行核心系统数据库的垄断，成为我国首例在大型银行事务处理型应用中的自主研发数据库系统，获得教育部高等学校科学研究优秀成果奖“科技进步一等奖”，已在交通银行多个核心系统中使用。

上海世界一流大学与政府互动的另外一个典型是国家大学科技园的建设。国家大学科技园是国家创新体系的重要组成部分和自主创新的重要基地，也是区域经济发展和行业技术进步以及高新区二次创业的主要创新源泉，同时是中国特色高等教育体系的组成部分，高校产学研结合、为社会服务、培养创新创业人才的重要平台。国家大学科技园往往以具有较强科研实力的大学为依托，将大学的综合智力资源优势与其他社会优势资源相结合，为高等学校科技成果转化、高新技术企业孵化、创新创业人才培养、产学研结合提供支撑的平台和服务的机构，一流的国家大学科技园是一流大学的重要标志之一。上海依托在沪世界一流大学，调动方方面面的积极性、主动性、创造性，建设了一批国家大学科技园。截至 2019 年底，共有 13 个国家大学科技园依托大学建立，数量仅次于北京。国家大学科技园依托大学的知识、人才密集和创新环境等优势，结合社会的资金、管理与市场

① 樊丽萍. 同济大学分别携手杨浦、虹口、普陀、嘉定四区协力打造“环同济”创新经济集聚带[N]. 文汇报，2018-05-13.

需求，园区内企业 2 159 家，在孵企业 1 651 家[①]，作为国家重要的科学技术创新基地、高新技术企业孵化基地、创新创业人才聚集和培养基地、产学研结合示范基地，带动了上海经济的发展，为上海建设“五个中心”和具有世界影响力的社会主义现代化国际大都市提供支撑。上海市国家大学科技园情况如表 11－7 所示。

表 11－7　上海市国家大学科技园名单

序 号	国家大学科技园名称	认定时间	园区内企业/家	在孵企业/家
1	复旦大学国家大学科技园	2001 年	190	152
2	上海交通大学国家大学科技园	2001 年	103	94
3	同济大学国家大学科技园	2002 年	93	71
4	东华大学国家大学科技园	2003 年	67	50
5	上海大学国家大学科技园	2003 年	132	52
6	华东理工大学国家大学科技园	2005 年	89	68
7	华东师范大学国家大学科技园	2006 年	77	59
8	上海理工大学国家大学科技园	2006 年	138	109
9	上海财经大学国家大学科技园	2009 年	590	462
10	上海电力学院国家大学科技园	2009 年	93	84
11	上海工程技术大学国家大学科技园	2010 年	444	336
12	上海海洋大学国家大学科技园	2013 年	75	58
13	上海体育学院国家大学科技园	2013 年	68	56

注：数据来自上海市政府官网。

四、以文化精神为引领的共生互动

一流大学对城市发展的引领显示了教育的社会功能，使注重实际的上海人直接感受到一流大学的影响和带动，一定程度上形成了重视教育、重视智力投资的上海风气。

观念与风气变化的第一个方面是社会办学蔚然成风。上海近代社会办学之风十分兴盛。早在 1906 年，上海民族工商业兴办的中小学堂就有 51 所，辛亥革命以后，随着民族资本主义的日益发展，对人才的需求更为迫切，实业界办学热情更为高涨。由于他们的重视和投资，上海私立学校迅速发展，1929 年至 1936 年和 1945 年、1946 年间，上海学校中高等学校、私立学校的比例为 66.7%～79.31%，私立学校的蓬勃发展，不但进一

① 上海市公共数据开放平台[EB/OL]. https://data.sh.gov.cn/view/detail/index.html?type=cp&&id=AA5002015025&&dataset_name=上海市国家大学科技园，2019－11.

步打破了“学在官府”的办学格局，而且进一步促进了教育与城市的关系，形成了一种良性循环。

观念与风气变化的第二个方面是初步形成了大教育概念。20世纪上海人的教育观念在时、空两方面都得到延伸和扩展。在时间上，从一般的青少年在校学习，向前延伸到学前教育，向后拓展到中老年教育；在空间上，从“女子无才便是德”发展到女子也有受教育权，从身体状况正常者扩展到残疾人。上海大教育概念的形成和大教育事业的发展，在一定程度上开发了学前儿童的智力，扩大了中老年人、妇女和残疾人的受教育机会，体现了近代教育区别于封建教育的民主精神，也提高了上海市民总体上的文化素质和人口文化构成水平。

第四节　上海世界一流大学高地建设的经验及启示

城市是大学的诞生之地，上海交通大学、华东师范大学等都以城市或地区命名，足以证明这些大学与城市的渊源。上海的世界一流大学建设在知识生产、技术革新和成果转化等方面发挥着独特作用，推动着创新型城市建设。近年来，上海市深入推进“部市共建”国家教育综合改革试验区建设，依托“部市共建”大力支持在沪部属高校发展，一流大学和高水平特色大学建设持续推进，高等教育服务能力和竞争能力显著提升。大学与城市协同发展是上海市世界一流大学发展的立足点，上海在城市与大学互动的过程中形成了良好的互动模式。

一、大学办学方向适应上海经济发展

上海发挥“排头兵”的优势，率先启动教育综合改革，对接长江经济带、中国制造2025、“互联网＋”、创新驱动发展等国家战略。同时，优化治理机制，出台政策规划布局城市高等教育发展，按照统一规划开展政策设计、经费投入、资源配置，通过一流大学提升城市核心竞争力，促进经济发展，推进产业结构转型升级，通过立法保障政策实施。

上海根据城市和地区的发展需求，提出高校分类管理、分类发展的理念，调整高校布局，有效整合上海高等教育资源，促进高校结构优化，指导高校合理确定办学定位、发展目标、学科专业设置等。上海高校按人才培养主体功能的分类标准如表11-8所示。

上海一流大学建设根据上海城市发展需要及时调整现有学科结构，争取支持，持续建设了一批国家需要、上海“五个中心”建设急需的基础学科、特色学科，组建了学科交叉研究平台，同时发展了一批面向世界科技前沿的交叉学科。

表 11-8 上海高等学校按人才培养主体功能的分类标准①

指　标	学术研究型	应用研究型	应用技术型	应用技能型
人才培养目标定位	以培养学术研究人才为引领，可授予博士、硕士和学士学位	以培养应用研究与开发人才为重点，可授予博士、硕士和学士学位	以培养专业知识和技术应用人才为主体，一般可授予专业研究生和学士学位	培养专科层次操作性专业技能人才

通过政府引导，高校明确了办学方向，主动以适应地方经济社会发展作为自身发展目标，高校不再以建成综合性大学为目标，以特色提升核心竞争力。上海高校63%的在建学科达到全国前50%的水平，46%的学科达到全国前30%的水平，20%的学科达到全国前10%的水平，11%的学科跻身全国前5%的水平，5.6%的学科位列全国前2%的水平。上海高校学科建设的总体实力有了新的提高，高校办学效益有显著提升，精细化、精致化的办学模式迈出新的步伐。

二、大学以质量提升服务城市发展

人力资源是一流大学高地的优势，人才是一流大学高地中的高地。知识、思想、文化是一流大学高地的中心。在人才汇集以及积极发挥人才作用的问题上，上海应牢固树立现代人才和人力资源理念，提供良好的政策环境，汇聚以及储备高端人才。

从数量上看，上海高等教育已经进入普及化阶段，在沪世界一流大学是高层次人才引入的重要阵地，也是人才汇聚的中心，成为城市高端人才储备的必然选择，上海经济社会的快速发展和对人才的高度重视引燃了国际一流人才来沪效力的持续热情，上海更有条件成为“人才磁场”，为上海、为全国储备高端人才。

2018年3月26日，上海正式对外公布《上海加快实施人才高峰工程行动方案》，提出要在“人才高地”基础上筑起“人才高峰”，聚天下英才而用之。上海进行大刀阔斧的人才政策改革，并实施“量身定制，一人一策”，“高峰人才全权负责制”等政策。方案聚焦国家战略需求和战略目标，明确13个集聚造就高峰人才的重点领域：宇宙起源与天体观测、光子科学与技术、生命科学与生物医药、集成电路与计算科学、脑科学与人工智能、航空航天、船舶与海洋工程、量子科学、高端装备与智能制造、新能源、新材料、物联网、大数据。截至2018年年底，在沪工作外国人才达到21.5万人，占全国的23.7%，位居全国首位。上海世界一流大学集聚了包括两院院士、诺贝尔奖获得者、美国科学院院士、英国皇家学会会员等在内的顶级科学家近500名，成为上海城市的知识高地和人才高地。

① 上海市教委. 上海高等教育布局结构与发展规划(2015—2030年)(沪教委发〔2015〕186号).

三、大学与城市经济社会发展高度契合

大学是城市核心竞争力的重要支撑，是城市知识中心和先进技术中心，承载着每一个家庭对美好生活的向往。大学根据城市经济社会发展不断调整自己，不断重塑教育形态。上海一流大学面向全球、面向未来，主动识变、应变、求变，积极回应国家战略需求和上海经济社会发展关切，通过促公平、提质量，发展智慧教育、智能学习，努力办出与国家战略和城市发展相匹配、与人的全面发展需求相契合、与信息革命大趋势相适应、与现代化教育制度体系相适应的一流教育。

推进一流大学建设，必须完善现代大学制度[①]。为完善高校内部治理结构，必须推进中国特色现代大学制度建设，提高大学自治能力，完善高校内部治理结构，切实保障高校成为自主权力运行的主体。加大对章程制定及实施工作的指导推进力度，引导高校章程建设与“双一流”建设相结合，明确发展定位，突出办学特色；完善大学董事会（理事会）运行机制，发挥大学董事会（理事会）在学校事务决策中的参与和监督作用；探索教授治学的有效途径，充分发挥高校学术委员会、教授委员会等学术组织在学科建设、学术评价、专业设置、选人用人中的重要作用，减少行政权力对学术事务的干预，确保教授切实行使学术权力。上海积极探索、努力创新，为完善中国特色现代大学制度积累了大量可复制、可推广的经验，为全国教育改革的推进贡献了上海经验和上海方案。

四、以世界一流大学为标志形成一流大学高地

逐步打破人才引进和晋升的制度障碍，对不同学科、不同岗位教师实施分类评价和考核机制，营造良好学术氛围。通过实施各类人才工程，大力引进具有国际重要影响力的学术领军人才，打造服务于国家重大战略的国家创新团队。2018 年，在此前发布的人才政策“30 条”基础上，又出台了《上海加快实施人才高峰工程行动方案》，重点聚焦 13 个领域的高峰人才，并为这些人才在住房、落户等方面开辟绿色通道，形成人才改革的“四梁八柱”，已取得积极成效，人才集聚效应明显。同时，依托产学研合作，加大本土高层次人才的培养力度，探索以提高学习能力、实践能力与创新能力为核心的人才培养模式，高等教育与上海产业结构布局的契合度进一步增强。

上海市“高峰高原”计划在每个项目建设阶段投入 36 亿元，推动该重点学科建设发展。“高峰高原”项目支持部属高校力度大，部属高校的Ⅰ类高峰学科，三年的建设周期获得支持金额范围为 1 000 万～9 000 万元；Ⅱ类高峰，获得支持金额范围为 2 600 万～5 500 万元；Ⅳ类高峰，获得支持金额为 7 500 万元。

---

① 钟秉林. 扎实推进世界一流大学和一流学科建设[J]. 教育研究，2018(10).

上海市"高峰高原"学科建设项目采用自评价、第三方跟踪评价、综合绩效评估方式。在上海市教委成立"上海高校高峰高原学科建设工作小组"的领导下，负责高峰高原学科建设日常工作的组织、管理和协调。学科根据建设方案中自主设立的建设目标及考核指标，定期开展学科自评，并通过委托第三方评估机构采集部分客观定量指标，依据客观数据对学科建设进展包括与历史相比的绝对进步情况和与标杆高校相比的相对进步情况等进行动态跟踪监测，以适当形式发布。该项工作小组每年也对学科建设包括学科队伍水平和影响力、人才培养质量、代表性研究成果、建设目标的达成度等情况进行综合绩效评价。并且，上海市教委将按建设周期与各高校签订高峰高原学科建设目标和任务的协议，必要时启动问责机制。

在经费使用方面，上海市教委创新经费使用方式，完善高校财务管理绩效评价制度，确保教育改革措施有效落地，制定市属高校财务管理绩效评价指标，采用学校自评、相关处室评价、专家评分、现场抽查、综合评定等方式，对高校财务管理绩效进行评价。同时，结合财政、审计部门新要求，将财政专项资金和会计年报审计结果等内容调整为常规绩效评价指标，同时引入会计领域中具有一定资质的第三方评价机构和教育评估机构分别进行评价，进一步提高高校财务管理水平。

本 章 小 结

2017 年 9 月 21 日，教育部、财政部、国家发展改革委联合发布《关于公布世界一流大学和一流学科建设高校及建设学科名单的通知》，上海市 14 所高校、57 个学科进入国家"双一流"建设名单，数量位列全国第二。在"双一流"的背景下，对接国家战略，上海市政府明确提出要率先实现教育现代化，通过实施高峰高原学科建设计划和高水平大学建设计划，建设中国最好、有国际影响力的一流高等教育；服务区域发展需求，上海世界一流大学围绕立德树人根本任务，聚焦发展目标，以一流的人才培养、一流的学科建设、一流的社会服务，发挥对城市建设的效应和贡献。城市的兴起与发展是一定社会经济发展的产物，而优良的高等教育是城市兴起和发展的动力和源泉，上海世界一流大学高地的兴起及其发展完美地诠释了这一点。

第十二章
德国·柏林

大学与城市之间的互动方式是多元的，大学城就是其中一种。大学城最早出现于欧美等一些高等教育发达国家。大学城的形式一般有两种，一种是自然形成的大学城，指大学在发展过程中，其自身规模越来越大，发展为一定规模的城镇；另一种是人工规划的大学城，指多所大学聚集在一起，形成一定规模的城镇。柏林的大学和城市的关系似乎与上述两种类型的大学城有所不同。其最明显的区别在于，由于历史、政治、社会等多重因素的作用，柏林一个城市中同时聚集了三所世界一流大学名校，即柏林洪堡大学、柏林自由大学和柏林工业大学，并且这三所大学联合成立“精英集群”，与其说它是与众不同的大学城，倒不如说它是世界一流大学高地。

第一节　柏林世界一流大学高地概况

柏林是德国目前最大的城市，其经济发展水平处于德国的中等，但在文教与艺术领域是当仁不让的全德之首，这得益于柏林的世界一流大学。柏林洪堡大学、柏林自由大学和柏林工业大学是全球公认的顶尖高校，是柏林规模最大的三所学校，也是德国本土和赴欧求学的各国学子的理想学校。柏林艺术大学、柏林大教堂、柏林国际电影节、柏林爱乐乐团等也让柏林在艺术领域享誉世界。

一、柏林概况

柏林(Berlin)是德国的首都及中央政府所在地，是德国最大的城市。柏林地处德国东北部平原地区，四面被勃兰登堡州环绕，面积约为 891.12 平方千米。2019 年，柏林市的人口达 374.8 万人，其中外国人约 90 万人；从事经济活动的人口约 190 万人。2017 年，柏林市的国内生产总值约达 1 295 亿欧元。柏林历史悠久，发展至今，沉淀了浓厚的历史气息,又充满了现代都市的风采。柏林的经济水平虽然不是德国之首,但一流的教育资源、科研创新水平使柏林享誉全球。

(一)柏林的城市概况

柏林始建于13世纪。几乎没有其他城市像柏林这样,在历史上经历了如此频繁、激进的变革,自然灾害、瘟疫、战争一直阻碍着柏林的发展。第二次世界大战之后,柏林分别被苏、英、美、法占领。直到1990年,德国重新统一,并将首都重新迁回柏林,柏林才逐步发展成为德国的政治、经济、文化中心,是德国仅有的三个城市州之一,其他两个是汉堡和不来梅。柏林驻有约150个外国大使馆,与洛杉矶、巴黎、伦敦和北京等世界上的许多城市建立了友好城市关系。

虽然饱经自然灾害、战争等创伤,但柏林并未停止发展的脚步。随着公共设施的建设以及文化事业的发展,柏林的知名度和美誉度大大提升。柏林的公共交通系统发达,公路、航空以及铁路保障了城市的快速发展。德国历史博物馆、柏林国际电影节、柏林爱乐乐团等增强了柏林城市的艺术气息和在世界范围内的知名度。德国历史博物馆的现代展览馆由美籍华人贝聿铭设计。中国电影《红高粱》于1988年获得柏林国际电影节的金熊奖,我国著名导演李安、张艺谋也先后获得过柏林国际电影节的奖项。

无论是在普鲁士帝国时期,还是在现代,柏林始终充满了蓬勃的创造力,戏剧、舞蹈、文学、小型歌舞、音乐、绘画等艺术形式都对这座城市产生了深刻的影响,柏林也因此具有“艺术家之都”的美誉。超过3.3万名来自不同领域的艺术家集聚在柏林。柏林每年都会举办各种各样的文化艺术活动,涉及音乐、电影、科技等各个方面。比如,柏林三月音乐节、绿色科技节、文化狂欢节、柏林科学长夜、露天古典音乐节、克里斯托弗大街游行、博物馆长夜、文物保护建筑开放日、爵士音乐节等,每一项活动都彰显了这座城市的独有魅力。

(二)柏林的产业概况

柏林是德国主要的工业区。柏林的工业以电机、电子、仪器、仪表最为发达。工业是柏林最重要的经济来源。2016年,柏林的工业总产值约为1 600亿欧元,约占全市经济的2/3。柏林的工业多分布在城市边缘的施潘道区、夏洛滕堡区、克罗伊茨贝格区、滕珀尔霍夫区等工业区。农业用地在柏林占有相当比重,农业用地达到整个城市面积的4.2%。农业用地主要用于种植蔬菜、水果、花卉和养殖牛、羊、猪等家畜。2016年,农业为柏林带来的经济收入达500亿欧元,约占全市经济总量的1/5。柏林的服务业和通信业在柏林的经济产值中也占有相当高的比例。2016年,柏林的游客数量达1 270万人,由此带来的贸易、交通、住宿、餐饮、信息等服务业的营业额达到240亿欧元,约占全市经济总量的1/10。

柏林的经济发展得益于其地缘优势。柏林是世界上最重要的出口城市之一,其出口贸易为柏林和德国的经济发展作出重大贡献。2016年,柏林的出口贸易额达到1 500万欧元,进口贸易额达到1 100万欧元,进、出口货物包括食品、工业产品等。柏林贸易出口的主要国家是美国、波兰和中国。2016 年柏林向这三个国家出口的贸易金额分别达到 186.8 万欧元、108.8 万欧元和 91 万欧元。柏林的贸易进口国主要是意大利、荷兰和波兰,从这三个国家进口的贸易金额在 2016 年分别达到 115.2 万欧元、111.7 万欧元和 108.9 万欧元。

(三) 柏林的教育与科研

柏林在经济发展和科技创新等方面创造的奇迹与世界一流大学的发展密切相关。尽管遭受过战争的重创,柏林的世界一流大学排名始终位居全球前列,吸引了各国学子前来求学。根据柏林官方数据网站统计,2017—2018 年度,柏林高校的在学人数达到 18 万余人,其中就读大学的人数约 12 万人,就读艺术学院的人数约 5 000 人,就读高等专科学校的人数约 5 万人,就读公共行政学院的人数约 500 人。在高校就读的学生当中,约 6.5 万名学生就读于科学、技术、工程和数学教育等专业,博士研究生约 1.2 万人。在柏林的大学就读的学生中,20%来自国外,其中大部分来自中国、俄罗斯和美国。

柏林的科学研发技术闻名全球,先进的研发设备和著名的研发机构吸引了世界各国的企业、科研机构前来合作。许多合作项目将柏林的高等教育机构与世界各地的合作机构联系起来,每年大约有 20 万人涌入柏林工作和学习。柏林的科研机构和大学培养的合格专业人员,确保了私营部门的创新能力和竞争力,为作为商业中心的柏林提供了强大的研发动力。正如德国某生物技术公司的创始人、柏林科技大学的教授克莉丝汀朗所说:“这就是作为一名企业家让我感到柏林如此独特的原因:我可以在这里找到每个问题的科学专业知识。”

二、柏林世界一流大学概览

德国的高等教育闻名世界,其文凭的含金量得到了全球的认可。随着高等教育国际化的发展,越来越多的学生选择去德国留学。柏林世界一流大学的盛名,也吸引着越来越多本国的学生申请就读。德国联邦数据统计局的统计数据显示,2017—2018 学年,在吸纳大学新生方面,德国共有 10 个联邦州上升趋势明显,其中大学生的首选求学地为柏林(约增 4 100 人)[①]。柏林除了有被誉为“现代大学之母”的柏林大学(今称柏林洪堡大学)以外,还有其他多所著名大学。2019 年,柏林共有三所世界一流大学分别进入《美国新闻与世界报道》(*U. S. News*)、国际高等教育咨询机构(QS)、《泰晤士高等教育》(*THE*)、上海交通大学学术排行榜(ARWU)的前 500 名。这三所大学分别是柏林洪堡大学、柏林自由大学和柏林工业大学。表 12 - 1 是这三所世界一流大学在四大排行榜中的排名情况。

① 刘晔晖,陈正. 柏林和汉堡成为德国大学新生求学首选地[J]. 世界教育信息,2019(4):75.

表 12-1 2019 年柏林世界一流大学排名

大学名称	*U. S. News*	QS	*THE*	ARWU
柏林洪堡大学	90	121	67	—
柏林自由大学	116	130	104	—
柏林工业大学	310	147	131	301～400

注：1. 数据来源于 2019 年世界 *U. S. News*、QS、*THE*、ARWU 四大排行榜；
2. "—"表示该排行榜中未出现该大学或不在前 1 000 名内。

柏林洪堡大学的主校区地处菩提树大街，柏林自由大学在柏林的西南城郊，柏林工业大学的主校区在夏洛滕堡区。

（一）柏林洪堡大学

柏林洪堡大学的前身是柏林大学，始建于 1810 年，由著名教育改革家威廉·冯·洪堡创建。作为"现代大学之母"，柏林大学在建校之初就贯彻教学与科研并重的教育思想。第二次世界大战之后，柏林大学被分为两所大学，地处东柏林的老校区是柏林大学。西柏林办起了一所新大学——柏林自由大学。1949 年，柏林大学改名为柏林洪堡大学，以纪念大学的创始人威廉·冯·洪堡和其弟弟——亚历山大·冯·洪堡。亚历山大·冯·洪堡使自然科学在柏林大学得到了重视。作为一所公办大学，建设之初拥有法律、医学、哲学和神学四个学院。经历了两百多年的发展，柏林洪堡大学目前已有 3 个校区，9 个专业学院，3 个中心研究所，5 个核心单位，5 个跨学科研究中心，研究领域包括人文、社会、自然科学、文化、农业、医学等专业的所有基础学科。相当一部分学科进入了不同大学排行榜的前 100 名，包括神经科学与行为、免疫学、精神病学等①。

（二）柏林自由大学

柏林自由大学建于 1948 年。当时柏林是苏美冷战的聚焦点，原柏林大学划归东柏林。学生和学者为了追求学术自由，在西柏林成立了柏林自由大学。该校有 16 个院系和研究中心，包括生物、化学与医药学院，教育学与心理学学院，地球科学学院，哲学与文学学院等，并与柏林洪堡大学合办一所医学院——柏林夏瑞蒂医学院。该校还成立了多个研究中心，包括东欧研究中心、拉丁美洲研究中心、肯尼迪北美研究中心等。柏林自由大学开设近 200 门学位课程，涵盖科目广泛。2018 年在读的约 5 000 名留学生中有 13％攻读学士学位，27％攻读硕士学位，35％攻读博士学位②。柏林自由大学的外籍教师比例也在不断提高。这些留学生和外籍教师扩大了学校在世界范围内的知名度和影响力，同时为本国学生的国际交流创造了不可多得的环境。

---

① About the University. 柏林洪堡大学官网[EB/OL]. [2019-06-06]. https://www.hu-berlin.de/en/about.
② Facts and Figures. 柏林自由大学官网[EB/OL]. [2019-06-06]. https://www.fu-berlin.de/en/universitaet/leitbegriffe/zahlen/index.html.

(三) 柏林工业大学

柏林工业大学的历史可以追溯到1770年成立的皇家矿业学院，之后普鲁士几所重要的教育机构与皇家矿业学院合并成立皇家柏林工业高等学院。1945年，在经历短暂的关闭之后，1946年学院重新开始教学，并开设了人文类的专业，因此学院升格为大学，同时启用柏林工业大学这个新名称。柏林工业大学是柏林市唯一一所理工大学，也是德国的第一所工业大学。该校的校区面积大约为60万平方米，分布在柏林西部的许多地方，主校区坐落于夏洛滕堡区。柏林工业大学2018年在校学生约3.5万人，其中留学生的数量占到总学生数量的20%左右，使其比其他的德国大学具有更加鲜明的国际色彩。柏林工业大学目前有7个学院、100多个专业，涵盖了理工科几乎所有专业。此外，柏林大学还拥有若干个服务机构，这些服务机构在服务企业、社区等方面发挥着重要的作用①。

表12-2统计柏林三所世界一流大学的基本情况，包括在校学生数、教师数、科研投入等。

表12-2 柏林三所世界一流大学基本情况表

指　　标	柏林洪堡大学	柏林自由大学	柏林工业大学
建校时间	1810年	1948年	1770年
学校类别	公立	公立	公立
学院数/个	9	16	7
学生数/人	32 533	33 000	34 249
博士生数/人	—	4 000	464
留学生数/人	5 233	5 000	8 089
教师数/人	2 436	485	3 519
生师比	13∶1	—	10∶1
职员数/人	1 984	4 450	4 843
总收入/欧元	30.60(2018)	36.88(2017)	25.78(2017)
科研投入/欧元	8.81(2018)	10.92(2018)	13.52(2017)

注：① 以上数据根据各大学2018年官网公布数据整理；② 柏林工业大学的经费未统计第三方支持经费；③ 汇率按2018年12月31日的汇率计算：1欧元=7.9101元人民币；④ "—"表示未查到该数据。

除此之外，柏林洪堡大学和柏林自由大学合办的医学院——柏林夏瑞蒂医学院是欧洲最古老的医学院，也是欧洲最大的大学附属教学医院之一。柏林夏瑞蒂医学院和上千家机构开展合作研究，是德国研究最密集的医疗机构之一。柏林的三所世界一流大学，以

① About the TU Berlin. 柏林工业大学官方网站[EB/OL]. [2019-08-08]. https://www.tu-berlin.de/menue/university_institutions/academics/parameter/en/.

及位于柏林的7所应用科学大学、4所艺术学院和30多所私立大学使柏林成为欧洲的科学中心之一。

除了多所世界一流大学，柏林还拥有众多非大学研究机构及创业企业，这些研究机构和企业与大学保持密切的合作，共同推动柏林科学技术事业的发展。柏林有70多所非大学研究机构，它们积极参与基础研究和应用研究。超过1 800家科技创业企业，近20家孵化器和加速器，50多个共享空间活跃在柏林。亚马逊、推特、微软等世界知名企业在柏林布局。发家于柏林本土的初创企业将柏林的科技创业带到了新高度，为柏林赢得了“欧洲硅谷”的美誉。正是因为柏林世界一流大学的盛名，发达的科学研究机构，大量的初创企业，柏林成为德国最具吸引力的研究地点之一，吸引了大量国际顶尖研究人员。

第二节　柏林世界一流大学发展历史

柏林世界一流大学诞生于德意志民族最困难的时期。普鲁士国王通过创办大学鼓舞士气，重振民族精神。一流大学的诞生使德国走上了民族复兴的道路。一流的学者以及充足的财政支持使柏林的大学跻身世界一流。在现代社会，一流大学通过知识和人才溢出，与城市密切互动，成为推动城市发展的重要力量。

一、世界一流大学的诞生历史

不管在历史上的任何时期，柏林对高等教育的发展始终非常重视。在柏林大学创办之前，德国的哈勒大学等已经取得了巨大成功。然而，1806年，普鲁士在普法战争中战败，使得以哈勒大学为代表的、初具现代大学特征的七所大学被迫关闭。1807年，以哈勒大学法学教授马尔茨为代表的教师们请求普鲁士国王重建大学。普鲁士国王威廉三世非常赞许教师们的请求，提出“要以精神的力量弥补物质方面的损失”。随后柏林大学在洪堡、拜默等人的努力下创立。虽然刚刚遭受过战争的创伤以及要付出高额的战争赔款，但政府仍每年为大学拨付款项，同时不干涉大学的发展。洪堡等人把大学看作民族文化最崇高之所在，认为柏林大学的建立有助于鼓舞士气和重振民族精神[①]。柏林大学从成立之初就表现出了尊重学术自由研究的精神主旨。柏林自由大学也是诞生于民族危难之际。在柏林处于分裂的历史环境下，学者们和学生们为了追求自由的学术研究、不受政治环境的影响而创办了柏林自由大学。从创立之初柏林自由大学就秉承“真实、公平、自由”的校训，追求学术自由。在国际社会各方面的支持下，柏林自由大学追求卓越、高效进取，最终发展成享誉世界的一流大学。

---

① 孔捷. 柏林大学精神与特征之探析[J]. 高教探索，2009(2)：72－74.

办好一流大学的诸多因素中，人才是第一位的。柏林大学在成立之初以及在成立之后的一百多年中，一直能够保持一流大学的声望，主要原因在于不管在哪个时期，它都拥有一流的学者。柏林大学筹备之时，就邀请到了各专业领域首屈一指的教授。正如洪堡致国王的信中写的那样："我能够并且应该……以事实证明，这座好不容易办起来的大学已经在德国赢得了巨大的威信。到现在为止，受聘的人还没有一位拒绝；……根据雨果最近的来信，他可能也会来。……这所大学里边已经有的维尔德诺、克拉普罗特、卡斯滕、路德菲、赖尔、胡斐兰、希费特、特拉尔斯、埃特尔文、奥尔特斯曼、厄曼、沃尔夫、萨维尼等人，在各自的专业上都应该是首屈一指的人物了，这是任何其他大学都拿不出来的。"[①]在这些首屈一指的学者的努力下，柏林大学成了世界瞩目的一流大学。柏林大学创校之初只有神学、法学、医学和哲学四个学院。在来自不同领域的学术大家的共同努力下，柏林大学迅速成长为各学科领域的中心。在亚历山大·冯·洪堡的努力下，柏林大学的自然学科迅速发展；柏林大学的物理学研究所，成了国内外著名物理学者汇集的地方；柏林大学的化学系、医学院等走出了数位诺贝尔奖获得者；许多知名学者、政治家也都在这里留下了他们的身影。毋庸置疑，一流学者是柏林大学成为一流大学的基石之一。

充足的财政支持是一流大学长盛不衰、走向成功的必要保障。柏林大学创立之初，普鲁士因战争而处于极端贫困当中，需要支付高昂的战争赔款。但普鲁士国王仍下令每年为柏林大学拨款 15 万塔勒，用于支持大学学院等机构的建设。在后来的发展过程中，以柏林大学为代表的德国大学改革运动保证了政府给大学的拨款，确保了大学正常的教学科研工作，也吸引了一些优秀人才到大学从事学术工作。随着政府财政支持的增长，以及从其他途径获得的经费支持，柏林一流大学的科研水平长盛不衰，最终跻身世界一流大学的行列。

二、当代的世界一流大学

诞生于民族之需的世界一流大学不仅重振了民族精神，更是把大学为国家和社会经济发展服务视为大学的使命。一般认为，大学的科研职能起源于德国，大学的服务职能起源于美国。事实上，德国的大学早在 19 世纪后半期就开始服务于国家和社会经济发展的需求。洪堡在柏林大学的发展计划中提出："大学始终是与国家的需求紧密联系的。……大学若能完成它们的真正使命，则不仅能为政府眼前的任务服务，还能在学术上不断地提高。"[②]时至今日，柏林的世界一流大学践行使命，一直保持其基本职能——在"教学自由"和"学习自由"的气氛中从事教学和研究，通过与城市中的社区、企业园区等的良性互动，为各个行业领域培养优秀人才，服务国家的经济建设。

① ［美］汤普森. 历史著作史(下)［M］. 北京：商务印书馆，1996：206.
② ［德］鲍尔生. 德国教育史［M］. 滕大春，滕大生，译. 北京：人民教育出版社，1986：125－126.

柏林的大学布局，促进了他们同社区和企业园区的融合发展。柏林洪堡大学、柏林自由大学、柏林工业大学是柏林规模较大的院校，但它们的校园建筑与城市其他区域之间却没有明显的区分，也就是说，这些大学都没有真正意义上的围墙。比如，地处柏林西南城郊的柏林自由大学，其不少校园建筑分布在城郊的居民区内，前后左右到处可见私宅，看起来就像是“社区大学”。柏林洪堡大学中心校区则居于城市中央。学校的主楼与国家图书馆、国家博物馆、菩提树大街以及腓特烈大帝的盛装铜像等比邻而居，如果不是大学的铭牌和洪堡兄弟的雕像，一般游人大概很难猜出身处闹市的这幢建筑是曾有着“世界学术中心”之称的柏林洪堡大学的主楼①。被私宅等环绕的大学，定期向社区开放其研究机构、实验室及图书馆，方便周边社区居民参观学习。学校合作中心经常面向中小学生开展多种多样的活动，其中包括“儿童大学”项目和一些在专业实验室进行的暑期学校项目。柏林洪堡大学的应用科学类的院系位于阿德勒绍夫高科技产业园内，和园区内的六家独立科研机构的建筑相互交错，方便往来沟通。阿德勒绍夫高科技产业园因其内部完善的购物广场、托儿所、学校、餐厅和运动设施等被社会公众评为柏林最智慧的邻里单元，不仅为学生提供了就业机会，也为周边社区居民的生活提供了相当大的便利。柏林自由大学的几个学科因与达勒姆植物学博物馆和柏林人类学博物馆的合作关系而闻名，科研部门所在的大楼相互环绕状。柏林艺术大学则因为靠近柏林工业大学，两校图书馆形成合作共用的格局，让学术资源的分享和两校人才之间的交流变得更为便捷。

柏林的大学校区的布局方便了其与企业、城市社区等的沟通和交流。大学通过人才溢出、科技服务、文化影响与城市社区和企业园区进行互动。城市社区通过提供包容的制度环境与便利的生活条件等与大学和企业园区互动。企业园区通过提供资金、就业、实践机会等与大学和城市社区进行互动。柏林的世界一流大学参与区域、国家和国际层面的活动，践行自己的使命，与学术界和研究部门、商业部门、整个社会和政治领域的合作伙伴进行对话，支持社会各个部门的发展。

第三节　柏林世界一流大学的卓越贡献

柏林的三所世界一流大学在城市乃至国家的发展中发挥了重要的作用。世界一流大学在教育理念、人才培养、科技创新、产学研结合、服务社区等方面起到了良好的辐射引领作用。尤其被认为是现代大学开端的柏林大学（如今的柏林洪堡大学），其教育理念对世界范围内的大学产生了深远影响。

① 央广网. 城市中央的柏林大学城[EB/OL]. (2017-10-23)[2019-09-10]. http://travel.cnr.cn/list/20171023/t20171023_523997133.shtml.

一、世界一流大学的教育理念和教育模式影响世界

柏林大学是世界上第一所将教学与科研结合的新式大学,“研究与教学相统一”的理念不仅使柏林成为世界科学文化中心之一,而且该理念对世界其他国家产生了广泛而深远的影响。研究与教学相统一的教育原则,既是一种教育理念,又是一种教育形式。这一理念的核心是教学以研究为导向并将研究产生的知识向学生进行传递。柏林大学首创的习明纳(Seminar)教学模式就是这一教育理念的具体践行。这种模式现在被广泛用于课堂教学中,师生围绕事先拟定的主题开展讨论和交流。柏林大学采用的讲座制也是教学与科研相结合的具体表现。

“学术自由、教学自由、学习自由”的理念至今还影响着许多现代大学。“学术自由”虽非洪堡独创,但却得到了洪堡的重视。学术自由并非指教育脱离国家而存在。洪堡提倡的学术自由是要求国家既对教育予以经济资助,又不过多地进行行政干涉,让教育拥有自我发展的空间以保持活力。学术自由包含了教学自由与学习自由两个层次的含义。“教学自由指学者有自由探究的权利,学习自由指学生有学习任何课程的权利”①。

德国大学的办学模式也在世界范围内得到认可,尤其是 1900 年前后的德国大学被英、美等国效仿。19 世纪末,德国的大学更是成了现代研究型大学的先行者和引路人。其中,柏林大学开现代大学教育之先河,引领高等教育步入一个崭新的时代。近代西方的师范教育、双轨学制、双元制职业教育等,大多源于德国,并对其他国家的教育教学改革产生了深刻影响。

二、世界一流大学是孕育诺贝尔奖的摇篮

不管是在分裂时期还是在和平年代,柏林的大学没有辜负国家的期望,在“教学与科研的统一”中培养了包括诺贝尔奖、莱布尼兹奖等多个科学领域的获奖人。这些获奖的科学家运用科技研发和创新支持着国家的经济发展。

自诺贝尔奖设立以来,德国人获得诺贝尔奖的人数位居世界第三。截至 2019 年,德国共有 108 人获得诺贝尔奖,柏林洪堡大学、柏林自由大学、柏林工业大学三所一流大学的获奖人数为 44 人,占德国获得诺贝尔奖项总数的 41%。其中柏林洪堡大学获奖 29 人,柏林自由大学获奖 5 人,柏林工业大学获奖 10 人。在众多获奖者中,1921 年诺贝尔物理学奖的获得者爱因斯坦最为著名,他曾在柏林洪堡大学任教。柏林自由大学 5 个诺贝尔奖中的 3 个奖项是 21 世纪获得的,分别是 2007 年诺贝尔化学奖、2007 年诺贝尔和平奖和 2009 年诺贝尔文学奖。除了诺贝尔奖获得者以外,这三所一流大学

---

① 贺国庆,王保星,朱文富.外国高等教育史[M].北京:人民教育出版社,2003:202,198,203.

还培养出了许多杰出人才，包括数位莱布尼茨奖获得者、国家领导人、院士等，如表 12－3 所示。

表 12－3 柏林世界一流大学获诺贝尔奖等人才培养基本情况

学校名称	诺贝尔奖	莱布尼茨奖	知名学者/国家领导人/院士
柏林洪堡大学	29	—	马克思、恩格斯，欧洲议会主席舒曼、哲学家费尔巴哈、诗人海涅、宰相俾斯麦等，4 位中国科学院院士；1 位德国总理；哲学家、神学家、物理学家、社会学家等若干
柏林自由大学	5	8	1 位德国总统；1 位欧洲法院院长；德国联邦参议院议长、经济部长、法院院长等 11 位；1 位柏林市长
柏林工业大学	10	8	1 位中央研究院院士；9 位中国科学院院士；2 位中国工程院院士

注：① 根据各大学官网公布信息整理；② "—"表示未查到该数据。

三、世界一流大学是科技创新的基地

德国历来注重科技创新，第二次世界大战之后，科技创新更是帮助德国迅速恢复发展。21 世纪以来，德国实施多个科技创新战略，全方位引导创新发展，如 2006 年颁布《德国高科技战略(2006—2009)》，2010 年颁布《德国高科技战略 2020》，2014 年推出《新高技术战略——创新为德国》等。在这些战略中，德国的世界一流大学作为创新体系中的重要组成部分，发挥了关键作用。

2016 年，柏林工业大学牵头建立了名为"电子信息化未来——爱因斯坦研究中心"的学术机构，目的是巩固柏林市在德国信息科技领域中的优势地位。该研究中心的研究不仅包括电子信息科学，还包括电子信息科学向其他领域的延伸，同时注重信息技术的应用，比如，可穿戴的电脑、电子医疗、互联城市、文物鉴定等[①]。由德国联邦和州政府举办的卓越战略研究竞赛中，柏林工业大学的四个卓越集群获得了资金资助，这四个项目分别是"催化统一系统""MATH+""情报科学"和"神经治疗"。从 2019 年起，这四个项目获得连续 7 年的资助，每年资助金额高达 1 000 万欧元。

第一次世界大战前，柏林工业大学在科研领域硕果累累，包括三色摄影技术、汽车制造的新技术、照相机闪光灯、电子显微镜等，著名的甲壳虫汽车就是柏林工业大学研发出来的，这些技术当时都处于世界领先水平，很多被传颂于后世。柏林工业大学还有德国最大的应用芯片研究中心，在飞机喷射引擎、直升机螺旋桨、液晶体的应用等方面保持先进水平。柏林自由大学的生物学家们利用基因技术，使大麦作物更耐旱，帮助农作物抵御气

---

① 同济大学德国研究在线. 柏林建立新的信息科技研究中心[EB/OL]. (2016－09－28)[2019－06－06]. https://german-studies-online.tongji.edu.cn/65/ab/c20a26027/page.htm.

候变化的部分影响。

世界一流大学将理论研究与应用研究置于同等重要的地位，产出造福于人类的科研成果，通过科技创新推动人类社会的发展和进步。

四、世界一流大学是"产学研"合作的主力军

20 世纪 90 年代以来，德国政府制定了一系列相关政策和措施，强化产学研合作。新政策注重发挥企业在合作中的主体作用，将政府过去单向支持大学和科研机构的政策，调整为重点支持产学研合作开展技术创新的新政策[①]。德国的企业、科研机构和大学三者合作开展研发工作，取得了良好的效果，在应对欧债危机中成为欧元区的坚强堡垒和欧洲经济复苏的重要引擎。德国的产学研合作模式主要有以企业为核心的研发项目合作模式、由大学研究所组成的联合体形的合作模式以及大学或企业与金融机构合作创办的科技园合作模式等。

研发项目合作模式主要是由企业根据市场需求和自身条件确定技术研发项目，企业、大学和科研机构的专业技术人员共同组成研发团队。利用大学和科研机构的实验设备、研究资料等对项目进行共同研究，研究经费由企业提供，研发成果所获收益由合作各方共同享有。大学在这种合作模式中发挥人才优势，提供先进设备和优良的研究条件。这种模式促使大学及时了解市场动态和企业发展需求，调整大学的专业设置和课程内容以满足市场需求。比如，德国著名的家族企业费斯托(FESTO)与知名大学、研究所、机构和研发公司共同发起"仿生学习网络"项目，旨在通过仿生学的应用，设计新型的技术平台和产品。在仿生学习网络中，将自然界中的高效策略转化成自动化技术，测试新技术和制造工艺，开发节能型生物机电产品。共同研发的"仿生抓取助手"是以大象鼻子为原型研发的柔性辅助系统，获得"2010 年德国未来奖"[②]。

联合体形的合作模式是以各个大学的多个研究所为主体、众多知名企业参与的联合研发模式，是集科技成果转化、技术开发、技术转让等为一体的产学研合作模式。比较著名的是佛朗霍夫协会，是由包括设在各大学的 60 个研究所为主体、众多知名企业参与的大型科技研发联合组织。类似的机构还有莱布尼茨协会、马克斯普朗克学会、赫尔姆霍茨协会等。大学的研究所是该模式的重要组成部分之一[③]。

科技园合作模式一般是由大学或者企业与金融机构合作创办的小型科技园，也是产学研合作的一种模式。坐落在柏林的科技园区有很多，最为著名的就是与柏林洪堡大学毗邻的阿德勒绍夫高科技产业园区。阿德勒绍夫高科技产业园区是德国政府通过允许开

---

① 张明喜. 促进早前期投融资的德国经验及其启示[J]. 全球科技经济瞭望，2014(12)：69－74.
② 同济大学德国在线. 向德国学习创新(5)家族企业与创新能力之关联[EB/OL].(2015－03－19)[2019－08－08]. https://german-studies-online.tongji.edu.cn/0f/76/c42a3958/page.htm.
③ 许艳华. 政产学研用协同创新的德国模式与中国借鉴[J]. 科技管理研究，2013(9)：5－9.

发商租赁或出售土地来招揽投资者或创业企业而形成的高科技园区。柏林洪堡大学应用科学类的院系被政府下令搬迁至该园区,在园区内形成了以该大学科技类院系为主的高教城。该园区内还有包括柏林创新中心等四大孵化体系在内的创业城。该园区内有学生近万名,园区的企业为大学生提供了实习、就业、创业等机会。大学城为园区带来了流动人口,刺激了园区内餐饮、零售等服务行业的销售。大学、科研机构、技术中心和商业企业在园区内紧密相连,保证了知识和技术的集约化转移。其他类似园区还有伍尔海德创新园、清洁技术商业园区等。

五、世界一流大学提供一流的社会服务

在提供就业指导、科学讲座等方面,德国的一流大学提供了一流的服务。柏林自由大学通过课程设置和专门的就业服务机构为学生择业提供咨询和支持,成立的四个创业中心不仅为学生提供创业建议,而且还提供办公场地。家庭事务办公室专门负责为员工和学生提供平衡家庭责任和职业生涯的咨询工作,员工和学生可以通过电话、电子邮件或亲自上门就有关平衡学习、工作和家庭生活的问题与家庭事务办公室联系,这些过程都将得到保密。为教职员工提供一流的咨询和服务的做法,不仅吸引了大批的学生和教师来到柏林自由大学,更为柏林自由大学赢得了“家庭友好大学”的荣誉称号。

大学通过开放其校内研究设施以及公益讲座等向社会提供优质的服务。柏林自由大学的研究人员定期向公众开放其研究机构、实验室以及图书馆,比如在“科学长夜”或“开放日”活动中,学校合作中心经常面向中小学生开展多种多样的活动。柏林自由大学还经常面向公众举办主题丰富多样的讲座。政治家、各国大使和经济领域的代表经常出现在柏林自由大学的各项活动当中①。

大学在提升劳动力素质、以技术和咨询服务帮助创业企业方面发挥自身的优势。柏林工业大学是柏林最大的职业培训机构之一,每年提供近 200 个职位的培训服务项目,涉及生产技术、计算机辅助设计、安全教育、医院管理、公司培训课程以及教师的继续教育等。柏林工业大学的技术转让部致力于推进科研发明的传播,使社会不同层次的科研机构、企事业及时掌握重大的科研成果,该部门的推广工作尤其受到中小型企业的欢迎。同时,柏林工业大学非常重视为以科学为基础的创业和附带企业服务,每年对 40 个左右的启动计划进行指导和监督。因此,柏林工业大学吸引了部分企业在其校园内或周边建立自己的公司,为自己赢得了“EXIST 创业大学”的称号。

① 柏林自由大学官网[EB/OL]. https://www.fu-berlin.de/en/universitaet/beruf-karriere/familienfreundlichkeit/index.html.

第四节 柏林世界一流大学高地的形成机制

柏林成为世界一流大学高地并非偶然，国家发展的需求、雄厚的师资力量和优质资源以及世界一流大学之间的“强强联合”，使柏林成为名副其实的世界一流大学高地。

一、诞生于国家、民族之需时的世界一流大学

世界一流大学诞生于柏林绝非偶然，它们的诞生顺应国家和民族的需求。1810 年，被誉为“现代大学之母”的柏林大学成立。作为德国大学改革领头羊的柏林大学，“一扫 17、18 世纪欧洲大学的陈腐之气，将研究引入大学的教育过程，重塑大学的理智生活”[①]。它是一所诞生于国家之需时的世界一流大学。

18 世纪，在政治上处于四分五裂的德国进入了帝国主义阶段，资本主义经济发展要求高等教育机构为其培养符合资产阶级民主政治和近代工业发展的人才，而当时的大学远离社会现实之需。因此，改革传统大学、建立新型大学成为时代的呼唤。1806 年，普法战争中，普鲁士战败，一半以上国土被割让，法军进驻首都柏林。包括著名的哈勒大学在内的 7 所大学被胜利者关闭，整个国家处于崩溃的边缘。强邻的重压激起了德国民族意识的极度高涨，德国的有识之士不约而同地将强国之路的希望寄托在教育事业上。在柏林建立一所新大学成了德国人的共同心声。普鲁士国王也非常重视教育。他说：“正是由于贫困，所以要办教育，我还未听说过一个国家是因为办教育而办穷、办亡国的，教育不仅不会使国家贫穷，恰恰相反，教育是摆脱贫困的最好手段！”[②]并且他以实际行动支持创办新的大学，下令从中央和各州财库中将原来拨给哈勒大学的一切费用全部拨给了柏林大学。1810 年，得到民众与政府支持、顺应生产力发展需求和资产阶级需求的柏林大学应运而生。从诞生之日起，柏林大学就被寄予厚望，普鲁士国王说：“要以精神的力量来弥补在物质方面所遭受的损失。”洪堡等人更是把大学看作民族精神和文化最崇高之所在。成立于民族危亡之际的柏林大学，承担了振兴民族精神、恢复国家元气的重任。18 世纪后半期到 19 世纪初，在德国兴起的新人文主义运动，是资产阶级的要求在意识形态领域的反映。洪堡等人开始思索教育与国家、社会的关系，他们关于通过学术自由和教育创造，发展德国文化科学、振兴民族精神等的主要观点，成了建立德国新大学的理念基础。柏林大学不负众望，在 19 世纪成为德国乃至世界的学术中心和科学中心。

柏林自由大学的诞生也体现了民族之需，以及德国大学追求学术自由的精神。1945

① 胡建华. 费希特的大学论及其对 19 世纪初期德国大学改革的影响[J]. 清华大学教育研究，2002(5).
② 肖海涛. 一种经典的大学理念——洪堡的大学理念考察[J]. 深圳大学学报(人文社会科学版)，2000(4).

年，随着第二次世界大战的彻底失败，德国及其首都柏林被苏联和英、法、美分割占领。柏林成了苏美冷战的聚焦点，原柏林大学划归东柏林，学生和学者为了追求学术的自由，在西柏林成立了柏林自由大学，成为联邦德国学术的重镇。德国统一后，两所一流大学逐渐加强了相互之间的合作，并于 2003 年将两校的医学院合并成立了柏林夏瑞蒂医学院。

柏林洪堡大学和柏林自由大学的诞生，也顺应了时代的需求。面对复杂的政治环境，不同时期的当局者都意识到大学是国家未来的希望，担负着挽救民族危亡、重振民族精神的职责。历史用时间和事实告诉我们，诞生于民族之需时的一流大学，使德国和柏林能够在一次次重创后迅速站立起来，并且帮助柏林逐步发展成为德国的政治、经济、文化中心。

二、大师和优质资源成就世界一流大学

不管是柏林洪堡大学还是柏林自由大学、柏林工业大学，它们的辉煌与其汇集的各种卓越资源息息相关。这些卓越资源包括各个领域的大师、先进的研究设备以及一流的学科。

在第二次世界大战之前，柏林大学在医学、化学、物理学和文学等领域产生了 29 位诺贝尔奖得主，包括 1901 年诺贝尔化学奖的第一个获奖人雅可比・亨利克・范特霍夫；1954 年诺贝尔物理学奖的获得者马克斯・玻恩；1973 年经济学奖获得者瓦西里・列昂惕夫等。除了汇聚多位诺贝尔奖的获得者以外，柏林大学当时的教授阵容也是非常壮观的：发现了铀、锆等元素的化学家克拉普洛特；《数学体系》的作者、数学家卡斯滕；被誉为“现代分析之父”的数学家魏尔斯特拉斯；德国著名的哲学心理学家、数学家沃尔夫；历史法学派的创始人、法学家萨维尼等。此外，这所大学里还有维尔德诺、路德菲、赖尔、胡斐兰、希费特、埃特尔文、奥尔特斯曼、厄曼等，在各自的专业上都是首屈一指的人物。当时柏林大学的教授阵容足以使其和世界上任何一所大学相媲美。在这些首屈一指的哲学家、物理学家、化学家等的努力之下，柏林成为德国和欧洲的哲学中心、国内外物理学者汇集的地方以及几代诺贝尔化学奖得主走出的地方。随着柏林大学的发展，一代代的卓越人才从这里走向世界，包括马克思主义的创始人马克思和恩格斯，以及小说家多布林和诗人海涅等。

柏林自由大学也是如此，从建立之初就遵循“真理、正义、自由”的核心价值观，追求卓越，高效进取。历史上共有 5 位校友获得诺贝尔奖，该校的杰出校友在政界、教育界等发挥着举足轻重的作用。柏林自由大学是德国政府评出的 9 所精英大学之一，是德国甚至欧洲最杰出的大学之一。在德国洪堡基金会的洪堡排名中多次名列全国第一，其艺术、人文和社科等学科排名第一，生命科学也位居全德前列。柏林自由大学建立的文学科研领域的精英集群入选了德国第三轮精英大学计划。该集群的研究主题是“聚散的社区：全球视角中的文学实践”，研究方向包括竞争中的社区、旅行、未来完美、文字流通、构建数字

化社区，研究领域涉及文学、艺术、社会学、历史学、政治学等多个学科①。

柏林工业大学的研究设备和资源在全球首屈一指，例如，利用大学的人造卫星在外太空观察地球的候鸟迁徙。成群的教学大楼分布在柏林西部的多个地方。历史上共有 10 位诺贝尔奖获得者在该校从事过教学活动或在该校就读过，其中包括诺贝尔化学奖获得者阿道夫·冯·拜尔、诺贝尔物理奖获得者古斯塔夫·赫兹等；其他杰出校友还包括：普利兹克奖获得者弗雷·奥托，迪克·萨沃伊等 8 位莱布尼茨奖获得者。中国有 10 余位科学院、工程院院士毕业于该校，如中国第一代女物理学家、中科院院士何泽慧，亚洲电动车之父、中国工程院院士陈清泉等。

汇集了各方面卓越资源的大学最终成了德国乃至世界范围内公认的一流大学。这些大学先进的办学理念及成功的办学经验为其他大学树立了榜样，成为各大学纷纷学习和效仿的对象。

三、"精英大学"和"精英联盟"成就世界一流大学高地

柏林在德国众多城市（州）中脱颖而出，成为世界一流大学高地，离不开居于城市中的"精英大学"，也就是世界一流大学。这些"精英大学"强强联合，成立大学联盟，不仅使柏林成为德国最具有吸引力的研究地点之一，而且极大地推动了柏林城市的发展。

德国的精英大学，源自德国大学的"精英倡议计划"，是由德国联邦教育及研究部和德国科学基金会联合发起的，是旨在提高德国大学科技研究和学术创新的计划。计划于 2005 年开始实施，对计划中选定的大学和机构给予专项经费资助。这一计划包括资助入选的杰出大学、杰出大学中杰出年轻研究人员的研究；加强大学间项目的合作；加强德国大学和国际学术机构、大学的合作研究。受该计划资助的大学被认为是精英大学。该计划的资助分为三个层面：精英大学、精英研究集群和精英研究生院②。在 2006 年、2007 年和 2012 年进行的评选中，11 所大学因为有着出色的未来计划而入选"精英大学"。其中，柏林自由大学分别于 2007 年和 2012 年两次入选；柏林洪堡大学于 2012 年入选。精英研究集群使来自同一地区的优秀科学家可以跨学科共同研究。共有 43 个精英研究集群获得资助，柏林自由大学和柏林洪堡大学联合的 2 个研究项目获得资助，柏林洪堡大学的 1 个项目获得资助，柏林工业大学的 1 个项目获得资助。精英研究生院的目标是培养固定领域的博士生人才，并为其提供精英级的科学指导和一流的科研条件。共有 45 个精英研究生院得到资助，柏林自由大学的 4 个项目入选，柏林自由大学和柏林洪堡大学的 2 个联合项目入选，柏林洪堡大学的 2 个项目入选，柏林工业大学的 1 个项目入选。

世界一流大学的联盟，巩固了柏林世界一流大学高地的地位，同时推动了柏林的发

① 陈洪捷."双一流"建设，学科真的那么重要吗(N).中国科学报，2019－11－27(7).

② 德国大学精英倡议计划简介.德国大学精英倡议计划官网[EB/OL].[2019－08－08]. https://www.dfg.de/en/research_funding/programmes/excellence_initiative/index.html.

展。2018 年 2 月，柏林洪堡大学、柏林自由大学、柏林工业大学及柏林夏洛特大学签署联合声明，成立柏林大学联盟，以大学联盟的形式参与德国“精英战略”的角逐，并期望将柏林打造成为一个研究中心。德国“精英战略”的前身是德国“精英倡议计划”。“精英战略”的资助分为两种类型：“精英集群”和“精英大学”。在 2018 年的“精英集群”资助名单上，这三所大学共有 7 个项目上榜，包括柏林自由大学 2 个项目，柏林洪堡大学 1 个项目，柏林工业大学 1 个项目，其余 3 个项目为三所大学联合申请。这三所大学形成的“精英集群”获批的项目，对于柏林的意义非凡。正如柏林科学部长穆勒在接受当地媒体采访时所说：“此次资助结果远超柏林人的预期，柏林一举成为德国尖端研究的第一名。此次申请获批将为柏林带来上千个新的就业岗位，也将为柏林这个城市带来巨大的推动力。”①

此外，德国的精英理工大学联盟（TU9）是德国最顶尖的 9 所工业大学的联合平台。其学科设置广泛，其中机械、电子、材料、建筑、化工、生物医学在世界上享有盛誉。TU9 联盟的目标是提供一个标准化的教学机制，同时保证各大学间的资源共享。成立于 1770 年的柏林工业大学就是 TU9 联盟中的一员。此外，柏林工业大学还是欧洲顶尖工业管理者高校联盟（TIME）的 7 所高校之一，欧洲高等工程教育和研究大学会议联盟（CESAER）高校之一，欧洲航空航天大学合作联盟（PEGASU）高校之一。

三所世界一流大学之间的合作与联盟，以及与其他精英大学之间的联盟，使它们在各类竞争中脱颖而出，获得了更多的研究项目以及政府的资金支持。这些尖端研究项目使柏林在德国名声大噪，更加巩固了柏林世界一流大学高地的地位。

第五节　柏林世界一流大学高地建设的经验及启示

柏林世界一流大学高地向人们展示了城市与大学之间的密切联系：城市为世界一流大学的发展提供了必要的政治、经济等外部条件；同时，城市因世界一流大学而获得赞誉，大学为城市发展提供必需人才，两者相互促进，共同成长为人类文明最美的花朵。从柏林世界一流大学高地的发展中得出以下启示。

一、建立产学研协同创新机制，强化企业技术创新主体地位

从各国产学研合作的经验来看，建立良好的产学研合作机制离不开政府的积极引导和支持。德国的产学研合作也不例外。德国政府根据国家的高科技创新战略及时制定产学研合作的相关政策，引导鼓励企业增强技术创新能力，注重发挥企业在产学研合作中的

① 郭婧.“精英大学”争夺战正式打响——德国大学“精英集群”新一轮资助决定公布[EB/OL].（2018－09－29）[2019－08－08]. http://www.cssn.cn/jyx/jyx_zdtj/201809/t20180929_4662982.shtml? from=groupmessage.

主体作用，形成了独具特色的产学研合作模式。

以企业为核心的研发项目合作模式主要由企业根据市场需求和自身条件确定技术研发项目，提出产学研合作计划，内容涉及与大学合作的方式、期限、资金的投入与保障、各方的责权等；大学主要通过提供研究人员、先进设备和研究资料等充分发挥自身的优势和积极作用。大学通过与企业的合作，及时了解市场需求，根据市场需求调整学科设置和人才培养方案等。科技园合作模式也突出了企业的主体地位。企业通过创建科技园区，一方面利用资金优势吸引大学和科研机构参与创新研发；另一方面为学生提供了实习、就业、创业机会。

从柏林高校和企业合作的经验来看，我国高校和科研院所在与企业的合作中，一定要找准自己的定位，协调好与企业之间的责权关系；协调好基础研究、应用研究和应用基础研究之间的关系；协调好科学研究与科技成果转化之间的关系。高校要积极融入产学研协同创新体系，建立适合我国国情的产学研协同创新机制，不断提高我国的技术创新能力，解决核心技术的“卡脖子”问题。

二、整合区域高校资源，充分释放服务区域发展的潜力

整合区域高校资源是推动世界一流大学建设的重要策略。柏林世界一流大学高地凸显的是“强强联合”的高校资源整合。柏林世界一流大学成立的“精英联盟”与“精英集群”不断获得高端的科学研究项目，获得政府提供的高额的竞争性经费，不仅使柏林成为德国最具有吸引力的研究地点之一，而且极大地推动了城市的发展。“精英联盟”和“精英集群”不仅实现了不同类别高校的优势互补，而且实现了深层次的资源共享。

“精英集群”不只是学校层面的合作，更是以项目方式资助的具有国际竞争力的研究领域之间的合作，研究主题必须是前沿的、重大的、国际领先的。精英集群旨在推进大学内部院系的合作，隶属不同学科和院系的教师在精英集群的框架下得以合作；精英集群鼓励大学与大学之外的研究机构合作①。总之，精英集群引导大学内部之间各学科以及大学与大学外部研究机构之间的深层次合作，推动大学对前沿问题、重大问题的科学研究。

德国的“精英集群”给我国的一流学科建设提供了不一样的视角。当前，我国的一流学科建设是以大学内的院系结构为支撑，而不是几个甚至多个学科之间的联合。有学者认为这样的学科建设从组织和制度上不利于学科之间的合作以及跨学科之间开展科学研究。德国的“精英集群”或许会启发我们对一流学科建设进行一些深入的思考和讨论。此外，结合我国各省市办学的实际，规划出台的大学之间合作发展的政策，既要保障与国家和地区的经济发展战略相适应，又要与基础教育领域的实施现状和未来改革发展方向相契合，同时还应与各种类型和层次的高校协调发展，这样才能构成一个良性的高等教育发展体系。

---

① 陈洪捷.“双一流”建设，学科真的那么重要吗(N).中国科学报，2019-11-27(7).

整合区域高校资源，形成一个多元交错、相互配合、彼此推动的区域高等教育良性生态圈，促进科研机构与地方经济、社会、文化等的互利发展，最大化释放高校服务区域发展的潜能。

三、加强师资队伍建设，加大资金投入，提升一流大学建设水平

一流的师资是培养一流人才的关键，只有一流的教师才能培养出一流的人才，才能建成一流大学。柏林洪堡大学在建校之初就打造了一支能与世界上任何一所大学相媲美的师资队伍。当时的柏林洪堡大学集聚了各个学派的顶尖大师，在这些大师的共同努力下，哲学中心、自然科学中心、化学中心、医学中心等被一一建立起来，最终使洪堡大学成为世界知名的学术中心之一，培养了包括诺贝尔奖获得者在内的一代又一代的科学家。

获得充足的财政支持是柏林大学成功的保障。科学精神能在德国大学扎根，很大程度上得益于政府的财政支持。在财政极端贫困的状况下，普鲁士国王还是坚持每年为大学拨款。事实证明，教育使德国走上了快速发展的道路。来自政府和其他途径的研究经费确保了大学科研的领先水平。

师资队伍建设是我国“双一流”建设的五大任务之一。一流师资队伍的建设离不开制度的完善和建设。各建设高校应根据自身的实际情况，制定人才引进及管理办法，健全人才引用、培养、使用的流动机制，打造结构合理的师资队伍，形成包括学术领军人物、学术中坚力量和青年后备人才在内的教师队伍。政府应继续保持对“双一流”建设院校的资金投入。研究表明，政府对大学的资助直接关系着高校的排名①。鼓励高校积极主动吸纳社会资源，多渠道筹措资金，增加社会资金在高校经费收入中的比重。

本 章 小 结

柏林大学被誉为“现代大学之母”。作为现代大学开端的柏林大学的诞生地，柏林注定成为世界一流大学高地。诞生于国家、民族之需时的世界一流大学不仅在德国历史发展过程中发挥了重要作用，而且其教育理念和教育模式对整个世界产生了深远影响，培育的诺贝尔奖获得者为人类文明的进步作出了巨大贡献；在当代社会更是作为“产学研”合作的主力军以科技创新服务国家需求、向社会提供一流服务。柏林世界一流大学高地的历史成因不可复制，但其发展经验一定会为我国世界一流大学高地的建设提供宝贵借鉴。本章通过梳理柏林世界一流大学的发展历程，解析柏林世界一流大学高地的形成因素，并在此基础上提出了柏林世界一流大学高地为我国世界一流大学高地建设带来的经验及启示。

---

① 王战军，蓝文婷，布莱恩·麦考尔. 美国一流高校经费收入特征及其对我国“双一流”建设的启示[J]. 高等教育研究，2019(10)：96-102.

第十三章
中国·武汉

武汉地处江汉平原东部，是中国著名的江城。作为中国重要的高教中心和科研教育基地，截至 2018 年底，武汉拥有 84 所普通高等学校，其中“双一流”建设高校 7 所，高等教育在校学生数达到 121.33 万人。基于得天独厚的地理优势与丰富的教育资源，武汉创建世界一流大学高地是国家与政府支持、合作与竞争共存、城校共建的典范之作，与武汉政治、经济、科技、文化等的发展与积累息息相关，彰显了武汉高等教育的凝聚力、内驱力、影响力和辐射力。武汉一流大学高地建设同样以一流的学科发展、一流的人才培养、一流的科研产出、一流的社会服务反哺武汉经济、科技、文化等的发展与创新，将武汉打造成经济重镇、技术高地和文化名城。

第一节　武汉世界一流大学高地概况

武汉作为华中地区的交通要塞，地理位置优越，作为湖北省的经济重镇，经济发展迅速。依托优越的地理位置、深厚的经济积累和历史文化积淀，武汉吸引了武汉大学、华中科技大学等高等学府在此建校，形成了世界一流大学建设高地。武汉大学和华中科技大学等世界一流大学的发展辐射带动了武汉地区经济、科技、文化等的发展。

一、武汉概况

武汉，简称“汉”，别称“江城”“东方芝加哥”，中国中部暨长江中游地区第一大城市，也是中部地区的政治、经济、金融、商业、物流、科技、文化、教育中心及交通、通信枢纽。武汉市下辖 13 个区。截至 2018 年，武汉常住人口 1 108.1 万人。武汉近年来对外来人口的吸附作用日渐增强，是全国吸引外来人口最多的城市之一，城市活力排名全球第 7。

地理优越。武汉是中国经济地理中心，中国三大“内河航运中心”之一，也是中国客运量最大的铁路枢纽和航空、公路枢纽之一。“黄金水道”长江及其最大支流汉江横贯武汉市区，形成了武昌、汉口、汉阳三块区域隔江鼎立的格局，史上统称为“武汉三镇”。在中国经济地理圈内，武汉处于优越的中心位置，被誉为中国经济地理的“心脏”。作为全国特大城市和重要的交通枢纽，武汉交通线辐射大半个中国，是华中地区唯一可直航全球五大洲的城市。如此优越的地理位置，为武汉赢得国家中心城市的地位。

经济重镇。近年来，武汉经济飞速发展，被认为是国内“唯一能够实现制造产业升级换代的城市”和中国发展速度很快的极少数城市之一，城市创新能力在全国名列前茅。2018 年，武汉地区生产总值 14 847.29 亿元，比上年增长 8.0%，增速高于全国 1.4 个百分点，高于全省 0.2 个百分点。武汉排在北上广深之后，被称为“中国第五城”。福布斯中国发布的 2018 中国最佳商业城市榜单上，武汉排名第 7。世界著名品牌大会（WFBA）在加拿大温哥华发布“2018 年 WFBA 中国最具投资潜力城市 50 强”榜单，武汉榜上有名，位居第 13。

地大物博。武汉总面积 8 494.41 平方千米，其中湿地面积 1 627 平方千米，占全市面积的 18.9%，是我国内陆湿地资源较丰富的特大城市之一，居全球内陆城市前 3 位。武汉科技实力雄厚。截至 2019 年，全市有区域科技研究机构 101 个，国家重点实验室 22 个，国家工程实验室 4 个，国家级工程技术研究中心 28 个，拥有中国科学院院士 31 人，中国工程院院士 41 人。武汉文化资源丰富。截至 2019 年，武汉共有市直公共图书馆 2 个，藏书 339.8 万册，市直博物馆 10 个，市直群众艺术馆 1 个。

二、武汉“双一流”建设高校概况

作为中国重要的科教研发和新兴产业发展基地，武汉拥有丰富的教育资源，科教综合实力居中国第 3 位，“惟楚有才”的美誉由来已久。截至 2019 年，武汉在校研究生达 14.93 万人。武汉世界一流大学高地以开放的姿态包容了武汉大学、华中科技大学、中国地质大学(武汉)、武汉理工大学、华中农业大学、华中师范大学、中南财经政法大学 7 所“双一流”建设高校。2019 年，武汉市“双一流”建设高校排名情况如表 13－1 所示。

表 13－1　2019 年武汉市“双一流”建设高校排名情况表

学校名称	*THE*	ARWU	QS	*U.S. News*
武汉大学	301～350	151～200	257	299
华中科技大学	351～400	101～150	415	260
中国地质大学(武汉)	801～1 000	401～500	—	402
武汉理工大学	801～1 000	301～400	—	837
华中农业大学	601～800	401～500	—	723

续 表

学校名称	*THE*	ARWU	QS	*U. S. News*
华中师范大学	—	—	—	480
中南财经政法大学	—	—	—	—

注：
1. 数据来源于 2019 年世界 QS、*THE*、*U. S. News*、ARWU 四大排行榜；
2. “—”表示该排行榜中未出现该大学或不在前 1 000 名内；
3. *U. S. News* 排行榜中，“中国地质大学”未标明武汉或北京。

武汉大学、华中科技大学等 7 所高校以深厚的历史积淀、一流的科研成果、高水平的人才培养、一流的社会服务立足于武汉地区，共同铸就了武汉世界一流大学高地。

历史底蕴深厚，发展稳中求快。武汉“双一流”建设高校有着深厚的历史积淀。武汉大学的前身是 1893 年成立的自强学堂，1949 年更名为武汉大学，历史悠久，学术氛围浓厚。华中科技大学的前身是 1952 年创办的华中工学院，2000 年由原华中理工大学、同济医科大学、武汉城市建设学院合并成立。武汉理工大学办学源头最早可追溯到 1898 年清朝湖广总督张之洞创办的湖北工艺学堂，2000 年由武汉工业大学、武汉交通科技大学、武汉汽车工业大学三校合并成立。华中农业大学的前身是湖北农务学堂，1898 年创办。几经演变，1952 年，武汉大学农学院和湖北农学院的全部系科以及中山大学等 6 所综合性大学农学院的部分系科组建成立华中农学院，1985 年，更名为华中农业大学。

学科体系完善，生师规模庞大。一方面，武汉大学、华中科技大学等世界一流大学围绕学科前沿和经济社会发展的需求，构建了以特色学科为主导，多学科相互支撑、交叉融合、协调发展的学科生态系统。武汉各高校学科门类齐全、学科体系完善，基本覆盖哲学、经济学、法学、教育学、文学、理学、工学、农学、历史学、医学、管理学、艺术学等 12 大学科门类。另一方面，各高校注重师资队伍建设和高层次人才培养，通过各种人才政策引进高端优秀人才，师资力量雄厚。同时，不断创新人才培养模式，培养了一大批高层次、高素质人才。武汉各高校基本情况如表 13－2 所示。

表 13－2 武汉各高校基本情况统计表

高校名称	本科生/人	研究生/人	本科专业/个	专任教师/人	一级学科硕士点/个	一级学科博士点/个	博士后流动站/个
武汉大学	29 405	26 862	123	3 770	57	46	42
华中科技大学	29 754	28 162	103	3 552	45	41	39
中国地质大学（武汉）	18 092	9 538	65	1 876	33	16	15
武汉理工大学	36 987	18 016	90	3 255	46	19	17
华中农业大学	18 641	8 095	60	1 592	27	15	13

续 表

高校名称	本科生/人	研究生/人	本科专业/个	专任教师/人	一级学科硕士点/个	一级学科博士点/个	博士后流动站/个
华中师范大学	18 333	11 497	75	2 011	33	21	15
中南财经政法大学	20 434	9 292	58	1 500	17	7	6

注：数据来源于各高校官网统计。武汉大学数据截至 2019 年 6 月，华中农业大学、中南政法财经大学数据截至 2018 年底，华中科技大学、中国地质大学（武汉）、武汉理工大学、华中师范大学数据截至 2019 年 10 月。

国际交流活跃，国际化水平高。武汉大学、华中科技大学等世界一流大学坚持国际视野，积极开展对外学术、科技和文化交流，先后与美国、英国、德国、法国、俄罗斯等国家的世界一流大学和科研机构签订友好合作协议，建立了密切的联系。通过建立国际联盟、合作基地、联合实验室等实现资源共享、交流合作以及人才培养和科技创新的发展共赢。各高校通过与国际高水平大学互派访问学者、留学生，联合举办各类国际会议等，加强国际交流，学习借鉴国外世界一流大学的先进办学经验。2016—2018 年武汉各高校国际合作交流情况如表 13－3 所示。

表 13－3　2016—2018 年武汉各高校国际合作交流情况表

高校	国际或地区间合作	国际交流	国际化基地建设
武汉大学	① 设立“国际学术合作培育项目”“中外联合科研平台种子基金项目”； ② 新建 2 个一流国际科研合作平台	① 2018 年，成功承办第八届“世界大学女校长论坛”； ② 授予加蓬总统翁丁巴和泰国公主帕差拉吉帝雅帕名誉法学博士学位	① 与哈佛大学共建时空创新中心－国际协同创新站； ② 与芝加哥大学共建武汉大学-芝加哥大学社会地理计算联合研究中心
华中科技大学	① 与哈佛大学、牛津大学等世界排名前 100 的高校签署合作协议 27 份； ② 与 36 个国家的高校及科研机构成功联合申报国际合作项目 85 项	① 建立各类交流项目 83 项； ② 近三年出国交流人数达 7 458 人，来华留学人数接近 4 000 人； ③ 与海德堡大学等多所大学成功举办联合大学日活动	新增和获滚动支持“111 计划”引智基地各 1 个；基地总数达 8 个
中国地质大学（武汉）	与美国、法国、澳大利亚、俄罗斯等国家的 100 多所大学签订了友好合作协议	公派出国访问、留学，攻读硕士、博士学位的师生每年 900 余人次；邀请来校访问、讲学、与会的境外专家每年 400 余人次	① 组建地球科学国际大学联盟； ② 在美国建立孔子学院； ③ 建立 6 个国际合作研究中心
武汉理工大学	与美国密苏里科技大学、英国利兹大学、日本山口大学等 54 所高校签订了校际合作协议	① 邀请国外专家来校举办各类讲座 860 余场； ② 赴英国、美国等国家参加学术交流近 900 人次；接收来华留学生 1 717 人； ③ 举办国际学术会议 41 场	① 成立武汉理工大学艾克斯马赛学院； ② 建立武汉理工-俄罗斯工程院联合研究院、武汉理工-美国赛默飞世尔纳微结构研究中心等

续　表

高校	国际或地区间合作	国际交流	国际化基地建设
华中农业大学	与全球40个国家和地区的160所大学、科研机构建立友好合作关系	① 举办国际学术会议46场； ② 邀请国际知名学者讲学2 092人次； ③ 教师出国访学交流2 185人次，学生出国交流2 577人次；在校留学生492人	① 成立动物疾病防控国际联合研究中心； ② 成立中英植物表型组学联合研究中心； ③ 成立中澳园艺和城市有害生物联合研究中心
华中师范大学	与国外高校签署了20余份合作交流协议	① 派出53名本科生和31名联合培养博士研究生留学； ② 举办"第三届国际基层与地方治理高端论坛"等	① 获批绿色农药与合成化学创新引智基地； ② 成立智能生物传感技术与健康国际联合研究中心
中南财经政法大学	中意合作举办"欧洲学：比较法与欧洲法"硕士学位中外合作办学项目	① 召开24场国际学术会议； ② 公派留学累计派出学生117名；2018年来华留学生规模增至501人	① 在意大利罗马成立中意法学研究中心； ② 成立中意学院

注：数据来源于各高校"双一流"建设中期自评报告。

第二节　武汉世界一流大学发展历史

武汉是一座具有悠久历史的文化名城，是全国水陆交通枢纽，有"九省通衢"的美誉，有着优越的地理位置和发达的经济文化。武汉自古以来一直是兵家必争之地，也是中国近代学校教育的发源地之一，在中国近现代教育史上占有重要的地位。厚积薄发，武汉以开放的姿态包容众高校；破茧成蝶，武汉凭借深厚的底蕴和实力成为世界一流大学高地。

一、大学萌芽期(1870—1912)：西式教育之先河

近代武汉是中国为数不多推行西方综合教育的城市，也是最早兴办新学的城市。1871年，美国基督教圣公会在湖北武昌昙华林创办文华书院，1903年于文华书院增设大学部(华中师范大学前身)，为武汉地区开办最早的大学，开湖北西式教育之先河。

为了培养更多的人才，更好地与西方国家的科技相抗衡，强大清政府的军事科技和国防科技，清末湖广总督张之洞主张兴学求才，推行洋务新政。督鄂期间，张之洞致力于改造旧式书院、创办新式学堂。1893年创办自强学堂(武汉大学前身)，后相继创建了农务学堂(华中农业大学前身)、工艺学堂(武汉理工大学前身)、师范学堂、政法学堂等，揭开了近代武汉教育的序幕。1904年，两湖文高等学堂改为两湖总师范学堂。同年创办的湖北师范传习所，是为中国教师进修学校的开端。1905年，又于省城开设的6所支郡师范学

堂，致力于为各地培养优秀的教师人才。武汉成为中国近代教育的策源地之一①。

1907 年，张之洞离任时，湖北全省新式学堂达 1 512 所，学生 56 671 人，教职员 5 103 人。在他的领导下，湖北教育规模和质量在当时处于全国领先地位。他的“中学为体，西学为用”的教育思想，对当时武汉教育的发展有着深远的影响，当时的武汉成为国内新式教育先进的地区之一。直到今天，武汉大学、华中农业大学、武汉科技大学、武汉音乐学院等都是从当时所创办的学校一直延续下来的高校。

二、曲折探索期（1928—1948）：思想是教育的“催化剂”

辛亥革命后，湖北政局一直处于动荡状态。在武汉国民政府成立之初，摆在武汉政府面前的任务就是恢复与整顿大学教育，以促进武汉发展。

1915 年、1919 年先后爆发新文化运动和五四运动。两次运动是救亡与启蒙“双重变奏”的爱国运动。经过新文化运动、五四运动的涤荡，民主和科学的洗礼，传统道德、旧式思想的污泥浊水被一扫而净，思想、文化得到解放，同样也给教育的发展带来了深刻的影响。北洋政府从 1912 年到 1928 年 6 月，16 年间更换了 47 届政府；1912 年至 1926 年，14 年间先后更换了 38 个教育总长，24 个教育次长。北洋军阀各派系之间无休止的争战，走马灯似的政权更迭，客观上导致了这一时期教育领域专制统治的削弱；而各省教育会、全国教育会联合会相继成立，并日益强大，教育界学术团体和机构的影响趋于强势。在这场拉锯战中，有成千上万的各界人士与广大师生参与到教育改革之中，并产生了两大成果：《学校系统改革案》和“壬戌学制”②。

1928 年，北京国民政府在武昌组建国立武汉大学，把武汉的现代教育推向一个新的高度。1936 年成立农学院，国立武汉大学从而发展成为有文、法、理、工、农 5 个学院，15 个系，2 个研究所的综合性大学③。武汉大学作为武汉高等教育发展的领头羊，为武汉高校建设和城市发展作出了突出的贡献。王世杰、竺可桢、李四光、闻一多、叶圣陶、黄侃等著名学者、教育家云集武汉大学，为武汉大学乃至武汉市高教发展奠定了重要的基础。一流的师资队伍、一流的办学水平和丰富的学术研究成果让武汉大学在民国时期成为中国四大名校之一。

三、形成发展期（1949—1977）：旧貌换新颜，高教新世界

中华人民共和国成立之初，中央政治局中南局设在武汉，武汉的政治地位不言而喻。

---

① 彭鲁. 武汉高等教育的前世生[EB/OL]. [2012 - 07 - 10]. http://blog.sina.com.cn/s/blog_49b38e770102e1uk.html.

② 刘齐. 高等教育现代化进程中的学府与政府[D]. 华中科技大学，2011.

③ 陈昆，涂上飙. 教育部直属高校历史发展沿革概览[M]. 武汉：武汉大学出版社，2018.

中华人民共和国成立之后，国家给予武汉的发展定位是华中地区的中心城市。作为华中地区的教育中心，为服务工业发展和社会发展，国家在武汉开办一系列大学，为华中地区培养了大批高层次人才。湖北九省通衢，武汉居于长江边，水运发达，交通便利。得益于地缘优势，国家高度重视武汉的发展，并调集了很多资源来充实、发展武汉，包括很多其他高校的院系资源，拆分补充到武汉的大学里面。把武汉做成辐射点，以点带面，以武汉的发展带动中部地区发展。1949 年，国立武汉大学更名为武汉大学，并调入了一批全国各地学校的水利系。武汉大学成为直属中华人民共和国教育部领导的重点文理综合大学。

1952 年，国家经济开始复苏，为适应大规模经济建设，特别是工业发展对高层次、高水平建设人才的需要，在全国范围内进行了高等学校的院系调整：中南军政委员会在武汉建立华中工学院（华中科技大学前身）；以中原大学财经学院、政法学院为基础，荟萃中南地区六省多所高等学校的财经、政法系科，分别成立了中南财经学院和中南政法学院。作为中华人民共和国成立之初高等教育的一次大变革，院系大调整使武汉的大学和高等教育事业发展迈上了新的台阶，为武汉成为世界一流大学高地奠定了基础。

四、快速发展期(1978—2015)：名副其实的大学城

改革开放以来，作为支撑国家经济和区域产业发展的中心城市，依托地缘优势和创新优势，武汉正在加快重大科教基地、工业基地建设，并逐步扩大对周边地区的辐射与带动效应。一方面利用交通优势，汇集各方资源，大力发展经济、科技、文化等产业，形成辐射与服务功能强劲的产业结构；另一方面依托东湖国家自主创新示范区的建设，在高端技术自主创新、高新技术产业化、自主创新、体制机制创新等方面，产出一批国内领先、国际一流的高新科技成果与产品，提升了武汉国际科技竞争的核心竞争力[①]。区域发展战略的实施需要教育的支撑，尤其要以高等教育和高层次人才为支柱。为适应经济的快速发展，武汉办学规模进一步扩大，办学实力进一步增强，现已形成多学科综合发展、多种办学层次并存的格局。华中科技大学、华中师范大学、武汉理工大学、中南财经政法大学、中国地质大学（武汉）、华中农业大学等一大批高校先后组建，奠定了武汉高等教育发达的格局。武汉音乐学院、武汉体育学院等特色高水平院校也是武汉市高等教育的亮点，为武汉世界一流大学高地的形成锦上添花。

截至 2014 年 5 月 28 日，经教育部审批或备案，湖北省有普通高等学校 123 所，其中中央部委属高校 8 所，省属高校 115 所，大学生人数达 130 万人，占常住人口的 2.25%[②]。

---

① 操玲姣. 武汉建设国家中心城市的战略思考[J]. 武汉建设，2012(1)：14－15.
② 刘岚，汪达. 湖北省服务贸易人才培养优势分析及路径选择[J]. 当代经济，2015(6)：47－49.

其中，近七成高等学校在武汉。武汉成为一座名副其实的大学城，中国高等教育中心之一。

2000 年武汉提出“光谷”概念，“武汉光谷”是新兴崛起产业的降生、聚合之地，也是湖北打造新兴产业的主战场。占据天时地利，经过十几年的迅速发展和积累，东湖高新区逐步形成了以信息技术、新材料、新能源、生物工程等高新技术产业领先发展的产业格局，并且经济指标完成度相当可观。凭借独特的魅力和气质，“光谷”吸引了大量的人才和资源集聚，也吸引了众多高水平大学或特色大学来此布局扎根。科技孵化器、大学科技园、软件园或大学生创业园等科技创新园区不断发展壮大，信息技术、电子技术、激光技术、移动通信等高新技术领域涌现出各大新型创新公司，光谷高新技术产业园呈现出高水平、多样化的发展格局。

五、高地成熟期(2016—今)：世界一流大学高地闪亮“登场”

通过长期的奋斗和积淀，武汉一步步成长为在国家战略、全球竞争中肩负重任的城市。在国家重大战略支持下，武汉市制订了《武汉市城市总体规划(2016—2030 年)》，对城市空间格局、经济建设、教育文化发展等作出了合理规划与布局，为高校发展奠定基础。

2017 年 9 月 21 日，教育部、财政部、国家发展改革委联合发布《关于公布世界一流大学和一流学科建设高校及建设学科名单的通知》，武汉 7 所高校入选“双一流”建设高校①。其中武汉大学、华中科技大学入选一流大学建设高校名单(A 类)，武汉大学、华中科技大学、中国地质大学(武汉)、华中农业大学、武汉理工大学、华中师范大学、中南财经政法大学入选世界一流学科建设名单(表 13-4)。自“双一流”建设战略实施以来，武汉市打造了 3 个环大学创新经济带，从五大方面采取 14 条措施支持在汉高校推进“双一流”建设，武汉大学和华中科技大学在学科建设、科学研究、人才培养、国际交流、社会服务等各个方面成绩斐然，武汉发展成为典型的世界一流大学高地。

表 13-4 武汉市世界一流学科建设名单

“双一流”建设高校名称	一流学科建设名单
武汉大学	理论经济学、法学、马克思主义理论、化学、地球物理学、生物学、测绘科学与技术、矿业工程、口腔医学、图书情报与档案管理
华中科技大学	机械工程、光学工程、材料科学与工程、动力工程及工程热物理、电气工程、计算机科学与技术、基础医学、公共卫生与预防医学
中国地质大学(武汉)	地质学、地质资源与地质工程
武汉理工大学	材料科学与工程

① 王战军. 世界一流大学世界一流学科建设政策汇编[M]. 北京：中国科学技术出版社，2018.

续 表

“双一流”建设高校名称	一流学科建设名单
华中农业大学	生物学、园艺学、畜牧学、兽医学、农林经济管理
华中师范大学	政治学、中国语言文学
中南财经政法大学	法学（自定）

第三节 武汉世界一流大学的卓越贡献

《大学》开篇曰：“大学之道，在明明德。”大学肩负着人才培养、科学研究、社会服务和文化传承创新的重要使命。新时代，国家和社会发展对一流人才培养、一流科研成果、一流文化发展、一流社会服务的需要，比以往任何时候都更为迫切[①]。作为湖北省举全省之力打造的名牌城市，建设国家中心城市、国家创新型城市是武汉发展的新愿景。武汉的发展定位对武汉的城市功能和人才培养结构、方式均提出了新的更高的要求，迫切需要发挥武汉高校人才智力资源优势。大学兴则武汉兴，大学强则武汉强，世界一流大学发展与武汉的发展“同频共振”。

一、助力武汉成为强劲的中心城市

武汉是华中地区的中心城市，是长江中游城市群的“领舞者”。2012 年 5 月，国务院就提出把武汉建设成国家中心城市，以武汉为龙头，实现武汉城市圈的崛起。武汉世界一流大学积极参与生物安全与技术、信息技术、生物科学等湖北实验室建设，为把武汉建设成为国家创新型城市和综合性国家科学中心提供了强有力的支撑。

服务国民经济建设主战场。依托密集的高校资源和光谷国家级自主创业示范区，武汉的经济增速非常可观，引领全省的发展，成为国家经济发展新的增长点。2018 年度武汉区域经济总量达 1.48 万亿元（图 13－1），比上年增长 11%，高于全国和全省的增速水平，实现了地区间由跟跑到并跑、领跑发展的跨越。按常住人口计算，全市人均生产总值 135 136 元，比上年增长 9.8%。武汉在长江中游城市群的建设中始终保持着经济上的稳定快速增长，发挥了经济上的表率作用[②]。武汉世界一流大学通过与企业联合共建工业技术研究院、制造业创新中心、“院士工作站”、产业技术创新联盟等新型研发机构，攻关产业核心关键技术，并着力打造环东湖创新经济带、环南湖创新经济带、

① 陈曦. 世界一流大学怎么建 名校校长齐聚南开分享经验[N]. 科技日报，2019－10－18(06).
② 丁永玲，付昆. 武汉城市战略地位研究——基于长江中游城市群建设[J]. 当代经济，2014(13)：73－75.

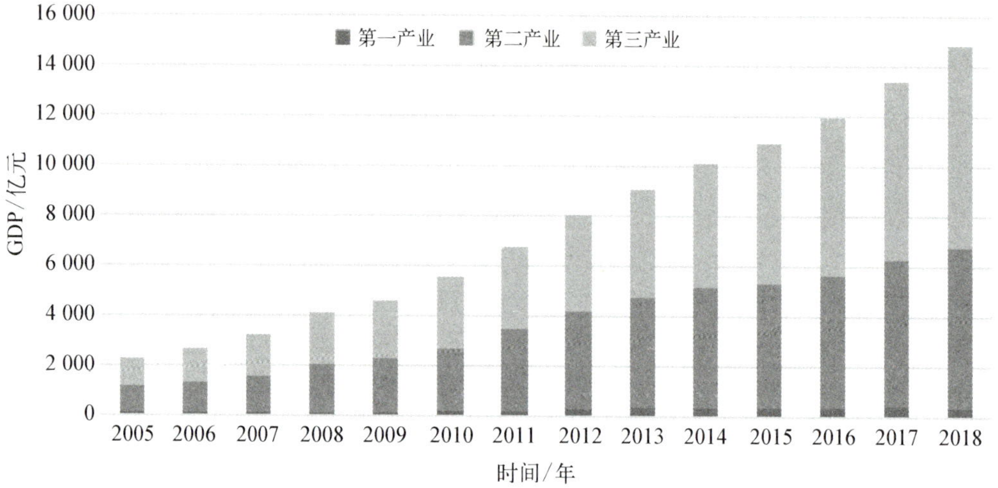

图 13-1 武汉区域经济总量

环黄家湖创新经济带等环大学创新经济带，产学合作在很大程度上推动了武汉经济的快速发展。

光谷新兴产业集群“聚沙成塔”。随着电子信息、高端装备制造、生物医药等战略性新兴产业的崛起，以“互联网＋”为代表的新经济风起云涌。在高校资源的吸引下，武汉光谷正在成为我国互联网“第二总部”密集扎堆地区。在武汉市政府大力招商引资的背景下，在“第一资源”人才及“第一动力”的创新驱动下，光纤、生物医疗等特色产业纷纷集聚光谷，聚沙成塔的优势逐渐凸显出来。武汉光谷产生的集聚效应，吸引了英特尔、微软、腾讯、阿里巴巴、搜狐、华为、中兴、联想、摩托罗拉等一大批世界 500 强企业入驻，各大企业纷纷在武汉建立基地或研发中心，抢占新兴产业的制高点。互联网企业纷纷将第二总部落户武汉，助力“互联网＋”“＋互联网”不断延伸，产业结构不断升级，武汉俨然成为新兴产业布局和发展的高地。

打响新时代“校友经济”第一枪。武汉在全国首创“校友经济”新模式，是武汉的发展之基、实力之源。自 2017 年以来，武汉市委、市政府充分挖掘“武汉校友”独特资源，探索创新“大学＋”发展新模式，创造性实施百万校友资智回汉工程，携手在汉高校，先后举办 20 多场百万校友资智回汉高校专场、区域专场、国际专场活动，引进国内外高层次人才百余人，签约项目总投资突破 2 万亿元。武汉校友经济以情感为纽带，校友之间抱团聚力，搭建“朋友圈矩阵”，内引外联，不设门槛条件，有效降低商业信任成本，构建起一个共赢式、聚合式商业网络和开放式、分享式社交体系，契合知识经济、网络经济、创新经济时代发展要求①。“校友经济”作为大学服务经济发展和社会发展的新路径，只有起点，没有终点。

① 王溥，胡方园，姬媛. 校友经济：“武汉模式”及其思考[J]. 经济问题，2018(6)：100－103.

二、辐射带动武汉科技实现华丽转身

产业发展离不开科技创新，而高校是创新成果的重要基地。武汉高校和科研机构云集，智力优势明显。截至 2018 年底，武汉拥有中国科学院院士 31 人，中国工程院院士 36 人。全年创投资本总额 1 337.9 亿元，比上年增长 9.1%①。为服务国家战略和促进区域发展，武汉在全国率先确立“科教立市”基本市策，创建光谷产业基地，科技竞争力居全国同类城市前列。光谷地区作为仅次于北京中关村的中国第二大智力密集区，积极打造三大世界级产业集群：光电子信息产业、汽车及零部件产业、生物医药及医疗器械产业。尤其是近年来，光电子信息产业向着产业链上游延伸和发力，集成电路、显示面板，均是国家亟须突破的战略产业。光谷生物城在生物产业发展上速度非凡，从 2008 年到 2019 年，十余年的时间，闯入全国前三强，在生物产业方面可谓体现了“光”的速度。根据《自然》杂志推出的《2018 自然指数——科研城市》，武汉在全球 200 强榜单中排名第 19，在中国排名第 4，科研产出仅次于北京、上海和南京。

大学引领科技发展与创新。在科技创新工作中，武汉大学和华中科技大学等大学发挥关键性作用，它们充分发挥高校学科优势，支持其跟踪、并跑、领跑世界颠覆性技术创新和群体性技术变革，在信息网络、健康医疗、智能制造和机器人等领域率先突破，为形成武汉产业创新引领型发展格局提供支撑②。同时，大学利用自身优势，吸引了“诺奖级”、院士等国内外顶尖战略科技人才、科技领军人才、中青年科技创新人才和高水平创新团队到武汉。如，武汉大学科技园产业联盟形成了“信息池”“资源池”“人才池”，通过武汉大学校友圈集聚了大批优秀技术人才，在地球空间信息领域进行深入探索和创新发展，成为大学科技园中创业企业能够进一步发展的重要力量③。中国地质大学（武汉）入选“教育部首批高等学校科技成果转化和技术转移基地”，与武汉市合作共建地质资源环境工业技术研究院，依托地学大数据、资源可持续利用、水文地质学等学科建设项目，有力地推动了地理信息系统、新能源汽车、环境监测与保护等一批科技成果在湖北的转化，深入推进可持续能源开发利用，成功研制全球首台常温常压氢能汽车工程样车，不断聚集全球氢能汽车产业技术和产业资源，促进了我国氢能源产业技术突破与创新发展④。

大学促进科技成果转化。武汉是继北京、上海之后，全国第三个拥有“双国家制造业

---

① 武汉市 2018 年国民经济和社会发展统计公报[EB/OL]. [2019 - 04 - 05]. http://www.tjcn.org/tjgb/17hb/35881_4.html.

② 武汉 14 条措施支持在汉高校建“双一流”[EB/OL]. [2018 - 05 - 21]. http://news.cjn.cn/sywh/201805/t3213869.htm.

③ 卫平，高小燕. 中国大学科技园发展模式转变研究——基于北京、上海、武汉等多地大学科技园调查及中外比较分析[J]. 科技管理研究，2019，39(21)：20 - 25.

④ 中国地质大学官网. http://www.cug.edu.cn/info/10506/92023.htm.

创新中心”的城市，武汉市的成就离不开世界一流大学对科技成果转化的贡献。为了促进科技成果转化，武汉理工大学成立科技成果转化中心，构建“五位一体”校内科技转化平台、“三级”校地合作科技转化机构，打造校内外协同科研成果转化平台，2016 年至 2018 年，转化国家发明专利 275 件，科技成果转化金额达到 1.28 亿元，推进成果转化供给侧改革取得显著成效。在武汉世界一流大学的引领和支持下，2018 年，武汉市重大科技成果就地转化 1 072 项，签约总金额 371.4 亿元；技术合同成交额 722.54 亿元；全年专利申请量 60 511 件，授权量 32 397 件；发明专利申请量 29 095 件，授权量 8 807 件；每万人发明专利 34 件，居全国前列①。

2018 年，武汉市科技成果转化局先后联合高校院所成功举办了 10 场大型科技成果转化对接活动，签约项目 393 个，签约金额 337.45 亿元，组织了 795 个项目在媒体上进行推介；在全市科技创新大会上签约院士科技成果转化项目 40 个，签约金额达 93.21 亿元，推进了院士项目在武汉落地；组织开展“中国科学院院士武汉行”“中国工程院院士专家产业发展咨询会”等活动，57 个新院士项目在武汉落地。近几年武汉市科技创新活动情况如表 13－5 所示。

表 13－5　武汉市科技创新活动情况表

类 别	指　　标	2013 年	2014 年	2015 年	2016 年	2017 年	2018 年
高新产业指标	累计高新技术企业数/家	1 113	1 321	1 656	2 177	2 827	3 536
	规上高新技术产业产值/亿元	5 604.47	6 599.7	7 499.21	8 446.11	9 479.64	11 006
	高新技术产业中规上工业总产值占全市规上工业总产值的比重/%	48.59	47.86	50.28	55.53	53.92	—
	规上高新技术产业增加值/亿元	1 700.19	1 994.92	2 185.10	2 348.69	2 670.57	3 052
	高新技术产业增加值占 GDP 的比重/%	18.13	19.81	20.03	20.34	20.54	20.6
科技创新投入指标	地方财政科技拨款/亿元	31.6	35.89	68.19	86.42	112.99	134.41
	地方财政科技拨款占地方财政一般预算支出的比重/%	2.81	3.05	5.09	5.67	6.54	6.97
科技创新产出指标	专利申请受理量/件	25 680	27 802	33 620	44 826	49 726	60 511
	其中：发明专利/件	9 735	11 871	15 077	20 643	23 243	29 095
	专利申请授权量/件	15 901	16 335	21 740	22 967	25 528	32 397
	其中：发明专利/件	3 171	3 874	6 003	6 514	8 444	8 807
	科技成果获国家奖励数/项	30	25	26	27	27	22

① 武汉市 2018 年国民经济和社会发展统计公报[EB/OL].［2019－04－05］. http://www.tjcn.org/tjgb/17hb/35881_4.html.

续 表

类别	指标	2013年	2014年	2015年	2016年	2017年	2018年
科技创新产出指标	技术合同成交量/项	12 216	16 738	13 101	16 733	14 535	17 541
	技术合同成交额/亿元	273.07	342.89	405.30	566.42	603.20	722.54
	科技成果登记数/项	405	270	304	139	372	393
创新资源	两院院士数/人	60	60	67	63	68	67
	国家实验室、国家重点实验室数/家	27	28	30	31	31	33
	国家工程(技术)研究中心数/家	26	27	27	28	28	28
	国家级孵化器数/家	18	22	25	29	31	31
	全市科技企业孵化器数/家	158	191	217	221	230	163
	全市孵化器场地面积/万平方米	659	803	920	1 000	1 000	—
	普通高等院校数/所	80	81	82	82	84	84
	在校大学生数(含研究生)/万人	107.38	107.27	107	106.40	107.50	121.33

注：数据来源于武汉市科学统计局。

三、持续为文化传承与创新加油助力

高校是文化传承与创新的主阵地，文化的传承与发展是高校四大基本职能之一，大学与大学文化如影随形。大学是社会思想的集大成者，大学文化影响的不只是个别城市，而是整个国家，甚至整个时代。2012年以来，武汉市新建辛亥革命博物馆、江汉关博物馆、长江文明馆、中国共产党纪律建设历史陈列馆等标志性文化场馆。全市基本形成以琴台大剧院、琴台音乐厅为中心的高雅艺术演出中心区，以武汉剧院、中南剧场为中心的戏剧艺术演出中心区，以楚河汉街、汉秀剧场为中心的市场艺术演出中心区等三大艺术中心区。武汉市文化资源的积淀和发展离不开大学的支持和贡献。

高校是文化传承与发展的载体。武汉市“双一流”高校作为武汉市乃至湖北省的重要名片，有着深厚的历史和文化积淀，对高校乃至文化的传承和发展发挥着重要作用。武汉大学成立中国传统文化研究中心，研究中国社会变迁与文化转型、中国思想文化、楚文化与楚地出土文献。樱花作为武汉大学特有的文化标签，也是学校竞争软实力的重要代表，更承载着武汉大学的历史底蕴。华中科技大学、武汉理工大学等高校设立了汉剧传承基地，成为中华优秀传统文化传承基地。中南财经政法大学建立的中国货币金融历史博物馆、中国会计史文博馆、监察文化和法治陈列室等系列文博馆全方位展示中国经济法制文明，彰显学科特色，成为学校乃至中南地区廉政文化的学习教育基地。武汉音乐学院充分发挥音乐与舞蹈学等重点学科专业优势和东方交响乐团、东方中乐团、中华编钟乐团等一系列艺术实践平台优势，通过音乐创作、舞台表演、理论研究以及教学实习实践等多种形式，有效推动武汉文化建设，促进了国家和湖北经济社会文化发展。

高校对文化交流与创新具有引领作用。武汉有多个省部共建国家文化创新研究中心、国家文化财政政策研究基地和文化改革发展研究基地，它们研究文化的发展和创新。武汉“双一流”高校在文化创新方面发挥了重要的引领作用。华中科技大学高雅艺术进校园活动营造全方位育人文化，每年举办 80 多场艺术教育活动，其中“光影喻园”“同歌同行”科学与艺术沙龙等特色鲜明。武汉理工大学建立了“一学院一品牌、一单位一特色”的基层文化品牌，凝练学校特色文化品牌，陶瓷艺术文化节获湖北省高校校园文化建设优秀成果特等奖。2019 年 10 月 18 日，我国首次承办的综合性国际军事赛事——第七届世界军人运动会在武汉拉开序幕。作为一场规模较大的国际体育盛会，军运会让美丽武汉走向世界，奉献给社会一份文化大餐，馈赠给市民一笔宝贵财富。军运会气势恢宏、劲爆举行的背后，是武汉各高校的组织力、凝聚力和战斗力。

以人为本的校园文化、洋溢着科学精神的院所文化、充满活力的企业文化、积淀深厚的荆楚文化形成了武汉独具特色的文化效应，成为武汉强大的软实力。

四、合力打造武汉世界一流高端智库

服务国家经济和社会发展，是世界一流大学的重要责任和使命。武汉大学、华中科技大学等世界一流大学建设依托特色学科、优势学科和一流学科，不断开展以重大战略需求和经济社会发展为导向的基础研究，积极参与武汉经济、科技、文化等领域的建设与发展，发挥高端智库和政策咨询作用。

创建中国特色新型智库平台。武汉大学一直高度重视社会服务能力的提升，致力于打造立体化、系统化的社会服务。目前，以国家级智库平台为龙头、部级基地与省部共建智库为骨干、其他各类基地为基础的“珞珈智库方阵”在武汉大学已基本形成。近十年来，武汉大学各类智库承担了国家部委委托的大量调研和培训任务，一批智库专家深度参与国家文化改革、质量发展、语言文字事业等战略规划的研究起草工作，为维护国家利益、谋划国家战略、推进国家治理现代化提供了有力支持，也让“珞珈智库”品牌的国内外影响力不断增强①。武汉大学发挥人才和学科优势，积极主动服务国家和地方经济社会发展，致力于研究和解决重大理论问题和现实问题。积极参与载人航天、三峡工程、南水北调、西电东输、青藏铁路等国家重大项目的科学研究工作，不断攻关重大科技前沿问题，为经济社会发展和构建国家创新体系提供技术支持。

打造服务国家与社会的主力军。对接国家重大战略与区域发展战略，武汉各高校成

① “珞珈智库方阵”基本形成　武大举行首届珞珈智库论坛[EB/OL]. [2017 - 12 - 11]. http://www.cssn.cn/zk/zk_jsxx/zk_zx/201712/t20171211_3776096.shtml.

立学校服务国家战略工作领导小组和工作组，专门服务国家战略需求和社会需求。在应对城市突发事件上，如新冠疫情，武汉大学、华中科技大学等高校发挥了重大作用。武汉大学以人民医院和中南医院两个医院为主体在临床救治过程中发挥了中流砥柱作用。华中科技大学将同济医院、协和医院等十家附属医院投入到战疫当中，共投入医护人员 3.3 万余人，病床 8 900 余张，管理方舱病床近 6 000 张。不同行业的武汉高校校友也为战疫防疫贡献着力量。武汉高校成为抗击疫情、助力城市应对突发事件的重要生力军。在服务国家体育事业发展上，武汉体育学院功不可没。1988 年至 2018 年底，武汉体育学院培养输送和在籍的学生运动员在奥运会、世锦赛、世界杯三大比赛中共获得金牌 131 枚、银牌 25 枚、铜牌 36 枚；在亚运会、亚锦赛、亚洲杯三大比赛中获金牌 88 枚、银牌 18 枚、铜牌 15 枚①。为服务国家和武汉体育事业发展，武汉体育学院培养出了吕会会、程菲、杨威等一批在国际国内重大比赛中屡获佳绩、为国争光的卓越运动员，为建设体育强国作出突出贡献。

武汉各高校发挥"智囊团"和"思想库"的作用，积极探索关系国家经济建设、社会发展的重大理论与现实问题，取得了一批具有重大理论意义与应用价值的科研成果，为武汉市乃至国家经济与社会发展提供了强大的智力支持。

第四节　武汉世界一流大学高地的形成机制

栉风沐雨砥砺行，春华秋实满庭芳。作为高校与城市区域协同发展的结晶，武汉世界一流大学高地的形成既是武汉大学、华中科技大学等高校相互合作与竞争的成果，同时也离不开国家和武汉市政府的高度重视与大力支持。武汉世界一流大学在学科建设、科技与文化创新、人才培养、社会服务等方面的个性化发展，以及产学研深度融合，共同绘就了武汉世界一流大学高地蓝图，同时折射出武汉世界一流大学高地的影响力、辐射力和引领力。

一、有序竞争，彰显世界一流大学魅力

"物竞天择，适者生存。"中国高校生态系统也有特定的生存法则，尤其是"双一流"战略必然引发高校格局大洗牌，加剧高校竞争②。作为武汉"双一流"建设大学，武汉大学、华中科技大学等 7 所高校对湖北省经济建设、社会发展和人才培养作出的贡献不言而喻。

---

① 武汉体育学院官网[EB/OL]. [2019-12]. http://www.whsu.edu.cn/info/1005/7326.htm.
② 中国高校生存图鉴[EB/OL]. [2018-08-11]. http://k.sina.com.cn/article_2613324761_9bc42bd902700cyqc.html.

各具特色，个性发展。学科特色是高校发展的重要标志，是大学对外交流的重要名片。武汉大学、华中科技大学等世界一流大学学科建设各具特色，根据自身优势进行个性化、特色化发展。从第四轮学科评估结果看，华中科技大学、武汉理工大学、中国地质大学（武汉）在工学方面具有学科优势，武汉大学、华中师范大学、中南财经政法大学在人文社科方面优势明显。除了工学，华中科技大学在医学方面也有明显的优势。武汉大学作为一所综合性大学，除了人文社科，在理学方面也有很强的优势。世界四大排名重点衡量各高校的科研实力和影响力。为提升科研竞争力，武汉大学、华中科技大学等世界一流大学立足于学科特色，按照“国家急需、世界一流、制度先进、贡献突出”的原则，竞相加强跨学科协同创新和关键技术突破，科研产出旗鼓相当，科技成果夺人眼球。

人才政策不断升级，人才争夺战愈演愈烈。“双一流”建设背景下，高端人才不仅要“引得进、留得住”，更要“流得动、用得好”。武汉“双一流”建设大学在高端人才引进方面各尽其能，实施不同的人才引进政策和卓越人才培养计划（表 13－6），纷纷打造了分学科、有梯度、全方位的人才培养支持体系，不断注入新鲜血液，实力不相上下。7 所高校均把招才引智放在学校发展的战略位置，主动出击打好高端人才引进战，确保人才“引得进、留得住、流得动、用得好”。

表 13－6　武汉各高校人才引进和培养项目

学　校	人　才　项　目
武汉大学	2011 计划、111 计划、珠峰计划、海外高层次人才引进计划（千人计划）、国家建设高水平大学公派研究生项目、卓越法律人才教育培养计划、卓越工程师教育培养计划、卓越医生教育培养计划
华中科技大学	2011 计划、111 计划、海外高层次人才引进计划（千人计划）、国家建设高水平大学公派研究生项目、卓越工程师教育培养计划、卓越医生教育培养计划
华中师范大学	2011 计划、111 计划、海外高层次人才引进计划（千人计划）、国家建设高水平大学公派研究生项目
中南财经政法大学	2011 计划、111 计划、卓越法律人才教育培养计划、国家建设高水平大学公派研究生项目
武汉理工大学	卓越工程师教育培养计划、海外高层次人才引进计划（千人计划）、111 计划、国家建设高水平大学公派研究生项目
中国地质大学（武汉）	卓越工程师教育培养计划、海外高层次人才引进计划（千人计划）、国家建设高水平大学公派研究生项目、111 计划
华中农业大学	863 计划、卓越工程师教育培养计划、卓越农林人才教育培养计划、111 计划、海外高层次人才引进计划（千人计划）、国家建设高水平大学公派研究生项目

多点发力，提升国际竞争力。国际影响力是衡量大学发展水平和国际地位的重要标志，是建设世界一流大学的重要环节。从 2016 年至 2018 年的合作交流情况来看（表

13-3)，武汉各高校在“双一流”建设过程中，积极加强与世界顶尖高校、国际知名高校的实质性合作与交流，推动国际化人才培养模式创新，进而提升自身的国际话语权和影响力。

二、优势互补，共同绘就校际合作交流新蓝图

单丝不成线，独木不成林。武汉大学、华中科技大学等世界一流大学抢抓“双一流”“人才强国”“创新驱动发展”等国家战略叠加机遇，发挥各自优势，实现对口合作交流，聚力打造武汉一流大学高地以及全国领先的产业创新高地。

搭平台、促合作，强强联合。在国家“双一流”战略提出之前，武汉大学、华中科技大学、中国地质大学(武汉)、华中农业大学、武汉理工大学、华中师范大学、中南财经政法大学等七所高校就已经基于各校特色开展了战略合作与交流，即武汉七校联盟。七校联合办学是中国大陆持续时间最长、实质性参与高校最多、合作交流范围最广、受益学生最多的一种联合办学模式①。七校联盟始于1999年，是武汉特色高水平大学之间实施的一种联合办学模式，是高校基于资源共享、优势互补原则，开展合作交流、协同发展与创新的重要举措。从教学、人才培养到科研、技术创新、信息共享等各方面，七校开展深层次的合作与交流。七所高校联合办学模式的诞生，得益于武汉高校优越的地缘优势和地理上的邻近性。武汉大学、华中师范大学和武汉理工大学，中国地质大学(武汉)和华中科技大学，中南财经政法大学和华中农业大学等都是一路之隔。更重要的是，武汉高校的领导者们一致形成了教学资源优势互补，培养厚基础、宽口径的复合型人才的办学理念。2019年11月19日，华中科技大学获卓尔公益基金会捐赠1亿元，用于华中科技大学科研平台建设、学科发展与人才培养等，包括但不限于先进制造、人工智能等相关学科，工程中心和科研创新平台的建设和发展。这是华中科技大学建校史上金额最大的专项捐赠之一，在一定程度上折射出华中科技大学和武汉大学的深厚友谊。七所高校都在武汉，同为“双一流”建设高校，通过战略合作与交流，七校优势互补、同生共长，向世界一流大学挺进，携手打造世界一流大学高地。

占尽天时地利人和，合作愿景乐观。武汉七所“双一流”建设高校有各自的优势资源，比如，武汉理工大学和华中科技大学理工科最出众，而武汉大学和华中师范大学在人文社科和基础学科方面很有优势，华中农业大学生物学誉满全国，中国地质大学(武汉)则是中国地球科学和环境资源领域的特色名校。七所高校具有长期合作的前景，也有深入拓展合作的必要性。一方面在“互联网+”“大数据”“人工智能”等尖端信息技术快速发展的新时代，各高校优势学科相互合作、优势互补，特别是针对中国的某些弱项实现前沿技术突

---

① 百度百科. 七校联合办学[EB/OL]. [2019-12-25]. https://baike.baidu.com/item/七校联合办学/5658346?fr=aladdin.

破，对高校和武汉地区来说必将是一件双赢的事情。另一方面，从人才培养角度讲，高校要大力培养高层次、高水平、多样化人才，服务国家战略需求和区域经济发展需求，这就要求高校之间加强学科建设和人才培养方面的合作交流，发挥各校学科特色，互取所长。

三、城校共建，联合打造世界一流大学高地

城市与高校同根同源、相互影响、相互促进，是一种独特的城市文化，城市与高校共建世界一流大学高地是新时代、新形势下的新要求，也是武汉区域发展的必然选择。武汉地区七所高校携手建设“双一流”大学，是武汉市政府和高校携手努力的成果。一家独大不利于高校发展，百花齐放才更有利于良性竞争、互相进步，助力世界一流大学高地的形成。

国家和武汉市政府对武汉教育事业高度重视和支持，国家科教兴国、人才强国等政策为武汉一流大学的建设和发展提供了多方位的引领，促进武汉一流大学高地的形成。武汉作为中国高等教育发展的重镇，引领着整个中部地区的发展，武汉建设高地的七所大学都强调紧密围绕实现“两个一百年”奋斗目标，坚持“面向世界科技前沿、面向经济主战场、面向国家重大需求”三个面向，培养拔尖创新人才，为国家富强和中南地区经济社会发展贡献力量。

武汉市政府与华中科技大学、武汉大学、华中师范大学等高校相继签署了全面战略合作协议，在人才培养、科研创新、成果转化等方面开展长期合作，城校协同发展与创新，有利于发挥更大的效用，产出更多的成果，有利于把武汉这块“根据地”打牢建强。根据合作协议，华中科技大学、武汉大学等高校一方面基于学校特色和学科特色，以订单式培养方式，为武汉经济发展和产业结构升级输送高层次创新人才和产业领军人才；另一方面，建设以“地球空间信息技术国家实验室”“武汉生物技术研究院”“新能源和新材料研究中心”“物流网研究院”为代表的一批高起点、战略性的科研项目，在东湖国家自主创新示范区这一平台上形成“地球空间信息”“生物医药”“新能源与新材料”“文化创意”四大产业集群和产业技术联盟。[①] 立足于自身强势学科，华中科技大学将与武汉市政府联合打造高端智库和决策咨询平台，共建武汉“中部医疗服务中心”，服务武汉经济转型和产业结构升级。

当前，武汉市正处于国家战略发展的机遇期，面临建设“两型社会”综合配套试验区和国家自主创新示范区两大契机。而“科教兴省、科教兴市”的理念日益变成了兴国强省(市)的行动举措[②]。因此，市政府与世界一流大学应在横向和纵向上深入推进战略合作，将武汉的科教优势转化为经济社会发展优势，加快武汉世界一流大学高地的发展。

① 夏静，彭沁沁. 武汉市政府与两高校签署战略合作协议[N]. 光明日报，2010-03-04(09).
② 周洪宇，叶平，叶显发，等. 武汉市科教优势与人才优势转化为发展优势的研究[J]. 武汉市教育科学研究院学报，2006(11)：5-34.

第五节 武汉世界一流大学高地建设的经验及启示

武汉市政府与世界一流大学高地建设本着"齐生共长、和谐共生、良性循环、全面发展"的原则，加强合作，充分发挥一流大学的发动机功能，衍生知识型企业，发展大学科技园，促进区域经济发展，解决长期困扰大学教学科研与区域经济发展相脱节的难题，为城市经济、科技、文化实现跨越式发展提供智力支撑，同时为世界一流大学高地建设积累了一定的经验。

一、以国际借鉴为视角，打造国际交流新高地

世界一流大学建设是中国大学冲刺国际前列、打造顶尖学府、提升国际话语权的"冲锋号"，而国际视野是建设世界一流大学的重要引擎，国际交流是打造世界一流大学高地的关键环节。从武汉世界一流大学高地的崛起和发展经验来看，虽有历史积淀为基础，并有国家政策带来的发展机遇，但是大学的战略定位与国际视角才是世界一流大学保持生命力的重要保障。

武汉世界一流大学高地的形成，在很大程度上离不开武汉大学、华中科技大学等世界一流大学与国外世界一流大学的合作交流，得益于对国外世界一流大学建设经验的学习借鉴。武汉大学于 1980 年与法国展开教育合作，目前该校已经与法国 40 多所高校和科研机构建立了友好合作关系。在中国综合性大学中，武汉大学的法国留学生数量名列前茅，堪称"中法合作的典范"。武汉大学与巴黎七大自 2003 年签署校际交流协议以来，在化学、学生交流、教师交流、中法博士生训练营、孔子学院等领域开展了广泛而深入的合作，建立起了良好的合作关系。除了法国，武汉大学还与美国的哈佛大学、芝加哥大学以及英国的牛津大学等国际顶尖学府建立了合作关系。华中科技大学虽建校时间较短，但自 2016 年至今，已与世界排名前 100 的高校签署合作协议 27 份，成功举办"华中大-曼彻斯特大学日"等系列大型交流活动；与 36 个国家的高校及科研机构成功联合申报国际合作项目 85 项，总经费达 1.6 亿元。

以国际借鉴为视角，加强与国外世界一流大学的合作、交流，一方面有助于提升我国大学的国际知名度和国际影响力，扩大国际话语权，加快建成世界一流大学；另一方面通过学习借鉴国外世界一流大学的办学和科技创新经验，探索建设世界一流大学高地的路径与策略。美国的经验表明，经费保障、共同治理和学术自由是世界一流大学高地形成的必要条件。法国世界一流大学高地的发展彰显了建立大学集群与联盟、加大国际交流的重要性。

二、构建科技平台，集中攻坚世界科技难题

科技发展与创新是世界一流大学高地形成的重要动力源。科技平台的构建，有利于打通地区经济、科技脉络，让血“活起来”“热起来”，让“一流大学梦”与“强国梦”“人才梦”紧密结合，携手同行，实现共赢。

武汉世界一流大学高地的形成离不开科技创新和转化的重要支撑。科技竞争力是世界一流大学立足国内、国际的重要保障，也是世界一流大学办学水平的直接体现。2016年底，武汉成为全国首批“中国制造2025”试点示范城市，一大批互联网公司、重大科研基地、国家级创新基地先后在汉落地，成为武汉战略性新兴产业与经济发展的新引擎。为构建产业链、创新链、人才链、政策链“四链”衔接贯通的生态环境，武汉大学、华中科技大学等高校面向国民经济主战场重点发力，立足高教本位，构建科技平台，抢占技术高地，集中攻坚世界科技前沿，加速推进科教成果转化，对武汉世界一流大学高地的形成起到了关键作用。

华中科技大学对接国家战略需求和城市区域发展需求，加强校企全面合作，与企业共建40多个创新基地、联合实验室，攻坚前沿技术问题，以特色学科、优势学科助推科技成果产业化。基于产学研深度融合建立的科研平台，构筑起覆盖基础研究、高新技术研究、技术开发三个层次的科技创新金字塔。武汉大学建立起以企业为主体、市场为导向，产学研相结合的校地校企合作转化机制，孕育出武汉大学粤港澳环境技术研究院、武大-华为空间信息技术联合创新中心、武大-小米人工智能联合实验室等一批具有代表性的成果转化平台。按照“高起点、高水平、新体制、新机制”的要求建设医学研究院、高等研究院、工业科学研究院、中国发展战略与规划研究院等新医科、新工科、新文科尖端科技平台；建设“文明对话高等研究院”“健康医疗大数据国家研究院”“大数据研究院”等高端研究平台，实现人文社会科学与“互联网＋”、大数据、人工智能等新技术领域的交叉发展和深度融合，建设领跑世界的科技发展创新高地。

世界一流大学顺应以智能化、信息化为核心，融合数字、生物等新技术的新一轮科技革命大潮，将进一步优化地区资源配置和学科布局，促进一流学科群建设，为引进人才提供更加广阔的学术发展平台，加快世界一流大学高地的建设。

三、统筹规划布局，引培高端创新人才

按照国家关于推进世界一流大学建设的规划与部署，地方政府应对接国家战略，紧密结合城市区域发展需求和市区高校发展定位，合理规划布局，统筹人力、物力、财力等资源，给予世界一流大学建设经费支持，重点用于打造特色学科、建设自主创新平台、引培高

端创新人才、促进科技成果转化、提升整体办学水平等方面①。

城校互补促发展。借鉴武汉市政府对“双一流”建设的规划，世界一流大学建设过程中，市政府应统筹规划预留“双一流”高校建设发展用地，促进城市与高校协调互动发展。第一，按照城校一体、城校互补的理念，优化城市与世界一流大学功能布局，实现城市与高校创新资源联动，构建一体化、创新化、生态化城校空间格局②。第二，构建产研协同创新机制，加强大学科技园、孵化器、加速器、大学生创业中心、环高校创新带等各类众创新载体和产业化载体建设，围绕战略性新兴产业和文化创意产业，加强高校优势学科和特色学科建设，实现城市与高校之间的互补发展。

筑巢引凤聚英才。武汉市政府通过“海外科创人才来汉发展工程”“百万校友资智回汉工程”“百万大学生留汉创业就业工程”三大工程，对世界一流大学建设与发展提供了巨大的资金与人才支持，为我国“双一流”建设提供了宝贵的经验。一方面，政府通过重大工程建设，汇聚整合校友海内外人才、资本、创新资源，为高校发展提供资金支持，为高校大学生提供实习与创新创业培训机会。另一方面，通过建立市校联动对接机制，世界一流大学对接城市产业发展需求，加强高校特色学科建设，深化人才培养模式改革，推动人才培养链和武汉产业链相融合，实现世界一流大学与城市的协同发展。

本章小结

作为国家中心城市和经济重镇，武汉世界一流大学高地的形成与发展，是经济发展、产业升级与社会进步的时代诉求，也是武汉城市区域与世界一流大学通力合作、协同发展的智慧结晶。在国家“双一流”建设政策和重大发展战略支持下，武汉高校顺势而为、主动作为，加快世界一流大学建设步伐，同时也成为经济发展与科技进步的核心驱动力、文化传承与创新的重要载体、国际合作与交流的重要平台，彰显了武汉市高等教育发展的辐射力、影响力、引领力和服务力。当前，我国正处于“双一流”建设的关键期和重大战略机遇期，国家、城市、大学应抓住时代机遇、坚持国际视野、聚焦科技前沿、培养卓越人才，建设若干世界一流大学高地，为实现“两个一百年”奋斗目标提供人才支撑和智力支持。

---

① 武汉 14 条措施支持在汉高校建“双一流”[EB/OL]. [2018 - 05 - 21]. http: //news. cjn. cn/sywh/201805/t3213869. htm.

② 市人民政府关于支持在汉高校推进世界一流大学和一流学科建设的意见[R]. 武汉市人民政府公报，2018 - 04 - 23.

第十四章
中国·广州

广州位于广东省的中南部，珠江三角洲北端，毗邻香港、澳门。广州是华南地区最大的城市，也是国家中心城市和国际综合交通枢纽之一，也是粤港澳大湾区、珠江三角洲经济区国家战略和“一带一路”倡议重叠的枢纽城市。广州总面积 7 434 平方千米，有常住人口 1 449.84 万人。根据联合国 2016 年的报告，广州人类发展指数位居中国第一①。广州还获得了世界一线城市、中国大陆最佳商业城市、中国百强城市等荣誉称号。广州以繁荣的商业闻名全国，全市有国家高新技术企业 8 700 多家，总量居全国前三②，每年举办的“中国进出口商品交易会”吸引了大量客商以及外资企业的投资。广州毗邻港澳，是全国最大的侨乡都市，有华侨、归侨、港澳同胞和港澳同胞眷属约 400 万人。

第一节　广州世界一流大学高地概况

广州从秦朝开始一直是华南地区的政治、军事、经济、文化和教育中心，也是岭南文化的发源地和兴盛地。广州是世界著名的港口城市，是世界上唯一 2 000 多年长盛不衰的大港。公元 3 世纪 30 年代，广州成为海上丝绸之路的主港，唐宋时期成为中国第一大港，明清时期，广州是中国唯一的对外贸易大港。

广州是中国岭南地区高校最密集的城市，也是华南地区的科教中心。全市有高等院校 82 所，占全省的 80%，国家重点学科占全省总数的 97%，全市人口中接受高等教育的人口比例为 19.22%。广州著名的世界一流大学有中山大学和华南理工大学，各著名大学和研究中心纷纷落户广州，如北京大学经济学院华南分院、清华大学五道口金融学院产

① 联合国报告：广州居中国城市人类发展指数第一[EB/OL]. http://www.xinhuanet.com/politics/2016-12/01/c_129386832.htm，2016-12-1/2019-11.

② 广州新增高新企业数量全国第三[EB/OL]. http://gz.southcn.com/content/2019-04/18/content_186716520.htm，2019-4-18/2019-11.

学研基地、中国科学院大学广州学院、香港科技大学广州南沙分校等。2018年,广州在校大学生总数约114万人,研究生教育招生3.74万人,在校研究生10.11万人,毕业生2.54万人①。

借助雄厚的经济实力,广州对高等教育的发展投入了大量资金。广州的高等教育发展优势明显,成效显著,国家"双一流"建设高校中,广州有5所大学入选,其中中山大学和华南理工大学为世界一流大学建设高校,广州世界一流大学建设高校的排名情况如表14-1所示。2015年,为对接国家"双一流"大学建设,广东省启动高水平大学建设,三年内投入资金超过300亿元。2019年,广东省又投入35.74亿元支持广州高校"冲一流、补短板、强特色",其中中山大学获得资金资助3.97亿元,华南理工大学获得资金资助2.28亿元,取得良好的效果。

表14-1 广州世界一流大学建设高校排名情况

学校名称	*THE*	ARWU	QS	*U. S. News*
中山大学	301～350	101～150	295	224
华南理工大学	501～600	201～300	541～550	361
暨南大学	801～1 000	401～500	—	898
广州中医药大学	—	—	—	—
华南师范大学	—	701～800	—	984

注:
1. 数据来源于2019年世界 *THE*、ARWU、QS、*U. S. News* 四大排行榜;
2. "—"表示该排行榜中未出现该大学或不在前1 000名内。

按照粤港澳大湾区发展规划纲要,粤港澳大湾区要建设成为国际教育示范区,要引进世界知名大学和特色学院,推进世界一流大学和一流学科建设。目前湾区内有高等院校175所,广州是湾区内高等教育院校的主要集中点。广州将朝着国际教育示范区的目标前进,成为世界一流大学高地。

广州的一流大学主要分布在广深科技创新走廊,走廊周围有国际航空枢纽中心、中新广州知识城、广州国际生物岛、琶洲互联网创新集聚区、广州国际创新城、南沙明珠科技城、大健康生物医药产业基地等,战略位置十分突出②。全球通信巨头思科中国创新总部已经落户广深科技创新走廊,未来将建成中国首个以智能制造云产业为核心、年产值规模超千亿元的智慧城。腾讯、阿里、复星、国美、小米、唯品会、环球市场、康美药业、粤科金融、粤传媒业等高科技公司和创新性企业纷纷入驻广深科技创新走廊。

① 2018年广州市国民经济和社会发展统计公报[EB/OL]. http://gdzd.stats.gov.cn/gzdcd/gz_tzgg/201904/t20190403_169468.html, 2019-4/2019-11.

② 中共广东省委、广东省人民政府关于印发《广深科技创新走廊规划》的通知(粤发〔2017〕20号).

第二节 广州世界一流大学高地的演进

大学是城市的思想库，也是城市发展的动力源。大学与城市，一直是互相支持的共生关系。城市为大学提供办学资源与社会氛围；大学为城市吸引和输送人才，供应知识、技术要素，塑造城市软实力①。广州非常重视大学对城市发展的支撑，大学发展给城市留下了宝贵的财富，也是城市发展的重要支柱，相当于城市的文脉。借助大学，广州的城市文化能够延续、传播得更长远，科技、产业可以得到更好的发展。一流大学对广州的城市地位、城市影响力都将产生更大的助力。

一、广州大学的发展脉络

广州地理位置得天独厚，是中国社会变革的前沿地区，经济社会的快速发展迫切需要高等教育的支撑，随着社会变革的不断深化，近代广州经济、政治的发展催生了新的教育因素的萌芽，新的教育因素也不断增长，促进了现代教育的诞生，从而形成了广州高等教育的格局。

广州的教育发展最早可以追溯到汉代，当时既有庠、序、学、校等官学，也存在树冠、精舍等私学。三国时期，著名学者虞翻因得罪吴国孙权被贬至广州，居住在光孝寺，门徒有数百人。唐、宋时期，许多历史名人被贬至岭南，推动了广州文教事业的发展。明、清时期，广州书院教育发展显著，两广总督阮元在广州设立学海堂，开广州高等教育之先河。鸦片战争以后，康有为在广州设立万木草堂，新式学堂开始出现。戊戌变法失败后，民族危机日益加重，广州各地纷纷建立师范学堂，近代教育体系开始在南粤建立②。民国时期，广州是新文化运动时期教育改革的热点地区，也是中国革命的策源地，这一时期广州的教育思想比较活跃，发展速度较快，中山大学和黄埔军校是当时著名的大学，毛泽东、周恩来等曾在黄埔军校工作，鲁迅、郭沫若等曾在中山大学任教③。改革开放以来，随着广州经济的迅速发展，教育事业也得到迅速发展，加强了对外交流，学习和借鉴了国外先进经验，高等教育开始从落后于全国的状态中走出来。

广州依托接近出海口的地理环境，充分发挥对外贸易的优势，成为中国与世界文化交流的主要窗口和社会变革的前沿。广州的经济比较发达，思想比较开放，广州市政府对发展高等教育也比较重视，亟须适应新的政治经济发展需要的大学。这些大学不仅为广州

① 中山大学校长罗俊. 不甘“岭南第一”，冲击世界一流[EB/OL]. https://www.sohu.com/a/236489276_100116740，2018-06-19/2019-11.

② 王建军. 论近代广东高等教育发展的历史趋势[J]. 华南师范大学学报(社会科学版)，1995(2)：97-103.

③ 广东省地方史志编纂委员会. 广东省志·教育志[M]. 广州：广东人民出版社，1995.

培养了近代第一批工程技术人员和军事技术人员，适应了政治经济发展的需要，而且奠定了广州高等教育的新格局，改变了高等教育落后的面貌，使广州成为全国高等教育发展较快的地区之一。

二、广州世界一流大学高地成因

广州世界一流大学高地发展的路径是依靠广州的地缘优势，从政治、经济、文化等方面服务社会发展，配合地方经济发展的需要，争取地方支持，在为地方服务的过程中获得自身发展的动力。

（一）广州区位优势得天独厚

广东经济连续多年位居全国第一，但广东的高等教育发展水平低于全国平均水平，与广东经济大省的地位不相称，高等教育成为广东发展的短板。广东省“十三五”教育发展规划对高等教育的发展提出了明确的要求，计划2020年高等教育毛入学率达到50%。广州作为省会城市和一流大学高地，处于粤港澳大湾区、珠江三角洲等国家重大区域发展战略与海上丝绸之路倡议交汇区，广州城市经济的高速发展急需大批高层次人才和科技创新成果的支撑，这无疑为广州世界一流大学高地的形成提供了重要的战略契机。

广州“十三五”规划提出建立高端高质高新现代产业新体系，紧密对接国家制造2025、“互联网+”、大数据等，深入实施现代服务业与先进制造业“双轮驱动”战略。大学一直把具有“创意、创造和创业”三种创新能力作为人才培养目标，在创新人才的培养和广州未来发展的结合上，大学的作用巨大，广州世界一流大学高地的作用再次被强化。

根据《广州市建设国际科技产业创新中心三年行动计划(2018—2020年)》，2020年，广州的战略性新兴产业总量将突破1.5万亿元，形成5个超2 000亿级产业集群；全社会研究与试验发展投入强度达到3.0%，科技进步贡献率超过64%，每万人发明专利拥有量达30件以上，科技服务业实现收入1 200亿元，输出技术交易合同成交金额突破500亿元①。计划还明确，全面支持中山大学、华南理工大学、暨南大学、广州中医药大学、华南师范大学、广州大学、广州医科大学等高校开展世界一流大学和世界一流学科建设。同时加快广州科技教育城、华南理工大学广州国际校区建设，推动香港科技大学广州分校建设。通过计划，大力发展广州高等教育，推动广州世界一流大学高地形成。

广州统一规划大学和高新技术研发的布局，形成了广州大学城。广州大学城是华南地区最大的人才培养、科学研究、国际交流和产学研一体化发展的城市新区。广州大学城采取政府统筹、高校主体运行和社会力量参与的模式，连接大学、政府和企业，政府主要负责基础设施的建设和统筹大学城各校区的规划和建设，大学负责校区教学、科研和管理设施的建设，企业和社会其他组织负责服务体系的建设和投资。广州大学城以高教研发、科

① 广州市人民政府. 广州市建设国际科技产业创新中心三年行动计划(2018—2020年).

技服务、创新产业为主导功能，发展为国际科技产业孵化基地和全球科技人才创新创业基地。对接海上丝绸之路、“一带一路”倡议，广州世界一流大学要全面服务国家战略需求和城市区域发展，促进国际化建设。

（二）大学积极服务城市发展

广州作为广东省的省会城市，是广东高等教育的中心，拥有全省 50%以上的高校、60%以上的高校教师和 95%以上的研究生教育学生数。广东所有重点建设大学和绝大多数国家级重点学科、重点实验室都在广州。以中山大学和华南理工大学为代表的世界一流大学建设高校，为广州的发展提供了全方位的支撑和服务，成为广州城市发展的引擎和发动机。

中山大学聚焦学术前沿，引领科研创新，坚持“三个面向”，立足“三大建设”，不断提升科研创新能力，开拓科研发展新格局。在国际创新谷、精准医疗中心、超算与大数据研究平台、南海海洋科学研究平台、高端智库等国家级的重大科研平台等方面，全力推动了广州城市创新驱动转型。国家超级计算广州中心是世界上用户数量较多、系统利用率较高的超算中心之一，也是中国唯一入选“世界超算应用影响力五强”的超算中心。超高分辨率地球系统模式预报水平国际领先，分辨率高达 17 米，比国内外现有其他模式高两个数量级。2018 年，中山大学研制的国内单口径最大的激光角反射镜搭载嫦娥四号中继卫星“鹊桥”进入距地球 45 万千米的月球 L2 平动点 Halo 轨道，为超地月距离激光测距试验奠定了基础；2019 年 2 月建成的国内最先进激光测距台站，6 月实现国内迄今为止最高精度地月激光测距；天琴一号卫星转入正样研制阶段。中山大学宋尔卫教授团队发现了微环境中多种具有促癌功能的免疫和间质细胞新亚型及其促癌机制，分离鉴定了重要促癌细胞因子的受体；成果获 2015 年度国家自然科学二等奖，2008 年和 2018 年两度入选“中国高校十大科技进展”。

华南理工大学的学科布局始终与区域的支柱产业、创新产业紧密结合。学校坚持发挥自身强大的理工科优势，面向国际科学前沿，以国家重大需求为导向，创新科研组织形式，建设了一批包括国家重点实验室、国家工程（技术）研究中心等在内，与国家和广东现代产业发展及战略性新兴产业紧密结合的科技创新平台，开展国际前沿科学研究。2017 年，华南理工大学牵头联合华东理工大学、清华大学和浙江大学共同申请并获批国家自然科学基金“分子聚集发光”基础科学中心，前 5 年支持经费 2 亿元。基础科学中心项目资助周期采取“5+5”模式，实施 5 年后进行评估，通过评估后可再获得 2 亿元的经费支持。这是当时已经获批的项目中，仅有的两项以高校为牵头单位的项目之一，充分彰显了华南理工大学在重大基础研究方面的雄厚科研实力。

广州中医药大学传承岭南医学，构建一流健康服务体系，积极融入国家“健康中国”战略部署，不断挖掘与强化岭南医学优势特色，提升附属医院医疗综合服务能力，引领中医医疗健康事业发展。大学依托直属附属医院组建国家级岭南医学研究中心，传承 19 个学术流派，成立 80 余个名中医传承工作室，编撰《岭南中医药文库》《岭南温病学术源流研究》《岭南中医药特色教材》等学术著作，着力挖掘与拓展岭南医学内涵；强化广东中医药博物馆文化内涵建设，主创《悬壶岭南》大型纪录片，凝练岭南中医特色非遗项目，彰显岭南中医药文化精髓。

华南师范大学充分发挥物理学世界一流学科优势，对接国家和广东省创新驱动发展重大战略需求，服务广东建设制造强省和推动经济高质量发展，构建开放融合、协同发展的创新体系，深化与地方政府共建共享、合作双赢，打造“多元、融合、动态、持续”的新型研发机构和创新成果孵化平台，构建市场化的科技成果转移转化体系，服务区域经济社会发展。与肇庆市人民政府共建肇庆市华南师大光电产业研究院，发挥肇庆国家级高新区的区位、产业优势，探索“政、产、学、研”结合与科技成果转化新模式，被广东省科技厅认定为“广东省新型研发机构”。

(三) 华侨、港澳同胞捐资办学

广州是全国最大的侨乡，华侨和港澳同胞人口占广州户籍人口近 1/5。广大华侨和港澳同胞乐于送子女回国、回内地就学，同时又有捐资兴学、造福桑梓的优良传统，为广州教育事业的发展作出了巨大的贡献。同时大学积极为华侨服务，形成了良性的互动模式。暨南大学作为华侨最高学府，港澳台侨生以及海外留学生占在校生总人数的 40%左右，其中为香港培养的执业医生数占比在 10%以上，培养了澳门 50%的执业药师和 70%的医生。在总数为 1 400 位香港医务委员会执照医生中暨南大学毕业生占比超过 10%，其中有 22 位通过了英国皇家医学院的考试。暨南大学涌现了香港医务委员会执照委员会主席 84 届张汉明、香港医学会会董 84 届陈洁霜、香港韦尔斯亲王医院神经外科顾问医生 84 届朱献伦、香港养和医院呼吸科主任 89 届林冰、香港医学会国家事务委员会联席主席 91 届唐继升等一批医学杰出校友。

在澳门医疗卫生行业中，75%的从业者都毕业于暨南大学。澳门最大公立医院仁伯爵医院(山顶医院)中，2/3 的医生为暨南大学校友。澳门最大私立医院——镜湖医院超一半的医生也是暨南大学校友。澳门工会联合总会工人医疗所八成医生毕业于暨南大学，如澳门环保局局长办公室顾问 87 届水生生物学硕士李金平、澳门理工学院高等卫生学校课程部主任 09 届细胞与组织工程博士叶千红、澳门大学健康科学院讲师 09 届生物化学与分子生物学硕士王衡馨、澳门公共卫生化验所化学部主管 92 届食品化学郑晖等。

第三节 广州世界一流大学与城市协同发展

广州经济高速发展，是唯一与北京、上海等直辖市并列的非直辖市。广州在区域政治、经济等领域的发展上具备引领、辐射、集聚功能，是能够代表国家参与国际合作与竞争的主要城市。广州世界一流大学高地不仅为广州城市经济发展提供人才支持和智力支持，也以各种形式为经济发展提供多样化的社会服务。同时，广州为一流大学高地的发展提供了良好的物质基础，进一步促使高等教育质量、规模和效益的提高，城市和大学发展两者相依相生、相辅相成。

一、发展互动，城市携手大学共发展

《广州市城市总体规划(2017—2035年)》确定了广州城市目标愿景为“美丽宜居花城，活力全球城市”，国家重要中心城市，科技产业创新中心，广州市未来的发展方向将集中在人才导向高新经济方面。

广州拥有繁忙港口与机场，是我国“一带一路”倡议下的国际交通及物流枢纽。依托发达的交通优势，广州将极大提高贸易行业服务影响力。南沙新区被建设为国际港口的同时，也是国家级新区与广州唯一的城市副中心。全球500强公司中的85家已经落户南沙新区。南沙新区将建设成为现代制造基地，聚焦于航运业、物流业、金融业、国际贸易、高端制造与其他制造服务业。南沙新区在规划中为高等教育发展和新大学预留了储备用地。

中国经济发展已进入聚焦创新技术产业的新阶段，各大城市对高素质人才的争夺越发激烈。北京、上海、深圳、西安和南京等国内一二线城市已纷纷出台新的人才政策。无疑，政府决策者已经深刻意识到高素质人才，尤其是创新技术人才，是当今知识经济时代最热门的资源。广州聚集了不同类型的高等学府与大量在校本科生，拥有华南区最丰富的高素质人才资源。面对本轮人才争夺战，广州将出台更多政策吸引外来人才并留住本地高素质人才，从而加速自身创新技术产业的发展，同时，在广州的带动下，广州世界一流大学建设获得了发展的新动力。

二、科技创新，大学助力经济快升级

广州是珠三角国家自主创新示范区的龙头城市，是“‘中国制造2025’试点示范城市”，已形成汽车、石油化工、电子、电力热力生产供应、电气机械及器材制造、批发零售、金融、房地产、租赁和商务服务、交通运输10个千亿级产业集群，先进制造业增加值占规模以上制造业增加值比重65.6%。

广州世界一流大学高地建设为广州高新技术的发展提供了重要的支撑。2017年，广州新增高新技术企业4 000家以上，增量仅次于北京，总数超过8 700家。2017年，广州专利申请量11.833 2万件，同比增长33.3%，其中发明专利申请量3.694 1万件，同比增长29.5%；PCT国际专利申请量2 441件，同比增长48.7%；发明专利授权量9 345件，同比增长21.9%[①]。广州被联合国评为全球发展最快的超大城市，以广州为首的珠三角9市

① 南方网. 2017年广州净增高新技术企业4 000家[EB/OL]. http://economy.southcn.com/e/2018-02/28/content_180937116.htm, 2018-2/2019-11.

联手港澳打造的粤港澳大湾区，将成为世界四大湾区之一。

广州世界一流大学借助广州的经济优势，不断扩展和提升服务地方经济的能力。中山大学发展物理空间，总体办学经费和人才储量实现“倍增计划”，2017 年总体办学经费已达 75 亿元；科研项目到账经费从 2014 年的 10 亿元增长到 2017 年的 29 亿元，其中国家自然科学基金项目立项数位居全国高校第二，国家社科基金项目和教育部人文社科项目立项数位居全国高校第一；2015 年以来引进各类人才 3 311 人，其中 40%的高层次人才和青年学术精英直接从海外引进。“双一流”大学建设取得明显成效。

三、文化互动，传承和发扬岭南文化

广州是岭南区域的文化中心。在建筑、艺术、宗教、戏剧、音乐、文学、绘画、工艺、饮食、园林、风俗等各个文化领域，处处表现出悠久的历史渊源和鲜明的个性。

教育方面，东汉时期，广州议郎杨孚写出了我国第一部地区性的物产专著《异物志》，是广东最早著书立说的学者。南宋时期，珠三角成为岭南文学中心，南宋名臣崔与之与弟子李昴英在广州创立了岭南历史上第一个学术流派——菊坡学派。明代，湛若水在继承陈白沙学说的基础上，创立了“甘泉学派”，并在全国各地创办书院近 40 所，弟子多达数千人，遍布大江南北，成为理学的一大门派，促进了明代心学的发展与繁荣。清代，广州形成了以陈澧为代表的“东塾学派”。鸦片战争后，康有为在广州创办“万木草堂”，培养维新变法人才以变法强国，重要门生有梁启超、麦孟华、徐勤等；何子渊、丘逢甲等积极创办和推广新式学堂，培育了一大批思想进步锐意创新的社会精英，为辛亥革命积蓄了巨大能量。

绘画方面，岭南画坛从明清起有较大发展，人才辈出，20 世纪初，在广东产生了“岭南画派”，与京津派、海派三足鼎立，成为 20 世纪主宰中国画坛的三大画派之一。

此外，广东音乐与岭南画派、粤剧并称为“岭南三秀”，“三雕一彩一绣”是广州传统工艺美术的主要代表，岭南传统民居以及广州方言粤语，都是广州传统优秀文化的代表。

高校是中华优秀传统文化的主要传承基地。广州世界一流大学立足于岭南地域传统文化特色，发挥自身资源优势，充分发挥基地的平台和纽带作用，从课程建设、学生社团活动、科学研究等方面入手，利用世界一流大学的辐射带动作用，开展丰富多样的中华优秀传统文化普及与教育活动，继承和发扬了岭南文化。

第四节　广州世界一流大学高地建设的经验及启示

大学应承担起经济创新、技术创新的重任，有责任带动地方经济发展，衍生一批知识

型企业，推动区域经济发展[①]。广州世界一流大学高地的形成与发展，主要体现了地方政府和大学之间和谐共生的关系。

一、政府组织规划，精心谋划大学建设

早在2015年，广东省政府就组织召开高水平大学建设工作布置会，推进高水平大学建设工作。广东省政府将高水平大学建设作为一项重要战略任务来抓，主要通过深化改革，实现体制机制创新和超常规发展。引导高校注重培养高素质人才，把提升科研能力作为高水平大学建设的核心任务，按照竞争择优、动态考核、重点突破、带动全局的总体思路，建设一流学科和一流师资队伍，培养一流创新人才，催生一流科研成果，构建完整高效的科技成果转化体系。为此，省政府加大建设资金投入力度，提高高水平大学生均定额拨款标准，设立高水平大学建设专项资金，2015—2017年省财政安排50亿元，主要用于学科建设、科学研究、产学研合作、人才队伍建设、科研服务平台建设等，计划用5～10年时间，建成若干所具有较高水平和影响力的大学，培育一批在全国乃至全世界占有一席之地的特色重点学科，带动全省高等教育整体水平实现新的跨越，为新一轮改革发展提供强有力的人才保证、智力支持和科技支撑。

广州市政府还积极组织指导高水平大学建设工作，开展了高水平大学建设方案论证。暨南大学、华南师范大学等高校面向全国邀请"985工程"大学校长、院士、"千人计划"、长江学者、政府部门领导以及行业企业负责人，对学校建设规划、改革方案和各学科项目建设方案逐一论证。通过论证，大家建设高水平大学的思路更加清晰、目标更加明确，特别是对学校存在的问题和薄弱环节有了更加清醒的认识，对下一步推进高水平大学建设的任务和措施更加明确。

政府与高校签订《高水平大学建设目标管理责任书》，进一步明确各重点建设高校和重点学科建设项目在学科建设、队伍建设、人才培养、平台基地建设、科研创新与社会服务等方面的目标、任务、措施、资金筹措和使用计划等，并将其作为阶段性考核验收的依据。

二、加强支持力度，引导高校合理定位

2010年开始，广东省政府先后与教育部共同建设中山大学、华南理工大学，与教育部、国务院侨办共同建设暨南大学，有力地推动了共建高校向国内一流世界知名的高水平研究型大学转型。2018年，广东出台《高等教育"冲一流、补短板、强特色"提升计划实施方案》，2018年投入资金32.85亿元，计划到2020年，全省高等教育综合实力、核心竞争力和国际影响力大幅提高。同时，方案引导高校合理定位，8至10所高校进入全国百强。

① 张振助. 高等教育与区域互动发展研究——中国的实证分析及策略选择[J]. 教育发展研究，2003(9)：39－44.

加强对省属普通本科高校应用型人才培养指导和教学业绩的考核。研究制定《广东省普通本科高校教学业绩考核办法(试行)》,根据不同基础、不同类型本科学校的实际,提出教学业绩考核的具体办法,推动各高校准确定位,办出特色与水平,同时每年投入1亿元重点用于加强示范性高职院校建设。

加强对高校分类评估的指导。进行了新一轮新办本科院校教学工作评估和独立学院教学工作评估调研工作,研究制订"十二五"期间本科高校、高职院校评估规划。在全国率先按照新方案开展高职院校人才培养评估。协调和指导10所高校12个专业参加国家专业认证与评估。

三、调整学科结构,主动适应城市发展需要

广州根据城市发展需要,组织各高校开展学科专业结构和人才培养方案新一轮调整工作,以适应广州加快转变经济发展方式和构建现代产业体系的需要。为了引导大学学科发展契合地方经济社会发展,广东先后颁发了《关于高等学校贯彻落实珠江三角洲地区改革发展规划纲要的指导意见》《关于近期我省普通高校本、专科专业设置申报与备案工作的通知》等文件,积极引导有条件的高校增设战略性新兴产业等社会急需学科专业。

指导高校制订"十二五"学科专业建设规划。召开全省高校专业建设工作座谈会,引导各高校根据广东省经济社会发展和现代产业发展需要,进一步调整优化高校学科专业结构。

广州世界一流大学加强基础研究,追求一流的科学研究成果,真正成为知识型企业的动力源,支持企业发展。充分发挥研究型大学孵化器的功能,从高新技术产业化中的直接参与者向促进者和支持者转变。首先,重视学生科研工作,通过校企科研合作、教学合作,让学生熟悉创业环境,培养学生开放的思维方式,促使他们将最新的知识转变为创新产品,提高学生的科研水平和创新能力。其次,开展创业指导工作,加强创业教育,培养学生的创业精神。建立"人"与"才"相对分离的流动制度,通过柔性流动,教师走出校园积极创业,深入企业了解市场需求。第三,吸纳一批企业家进来,大胆更新高校教师结构,通过换血,培养一批两栖型人才,为促进高等教育与区域的良性互动提供人才保障。

本章小结

广州地理位置优越,商贸繁荣,国际交流频繁,文化氛围浓厚,有5所大学、19个学科入选国家"双一流"建设名单。在国家"双一流"建设背景下,广州以"争先进、当标兵、建高

地”为目标，加强高等教育内涵建设，增强高校服务创新驱动发展战略的能力，主动进行教育改革，对接粤港澳大湾区高等教育发展国家战略，推出了“冲一流、补短板、强特色”的政策。2018—2020 年三年内累计投入资金达 97 亿元，取得了巨大的成效，创造了城市和大学协同发展的典范。

第十五章
世界一流大学高地形成规律与未来发展

世界一流大学是国之重器，世界一流大学高地是强国基石。大学，尤其是世界一流大学是推动国家、区域科技进步和经济社会发展的重要力量，是知识创造的源泉和社会精英人才培养的摇篮。世界一流大学高地是政治、经济、文化“三位一体”发展的结晶，凝结着所在城市特有的价值观，同时也形成了差异化的发展模式和格局。根据“汤浅现象”，世界一流大学中心的转移带来世界高等教育中心的转移，引发新一轮世界科技中心的转移，进而带动世界经济中心、政治中心的转移。总结世界一流大学高地的形成与发展规律，有助于丰富对世界一流大学高地的本质认识与实践探索，深入推进我国“双一流”建设，形成若干中国世界一流大学高地，支撑我国实现“两个一百年”的奋斗目标。

第一节　世界一流大学高地的形成规律

任何新生事物的发展都离不开“天时、地利、人和”的发展契机。世界一流大学高地的形成，同样得益于“天时、地利、人和”的独特优势。依托地缘、政治、经济、文化、科技等诸多因素，世界一流大学的形成既有内在驱动力又有外部推动力，是一个内外动力相互耦合的过程。纵观美国、俄罗斯、英国、德国、法国、日本、中国等多国的世界一流大学高地建设，其形成历史虽各具特色，但也体现出以下主要发展规律。

一、抓住时代机遇，凝聚多方力量

从历史发展来看，世界一流大学高地的形成绝非偶然，而是诞生于国家、民族发展之需。抓住时代机遇，服务区域发展，创造社会价值是世界一流大学高地形成的重要基础。

第一，国际环境的变化、科技中心的转移为世界一流大学高地的崛起提供机遇。作为引领第一次工业革命的国家，英国的生物制药、电子和光学设备、人造纤维、金融服务等产业有着较强的市场竞争力，长期占据世界先进制造业和高端服务业强国地位。经济发展与产业需求在很大程度上促进了英国世界一流大学的发展。例如，早期伦敦的大学就是主要服务产业发展的基本需求，呈现出大学支持企业发展的状态。19 世纪 80 年代以后，随着产业升级，英国的大学发展逐渐转变到应用科学和技术研究方向，包括电气工程、天然气、工业染料等方面的高技术研究。1914 年，伦敦的大学还参与了农业和航空业的发展。

德国在第二次工业革命中迅速崛起，科研型大学成为德国基础研究突破式发展的制度基因，政府对教育的重视和工业革命的契机成为德国世界一流大学发展的重要驱动力。18 世纪的德国大学只是贵族提升文化艺术修养的场所，19 世纪初，洪堡提出“教学与科学研究相统一”的原则，从对大学科学研究的重视，到研究成果的迅速转化，催生了一大批世界一流大学，加快了德国世界一流大学高地的形成。

美国作为第三次工业革命的代表性国家，发明了电动机，在理论物理、电器电力、交通运输（汽车、飞机）、远程通信等领域领先于世界平均水平，并于第二次世界大战后在全球建立政治、军事、经济和科技霸权。同时，美国科学家突破了原子能的应用，发明了电子计算机，创造了信息技术、金融服务、石油化工、高科技军事工业、文化艺术等产业。美国大学发明成果的产权转移激励制度是维持竞争优势的重要制度基因，而经济与科技的发展则又反哺美国世界一流大学的发展。

当前，全球正处于以智能技术、生物技术、新材料技术、能源技术革命为特征的第四次工业革命和产业变革的关键时期。“互联网＋”和物联网深入各行各业，大数据时代的到来与人工智能技术的兴起，使得世界一流大学抓住时代机遇，勇立科技潮头。哈佛大学、麻省理工学院、斯坦福大学、牛津大学、剑桥大学、柏林大学、莫斯科大学、巴黎大学、东京大学、北京大学、清华大学等，率先开展了相关领域的科学研究，取得了一系列引领世界科技发展的成果。各大学对重大科技问题的攻关和高精尖关键技术的突破，不仅回应了时代发展需求和国家诉求，更凸显了国家的核心竞争力。

第二，重大突发事件加快世界一流大学建设的步伐。重大突发事件也会给部分世界一流大学高地的形成提供战略机遇。柏林自由大学的诞生就是第二次世界大战的催生品。1945 年，随着希特勒的彻底失败，德国及其首都柏林被苏联和英、法、美分割占领。柏林成了苏美冷战的聚焦点，原柏林大学划归东柏林，学生和学者为了追求学术自由，在西柏林成立了柏林自由大学，成了联邦德国学术的重镇。德国统一后，两所一流大学逐渐加强了相互之间的合作，并于 2003 年将两校的医学院合并成立了柏林夏瑞蒂医学院，极大地促进了柏林高等教育的发展和世界一流大学的建设。又如，19 世纪末 20 世纪初，取代英、法成为世界科学文化中心的德国，帝国心态膨胀，实施了“文化清洗运动”，迫使成千上万的犹太知识分子走上流亡美国之路，这为美国大学和科学的发展提供了一次千载难逢的机会。据不完全统计，几年间，到达美国的知识难民有 7 622 人，其中 1 090 名科学家，绝大部分是著名教授。从某种意义上讲，“流亡科学家”的到来对美国高等教育的发展起到了重要的推动作用，也为美国迅速成为世界科学中心提供了不可或缺的智力支持。

2020 年突如其来的新冠肺炎疫情作为一次全球重大公共卫生事件，对世界一流大学建设来说是一次大考。新冠肺炎疫情的发展，及其带来的世界格局的变化，必将对世界一流大学建设提出新的挑战。清华大学于 4 月 2 日成立“清华大学万科公共卫生与健康学院”，是清华大学面向全球发展大趋势和国家重大需求，建设国际一流水平的新型公共卫生与健康学科，培养未来引领国际公共健康事业发展的高层次人才迈出的重要一步。大学一方面要加强公共卫生与基础医学、临床医学、药学的协作研究，与互联网、大数据、人工智能、信息科学等非医学学科的交叉融合；另一方面应注重培育“医学＋X”“互联网＋”创新拔尖人才，完善人才培养的理念、策略、体系和模式，加快推进学科交叉融合创新，为健康中国建设培育高素质人才队伍和创新拔尖领军人才。

二、依托地缘优势，奠定文化底蕴

得天独厚的地理环境和历史悠久的文化积淀为世界一流大学高地的形成奠定了坚实的“地利”基础。

第一，优越的地理环境是世界一流大学高地形成的重要基础。自然环境是世界一流大学高地形成的一个前提条件，任何世界一流大学高地都不是凭空产生的，必须依托区域良好的地理条件。研究发现，世界一流大学高地形成于优越的自然环境和政治、经济、文化中心等。良好的地理环境不仅有利于人口的增长、经济的发展，而且有利于教育的发展与世界一流大学的建设。例如，位于美国东北部大西洋沿岸的纽约大湾区是美国工业化最早、城市化最高、经济最为发达的地区，核心区内波士顿、纽约、费城等城市产业结构呈现多元化和互补的格局，产业集聚带动高水平大学集聚，而地理邻近性有利于大学突破“知识的孤岛”，建立有利于知识流动、知识扩散、集体学习的制度文化体系和湾区创新体系。[1] 因此，依托地缘优势，纽约大湾区形成了以纽约和波士顿为轴线的大学集群，并促成了纽约世界一流大学高地和波士顿世界一流大学高地。此外，东京大湾区、旧金山大湾区、伦敦的泰晤士河、柏林的施普雷河、巴黎的塞纳河、莫斯科的莫斯科河、上海的黄浦江等也都有相似的情形。

第二，深厚的文化积淀为世界一流大学高地发展提供了充足的养分。文化在世界一流大学高地的形成过程中起着潜移默化的作用。从某个视角看，文化的作用甚至有超越自然环境、国家政策的影响与作用。世界一流大学高地作为文化植根的主体，通过“信息、知识、信任、习俗、规范、正式或非正式制度”[2]所构成的“无形文化网路”深深根植在区域

① 欧小军. 世界一流大湾区高水平大学集群发展研究——以纽约、旧金山、东京三大湾区为例[J]. 四川理工学院学报（社会科学版），2018，33(3)：83－100.
② 潘海生. 大学集群和谐发展的机制研究[D]. 天津大学，2008：38.

客体上。大学的办学理念深受其地域文化传统的影响。例如，洛杉矶开拓进取、勇于创新、讲求实效的城市性格与简明、开放、活泼的城市文化融于一体，潜移默化地影响着其区域内世界一流大学的发展，赋予了洛杉矶地区加州理工学院、加州大学洛杉矶分校等一流学府锐意进取的洛杉矶品质；伦敦区费边主义的兴起，推进了高等教育建设与产业发展的联系，促使伦敦区形成了大学的群落。费边主义"改良社会，追求平等和自由"的人文精神也影响着牛津大学、剑桥大学、伦敦大学等大学的使命担当。

北京作为拥有古老文明的千年古都，丰厚的文化积淀造就了以北京大学、清华大学为代表的世界一流大学，以及中国人民大学、北京理工大学、北京航空航天大学等一批高水平研究型大学，还有中国地质大学、中国石油大学、北京交通大学、北京电影学院、中国音乐学院、中央音乐学院、北京舞蹈学院等一大批行业特色高水平大学，为北京世界一流大学高地的诞生奠定基础。

三、政府宏观规划，经济支撑发展

国家的宏观规划对世界一流大学的定位和发展具有导向作用，经济基础是世界一流大学高地形成的重要支撑。虽然西方的大学多数强调"大学自治、学术自由"，但在世界一流大学发展中，政府的"宏观规划"起到了重要作用。

第一，世界一流大学高地是国家意志的集中体现。作为人才培养的高地，大学要以服务国家战略为使命，积极回应时代发展的需求。政府的统筹规划对于世界一流大学的建设以及世界一流大学高地的形成有着重要的意义。一方面，政府为大学发展提供充足的经费保障和政策支持；另一方面，政府对城市区域和大学作出合理规划，使全球各地的一流学生和学者集聚在一起，为大学长期保持世界一流大学的地位提供有力的支撑。

通过分析世界一流大学高地的发展史，我们能够清晰地看到大学的发展与政府的支持和统筹规划是密不可分的。以法国巴黎为例，20 世纪上半叶的两次世界大战让法国蒙受了巨大的损失，大学的发展更是一落千丈。为促进教育的复苏，法国政府先后制定了《郎之万-瓦隆教育改革方案》《高等教育方向指导法》，为后来的教育革命奠定了基础。进入 21 世纪，法国政府先后启动"未来投资计划"和"卓越大学计划"，并发布《高等教育与科研白皮书》，将教育、科学和技术机构等进行整合，打破了传统教学、科研和技术之间的藩篱，从根本上扭转了法国大学国际竞争力不强的现状。尤其是"卓越大学计划"，从整体上提高了法国世界一流大学的办学水平，实现了课程、师资、实验设备等教育资源共享，扩大了法国大学的国际影响力。

第二，经济发展成为世界一流大学高地建设的支柱。纵观全球世界一流大学高地的发展史，经济的快速发展是各城市区域世界一流大学高地的催化剂。近一个世纪，美国的世界一流大学在继承欧洲老牌名校发展理念的基础上，创新了大学的社会服务功能，形成了若干世界一流大学高地，支撑了美国的全球霸主地位。第二次世界大战期间，美国政府投入了大量的研发经费，支持高水平大学开展与军事有关的科学研究、武器研发，为这些大学吸引了世界各地的科技人才，建设了一大批科学研究装置，积累了大批的科技成果，在服务国家战略的同时，为世界一流大学的崛起奠定了坚实的科研和人力资源基础。当时的哈佛大学、麻省理工学院以及斯坦福大学等被委以重任，充当政府的智囊团和先进军事技术研发基地。统计发现，当时35%的哈佛大学教师服务于战争，战争的需要成为大学科研的风向标[①]。之后，随着“美苏争霸”的加剧，美国政府进一步加大了对科学技术的研发投入，促使美国的哈佛大学、耶鲁大学、斯坦福大学、麻省理工学院和加州理工大学等一批大学迅速成为令世界瞩目的、引导世界大学发展方向的世界一流大学。

校友经济作为大学发展的重要基础，为大学的发展奠定了物质条件。世界一流大学高地上诞生了诸多的政治家、科学家、教育家、企业家、学术家等，卓越的校友对于大学的各种有形或无形的回馈进一步强有力地推进了世界一流大学高地的建设。大学的科技成果转化也推动了城市的经济发展。新经济增长理论认为，知识和专业化的人力资本积累可以产生递增收益并使其他投入要素的收益递增，进而总的规模收益递增。知识和人力资本产生的溢出效应是区域实现持续发展所不可或缺的条件，世界一流大学高地成为推动区域经济发展的重要动力。产业变革刺激了区域内世界一流大学的建设与发展，使大学获得了大量政府或企业的经费支持，并通过科学技术成果转化促进了产业的发展和更新换代。有研究表明，英国给大学每投入1英镑，就会获得1.56英镑的增值回报，而伦敦的大学更能带来国内生产总值5%以上的涨幅[②]。

四、创新造就未来，知识引领发展

随着知识经济的发展，知识生产新模式的悄然变化，“模式II”“学术资本主义”“区域创新体系”等概念的出现进一步昭示着大学不仅要履行教学和研究职责，更为重要的是要有“亮剑”精神，致力于科学发现与技术创新，成为社会发展的引擎。

第一，创新是国家进步的灵魂，是一流大学发展的不竭动力和源泉。现代社会发展越来越依赖于科学技术创新。随着经济全球化和新型经济体崛起，城市逐步加大了对大学科技创新发展的支持力度，先后建立了符合时代发展和城市战略规划的创新体系。世界一流大学是科技创新的主力军，研究生教育在科技创新中的地位愈发重要。据不完全统计，我国各研究生培养单位中60%以上的基础研究、应用研究工作都是由在读研究生(主

---

① 刘月桃. 二十世纪七十、八十年代哈佛大学科研改革历程研究[D]. 华东师范大学，2010.

② 刘娟. 国际大都市构建学术之都的典范——伦敦高等教育发展特点及其对北京的启示[J]. 北京教育(高教版)，2005(2)：55.

要是博士生)参与完成的[①]。纵观全球世界一流大学高地的发展史可以发现,创新可以使大学在城市发展中的支撑力、引领力、贡献力更加突出,这种作用尤其表现在大学为城市发展提供更多高技术含量的智力成果方面。例如,以加州理工学院、加州大学洛杉矶分校、南加州大学三所高校为代表的洛杉矶世界一流大学科研成果显著,在学术探索和技术创造方面获得了一系列辉煌的成绩,其研究成果推动了人类关于世界、宇宙和人本身的认识的巨大飞跃,使洛杉矶地区成为世界科技创新中心。

第二,产学研深度融合是世界一流大学高地形成的重要驱动力。中共十九大报告提出要促进高校、科研院所、企业的深度融合,从“紧密结合”到“深度融合”。探索新时代、新形势下的产学研合作新机制是世界一流人学发展的重要举措和关键环节。美国旧金山世界一流大学高地通过创新创业孕育了符合大湾区协同创新的驱动机制、运行机制和保障机制,真正形成了学术界、产业界、政府三方跨越边界、交叉融合的三螺旋创新集群[②]。进而促进了大学集群和世界一流大学高地的形成。日本东京世界一流大学高地,根据产学研合作的不同特点,将产学研合作细化为产学合作和产研合作。德国的柏林,当地政府在强化产学研合作的基础上,注重发挥企业在合作中的主体作用,将政府过去单向支持大学和科研机构的政策,调整为重点支持产学研合作开展技术创新的新政策[③]。产学研深度融合有力地推动了科技资源的开放共享、科技产业的深入发展,极大地促进了校校合作、校企合作等多维度的合作。依托合作,世界一流大学获得了大量科研经费,增加了自身的经济实力,丰富、拓展了自身的资源配置与发展空间。更为重要的是,高地的学术生产力和创新能力在这一过程中得以充分彰显与释放,为高科技创新型城市的建设与发展提供了源源不断的创新动力与科技支撑。

纽约、波士顿、旧金山、伦敦、柏林、东京等能够成为全球范围内典型的世界一流大学高地,既归功于城市为大学提供良好的环境与资源支持,也离不开各所大学在追求卓越、服务区域方面的探索与贡献。国外世界一流大学高地的建设与发展,为我国世界一流大学高地的建设与发展提供了借鉴经验。

第二节　我国世界一流大学高地发展路径选择

纵观现代大学发展史,一所大学成长为世界一流大学既是大学自身努力的结果,也是国家之需、民族之需、时代之需。在知识经济不断发展、知识生产模式转型的今天,世界一

① 黄宝印,王顶明.继往开来,坚定自信,促进研究生教育高质量发展——纪念研究生教育恢复招生40周年[J].研究生教育研究,2019(1):3-7.

② 欧小军.世界一流大湾区高水平大学集群发展研究——以纽约、旧金山、东京三大湾区为例[J].四川理工学院学报(社会科学版),2018,33(3):83-100.

③ 张明喜.促进早前期投融资的德国经验及其启示[J].全球科技经济瞭望,2014(12):69-74.

流大学在国家和区域发展中的作用更加凸显。作为世界第二大经济体，我国在全球范围内的影响力正日渐增强。在国家各级政府集中优势资源，大力支持重点“双一流”高校建设背景下，我国世界一流大学高地的形成与发展将迎来一个千载难逢的战略机遇期，国家、省域和高校三方须共同努力、协同发展，为新时代中华民族的振兴贡献智慧和力量。

一、国家统筹战略规划，布局世界一流大学高地

世界一流大学高地的建设是一项宏大的系统工程，做好我国世界一流大学高地规划布局是关键，国家要统筹布局世界一流大学高地建设规划，从强国战略高度指导世界一流大学建设。

第一，服务国家战略，统筹规划布局。新时代，国家大力实施和推进科教兴国、人才强国、科技创新战略，必须把教育摆在优先发展的战略地位，把科技创新摆在国家发展全局的核心位置。国家战略布局对建设世界一流大学高地无疑是重大的机遇。因此，建设世界一流大学高地要立足面向世界科技前沿、面向经济主战场、面向国家重大需求、面向人民生命健康的指导思想，以解决核心科学技术领域“卡脖子”问题为主要目标，落实“率先实现科学技术的跨越发展，率先建成国家创新人才高地，率先建成国家高水平科技智库，率先建设国际一流科研机构”四项任务，不断提高大学创新能力，实现“两个一百年”发展目标，夯实发展基础。当前，以大数据、区块链、“互联网＋”、人工智能、纳米科技、生物技术、3D 打印、新能源等为代表的第四次工业革命正迅速到来，新技术、新知识层出不穷。科技进步已经成为当前推进我国经济和社会发展以及提高我国综合国力和国际竞争能力的关键因素。随着科技体制的改革，我国的科技事业得到了迅速的发展，一系列重大科技成果频频亮相，中国人的科技自信也一次次被点燃。但要在某些科技领域实现由“跟跑者”向“领跑者”的转变，我们仍需要在大学布局、科技发展、人才培养等方面加强统筹规划，提升精英人才培养规模和质量，服务国家战略发展需要。

第二，加强政策支持，打造世界高地。世界一流大学高地建设离不开国家的政策支持。国家各级政府要从强国战略出发，高度重视、科学规划世界一流大学建设，加大政策支持力度，主导全国世界一流大学高地建设。第二次世界大战后，日本在经济与技术方面大大落后于英国、法国、美国等国，但在 20 世纪 50 年代开始奇迹般崛起，曾一度成为世界第二大经济体，2010 年被中国赶超，现为世界第三大经济体。日本科技经济的崛起得益于国家对大学建设、科技创新和经济发展的支持。日本政府配套出台了一系列法律、制度，促进经济、科技、教育的发展，树立了科技发展和创新国家的核心地位，涌现出东京大学、庆应义塾大学、东京工业大学、千叶大学等大批世界一流大学。日本东京作为知识和人才的高地，汇集了不同专业的精英，加速了知识的传递和转化，在打造一流高端智库方面发挥了重要作用，使东京成为世界一流大学高地。为支持世界一流大学建设，英国于 2005 年发布《伦敦：知识型都城》，明确伦敦高等教育机构有为社会服务的义务，增加高等

教育附属的社会资本，提高高等教育在社会中的贡献度，实现为伦敦服务、为伦敦市民服务的社会职能。在国家政策驱动下，依托智库服务，牛津大学、伦敦政治经济学院、伦敦大学国王学院、伦敦大学教育学院等高校迅速崛起，不仅为伦敦“知识型都城”的形成提供了智力资源，而且助力伦敦成为世界一流大学高地。

二、省域抓住时代机遇，加快建设世界一流大学高地

一流城市孕育一流大学，一流大学成就一流城市。新时代，省级政府要充分认识到世界一流大学在经济社会发展中的重要作用，抓住时代机遇，建设世界一流大学高地。世界一流大学是城市最好的名片，大学对人才的集聚、科技的孵化、文化的传承、城市转型与发展起着关键作用；城市是世界一流大学产生和成长的沃土，城市对一流人才、一流技术、一流文化的追求，推动着世界一流大学高地建设的步伐。众多城市把大学的发展作为城市兴盛和提高国际竞争力的战略选择。面对新形势、新挑战、新任务，省域应深刻认识到教育强国与教育现代化赋予的新使命，紧抓时代机遇、顺势而上，发挥好高端引领和战略支撑的作用，通过深化体制机制创新，探索出一条中国特色的世界一流大学发展之路。

第一，提高站位，发挥世界一流大学的作用。加快推进世界一流大学和一流学科建设，提升我国高等教育综合实力和国际竞争力，是党中央、国务院作出的重大战略决策，是实现“两个一百年”奋斗目标和中国梦的重要支撑。大学作为推动区域发展的重要动力，成为未来行业精英、政治领袖、社会栋梁的人才储备地。在新的发展形势下，抓住时代机遇、建设世界一流大学高地，是城市打造政治、经济、文化中心的战略选择。为了加快世界一流大学建设，多数省市成立了“双一流”建设领导小组，相继发布了省内“双一流”建设方案、建设办法等一系列政策，为我国“双一流”建设提供了重要的资源支持。如广东省为加快“双一流”建设，实现高等教育内涵式发展，在整合高水平大学建设、省市共建本科高校、特色重点学科建设等系列高等教育重大工程的基础上，实施高等教育“冲一流、补短板、强特色”提升计划，分类推进“高水平大学建设计划”“粤东西北高校振兴计划”和“特色高校提升计划”。广东省的“冲、补、强”计划，引导高校科学定位，强化科教融合，打造一流学科，汇聚优质资源和力量在关键领域实现重点突破，推动高校在不同层次争创一流、特色发展，成为实施广东区域创新驱动发展战略的强力引擎。这些举措有利于广州市建设世界一流大学高地。

第二，聚焦定位，为建设世界一流大学高地提供良好的环境。“天时”“地利”“人和”三大要素对建设世界一流大学高地来说，缺一不可。纵观世界一流大学高地的发展史可以清晰地发现，世界一流大学无论是诞生于民族和国家发展之时，还是崛起于民族振兴和国家进步之际，都离不开良好的环境支撑。其次，根据国家战略布局，有希望发展成为世界一流大学高地的城市，均拥有优越的自然环境，且省政府高度重视高等教育的发展和“双一流”建设。如陕西省与西安交通大学联合共建的西部科技创新港项目，将现代田园城市

与国际著名大学“学镇”形态相结合，致力于建设“校区、园区、社区”三位一体的创新体，引领高校“双一流”建设。西部科技创新港的设立突破了大学新校区的概念，探索出21世纪城市与一流大学发展相融合的新模式、新形态，是西安市建设世界一流大学高地的一个方向。

国际世界一流大学高地的建设实践表明，其形成与发展离不开宜居的人文环境。随着人们对生活和生态环境重视程度的增加，区域生活的“宜居性”受到了广泛重视，伦敦、纽约等城市已经将宜居作为一项重要的发展目标纳入区域建设总体规划和世界一流大学建设之中。在我国的世界一流大学高地的建设过程中，城市区域内产业、人才以及资源的流动和共振，也对高地建设的宜居性提出了更高的要求。2015年12月召开的中央城市工作会议，把“宜居城市”提到了前所未有的战略高度，明确提出要提高“城市发展宜居性”，并把“建设和谐宜居城市”作为城市发展的主要目标，力求为世界一流大学的成长提供一个创新、开放的发展环境。打造“宜居”城市是为了能够培养更多的人才，加快世界一流大学高地建设。

三、高校提升创新与服务能力，创办高水平世界一流大学

2017年1月25日，教育部、财政部、国家发展改革委联合印发《统筹推进世界一流大学和一流学科建设实施办法（暂行）》，明确指出了“双一流”建设高校的遴选条件，其中，在科学研究方面，强调科研组织和科研机制必须健全，协同创新成效要显著；在社会服务方面，产学研要深度融合，科研成果转化绩效要突出，形成具有中国特色和世界影响的新型高端智库。中共十九大报告也指出，科技创新是引领发展的第一动力，是建设现代化经济体系的战略支撑。世界一流大学在推动社会智力发展中起着举足轻重的作用，理应承担起立德树人、科研创新和服务社会的责任。

第一，厘清发展思路，抓住时代机遇，夯实发展基础。新时代，科学技术发展之迅猛、国际环境变化之迅疾、经济社会变革之复杂给世界一流大学带来巨大的机遇与挑战。世界一流大学应明确发展定位，抓住时代机遇，搭建国家重大科学研究基础设施、国家高端智库，服务行业的创新平台和产学研融合平台，承担国家重大、重点项目，攻关世界科学难题，解决“卡脖子”技术，解决社会发展、经济建设中的关键问题，加快构建多学科领域交叉融合，基础研究、应用研究和产业部门协同发展的创新生态，把“科研密度”转化为“创新浓度”，努力成为学术新思想、科学新发现、技术新发明、产业新方向的重要策源地。新时代、新趋势、新格局背景下，世界一流大学对接国家战略与社会发展需求，夯实发展基础，切实为人工智能、生命科学、能源创新等新兴战略行业“领跑世界”提供智力和人才支撑。

第二，强化立德树人，注重内涵发展，追求卓越。世界一流大学高地的建设与发展在不同的国家和地区，有不同的发展方式和发展路径，我国世界一流大学高地建设应扎根中

国大地，遵循教育规律，坚持立德树人，科学谋划学科布局，实现内涵发展，推出一批“立足中国、影响世界”的学术成果，吸引和培养一批“热爱中国、贡献世界”的优秀人才。学科水平是衡量大学办学质量和水平的重要标志，以培育优势，强化特色，重点突破，带动整体为原则，凝心聚智全力打造特色学科，是世界一流大学和一流学科建设的重要路径。许多世界一流大学都凭借它们的特色学科闻名遐迩，如哈佛大学、芝加哥大学的人文社会科学学科，耶鲁大学的法学学科，加州理工学院、麻省理工学院的工学学科，剑桥大学、牛津大学、伦敦大学的教育学学科等①。

第三，以服务求支持，以贡献促发展，以引领提水平。世界一流大学对社会区域的服务是多元化的，体现在人才培养、科技发展、文化创新等各个方面。作为集知识生产、高新技术研发、科技成果转化等多功能于一体的机构，世界一流大学应加强社会服务，为国家和城市区域发展贡献力量，进而促进自身的发展。例如，美国纽约庞大的顶尖艺术院校体系，为文化产业的发展提供了重要的人才支持，成就了纽约文化产业成熟的市场，众多世界一流大学的图书馆、博物馆则是纽约文化工作者的“能量补给站”。通过服务区域文化产业发展，纽约世界一流大学的人才培养能力和创新能力不断提升。又如，斯坦福大学与美国硅谷同生共赢的发展模式，大大提高了斯坦福大学和硅谷的国际知名度与影响力，同时引领世界高等教育的发展方向，全球各地纷纷借鉴斯坦福大学-硅谷协同发展模式，创办高科技园区，加快世界一流大学高地建设的步伐。

第四，坚持国际视野，加强国际交流，提升国际影响力。国际交流与合作是大学跻身全球一流大学行列和阵营的敲门砖。建设世界一流大学高地要坚持全球视野、国际水平，对标国际一流。世界一流大学的国际交流与合作，要从国家发展战略出发，担当全球科学发展、文化交流、经济合作、战略协同的大使。一方面加强与世界一流大学和国际组织的实质性合作，开展高水平人才联合培养和科学联合攻关。面向国家发展战略需求与高等教育发展的重大变革，开展国际交流与合作。例如，清华大学制定并实施《全球战略》，积极统筹海内外布局，与深圳市合作共建深圳国际研究生院，与华盛顿大学和微软公司合作在美国西雅图建立全球创新学院，与丰田公司成立清华大学-丰田汽车联合研究院，拓展优质国际化办学资源，构建起庞大的关系网和科研基地。另一方面，加强国际协同创新，积极参与或牵头组织国际与区域性重大科学计划和科学工程。例如，西安交通大学主动服务国家战略，发起成立“丝绸之路大学联盟”，以弘扬“和平合作、开放包容、互学互鉴、互利共赢”的精神为宗旨，以首倡“丝绸之路学术带”为内涵，推动丝绸之路沿线国家和地区大学之间的深度合作与交流。截至 2018 年底，已有 38 个国家和地区的 151 所高校成为“丝绸之路大学联盟”成员，形成了遍布世界五大洲的高等教育合作平台，开展多元交流合作。

① 吴朝晖. “双一流”建设的三重协奏曲[J]. 中国高等教育，2019(Z1)：37－39.

第三节　我国世界一流大学高地展望

对标国际一流，我们要清醒地认识到我国大学与世界一流大学之间的差距，压实世界一流大学高地建设的重任；展望未来，我国应面向“一轴两翼”，国家、省域、高校三方共同发力，建设中国世界一流大学高地。

一、增强战略定力，规划全国布局

从全球看，科技进步日新月异，世界经济结构深度调整，主要国家纷纷抢占未来科技发展制高点，这既给我们带来了难得的机遇，也带来了严峻挑战。从国家定位看，我国是发展中国家，仍处于发展的重要战略机遇期，现代化、城镇化继续加快，经济发展仍然向好，综合国力持续增强。目前我国已有“两个一百年”奋斗目标和“两个十五年”战略安排的时间布局，世界一流大学建设还需要进一步完善战略空间布局。

第一，奠定新时代“一轴两翼”国家空间总体布局。当今世界正经历百年未有之大变局。习近平总书记指出，今天党和国家事业发展对高等教育的需要，对科学知识和优秀人才的需要，比以往任何时候都更为迫切。加快建设世界经济强国、科技强国、人才强国、文化强国，必须有实力强劲的高等教育体系，有引领科技发展方向的世界一流大学。因此，世界一流大学建设要融入国家战略，服务国家战略，世界一流大学高地建设要对接国家战略空间布局，合理统筹规划。新时代，我国“一轴两翼”国家战略的空间布局已经总体奠定。所谓“一轴”，就是由长江经济带和长三角区域一体化发展所构成的横贯中国东西的经济龙脉。所谓“两翼”，北面是京津冀协同发展，南面则是粤港澳大湾区建设和海南全岛的自由贸易港建设。全方位、多层次、立体化的空间布局，为新时代的新发展奠定了重要基础。

第二，长江经济带打造“一轴两翼三极多点”新格局，引领中国发展新航向。在“一轴两翼”战略总体布局的基础上，国家确立了长江经济带“一轴、两翼、三极、多点”发展新格局。“一轴”是指以长江黄金水道为依托，发挥上海、武汉、重庆的核心作用，以沿江主要城镇为节点，构建沿江绿色发展轴。统筹推进综合立体交通走廊建设、产业和城镇布局优化、对内对外开放合作，引导人口经济要素向资源环境承载能力较强的地区集聚，实现上中下游协调发展。“两翼”是指发挥长江主轴线的辐射带动作用，向南北两侧腹地延伸拓展，提升南北两翼支撑力。南翼以沪瑞运输通道为依托，北翼以沪蓉运输通道为依托，促进城市区域互联互通，增强省会城市、重要节点城市人口和产业集聚能力，夯实长江经济带的发展基础。“三极”是指以长江三角洲城市群、长江中游城市群、成渝城市群为主体，发挥辐射带动作用，打造长江经济带三大增长极。长江三角洲城市群充分发挥上海国际大都市龙头作用，提升南京、杭州等都市区国际化水平；长江中游城市群增强武汉、长沙、南昌中心城市功能，促进三个城市之间的资源优势互补、产业分工协作、城市互动合作；成渝城市群提升重庆、成都中心城市功能和国际化水平，发挥双引擎带动与支撑作用，推进资源整合与一体发展。“多点”是指发挥三大城市群以外地级城市的支撑作用，以资源环境承载力为基础，发展优势产业，建设特色城市，加强与中心城市的经济联系与互动，带动地区经济发展。

第三，黄河生态经济带“两群一圈”进入规划，放大战略叠加效应。黄河流域生态保护和高质量发展是以习近平同志为核心的党中央，从中华民族伟大复兴和持续发展的千秋大计这一战略高度谋划的重大国家战略。构建“两群一圈”黄河生态经济带，可以放大国家战略的叠加效应。“两群”是指兰西城市群、山东半岛城市群，兰西城市群位于甘肃省和青海省两省交界处，山东半岛城市群作为黄河流域经济实力最强的城市群，明确为国家龙头，将发挥出黄河流域带头大哥的引领作用。“一圈”是指黄河“几”字弯都市圈，黄河在流经宁夏、内蒙古、陕西和山西四省区时，形成了一个“几”字形的弯道，区域内很多城市经济不错，通过构建黄河“几”字弯都市圈，加强彼此的交流和合作，促进区域经济协调发展。黄河生态经济带战略明确强化西安大都市、郑州大都市两大国家中心城市的带动作用，发挥其在区域经济发展中领头羊的作用，建设高新技术、人工智能、大数据、智慧交通、文化创意、高新农业等特色科创孵化园区，集中布局专业化高校园区和大学科技园，吸引国内外一流大学设立新校区、分校或特色学院，集聚国内外一流研发机构和孵化器，创建国家创新创业基地，进而引领区域经济协调发展。

紧跟国家整体布局和区域发展趋势，我国应合理布局建设一批世界一流大学高地，将其上升到国家战略；对接国家“一轴两翼”总体空间规划、长江经济带和黄河经济带发展新格局，选择长江流域、珠江流域、京津冀以及西部一批城市区域建设世界一流大学高地。

二、对标世界一流，建设一流大学高地

在经济全球化、政治多极化、文化多元化、我国高等教育普及化的背景下，建设世界一流大学高地是必然趋势。在借鉴国外世界一流大学高地形成经验的基础上，紧追世界一流大学高地建设的先进潮流，需进一步挖掘我国部分城市建设世界一流大学高地的潜力。

“双一流”建设背景下，北京、上海、南京、成都等城市依托地缘优势、经济水平和文化底蕴，已经成为世界一流大学的聚集地。从对国家战略支撑度、对区域经济社会发展贡献度以及对现代大学建设的引领度看，这些城市区域的世界一流大学建设高校和一流学科建设高校发挥着不可替代的作用，正在形成世界一流大学高地。我国部分城市区域发展情况如表 15-1 所示。

表 15-1　我国部分城市区域发展情况汇总表

项　目	北京	上海	南京	成都	武汉	西安	广州	天津
“双一流”建设高校数量	34	14	12	8	7	6	5	5
2019 上半年中国城市 GDP 排名情况	2	1	11	8	9	22	4	5
2018 中国城市创新竞争力排名	1	2	13	16	10	8	5	4
2020 年全球城市人才竞争力指数排名	35	32	75	109	100	106	97	102
2018 中国城市科技创新发展指数排名①	1	3	5	14	6	10	4	8
2019 全球城市指数报告：全球城市潜力排名	39	51	57	73	63	61	65	60

(一) 顺应“天时”:“双一流”战略布局是建设世界一流大学高地的基础

2017 年 9 月 21 日，教育部、财政部、国家发展改革委联合发布《关于公布世界一流大学和一流学科建设高校及建设学科名单的通知》，正式公布“‘双一流’建设高校名单”和“‘双一流’建设学科名单”。在新时代背景下，国家“双一流”战略为高等教育发展提供了重要的机遇。“双一流”建设高校数量在很大程度上反映了城市区域的高等教育规模、办学水平，以及建设世界一流大学高地的潜力。从全国各省市“双一流”建设高校分布情况来看，主要集中在一线城市、沿海、沿江等经济较为发达区域，其中北京最多，达到 34 所；其次是上海、南京，分别有 14 所、12 所；成都、武汉、西安、广州等城市的“双一流”建设高校也在 5 所以上，这些高校成功抓住了我国高等教育发展的新一轮机遇。基于国家“双一流”的战略布局，北京、上海、南京、成都、武汉等城市有希望建成世界一流大学高地。

(二) 得益“地利”: 城市区域优势是建设世界一流大学高地的关键

世界一流大学高地的形成离不开城市区域优越的自然环境和区域条件。北京、上海、南京、成都、武汉等城市作为国家中心城市和战略交会点，拥有优越的自然环境和便利的交通网。除了自然条件，这些城市区域的经济条件与优势也是世界一流大学集聚的重要因素。从 2019 年上半年我国城市 GDP 的排行情况来看，上海、北京领跑全国，广州、天津紧随其后，分别位居第四、第五，成都、武汉等城市均进入前十，经济的飞速发展为世界一流大学的发展提供了资金支持；另一方面，经济的增长、区域发展战略的需求，促使这些城市区域形成了独特的经济区或新经济发展模式，在很大程度上支撑了高校的人才培养和科研发展。例如，北京的“中关村”、武汉的“硅谷”、天津的“空港”，助力高校人才培养和科研工作的开展，促进世界一流大学高地的形成。

① 关成华，赵峥. 中国城市科技创新发展报告 2018[M]. 北京：科学出版社，2019：13.

（三）响应“人和”：创新人才是建设世界一流大学高地的重要支撑

人才队伍建设，尤其是创新人才培养是世界一流大学建设的重要使命和任务，因此，城市区域要想建成世界一流大学高地，必须加强科技创新体系建设和创新人才培养。城市科技创新力是世界一流大学布局考虑的重要因素。从科技创新角度来看，根据《中国城市创新竞争力发展报告(2018)》，北京、上海、南京、成都、武汉等城市科技发展力指数排名均列于前 20，反映了这些城市区域的科技创新能力，另一方面也体现出这些城市在创新投入、创新人才培养、创新成果产出等方面优势明显。从 2020 年全球城市人才竞争力指数排名看，北京、上海、南京、成都、武汉等城市上榜且有较好的表现，说明这些城市在人才培养、吸引、留存等方面表现突出，有较强的全球人才竞争力。

一个城市的国际竞争力强弱，既同本国的人才培养、储备和利用有关，也同其能否吸引海外高端人才密切相关。2018 年《中国海归人才吸引力》报告显示，以北京、上海、广州、成都等为代表的一线城市对海归人才的吸引力逐年上升，另一方面，这些城市通过设立留学生创业园区，提供资金扶持、创业指导以及完善相关配套设施、提供生活补贴等政策，吸引了世界各地的顶尖人才来华就业。

《全球城市潜力排名》基于居民幸福感、经济状况、创新、治理四个维度的 13 个重点指标对城市未来潜力进行综合排名。总体来看，北京、上海、南京、成都等城市区域已经具备了建设世界一流大学高地的土壤和环境。可以预期，我国世界一流大学高地将在这些城市加快落地。

三、北京世界一流大学高地雏形呈现

北京是我国的首都，是全国的政治中心、文化中心、科技创新中心。作为全国高等教育中心，北京集聚了一大批高水平大学，若干所大学已进入世界一流大学行列，北京世界一流大学高地正在形成。

第一，北京是全球高等教育资源最丰富的城市。首先，从全球看，中、美、英、法、德、日、俄 7 个国家的 13 个世界一流大学高地拥有 74 所世界一流大学，其中北京世界一流大学达到 8 所，与纽约、波士顿、东京同居首位。北京、纽约、波士顿、东京等高地的世界一流大学概况如表 15－2 所示。

表 15－2 世界一流大学高地大学遴选表

地区	院校名称	学校排名(2019)			
		QS	*THE*	*U.S. News*	ARWU
北京	清华大学	17	22	50	43
	北京大学	30	31	68	53
	北京师范大学	292	301～500	330	201～300

续　表

地　区	院 校 名 称	学校排名(2019)			
		QS	*THE*	*U. S. News*	ARWU
北　京	北京航空航天大学	491	501	413	201～300
	北京理工大学	464	601	452	301～400
	中国农业大学	651	601	497	301～400
	中国人民大学	521	501	621	701～800
	中央民族大学	—	—	—	—
纽　约	哥伦比亚大学	16	16	8	8
	康奈尔大学	14	19	23	12
	纽约大学	43	27	28	32
	洛克菲勒大学	—	—	66	30
	西奈山医学院	—	—	75	101～150
	叶史瓦大学	—	—	245	301～400
	纽约州立大学奥尔巴尼分校	—	401～500	—	401～500
	茱莉亚学院	—	—	—	—
波士顿	哈佛大学	3	6	1	1
	麻省理工学院	1	4	2	4
	波士顿大学	93	74	46	76
	塔夫茨大学	237	152	179	151～200
	马萨诸塞大学安姆斯特分校	259	201～250	119	151～200
	东北大学	326	184	202	201～300
	布兰迪斯大学	429	201～250	251	301～400
	波士顿学院	376	301～350	468	401～500
东　京	东京大学	23	42	62	25
	东京工业大学	58	251～300	289	101～150
	庆应义塾大学	198	601～800	489	301～400
	早稻田大学	208	601～800	388	501～600
	东京医科齿科大学	352	401～500	663	601～700
	千叶大学	464	601～800	667	401～500
	东京都立大学	651～700	401～500	507	901～1 000
	东京理科大学	751～800	801～1 000	837	401～500

除了众多的世界一流大学集聚于此外，各行业大学的“领头羊”大学也几乎都在北京。北京地区既有实力雄厚、领先全国的综合研究型大学，又有行业背景显著、学科特色突出的行业特色型高水平大学，这些大学集聚在北京地区，使北京成为全球高校类型最丰富、高等教育资源最集中的城市。

第二，北京是“双一流”建设高校最集中的城市。2017 年 9 月 21 日，教育部、财政部、国家发展改革委印发《关于公布世界一流大学和一流学科建设高校及建设学科名单的通知》，北京成为全国拥有“双一流”建设高校数量最多的地区，达到 34 所，占到了全国“双一流”建设高校总数的 24%。其中，在 42 所世界一流大学建设高校中，北京共有清华大学、北京大学、中国人民大学等 8 所院校入选，占到全国建设高校总数的 19%；在 95 所世界一流学科建设高校中，北京共有 29 所高校入选；在 465 个一流学科中，北京拥有 162 个，占比高达 35%。也就是说，全国近 1/4 的“双一流”建设高校在北京，“双一流”建设学科 1/3 以上在北京，一大批高水平一流大学和一流学科在国家政策支持下提质增速发展。图 15－1 展示了全国“双一流”建设高校分布情况。

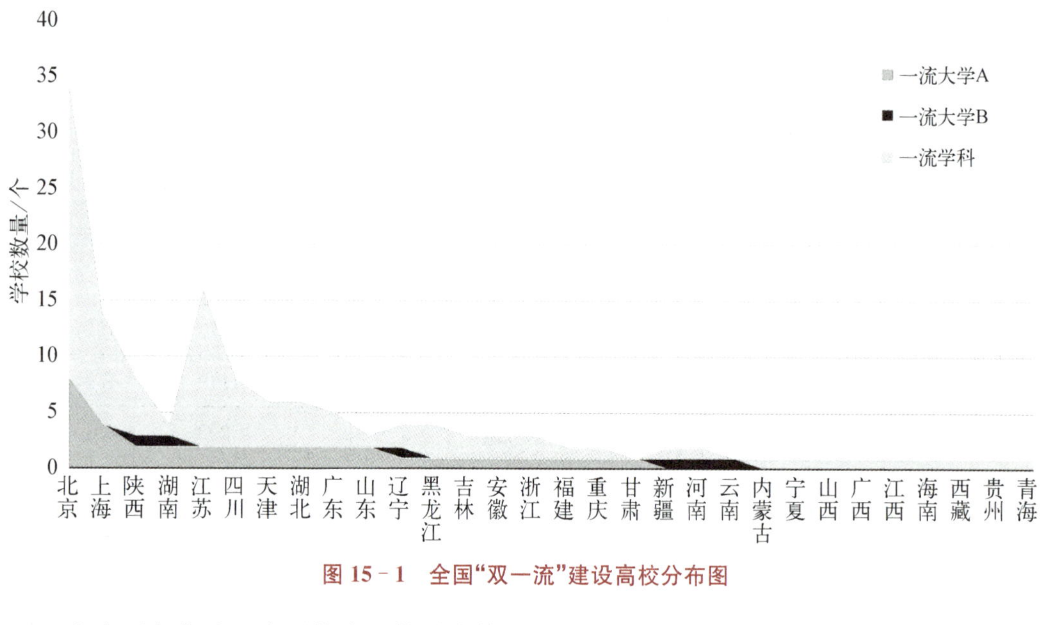

图 15－1　全国“双一流”建设高校分布图

北京不仅集聚了中国较多的优质高等教育资源，在世界高等教育竞争中也具有较强的竞争力。在 *THE*、*U. S. News*、ARWU 以及 QS 发布的世界大学排行榜中，北京高校表现突出。其中，清华大学、北京大学在几个排行榜中均位居全球前 50 名左右，北京航空航天大学、北京师范大学等高校也在前 500 名中。表 15－3 展示了进入四大排行榜之一或全部前 500 名的北京高校。

第三，北京是我国人力资源最集中的地区。优越的地理位置、良好的地缘优势、高水平的一流大学，吸引了一大批人才在北京纷纷落户，汇聚了全国一流的精英人才。这些人才无疑为北京市的建设和发展、北京世界一流大学高地的形成提供了强大的智力支持。

表 15-3 进入世界大学排行榜前列的北京高校

学校名称	*THE*	*U.S.News*	ARWU	QS
清华大学	22	50	45	17
北京大学	31	68	57	30
北京师范大学	301～350	300～500	203	292
北京航空航天大学	504	300～500	202	400～500
中国农业大学	601～800	300～500	300～500	400～500
北京理工大学	601～800	300～500	300～500	400～500

北京城市区域师资力量雄厚，专业教师数超过 7 万人，其中正高职称 2 万人以上，占比达 29%，北京市专业教师中正高职称占比在全国居于首位，这在很大程度上反映了北京城市区域的教师水平以及师资力量。作为大学的主体组成部分和科研活动的重要参与人，研究生在世界一流大学发展过程中发挥着不可替代的作用，研究生数量在很大程度上代表了大学的办学水平。截至 2018 年底，北京市在校研究生数超过 38 万人，占全国在校研究生数的 14.2%，领先其他地区；其中博士生达到 10 万人，居全国首位。全国各地区专任教师和正高职称教师数量分布情况如图 15-2 所示。全国在校研究生数量分布情况如图 15-3 所示。

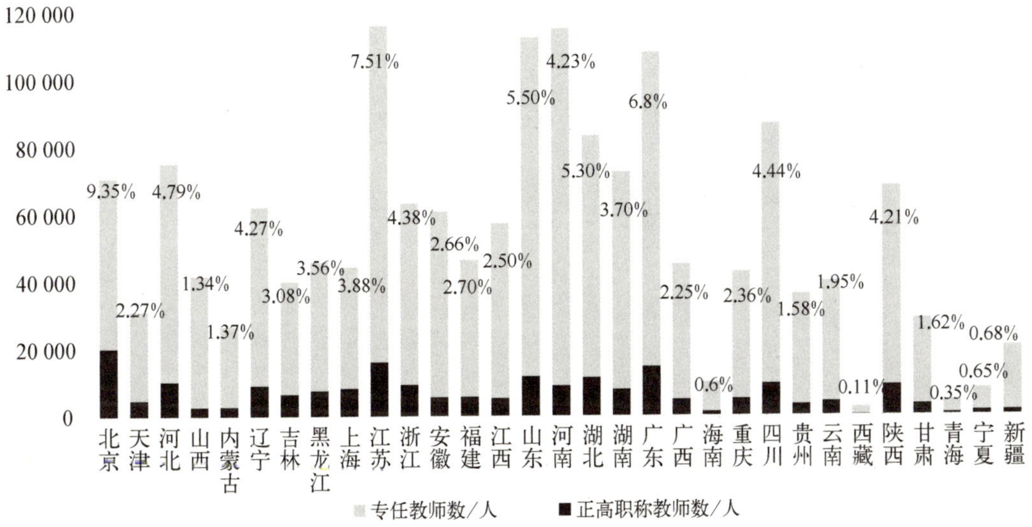

图 15-2 全国各地区专任教师和正高职称教师分布图

两院院士代表着中国科学技术的最高水平和各领域的最高研究水平，作为国之栋梁，院士对推动高等教育的发展和社会科技的进步具有重要的作用。截至 2019 年底，中国工程院院士达 912 人，中国科学院院士达 829 人。北京是拥有中国工程院院士和中国科学院院士最多的城市，其中中国工程院院士 429 人，中国科学院院士 418 人，这在很大程度

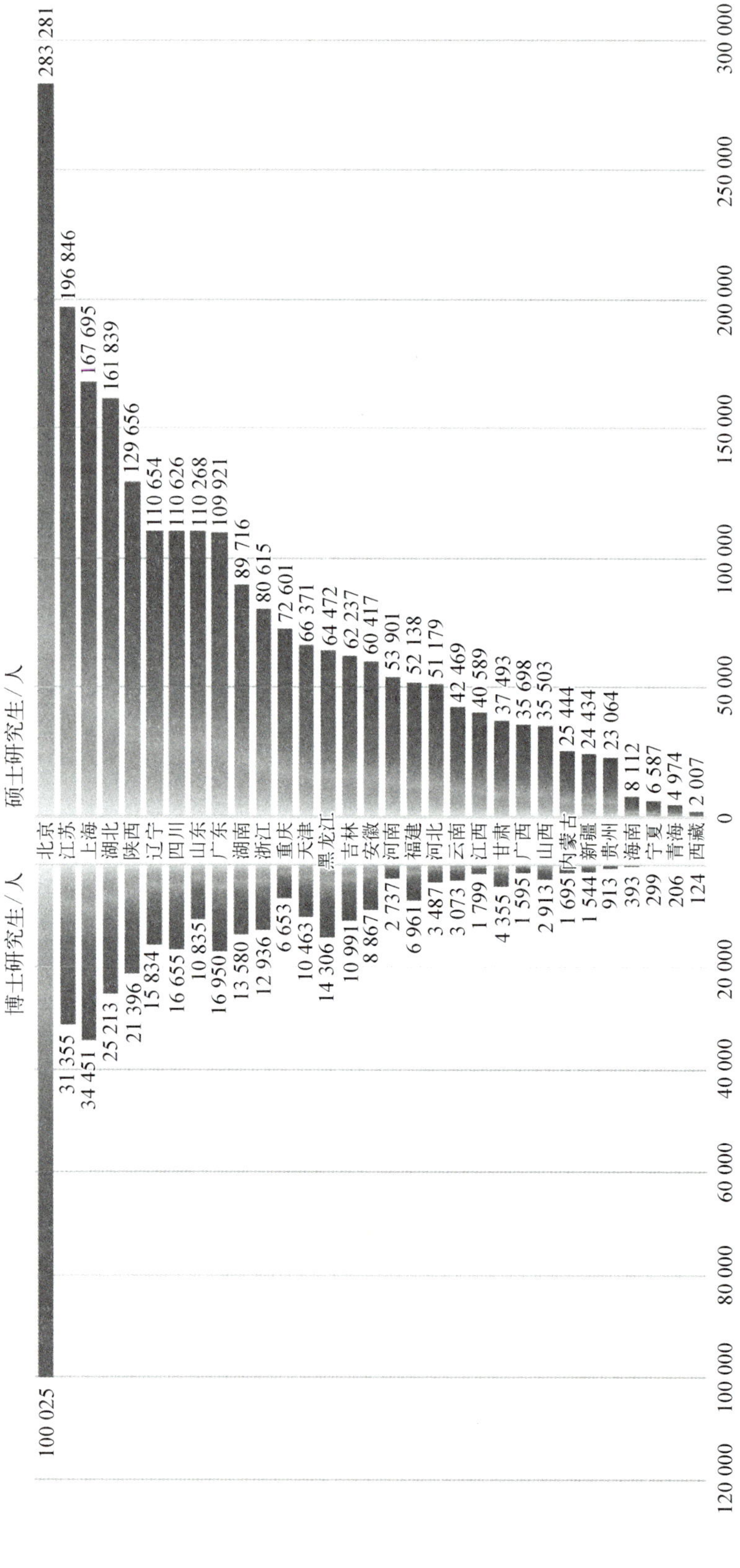

图 15-3 全国在校研究生数量分布图

上反映了北京高端人才集聚，是名副其实的人才高地。全国两院院士分布情况如图 15－4 所示。

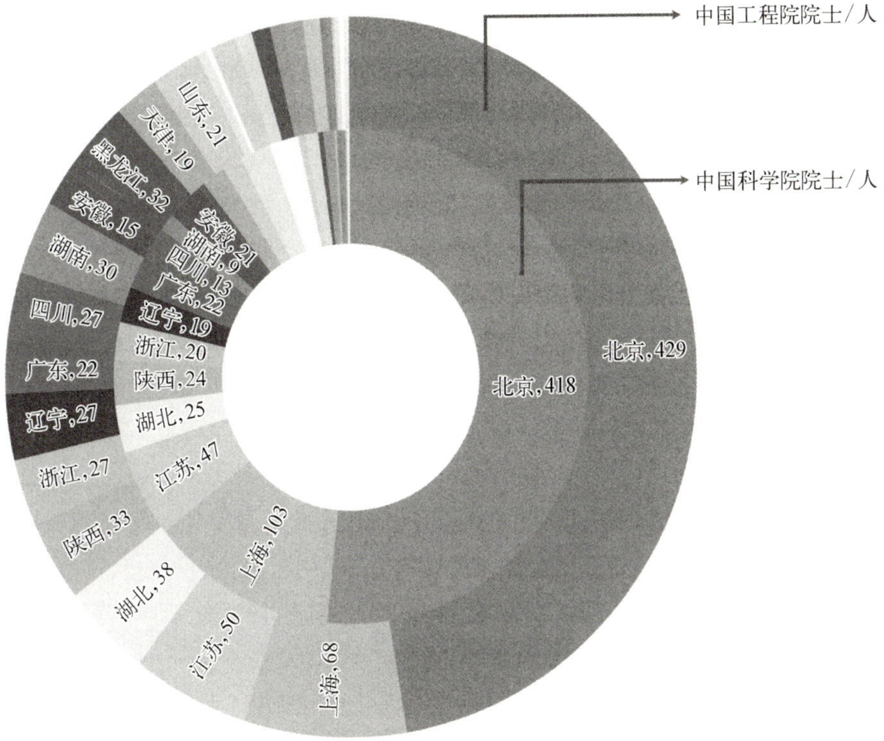

图 15－4　全国两院院士分布图

北京市高端人才集聚，为北京城市区域和大学发展提供了有力支撑。2018 年，北京全社会研发人员投入规模持续加大，研发人员达到 39.7 万人，与 2013 年北京第三次全国经济普查相比增长 18.8%；按工作时间计算的研发人员折合全时当量为 26.7 万人年，较 2013 年增长 10.4%。高端人才优势突出。具有硕士及以上学历的研发人员占比达 40.9%，其中，高等院校硕士及以上学历研发人员占比为 72.9%，较 2013 年提高 6.1 个百分点；科研机构硕士及以上学历研发人员占比为 66.8%，较 2013 年提高 7.7 个百分点①。

第四，北京是全国科技创新中心。北京科技资源集中，研发实力强大，通过"科技北京"、中关村国家自主创新示范区建设等一系列规划、战略的实施，北京已经成为我国的科技创新中心。从科技投入看，2018 年，北京市共投入研发经费 1 870.8 亿元，比 2013 年增长 57.9%，经费投入强度为 5.65%（研发经费与地区生产总值之比），稳居全国 31 个省区市首位。各地区研发经费投入情况如图 15－5 所示。

① 北京市统计局[EB/OL]. [2020－04－24]. http://tjj.beijing.gov.cn/tjsj_31433/sjjd_31444/202004/t20200424_1881125.html.

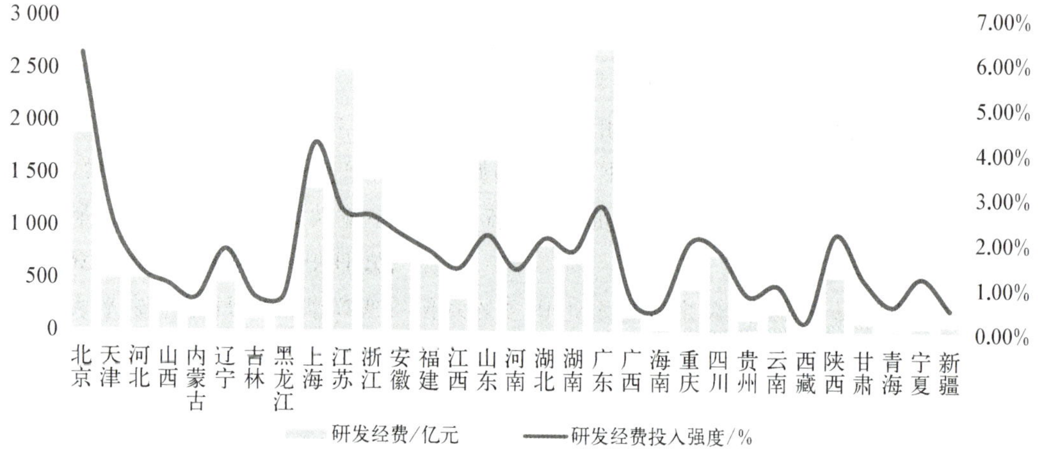

图 15-5 各地区研发经费投入

从创新资源看，北京有丰富的科技研发平台。北京有国家重点学科 208 个，居全国首位。其中国家一级重点学科 87 个，占全国一级重点学科总数的 30%；国家二级重点学科 121 个，占全国二级重点学科总数的 18%。各地区国家重点学科分布情况如图 15-6 所示。北京拥有中科院、农科院、社科院等 1 000 多家科研院所；北京“双创”示范基地达 20 个，占全国总数的 1/6；根据科技部发布的《2016 年国家重点实验室年度报告》，截至 2016 年底，全国正在运行的国家重点实验室共有 254 个，其中北京有国家重点实验室 79 个，占比 31%以上，具体分布情况如图 15-7 所示。

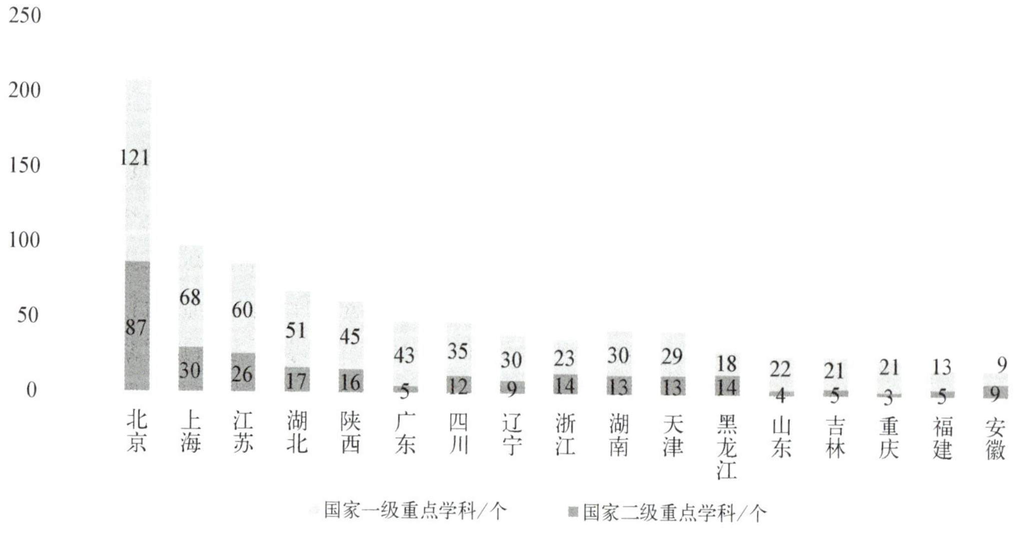

图 15-6 国家重点学科分布图

从创新活力来看，北京是当之无愧的全球创新创业非常活跃的城市之一，北京每天新产生约 200 家创新型企业，创业投资金额和数量都占全国的 30%左右。在全球的城市

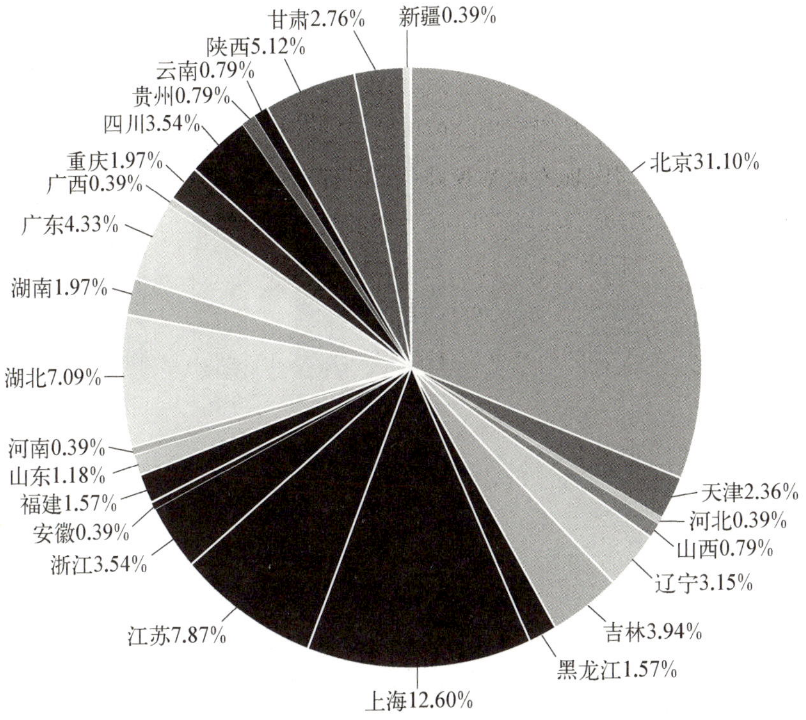

图 15－7　国家重点实验室分布图

中，北京科技创新的风险投资仅次于硅谷。在 2019 年全球独角兽榜单中，北京有 82 家企业入选，占全国近一半①。在一些优势创新领域，北京特色就更加明显，比如在人工智能领域，全国 60％的人工智能人才聚集在北京，全球人工智能企业 100 强中，中国有 6 家，其中北京有 5 家。从科技平台看，目前中关村已经聚集以联想、百度为代表的高新技术企业近 2 万家，形成了以电子信息、生物医药、能源环保、新材料为代表，以研发和服务为主要形态的高新技术产业集群。“三城一区”成为北京建设全国科技创新中心的主平台，以不足北京市 4％的土地面积吸引了全市 50％以上的研发投入和科技人才，实现了全市 60％以上的发明专利。中关村的高科技创新环境、“三城一区”联动发展为北京地区高校开展产学研合作、培养高科技人才提供了有利条件。

第五，北京是我国经济综合实力较强的地区。首都经济发达，为大学发展提供了丰厚的社会资源和资金投入。2018 年，北京市全年实现地区生产总值 30 320 亿元，全市人均地区生产总值为 14 万元，迈进了高收入地区水平。从 2011—2018 年北京 GDP 走势看(图 15－8)，北京市 GDP 一直处于稳步增长的态势，经济的稳定既可以为北京城市区域和世界一流大学的发展提供良好的社会经济环境，又可以为其提供稳定的资金支持。

① CB Insights：2019 年全球独角兽企业名单[EB/OL]．[2019－03－20]．http：//www.199it.com/archives/848777.html.

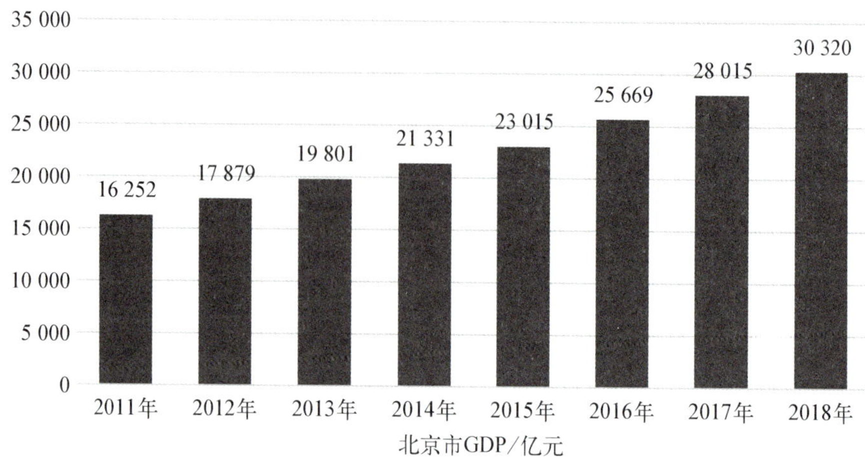

图 15-8 2011—2018 年北京 GDP 走势

2018 年 7 月，财富中文网于全球同步发布了最新的《财富》世界 500 强排行榜。上榜公司中，中国公司达到了 120 家[①]。从企业总部所在城市来看，在这 120 家企业中，53 家总部设在北京，占中国企业入榜数的 44.2%，占 500 强榜单数的 10.6%。北京已成为世界重要的城市经济体。高水平的经济发展实力为北京地区世界一流大学的发展提供了高水平的合作交流资源和世界前沿的创新氛围。

第六，北京是一座名副其实的国际化大都市。国际交流活动频繁。截至 2017 年，北京市与 55 个城市建立了友好关系，包括美国的华盛顿、纽约，俄罗斯的莫斯科，英国的伦敦，法国的巴黎，日本的东京，韩国的首尔等国际大城市。面向国家发展战略需求与高等教育发展的重大变革，以北京大学、清华大学为代表的几所世界一流大学，通过国际交流合作、国际前沿探究等活动，突出“国际化、开放式、创新型”办学特色，提升了北京的国际大都市地位，为北京世界一流大学高地的形成提供了良好的国际生态环境。

北京城市魅力较强。北京拥有丰富的旅游资源，故宫、长城等世界著名景点直接构成北京国际交往的核心要素，对世界各地的人们有很强的吸引力。奥运会、亚运会、国际博览会、冬奥会等一系列国际大型赛事与活动在北京举办（或筹办）持续提升了北京的国际化水平，为北京世界一流大学的发展提供了浓厚的国际氛围。

① 财富中国. 2018 年世界 500 强 120 家中国上榜公司完整名单[EB/OL]. (2018-07-19)[2019-03-31]. http://www.fortunechina.com/fortune500/c/2018-07/19/content_311045.htm.

后　记

《世界一流大学高地研究》终于写完了。为什么要提出世界一流大学高地这个新概念？为什么要开辟这个新的研究领域？20 世纪 90 年代初，我看到了哈尔滨工业大学副校长、高等教育研究所所长李家宝老师主编的一本书《一流大学的管理与改革》，由此开始关注、研究一流大学的建设与发展。在研究过程中，我发现当时中国的大学建设与发展水平距离世界一流大学相差太远，遥不可及。例如，1998 年，世界一流大学中，每所大学在 *Nature* 和 *Science* 发表论文一般是几十篇，我国所有大学合计只有十余篇。在研究美国世界一流大学中，发现它们基本上是研究型大学。研究型大学也是一个国家社会生产力发展到一定程度的产物。在当时中国的大学发展阶段，研究型大学建设是通向世界一流大学的必由之路。我开始研究"中国研究型大学建设与发展"，并得到教育部和国家自然科学基金的专项资助。2003 年，我完成了大学研究的第一部专著《中国研究型大学建设与发展》，由高等教育出版社出版。

1999 年 1 月，我国实施"985"工程，提出今后 10～20 年，争取若干所大学和一批重点学科进入世界一流水平。我在研究"中国研究型大学建设与发展"的基础上，又开始研究"世界一流大学建设与发展"。2015 年 10 月，国务院印发《统筹推进世界一流大学和一流学科建设总体方案》，启动"双一流"建设。我国世界一流大学建设进入快车道。2016 年，我中标教育部哲学社会科学研究重大课题攻关项目"世界一流大学和一流学科建设评价体系与推进战略"，集中精力开展有关研究工作。2017 年，我中标北京市教育科学"十三五"规划重大课题"市属高校'双一流'建设问题及对策研究"。在参与北京市"双一流"建设有关政策研究中，我提出北京是全球高等教育资源最丰富的城市，是全球高水平研究型大学最集中的城市，是中国最有希望建设成为世界一流大学高地的城市。北京市在统筹推进"双一流"建设中，有关建设方案经过了多次反复研究。2018 年 6 月，中共北京市委、北京市人民政府印发了《关于统筹推进北京高等教育改革发展的若干意见》，提出到 2050 年，北京建设成为世界一流大学高地，在全球范围内全面彰显高等教育的影响力、辐射力、引领力。我在课题研究中开始构思《世界一流大学高地研究》的写作框架、写作内容。

我发现目前公认的世界一流大学并不是散乱无序地分布在世界各地，而是呈现出在特定范围内集中分布的态势，并形成了几个较为明显的世界一流大学高地。这是一个非常有趣的现象，美国旧金山有斯坦福大学、加州伯克利大学；日本东京有东京大学、东京工业大学；英国伦敦有剑桥大学、牛津大学；北京有北京大学、清华大学；上海有复旦大学、上海交通大学；武汉有武汉大学、华中科技大学；等等。世界一流大学作为群体，它们与所在城市区域是什么关系？它们之间有什么样的相互促进作用？它们与国家、社会、经济、文化、科技、军事等是什么关系？什么样的历史条件、自然环境、政治环境造就了世界一流大学高地？我国在建设社会主义现代化强国中，是否需要一批世界一流大学高地作为支撑？带着这些问题，经过一番深入研究，《世界一流大学高地研究》终于得以呈现在大家面前。

2020 年冬天，肆虐全球的新型冠状病毒“COVID-19”考验着每一个国家、每一个人，我集中精力，系统梳理了二十多年研究世界一流大学建设与发展、研究世界一流大学高地的成果，完成了《世界一流大学高地研究》。在 2003 年非典“SARS”肆虐时期，我完成了《中国研究型大学建设与发展》。我摘录其后记中的一段话：“2003 年的春天是令人难忘的，突如其来的 SARS 打乱了许多人的工作和生活。此时，《中国研究型大学建设与发展》进入关键的写作期，我和我的博士后、博士生们克服了心理上的恐惧、恐慌，做好家人的思想工作，集中精力、集中时间，在北京 SARS 最严重的几个月里，我们完成了本书的主要内容。”

《世界一流大学高地研究》的写作工作量很大，涉及 7 个国家、13 个高地、76 所大学。基于写作思想、思路，我确定了章、节、目录，以及本书的整体框架和主要内容。写作过程中，与我合作研究的博士后王小栋和多位博士生做了大量资料搜集、整理、创作工作。各章分工如下：序言，王战军；第一章，王战军、王小栋、刘静；第二章，王战军、刘静、杨旭婷；第三章，王小栋、王战军；第四章，王战军、常琅；第五章，王战军、张微；第六章，杨旭婷、王战军；第七章，娄枝、王战军；第八章，蓝文婷、王战军；第九章，王战军、雷琨；第十章，王战军、常琅；第十一章，王战军、蔺跟荣；第十二章，王战军、雷琨；第十三章，于妍、王战军；第十四章，王战军、蔺跟荣；第十五章，王战军。最后，我对全书进行了修改、完善。研究生教育研究中心于妍担任写作组秘书，做了大量资料、文字性工作。

本书在策划、写作过程中得到了赵沁平院士、杨卫院士、瞿振元教授、张炜教授、邬大光教授、眭依凡教授等老师的支持和帮助，在此深深表示感谢！书中引用了大量文献、资料，已经在书中标识，感谢所有参考文献的作者！

感谢北京市教育科学规划领导小组办公室对本课题的资助。感谢北京市教育委员会李奕副主任、首都师范大学校长孟繁华教授、中国人民大学秦惠民教授、清华大学王孙禺教授、北京航空航天大学雷庆教授等老师对课题研究的指导。感谢李娟研究员、周文辉研究员、李明磊助理研究员等所有课题组成员给本书提供的支持。

世界一流大学高地研究是一个新的研究领域，有很多问题有待持续研究。由于我的视野、水平有限，对研究内容的整体把握和文字的精雕细琢存在一定的不足，且难免存在疏漏和不当之处，恳请各位读者批评指正。

王战军

2020 年 5 月 1 日